Heidi Sævareid
Am Ende der Polarnacht

Aus dem Norwegischen von
Karoline Hippe

Insel Verlag

Die Originalausgabe erschien 2020 unter dem Titel *Longyearbyen*
bei Gyldendal, Oslo.

Der Verlag dankt NORLA – Norwegian Literature Abroad für die
Förderung der Übersetzung.

Dieses Buch wurde klimaneutral produziert.

Erste Auflage 2022
© der deutschen Ausgabe Insel Verlag Anton Kippenberg
GmbH & Co. KG, Berlin, 2022
© Heidi Sævareid
Alle Rechte vorbehalten. Wir behalten uns auch eine Nutzung des
Werks für Text und Data Mining im Sinne von § 44b UrhG vor.
Satz: Satz-Offizin Hümmer GmbH, Waldbüttelbrunn
Druck: CPI books GmbH, Leck
Printed in Germany
ISBN 978-3-458-64294-7

www.insel-verlag.de

KAPITEL 1

Die große sibirische Huskyhündin steht neben ihr, die Vorderpfoten auf einer Höhe mit den Spitzen ihrer Skier. Eivor hört ihren eigenen Atem, hört den Atem der Hündin. Die Skier knirschen auf dem grobkörnigen Schnee. Hier oben auf dem Gletscher ist die Sonne bereits zurückgekehrt, unten im Tal noch nicht. Longyearbyen liegt im Schatten. So wird es noch einige Wochen bleiben.

Eigentlich hatte sie gar nicht losfahren dürfen. Finn hatte das Fenster im ersten Stock geöffnet, als sie sich gerade die Skier an die Füße schnallte. Man habe ihn zu einer Notoperation gerufen, sie müsse also bei den Kindern bleiben.

Mit den Zähnen zieht sie sich den Fäustling aus Robbenleder von der Hand, öffnet die Schnalle des Lederetuis und holt das Fernglas hervor. Es ist schwer und kalt und gehört Finn. Sie streicht mit den Fingerspitzen über das schwarze geriffelte Metall, biegt die beiden Okulare auseinander. Als sie es an die Augen setzt und die Schärfe einstellt, sind ihre Finger bereits kalt. Sie fokussiert auf das große Hiorthfjell und den Gipfel Adventtoppen jenseits des Adventfjords, dann schwenkt sie den Blick über die schwarzen Zacken des Sverdruphamar. Sie lässt das Fernglas sinken und blickt hinab ins Tal, das dort im Halbdunkeln döst. Der Ort erstreckt sich zu ihren Füßen wie eine blaue Wand, gesprenkelt mit Punkten aus goldenem Licht. Zwischen ihr und der Siedlung fällt der Hang in das flache, längliche Tal ab, die langen Fjellketten ragen wie Stadtmauern links und rechts empor.

Eigentlich ist Longyearbyen kein richtiger Ort, sondern eine Ansammlung vereinzelter Häuser, die jeden Augenblick von einer Lawine mitgerissen werden könnten. Genau das ist vor gerade einmal vier Jahren mit dem ehemaligen Krankenhaus passiert – eine Lawine raste hinab ins Vannledningsdalen und riss drei Menschen aus dem Leben.

Der Fjord am Ende des Tals ist von einer weißen Eisdecke überzogen. Kein Schiff kann den Hafen anlaufen. Winter auf Spitzbergen bedeutet, gefangen zu sein, mit einer begrenzten Anzahl Konservendosen, einer begrenzten Anzahl Streichholzschächtelchen, einer begrenzten Anzahl Branntwein. Wird man im Laufe des Winters ernsthaft krank, gibt es keinen Weg zurück zum Festland. Beerdigt werden kann man auf Spitzbergen auch nicht, man verwest nicht, der Permafrost drückt die Toten wieder an die Oberfläche.

Eivor richtet das Fernglas auf den Ortsteil Skjæringa, der auf einer kleinen Anhöhe liegt, schwenkt hinüber zu dem Platz, auf dem im Laufe des Jahres die neue Kirche errichtet werden soll. Irgendwann im Herbst wird sie wohl fertiggestellt sein, und die Gottesdienste können vom Gemeindehaus Huset weiter nach vorn ins Tal verlegt werden. Dort gab es keine Kirche mehr, seit die Deutschen während des Krieges das ehemalige Gotteshaus zerbombt und niedergebrannt hatten. Sie hat Bilder vom Tag des Angriffs gesehen. Große schwarze Wolken hingen zwischen den Bergen, nachdem der Stollen Gruve 2 so zerschossen worden war, bis er in Flammen aufging. In den Kohlelagern brennt es immer noch, beinahe vierzehn Jahre später. Eivor versucht, sich die intensive Hitze im Inneren des Berges vorzustellen – schwarz und vulkanisch und unzähmbar.

Sie richtet das Fernglas auf das Krankenhaus, das längliche, bleichgelbe Gebäude im östlichen Teil des Tals. Es wurde in aller Eile aus dem Boden gestampft, an einem sichereren Ort, etwas abseits der Stelle, an der sich die Lawinenkatastrophe zugetragen hatte. Finn geht oft hinaus auf die Terrasse, um ihr nachzusehen, wenn sie ihre übliche Route über den Gletscher Longyearbreen läuft. Dann trägt er den schweren Schaffellmantel über dem Arztkittel und das Fernglas um den Hals, das sie gerade in der Hand hält. Als würde es irgendwie helfen, dass er dort steht und sie beobachtet. Das Gefühl von Sicherheit verschafft ihr nur das Gewehr über ihrer Schulter.

Aber heute ist er im OP. Eivor hat sich den blauen Anorak und eine helle Skihose über Wollunterwäsche und Steghosen gezogen, aus der Ferne muss es wohl so aussehen, als verschmelze ihr Oberkörper mit dem Himmel, ihre Beine mit dem Gletscher. Niemand kann sie hier oben sehen, sie fühlt sich leicht. Sie ist einfach gegangen. Finn hat ihr nachgerufen, irgendetwas wegen der Kinder, aber Jossa hat im Geschirr gezerrt, sie davongezogen.

Jossa rührt sich plötzlich neben ihr, trippelt mit den Vorderpfoten, sie wittert etwas in der Luft, dreht die Ohren, den Schwanz gerade von sich gestreckt. Eivor lässt das Fernglas sinken und greift automatisch nach dem Gewehr. Wenn die Hündin in Alarmbereitschaft ist, ist sie es auch.

Sie blickt um sich. Die Stille drückt von allen Seiten, sie kann nichts sehen außer Schnee und Fjell und Himmel, aber Jossa wirkt immer noch auf der Hut, sie hat begonnen zu patrouillieren, schlägt einen Bogen um Eivors Skispitzen und bleibt dann wieder stehen. Eivor spürt, wie sich ihre Bauchmuskeln und ihre Schenkel anspannen, sie setzt das Fernglas erneut an die Augen.

Langsam schwenkt sie es um einhundertachtzig Grad in die eine Richtung, dann in die andere – und hält abrupt inne, als sie auf der Hochebene jenseits des Gletschers Regungen wahrnimmt. Der Schreck sitzt ihr wie Bleigeschmack im Hals. Dort bewegt sich etwas Helles, etwas, das sich kaum von der Farbe des Schnees abhebt. Ihre Hände verkrampfen sich um das Fernglas, sie wagt kaum zu atmen. Wie schnell kann ein Bär laufen? Wie nah muss er sein, bevor sie schießen kann?

Das Tier bewegt sich jetzt nicht mehr und es ist schwer zu erkennen, wo sein Kopf ist. Eivors Mund ist trocken, sie hat Schwierigkeiten, das Fernglas mit ihren tauben Fingern scharfzustellen. Doch sie kann erkennen, dass neben dem Tier noch etwas anderes läuft – ebenfalls etwas Helles, aber viel kleiner. Ein Junges? Sie spürt ein Rauschen im Kopf, hinter den Augen. Eine Bärin mit ihrem Jungen? Davor hatte Finn sie gewarnt. Das ist die größte Gefahr, die ihr begegnen kann. Sie gibt sich Mühe, das Fernglas still zu halten, zwingt ihre Finger dazu, ihr zu gehorchen, schafft es endlich, den Fokus neu einzustellen, und da – eine ganze Herde von Tieren hinter den beiden vorderen.

Erleichtert atmet sie auf. Es sind Rentiere, keine Eisbären. Nur eine Herde Rentiere. Jetzt erkennt sie die Hornstümpfe und die kurzen Beine, die die runden Körper tragen.

Sie lässt das Fernglas sinken, spürt, wie ihre Muskeln nach und nach an Anspannung verlieren. Doch Jossa, die vor ihr steht, wirkt immer noch unruhig – wittert sie etwas in der Luft, etwas anderes als den Geruch der Rentiere? Rentiere ist die Hündin gewohnt, manchmal kommen sie bis hinunter ins Tal und spazieren zwischen den Häusern umher. Eivor greift erneut nach dem Gewehr, doch im selben Augenblick lässt Jossa den Kopf sinken. Sie stupst die Schnauze in den

Schnee, dann dreht sie sich zu Eivor um, mit weißem Puder auf der schwarzen, ledrigen Nase. Ihr Maul ist leicht geöffnet, Eivor findet, dass es wie ein Lachen aussieht. Ungeduldig stampft sie mit der Vorderpfote in den Schnee und zwinkert mit einem Auge – sie will weiter. Von ihrer rosafarbenen Zunge steigt Dampf auf, ihr ist heiß, sie gehört in diese Landschaft. Sogar ihre schwarzen Trittballen sind warm.

Da bemerkt Eivor, wie die Finger an ihrer nackten Hand kurz davor sind, steif zu frieren, sie zieht den Fäustling aus der Brusttasche ihres Anoraks und streift ihn sich über. Nur wenige Minuten ohne Handschuhe können gefährlich sein. In der Polarkälte rast die Zeit davon. Jede Entscheidung zählt.

Die Luft ist so trocken, dass man sie zerbröseln könnte. Eivor merkt es an ihrer Haut. Jeden Tag muss sie sich Hände und Lippen mit Vaseline eincremen, ihre Haare knistern elektrisiert, wenn sie sich Mütze und Kapuze vom Kopf zieht. Auf den Oberschenkeln und an den Armen hat sie Kälteausschlag – harte Noppen, die sich rötlich färben, wenn die Haut sich aufwärmt, und gräulich lila, wenn sie friert.

Die Mädchen vertragen die Kälte besser als sie. Keine der beiden muckt, wenn Eivor ihnen die klebrige Kältecreme auf die Wangen schmiert, die kratzige Wollunterwäsche anzieht, sie in Strickpullover einpackt, sie polstert. Sie heben die Arme und lassen sich von Eivor die winddichten Anoraks über den Kopf ziehen. Sie stehen still nebeneinander, wenn Eivor die Bänder ihrer Schafwollmützen unterm Kinn zuschnürt, gehorsam heben sie die Füße und stecken sie in die Randsaumstiefel. Und wenn Eivor die Tür zur leuchtend blauen Kälte öffnet, springen sie hinaus in den Schnee, mit fröhlichen Gesichtern, sie lachen und lassen sich in die

Schneewehe fallen. Sie können keinen Schneemann bauen, keine Schneebälle formen, dafür ist es zu kalt, aber sie rodeln und buddeln im Schnee.

Der Gedanke an die Mädchen sitzt wie ein bleiernes Gewicht in Eivors Körper. Marit passt gerade wieder auf die beiden auf – anders geht es nicht. Zumindest meinte Eivor, dass es nun einmal nicht anders ginge, bevor sie Finn und dem Krankenhaus den Rücken kehrte und sich von Jossa davonziehen ließ. Vielleicht trinken die Kinder gerade heißen Johannisbeersaft und essen Rosinen in der Krankenhausküche und blättern in einem Kindermagazin. So beschäftigt Marit die beiden, wenn sie eigentlich keine Zeit hat, auf sie aufzupassen. Und das hat sie heute nicht. Zusätzlich zu dem Mann, der ganz überstürzt wegen einer Blinddarmentzündung eingeliefert worden ist, liegen bereits fünf Patienten zur Behandlung in der Klinik, und Marit ist die einzige Krankenpflegerin.

Vielleicht hat sie nicht einmal die Möglichkeit, die Kinder drinnen zu betreuen. Vielleicht spielen sie draußen im Schnee, hinterm Krankenhaus, wo Marit durch die Fenster ab und an nach ihnen sehen kann. So etwas darf man den Leuten zu Hause nicht erzählen. Zwei kleine Kinder, alleine im Freien, und dann auch noch mitten in der Polarnacht. Die meisten halten sie ohnehin für wahnsinnig, dass sie überhaupt hier oben sind. Finn hatte eine unbefristete Stelle am Ullevål-Krankenhaus in Oslo, er hätte dort weitermachen können, sie hätten in St. Hanshaugen wohnen bleiben können, sich vielleicht irgendwann ein Einfamilienhaus gekauft, und sie, Eivor, hätte ihr Leben so weiterleben können, wie sie es kennt. Aber Finn will immer weiter. Er braucht immer noch mehr. Und als sich die Möglichkeit für ihn eröffnete, Werksarzt der Store Norske Spitsbergen Kohlekompanie zu werden, überlegte er nicht lange. Das war sein Traum, es kam gar nicht in Frage, das Angebot abzulehnen.

Jetzt sind sie hier in Longyearbyen, eingeschlossen im Eis. Heute *musste* sie einfach hinauf ins Licht. Seit die Sonne von hier oben aus gesehen wieder über den Horizont schimmert, hatte sie kaum Zeit für Skiausflüge, immer wieder kam irgendwas dazwischen, Hektik in der Klinik oder es war wieder etwas mit den Kindern. Und dann ist für solche Dinge kein Platz. Aber heute hatte es ruhig ausgesehen. Heute morgen hatte er ihr erlaubt, Skifahren zu gehen. Beim Frühstück hatte er gesagt, er wisse, dass sie das jetzt brauche. Vor allem, weil Jossa gerade bei ihnen war, sei der Zeitpunkt perfekt.

»Mir ist es lieber, wenn sie bei dir ist«, hatte er hinzugefügt und sanft ihren Arm gedrückt.

Eivor fühlt sich auch sicherer mit Jossa. Das Gewehr hat sie immer dabei, aber sie wird nicht so recht warm damit. Das Gewicht auf dem Rücken fühlt sich fremd an, der Gurt über der Brust strammt und hemmt. Sie trifft ins Schwarze der Zielscheibe, ist ziemlich gut darin – Finn war überrascht, wie schnell sie schießen gelernt hatte – aber ein Tier zu erschießen? Ein lebendiges Tier? Sie hat mehrmals versucht, es sich auszumalen, hat sich vorgestellt, wie der Eisbär ihr direkt in die Augen sieht, während sie abdrückt, wie das massive Tier fällt und zuckend vor ihr liegen bleibt, bis die Krämpfe nachlassen und sein Blick glasig wird. Und dann spielt sich in ihren Gedanken das Szenario ab, was wohl passiert, wenn sie danebenschießt oder das Tier nur verletzt. Der Bär brüllt, er kommt auf sie zu, sie versucht erneut zu schießen, doch sie kriegt es nicht hin, es ist zu spät. Das Gewehr fällt ihr aus den Händen.

Jossa würde dazwischengehen. Sie ginge dem Bären direkt

an die Gurgel, ohne zu zögern. Diesen Takt hat sie schon einmal angeschlagen – Finn hat es miterlebt, er hat Eivor das Ereignis mehrmals geschildert. Ein einsamer Eisbär war am Strand entlangspaziert, als Finn, Bjørn Alfsen und zwei ihrer Kameraden Ende September in einer Jagdhütte bei Ny-Ålesund übernachteten. Noch bevor einer der vier Männer den Bären überhaupt gesehen hatte, war Jossa im gestreckten Galopp Richtung Strand gewetzt, sie kläffte wie eine Besessene und knurrte und fletschte die Zähne. Die beiden anderen Hunde folgten ihr, sprinteten ihr hinterher und bellten jähzornig, doch sie blieben weit hinter Jossa zurück. Jossa war furchtlos – auch als die Männer Warnschüsse in die Luft abgaben, um den Bären zu verscheuchen.

Als dann der Schnee kam und Eivor allein Skilaufen ging, entschied Finn, dass sie bei den langen Ausflügen einen zusätzlichen Schutz dabeihaben sollte – sie könne nicht allein mit dem Gewehr losziehen. Er beantragte beim Sysselmann, dass Eivor Jossa hin und wieder ausleihen dürfe.

»Das hat sicher auch andere Vorteile«, hatte er damals gesagt.

Jossa zieht an der Leine und dreht sich zu Eivor um. Aus ihrer Kehle dringt ein Laut, der an ein Knurren erinnert, aber inzwischen versteht Eivor Jossas Sprache – dieses tiefe Grummeln bedeutet, dass sie ungeduldig ist. Jossa steht nicht gerne still. Als Schlittenhündin nicht geeignet, zog sie als Gesellschaftshündin auf den Sysselmannshof, doch sie hat trotzdem den Trieb in sich, den Drang, zu laufen und zu laufen. Am liebsten würde sie die ganze Strecke zurücklegen, ohne anzuhalten, sie bringt Eivor jedes Mal an ihre Grenzen, zieht und zieht, und Eivor kehrt mit warmem Körper und freiem Kopf nach Hause zurück.

Sie folgen stets ihrer üblichen Loipe – auf der östlichen Seite des Tals an Nybyen vorbei, über den Longyearbreen, auf der anderen Seite zurück durch Sverdrupsbyen, hinterm Gemeindehaus Huset entlang und dann quer durch das Tal zurück zum Krankenhaus. Der Weg hinunter ins Tal ist immer schnell zurückgelegt. Sie bremst kurz ab, beugt die Knie, klemmt die Stöcke unter die Achseln, dann rauscht sie den Hang hinab. Die Skier ziehen scharfe Spuren in den harten Schnee, es hat lange keinen Neuschnee gegeben. Sie spürt ein Kribbeln im ganzen Körper, ihr Gesicht ist starr vor Kälte, der Wind peitscht. Sie behält das Gleichgewicht, fällt nicht, bewegt sich genauso sicher wie Jossa.

Die Sonne verschwindet augenblicklich, als der Hang hinunter ins Tal plötzlich steiler abfällt. Schlagartig ist Eivor wieder von blauer Dunkelheit umgeben. Einen Temperaturunterschied gibt es nicht. Die Sonne hat noch keine Kraft. Jossa läuft neben ihr, in weichen, schnellen Sprüngen.

Die Wirklichkeit trifft sie wie eine Wand aus dichter Luft. Sie kommt vor dem Krankenhaus zum Stehen, ist immer noch von Glückseligkeit und dem Rausch der Geschwindigkeit erfüllt, doch sie spürt, wie das Gefühl schrumpft und in ihrem Körper zurückweicht. Alles ist vergänglich.

Sie schnallt die Skier ab, steckt sie in die Schneewehe neben den Seiteneingang des Krankenhauses und streift sich die Kapuze ab. Die Mütze rutscht gleich mit herunter, die kalte Luft schlägt ihr gegen die feuchte Stirn. Sie steckt die Mütze in ihre Tasche und schlägt die Skistiefel gegeneinander, um den Schnee abzuklopfen. Jossas dicker Polarpelz muss ebenfalls abgebürstet werden.

Die Hündin stampft mit der einen Vorderpfote auf und blinzelt, sie ist ungeduldig. Sie weiß, dass die Kinder drinnen sind, sie hat ihren Geruch bereits aufgenommen. Eivor kann sehen, dass hier im Schnee gespielt worden ist. Die Kinder lieben es, einmal um das gesamte Krankenhaus herumzustapfen – für sie ist es ein langer Weg, eine Expedition.

Sie zieht die Tür auf. Jossa schlüpft an ihr vorbei, dreht sich in dem schmalen Eingang zwei Mal um die eigene Achse und schnellt die ersten paar Treppenstufen hinauf. Auf halber Treppe bleibt sie stehen und wedelt ungeduldig mit dem Schwanz, während Eivor das Gewehr abnimmt und es auf die schmale Ablage unter der Decke schiebt, wo die Kinder nicht herankommen. Sie zieht sich den Anorak über den Kopf und sieht zur Zwischentür, die zur Klinik führt. Einen Augenblick lang überlegt sie, ob sie hineingehen und Unni und Lisbeth bei Marit abholen sollte, verwirft den Gedanken aber sofort. Sie müsste auf dem Weg zur Krankenhausküche an Finns Sprechzimmer vorbei.

Eivor zieht ihre Skisachen aus und geht die Treppe hinauf, da springt auch Jossa die letzten paar Stufen nach oben und stellt sich auf den Absatz vor der Arztwohnung im obersten Stock. Vor der Wohnungstür steht ein Sessel, den Finn in einer der ersten Wochen, nachdem sie eingezogen waren, aus der Wohnung getragen hatte. Das Wohnzimmer war zu vollgestellt, die Kinder hatten nicht genug Platz zum Spielen. Jetzt steht der grüne Plüschsessel hier unter einem Fenster, und die Mädchen klettern gern darauf herum, stützen sich auf die Sessellehne und sehen aus dem Fenster. Von hier aus kann man Haugen sehen, den Ortsteil auf dem Hügel hinterm Krankenhaus, mit seinen Holzhäusern, der Mietskaserne Murboligen und dem Funken, über dem der Sukkertoppen thront. Unni liebt es, das Glas anzuhauchen und die Scheibe mit dem Finger zu bemalen. Eivor hebt sie dann vom Fenster weg. Unni ist stark wie eine Schlange, sie windet sich und es ist kaum möglich, sie festzuhalten, wenn sie etwas nicht will.

Eivor schiebt sich an Jossa vorbei, stellt sich vor sie an die Wohnungstür. Der Mensch betritt die Wohnung immer zuerst – so hat sie es schon immer mit Hunden gehandhabt. Die Eingangstür führt direkt ins Wohnzimmer. Eivor öffnet, ihr Blick fällt sofort auf die Mädchen. Sie sitzen auf dem Boden vor dem dunklen Mahagonitischchen und spielen mit ihren Puppen. Unni ist die Ältere, aber von hinten ist Lisbeth kaum von ihrer Schwester zu unterscheiden. Beide haben einen Topfschnitt, schlanke Hälse, die Schultern vornübergebeugt. Dieselbe Sitzhaltung – den Po auf dem Boden, die Knie zeigen nach vorn, die Beine seitlich angewinkelt. Ihre weichen Kinderknie halten das aus. Sie haben Finns Farben. Braune Augen, um die Pupille herum leicht gräulich, dunkles Haar, fast schon schwarz, aber im Sommer schimmert es, von Sonne und Salzwasser aufgehellt, in warmem Braun. Eivor selbst hat blondes Haar und sieht nicht so aus, als wäre sie mit ihren Töchtern verwandt.

Jetzt schiebt Jossa sich zwischen Eivors Bein und dem Türrahmen vorbei, und die Kinder drehen sich um. Unni lässt von ihrer Puppe ab und steht auf, lacht und streckt die Arme nach Jossa aus. Die Hündin geht normalerweise zu den Mädchen und begrüßt sie rasch, bevor sie sich ein ruhiges Plätzchen sucht und sich hinlegt, aber heute hält sie direkt an der Tür inne. Sie stellt die Ohren auf und reckt die Nase in die Luft.

»Jossa!«, ruft Unni, aber die Hündin ignoriert sie, senkt stattdessen die Nase auf den Fußboden und folgt ihrer Fährte bis zum Flur, der zu den Schlafzimmern führt. Dort bleibt sie stehen und schnuppert an der Türschwelle entlang, hebt dann die Schnauze wieder in die Luft.

Finn tritt aus der Küche, er trocknet sich die Hände an einem karierten Küchenhandtuch ab.

»Wie war die Tour?«, fragt er und sieht Eivor an. Sein Tonfall ist neutral.

»Gut«, antwortet Eivor und beugt sich zu Lisbeth, die die Arme um Eivors Beine geschlungen hat und den Kopf an ihren Bauch presst.

»Ich hätte nicht gedacht, dass du jetzt schon oben bist. Ich hatte den Eindruck, dass die Operation mehrere Stunden dauern würde.«

»Du warst ja auch mehrere Stunden weg.«

Eivor antwortet nicht. Das stimmt – sie ist dieses Mal weiter über den Gletscher gegangen als gewöhnlich, ist mehrmals stehen geblieben, um sich mit dem Fernglas umzusehen. Sie streicht Lisbeth über den Kopf, streicht ihr den dichten Pony aus der Stirn und lässt ihn ihr wieder über die Augen fallen. Lisbeth lässt Eivors Bein los und reibt sich die Augen.

»Nächstes Mal regeln wir das anders«, sagt Finn. »Das siehst du doch auch so, oder?«

Eivor nimmt die Hand von Lisbeths Kopf und schlingt die Arme um den eigenen Körper. Sie weicht seinem Blick aus und fragt stattdessen, wie die Operation verlaufen ist.

Er hebt die Augenbrauen leicht. Sieht sie eine Weile schweigend an.

»Es war ein Routineeingriff«, sagt er schließlich. »Anfangs musste alles ganz schnell gehen, der Blinddarm war kurz davor, zu platzen, als der Patient bei uns eintraf. Aber der Eingriff an sich verlief ohne Probleme.«

Eivor nickt und wendet sich ab, Finn führt es zum Glück nicht weiter aus. Ihr wird schnell übel, wenn Finn von der Arbeit im Operationssaal erzählt. So geht es ihr erst seit den Geburten. Jetzt sieht sie alles detailliert vor sich, vorher ging ihr das nicht so. Finn ist Spezialist für Handchirurgie, und Eivor stellt sich vor, wie sein Skalpell in eine Handfläche schneidet, Haut und Muskeln aufschält, so wie in Rembrandts Gemälde *Die Anatomie des Dr. Tulp*. Sie erinnert sich an die tiefen präzisen Schnitte in den weichen Bauch, dunkle Linien auf weißem Grund, Haut und Gewebe, das aufgetrennt wird. Etwas rutscht zur Seite, quillt hervor, löst sich.

Im hinteren Teil der Wohnung wird die Toilettenspülung betätigt. Eivor dreht den Kopf in Richtung des Geräuschs und Jossa stampft mit den Pfoten, trippelt ein paar Schritte rückwärts. Dann erklingt das Quietschen der Armatur, Wasser sprudelt ins Waschbecken. Die Badezimmertür geht auf.

Jens Heiberg hat helle Augen, spärlichen Bartwuchs, er lächelt vorsichtig und sieht aus, als käme er geradewegs von der Jagd. Sein Wollpullover ist militärgrün, seine Hose hat mehrere Taschen und Schnallen. An seinem Gürtel hängt ein Messer und um seinen Hals hat er sich ein camouflagegemustertes Tuch gebunden. Seine Haltung ist aufrecht, die Schultern entspannt. Er hat den Körper eines mittelalten Skiläufers, der immerzu auf Wanderschaft ist, seit Jahrzehnten Meile um Meile auf Skiern zurücklegt. Er sieht stark aus, aber auf schlanke, sehnige Art. Jetzt geht er an Jossa vorbei und wischt sich die Hand am Hosenbein ab, bevor er sie Eivor entgegenstreckt. Sie ist immer noch feucht, als Eivor sie schüttelt.

»Frau Doktor«, sagt er und drückt so fest zu, dass der Ehering um ihren Ringfinger kneift. »Sie müssen entschuldigen, ich bin beim Zahnarzt gewesen, und dann hatte ich das Glück, vom Herrn Doktor auf einen Kaffee hochgebeten zu werden.«

»Wir haben Kakao gekriegt«, juchzt Lisbeth, greift nach

dem leeren Emaillebecher auf dem Salontisch und streckt ihn in die Luft.

»Ist ja auch Samstag«, sagt Finn. »Hast du Durst nach deiner Skitour?«

Heiberg schweigt, während Finn ein Glas Wasser aus der Küche holt. Er sieht verhärmt aus und wippt sachte auf den Fußballen auf und ab, während er seinen Blick durchs Wohnzimmer schweifen lässt. Er tut so, als studiere er jedes Detail ganz genau, als wäre er gerade erst hereingekommen. Aber die Kinder ignorieren ihn. Er muss also schon eine Weile da sein. Jossa liegt auf dem Boden vorm Ofen, der Kopf auf den Pfoten, und lässt ihn keine Sekunde aus den Augen.

»Ich komme gerade vom Longyearbreen zurück«, sagt Eivor, und Heiberg wirkt erleichtert, dass sie ein Gespräch eröffnet. Er nickt und ringt sich ein Lächeln ab.

»Schöne Strecke. Ah, hier kommt auch schon das Wasser.«

Eivor nimmt Finn das Glas ab, das er ihr reicht. Sie versucht, seinen Blick zu erhaschen, zu entschlüsseln, wie die Stimmung zwischen ihnen ist, aber seine gesamte Aufmerksamkeit gilt Heiberg. Er legt seine Hand sanft zwischen Heibergs Schulterblätter und führt ihn hinüber zum Plattenspieler und zu dem Regal mit den Jazzplatten über dem Phonoschrank.

Heiberg ist auch neu zugezogen – er kam nur wenige Wochen später als sie nach Longyearbyen und trat seine Stelle als Versorgungschef an. Er wohnt im Murboligen in Haugen, mitten im dichtestbesiedelten Teil der Ortschaft, wo die Funktionäre mit ihren Familien leben, doch er ist jemand, der gern für sich bleibt. Das erste Mal, dass er laut Finn richtig auftauen konnte, war auf einem Fest zwischen Weihnachten und Neujahr in der Funkenmesse, dem Speisesaal der Funktionäre. Da hatte er direkt neben Finn gestanden, der am Piano erst Weihnachtslieder spielte und dann – als die Gruppe der Zuhörenden, die ums Klavier versammelt standen, sich auflöste – Louis-Armstrong-Lieder improvisierte. Heiberg lauschte andächtig, danach gesellte er sich im Kaminzimmer zu ihnen an den Tisch und trank Whisky. Er erzählte, wie er in London mit Jazz in Berührung gekommen war, während des Krieges. Finn war sofort ganz Ohr – er schob sein Glas beiseite, stützte die Ellenbogen auf den Tisch und bat ihn, mehr von dieser Zeit zu erzählen. So blieben sie sitzen und sprachen über Jazz, bis Eivor aufgab, dem Gespräch zu folgen, und aufstand. Sie spazierte eine Weile in dem überfüllten Kaminzimmer umher, versuchte den Eindruck zu erwecken, als hätte sie irgendein Ziel, ging jedoch schließlich die Haupttreppe hinunter zur Garderobe, da sie niemanden entdeckte, den sie gut genug kannte, um sich einem Gespräch anzuschließen.

Dort unten in der Garderobe war es still und kalt, verglichen mit dem Stimmengewirr in dem warmen, verrauchten Kaminzimmer. Sofort begann Eivor in ihrem ärmellosen Kleid zu frieren. Trotzdem ging sie zum Ausgang, legte die Hand auf das geriffelte Glas der Tür und schob sie auf. Draußen war die Nacht schwarz und überwältigend, der Mond hing wie ein dünner Fingernagel über dem Sverdruphamar – zu weit entfernt, um das Tal zu erleuchten. Keine Nordlichter über dem Gletscher. Dennoch konnte sie die Konturen der Kohleloren ausmachen, die in Reih und Glied über das Tal zuckelten, den ganzen Weg vom Bergwerk bis hinunter an den Hafen. In der Dunkelheit konnte man die Trossen der Drahtseilbahn nicht sehen, die Loren schienen zu schweben.

Hinter ihr ertönte auf einmal lautes Gelächter, sie drehte sich um und ließ die Eingangstür wieder zufallen. Unter der Tür zum großen Messesaal fiel ein schmaler Lichtstreifen hindurch, die Stimmen kamen näher, die Tür schwang auf. Zwei Messemädchen kamen heraus, dicht gefolgt vom Zahnarzt, Audun, und von Reidar, dem Assistenzarzt. Er trug eine Flasche in der Hand und war der Einzige, der von Eivor Notiz nahm. Er lächelte ihr im Vorbeigehen zu, dann verschwand das Gefolge in der Garderobe, um sich Wintersachen anzuziehen.

Eivor ging wieder hinauf ins Kaminzimmer, setzte sich zu Finn und Heiberg an den Tisch und versuchte ins Gespräch einzusteigen. Sie sprachen inzwischen übers Skifahren – und verabredeten, schon am nächsten Tag gemeinsam eine Runde zu drehen.

Seitdem unternehmen die beiden regelmäßig gemeinsame Skiausflüge. Finn fühlt sich in Gesellschaft anderer am wohlsten, er versteht Eivors Drang nicht, sich alleine auf den Weg zu machen, und ist der Meinung, es täte ihr gut, sich eine Tourkameradin zu suchen.

Eivor riecht es sofort, als sie die Badezimmertür hinter sich verschließt. Es ist zwar schon eine Weile her, dass Heiberg das Bad verlassen hat, dennoch hängt noch etwas in der Luft – ein unverkennbarer Dunst, der sich mit dem Geruch von Talkum und Seife vermischt.

Sie nimmt das Streichholzschächtelchen vom Badezimmerregal, zündet hastig eines der Streichhölzer an und betrachtet die Flamme, wie sie bis zu ihren Fingerkuppen herunterbrennt. Sie bläst es aus, zündet ein neues an. Nach dem dritten Streichholz hat ein prickelnder, schießpulverartiger Geruch den Dunst neutralisiert, und Eivor fegt die verkohlten Streichholzreste zusammen und lässt sie in den Abfalleimer fallen.

Eivor dreht das Wasser auf, pellt sich die verschwitzte Unterwäsche vom Leib und steigt in die Badewanne. Das Wasser ist viel zu warm und legt sich wie brennende Ringe um ihre Fußknöchel, doch sie bleibt stehen, bis sie sich an die Temperatur gewöhnt hat. Ihre Arme und Schenkel sind von einer Gänsehaut überzogen, sie setzt sich in die Hocke und taucht die Hände ins Wasser. So hockt sie da, bis die Wanne vollgelaufen ist und der Wasserdampf sich wie ein dünner Film über ihr Gesicht gelegt hat. Sie lässt sich zurücksinken, lehnt den Kopf an den Porzellanrand, atmet tief ein. Jetzt registriert auch sie den schwachen, schwefelartigen Geruch der Entwicklungschemikalie.

Das Badezimmer hat keine Fenster, also eignet es sich hervorragend als Dunkelkammer. Mindestens einmal pro Woche okkupiert Finn das Bad und arbeitet an seinen Fotos. Manchmal ist Eivor dabei, steht hinter ihm in der absoluten Dunkelheit und lauscht dem schwachen Ratschen, wenn er das lange Zelluloidband aus der Filmhülse zieht. Sie hört an seinem Atem, wie er sich konzentriert, wenn er den Film in die Entwicklungsdose einsetzt, den Deckel zuschraubt. Danach schaltet er das Licht an, gießt die Entwicklerlösung in die zylinderförmige Dose, kippt sie in langsamen und gleichmäßigen Bewegungen auf den Kopf und wieder zurück. Eivor darf nicht sprechen, während er arbeitet. Nachdem er die Entwicklerlösung weggegossen hat, ist es Zeit für das Stoppbad, das ganz schwach nach Essig riecht. Das Fixierbad ist es, das wirklich in der Nase und den Mundschleimhäuten beißt. Der Geruch ist physisch, er legt sich auf ihre Zunge wie eine schwere, metallische Schicht. Eivor bekommt oft Halsschmerzen, nachdem sie mit Finn in der Dunkelkammer gewesen ist. Wenn sie ihm bei den Abzügen der Papierbilder hilft, vor allem bei denen, die zu groß für die Entwicklerwannen sind und mehrmals gleichmäßig durch die Entwicklerlösung gezogen werden müssen, bleibt der Geruch an ihren Fingern kleben, er setzt sich fest, auch wenn sie ihre Hände danach in Seifenwasser schrubbt.

An den Wäscheleinen über der Badewanne hängen die Fotografien zum Trocknen. Nordlichtbilder aus dem Bolterdalen, Panoramen vom Adventfjord – daneben einige Bilder von Heiberg auf Skiern. Eines von ihnen ist ein Porträt – er ist im Halbprofil abgebildet, sieht aber trotzdem in die Kamera. Er hat Frost im Bart und einen stechenden Blick, als hätte Finn ihn überrascht.

Eivor lässt sich tiefer in das warme Wasser sinken und wendet den Blick von den starrenden Augen über der Badewanne ab.

Heiberg ist nicht mehr da, als Eivor aus dem Bad kommt, auch Finn nicht, die Mädchen sitzen noch immer im Wohnzimmer auf dem Teppich und spielen. Jossa erhebt sich von ihrem Platz vorm Ofen, als Eivor hereinkommt, wedelt schwach mit dem Schwanz, kommt auf sie zu und schiebt ihre Schnauze in Eivors gewölbte Hand.

»Wo ist Papa?«, fragt Eivor, dreht ihre Hand nach außen und lässt Jossa schlecken.

»Draußen mit dem Mann«, sagt Lisbeth. »Sie fahren Auto.«

Eivor tritt ans Fenster und beobachtet die beiden Männer, die vor der Garage stehen, vor der offenen Motorhaube des Jeeps. Heiberg beugt sich über den Motor, schraubt an ihm herum, und Finn sieht ihm dabei zu, als verstünde auch er etwas von Motoren.

»Ich bin nicht so der Typ fürs Robuste«, hatte er Eivor damals, im September, anvertraut, nachdem er von dem Ausflug zur Jagdhütte zurückgekehrt war.

Trotzdem kann er ganz er selbst sein, mit seinen Büchern und seinem Klavier und dem Fotoapparat. Es fällt ihm leicht, Anschluss zu finden, nicht zuletzt wegen seiner Position. Als Arzt hat er mehr Macht als der Winterchef, der Sysselmann, der Bergmeister. Menschen aus allen gesellschaftlichen Schichten Longyearbyens mögen ihn. Ihm wird Gehör geschenkt, die Menschen halten sich gern in seiner Nähe auf, er zieht sie an, will immer viele Leute um sich scharen. Er ist bereits Mitglied des Fußballklubs, spielt dort im Mittefeld, jeden Mittwoch trainiert er mit der Turngruppe im Huset, und des Öfteren bringt er Leute zum Abendessen mit nach Hause, vor allem diejenigen, die keine eigene Familie haben und normalerweise in der Messe essen würden.

Als Eivor erneut hinausschaut, sind beide Männer verschwunden. Einen Augenblick bleibt sie am Fenster stehen, lauscht, ob Finns Schritte auf der Treppe zu hören sind, doch es bleibt still, und draußen setzt langsam die Dämmerung ein.

Es wird spät, schon bald ist ihre gewöhnliche Abendessenszeit verstrichen. Doch schließlich muss Eivor mit den Essensvorbereitungen beginnen, wegen der Kinder. Sie öffnet das Fenster und nimmt eine Packung gehackter Wurststückchen aus der provisorischen Kühlkiste, die vor ihrem Küchenfenster hängt.

Das Abendessen ist beinahe fertig, als sie hört, wie die Wohnungstür endlich aufgeht und die Mädchen aus dem Flur ins Wohnzimmer gestürmt kommen, um Finn zu begrüßen – sie weiß, dass er sie hochheben und herumwirbeln wird, das macht er immer, wenn er nach Hause kommt. Sie hört das Juchzen der Mädchen, hört Finn lachen. Dann ertönt Heibergs Stimme.

Finn steckt den Kopf zur Küche herein.

»Wir haben doch noch Platz am Tisch für einen mehr, oder? Haben wir genug Essen?«

»Ich wusste nicht mal, ob *du* überhaupt zum Essen kommst«, sagt Eivor, ohne sich umzudrehen.

»Es hat länger gedauert«, sagt Finn entschuldigend. »Wir waren in der Garage und haben die Skier flottgemacht. Heiberg hat meine lockeren Bindungen repariert. Jetzt ist das erledigt.«

Eivor nickt, sieht nach den Kartoffeln und schüttet Erbsen aus der Konservendose in einen kleinen Topf. Aus dem Augenwinkel sieht sie, dass er noch einen Moment im Türrahmen stehen bleibt, doch sie fährt unbeirrt fort, bis er schließlich zurück zu Heiberg ins Wohnzimmer geht.

Beim Essen reden sie übers Skifahren und über die Wetterverhältnisse, und Finn unternimmt mehrere Versuche, Eivor ins Gespräch einzubeziehen, doch sie antwortet nur einsilbig. Schließlich gibt er auf und widmet Heiberg all seine Aufmerksamkeit. Zwischendurch wirft er ihr immer wieder Blicke zu – sie tut so, als ob sie es nicht bemerkte.

Nach dem Essen kommt Finn zu ihr, als sie den Abwasch macht. Er stellt sich hinter sie, sagt leise ihren Namen, doch er ist zu nah, als dass sie sich umdrehen könnte.

»Ist jetzt wieder alles gut?«, fragt er und streicht mit seiner Nasenspitze über ihren Nacken, dann schmiegt er seine Wange an ihre.

»Was meinst du?«, fragt Eivor, die Hände im Spülwasser. Sie spürt das bekannte schlechte Gewissen darüber, sich so aufgeführt zu haben – stumm, mürrisch, ungesellig –, und plötzlich hat sie das Bedürfnis, zu verbergen, dass es überhaupt ein Problem gegeben hat. Will dem ernsten Gespräch aus dem Weg gehen. Sie hebt die Hand aus dem Schaum und spritzt ihm mit den Fingern Abwaschwasser ins Gesicht. Er lacht, tritt einen Schritt zurück. Sie dreht sich zu ihm um, und als er wieder einen Schritt auf sie zugeht, legt sie eine nasse Seifenhand auf seine Brust. Er bleibt stehen, schenkt ihr ein Lächeln, doch sie ist noch nicht bereit, es zu erwidern. Und so wird er wieder ernst.

»Wir müssen eine Abmachung haben«, sagt er leise. »Wir müssen uns an diese Abmachung halten. Mehr ist es nicht. Das kriegen wir doch hin, oder?«

»Du bist auch gerade einfach rausgegangen und hast die Mädchen allein im Wohnzimmer gelassen, während ich im Bad war«, sagt sie und dreht sich wieder zum Spülbecken um. Sie weiß, dass er dieses Argument leicht im Keim ersticken kann. Für mehrere Stunden Skifahren zu gehen, ohne sich Gedanken darüber zu machen, wer auf die Kinder aufpasst, ist etwas ganz anderes. Sie spürt immer noch diese verbotene Freude in sich – die Freude, die durch ihren Körper strömte, als sie nicht zu ihm zurückgeblickt hatte.

Finn nähert sich ihr wieder und schlingt seine Arme um sie.

»Eivor«, flüstert er. »Musst du immer so nachtragend sein?«

Ein Räuspern an der Küchentür lässt sie beide herumfahren. Dort steht Heiberg. Er hat zwei benutzte Gläser in den Händen, streckt sie ihnen entgegen.

»Dachte, ich mach mich mal nützlich«, sagt er. Finn nimmt ihm die Gläser ab. Heiberg nickt kurz und geht eilig zurück ins Wohnzimmer.

Eivor nimmt Finn die Gläser aus der Hand und legt sie ins Spülbecken.

Finn bleibt noch einen Augenblick stehen. Sie weiß, dass er noch mehr sagen will. Mehr tun. Doch dann teilt er ihr nur mit, dass er auch wieder zurück ins Wohnzimmer geht.

»Muss ja unserem Gast etwas anbieten«, fügt er hinzu.
»Und die Mädchen müssen wohl ins Bett.«
»Was glaubst du, wie lange bleibt er noch?«, fragt Eivor.
»Ssschhh«, zischt Finn.

Die Kinder ins Bett zu bringen ist ein langwieriger Prozess. Eivor muss zwei Mal *Fola Fola Blakken* singen, danach wollen die Mädchen ein Märchen hören. Sie liest aus der *Böckchen-Bande* – das ist das kürzeste Märchen, und Eivor verstellt beim Lesen ihre Stimme, gibt sich jedoch Mühe, den Troll nicht zu gruselig klingen zu lassen.

»So ward der Troll verschwunden, und der große Bock trabt zurück zur Alm, um sich fett zu fressen«, erzählt Eivor und will gerade mit *und wenn sie nicht gestorben sind, dann leben sie noch heute* das Buch zuklappen, doch da protestiert Unni und setzt sich im Bett auf.

»Marit liest das aber immer anders! Lies so wie Marit!« Sie versucht, das Märchenbuch an sich zu reißen, doch Eivor hält es außer Unnis Reichweite und fragt, was sie damit meint.

»Er sticht ihm die Augen aus«, erklärt Unni. »Du musst lesen, wie er ihm die Augen aussticht.«

Eivor sieht zu Lisbeth, die mit offenem Mund daliegt, die Bettdecke bis unter die Unterlippe gezogen. Ihre Haut schimmert golden im Licht der Nachttischlampe.

»Na gut«, sagt Eivor und schaut wieder ins Buch, streicht die Seite glatt und liest: »›Ja, komm du nur! Ich werde dich brechen, dir mit meinen Klingen die Augen ausstechen! Ich habe zwei Steine, zertrümmere dir Mark und Beine‹, sagte der Bock. Und so fiel er über den Troll her, stach ihm die Augen aus, schlug ihm Mark und Bein entzwei und stieß ihn mit den Hörnern den Wasserfall hinab. Dann trabte er die Alm hinauf.«

Sie hebt den Blick und sieht die beiden Mädchen an. Lisbeth ist noch weiter unter die Decke gekrabbelt, doch Unni sitzt immer noch aufrecht im Bett.

»Noch mehr«, sagt sie.

»›Und dort fraßen die Böcke sich so fett, dass sie keine Lust mehr hatten, nach Hause zu gehen, und wenn sie nicht gestorben sind, dann stehen sie da noch heute‹«, liest Eivor und schließt das Buch.

Unni sieht sie misstrauisch an, als wolle sie entschlüsseln, ob Eivor noch mehr verheimlicht oder beschönigt.

»Gute Nacht«, sagt Eivor und küsst Unni auf die Stirn. Sie beugt sich zu Lisbeth, um auch ihr einen Gutenachtkuss zu geben, doch Lisbeth verschwindet komplett unter der Decke und knurrt wie ein beleidigter Hund. Eivor legt die Hand auf die Decke, ungefähr dort, wo Lisbeths Stirn sein muss, und sagt erneut Gute Nacht. Dann löscht sie das Licht.

Diesmal schließt sie die Tür komplett. Die Kinder mögen es am liebsten, wenn sie offen bleibt, doch heute dringt zu viel Lärm aus dem Wohnzimmer. Finn und Heiberg haben den Whisky aus dem Schrank geholt und sitzen vor dem Plattenspieler. Einen Moment lang überlegt sie, ob sie sich mit einem Buch in die Küche setzen sollte – das hat sie schon einige Male getan, doch es gibt ihr jedes Mal das Gefühl, verbannt worden zu sein. Die Küche ist schmal und eng. Hier stehen nur zwei kleine Holzschemel an einem Klapptisch. Sie säße eingeklemmt zwischen Herd und Fenster. Das Schlafzimmer ist auch keine Alternative – dort gibt es keine Stühle oder Sessel – nur das Bett – und eng ist es dort auch, gerade genug Platz, um sich zwischen dem Doppelbett und den Schränken zu bewegen.

Sie geht ins Wohnzimmer, nimmt ein Glas von dem kleinen Servierwagen unter dem Fenster und setzt sich zu Finn und Heiberg. Jetzt heißt es einfach nur, sich im Abend fallen zu lassen, zu trinken, bis die Müdigkeit sie übermannt.

Finn lächelt ihr zu, als sie sich zu ihnen gesellt, Heiberg jedoch ist mitten in einer Erzählung und wendet die Augen nicht von Finn ab.

»Zu diesem Zeitpunkt waren wir sehr weit von der Küste entfernt«, sagt er. »Aber so war er nun mal – tadellose Arbeitsmoral, also hat er niemandem Bescheid gesagt.«

»Geplatzter Blinddarm«, erklärt Finn an Eivor gewandt. »Heiberg erzählt gerade von einem Fall, als er bei der Handelsflotte war. Gut, dass unser Mann heute den Ernst der Lage erkannt hat.«

»Wie kann man denn *nicht* den Ernst der Lage erkennen?«, fragt sie.

Einige Monate vor der Hochzeit hatte sie akute Bauchschmerzen bekommen, sie konnte nicht aufrecht stehen, hing kopfüber über der Bettkante des Klappbetts in Finns Einraumwohnung. Mit zwei Fingern drückte er auf ihren Bauch, ließ sofort wieder los, als sie laut aufschrie, und er konstatierte, dass es der Blinddarm sei und sie sofort ins Krankenhaus müssen.

»Wenn der Blinddarm erst einmal geplatzt ist, fühlt man sich für einen kurzen Moment besser«, sagt Finn und schenkt ihr Whisky ein. »Aber dann verschlechtert sich der Zustand. Fieber, Übelkeit, starke Schmerzen. Und in diesem Stadium ist es um einiges schwieriger zu operieren. Da haben sich die Patienten bereits eine Bauchfellentzündung zugezogen.«

Eivor rutscht ein Stück tiefer in ihren Sessel und zieht die Schultern an. Sie hebt das Glas an den Mund und nimmt einen brennenden Schluck.

»Ja, ja – der Kerl, den du heute operiert hast, ist wahrscheinlich einfach nur froh, dass er ein paar Tage im Krankenhaus liegen und sich ausruhen darf«, sagt Heiberg und hält Finn auffordernd sein Glas hin. Es ist noch gar nicht leer, und Finn zögert einen Moment, bevor er ihm nachschenkt.

»Wie meinst du das?«

»Ja, zurzeit gibt es doch viele Arbeitsausfälle, nicht wahr? Ich habe gehört, dass es immer so ist, wenn es auf den Frühling zugeht. Viele wollen sich ohne triftigen Grund krankschreiben lassen.«

»Nun ja, eine Blinddarmentzündung kann man jetzt nicht gerade simulieren«, sagt Finn und lacht kurz auf. »Ich finde nicht, dass wir spekulieren sollten ...«

»Nein, nein, er ist sicher ein tugendhafter Kerl. Aber jetzt beginnt die harte Zeit. Ich denke nur daran, was Alfsen mir so erzählt hat, womit er sich jedes Jahr im Frühling so rumplagen muss. Randale und Ruhestörungen, wohin man auch sieht.«

Bjørn Alfsen ist der Sysselmann in Longyearbyen, der Repräsentant der norwegischen Regierung auf Spitzbergen. Eivor sind diese Worte nicht neu – Bjørn hat ihnen auch von den zunehmenden Ruhestörungen und anderen kleineren Straftaten erzählt –, dass der Frühling in vielerlei Hinsicht eine Herausforderung ist. Finn wurde gewarnt, dass das Krankenhaus unter stärkerer Belastung stehen wird, wenn die Polarnacht dem Ende zugeht, und dass es immer jemanden gibt, der mit dem ersten Boot zurück aufs Festland geschickt werden muss, und zwar nicht nur wegen körperlicher Beeinträchtigungen. Sie nennen es die Frühjahrskrankheit.

Heiberg beschäftigt die Frühjahrskrankheit auch, jetzt kommt er richtig in Schwung – er redet von Belastungsgrenzen, Arbeitsbereitschaft, Durchhaltevermögen und was man von jedem Einzelnen erwarten könne, der hier oben lebt.

»Man muss sich doch bewusst sein, worauf man sich einlässt, wenn man nach Spitzbergen kommt«, sagt er mit Nachdruck. »Man muss die Kälte aushalten. Polartag und Polarnacht zu schätzen wissen. Wenn man damit nicht klarkommt, hat man hier oben nichts verloren. Ganz ehrlich – es hilft, wenn man aus dem Norden kommt. Die aus dem Süden begreifen das alles nicht.«

Finn lächelt und wirft Eivor einen flüchtigen Blick zu.

Sie schaut in ihr Glas.

Finn kommt aus Åsgårdstrand in Südnorwegen, sie aus Oslo. Keiner von beiden hat jemals die Polarnacht miterlebt, bevor sie nach Longyearbyen gezogen sind. Ihre erste Saison mit Mitternachtssonne steht ihnen noch bevor. Aber die Mitternachtssonne kennt Eivor immerhin schon, aus den Sommern ihrer Jugend, in denen sie die Ferien bei ihrer Tante und ihrem Onkel in Svolvær auf den Lofoten verbracht hat. Sie konnte während dieser Zeit kaum schlafen, hatte sich nie an das Licht gewöhnen können, die Schneeammern sangen mitten in der Nacht, die Möwen schrien unaufhörlich. Eivor hatte dunkle Ränder unter den Augen, als sie sich morgens im Badezimmerspiegel erblickte, sie gähnte mehr als sonst, doch abends wurde sie einfach nicht müde genug, um sich hinzulegen, und so vergingen die Tage, mit Sonne, Wind und Nebel und hellen, langen Nächten.

Jetzt dauert es keine zwei Monate mehr, bis die Sonne rund um die Uhr am Himmel steht, doch das erste Boot kommt nicht vor Mitte Mai. Es ist noch lange hin, bis man anfangen kann, die Tage zu zählen.

Die Nachrichten sind fast vorbei, als Eivor am nächsten Morgen das Radio einschaltet, die Wettervorhersage hat sie verpasst, aber draußen vor dem Fenster ist es genauso wie gestern – kalt, still und dunkelblau. Bevor sie nach Spitzbergen kam, hatte sie sich vorgestellt, dass das Wetter andauernd umschlüge, wie in Nordnorwegen – abwechselnd Sonne und Sturm; peitschendes Schneegestöber im einen Moment, starrer Eisnebel im nächsten. Genauso verhielt es sich auch in den ersten Wochen, vor allem als der Herbst in den Winter überging, aber nach Weihnachten folgten lange Perioden, in denen das Wetter immer gleich blieb. Tagein, tagaus mit stiller, trockener Kälte, gefolgt von unzähligen Tagen Schneesturm.

Eivor tritt vom Fensterbrett zurück und geht in die Küche, dreht im Vorbeigehen das Radio lauter. Jossa folgt ihr dicht auf den Fersen und steht erwartungsvoll hinter ihr, während sie Hundefutter in die Schüssel füllt, die immer auf einer alten Fußmatte bei der Tür steht, wenn die Hündin bei ihnen ist. Sie setzt den Wasserkessel auf und rührt Trockenmilch in einem Topf an. Das Blubbern des kochenden Wassers vermischt sich mit Jossas Schmatzen, den Nachrichten über die Schließung der Kongsberger Silberwerke und den hellen Stimmen, die aus dem Kinderzimmer klingen. Die Mädchen sind schon wach, aber sie warten darauf, dass ihnen die warme Milch ans Bett gebracht wird, das ist ihr Sonntagsritual. Manchmal dürfen sie sogar zu Eivor und Finn ins Elternbett krabbeln, aber Finn schläft noch, hinter der geschlossenen Tür.

Eivors Whiskyschädel pocht milde, doch Finn wird es um einiges schlechter ergehen, wenn er aufwacht. Es hatte sich als schwierig erwiesen, Heiberg zum Gehen zu bewegen, er blieb einfach sitzen, und Eivor war schließlich aufgestanden und ins Bett gegangen. Sie wusste nicht, wie spät es war, als Finn neben ihr ins Bett fiel und einen Arm um sie legte.

Wahrscheinlich wird er so lange schlafen, bis das dämmrig blaue Februarlicht seinen hellsten Punkt erreicht hat, obwohl die Mädchen wach sind und das Radio dudelt. Finn schläft immer sehr tief, wie ein Bär im Winterschlaf. Er rührt sich kein bisschen. Er behauptet, nur selten zu träumen. Das frustriert ihn. Hin und wieder lässt er die Bemerkung fallen, er wünschte, er wäre Psychiater geworden, doch dann zuckt er mit den Schultern und sagt, dass er mit dieser Spezialisierung nie die Möglichkeit gehabt hätte, nach Spitzbergen zu kommen. Hier oben geht es um Blut und Knochen und Entzündungen. Es geht um abgetrennte Finger nach dem Verkippen, durch Grubenstempel zertrümmerte Füße, Überdehnung von Sehnen und Muskeln. Schleimhusten. Gehirnerschütterungen. Frostschäden. Parasiten. Bergmannslunge. Mit diesen Dingen muss sich ein Werksarzt auseinandersetzen. Doch Finn hat früh bemerkt, dass die Leute auch mit ganz anderen Problemen zu ihm kommen, und bevor die Winterisolation begann und die Inselgruppe von der Außenwelt abgeschnitten war, hatte er mehrere psychiatrische Medikamente vom Festland bestellt.

Die Nachrichten enden im selben Moment, in dem Milch und Kaffee fertig sind, in dem Jossa aufgefressen hat und Richtung Tür tapst. Stimmt, sie war noch gar nicht draußen. Jossa übernachtet erst seit Kurzem hier, und Eivor hat sich noch nicht an die neuen Routinen gewöhnt.

Die Mädchen sind aufgestanden, und sowohl die Milch als auch der Kaffee sind kalt geworden, als Eivor nach den drei Runden um das Krankenhaus, die die Hündin braucht, bevor sie ihr Geschäft erledigen kann, wieder nach oben kommt. Sie hebt die Mädchen auf die beiden Küchenschemel, erwärmt Topf und Kessel erneut und hält ihre steifgefrorenen Finger über den heißen Dampf. Sie wird es nie lernen. Hier kann man es sich nicht leisten, sich nicht ordentlich anzuziehen, auch wenn man nur für ein paar Minuten vor die Tür geht.

Der Gottesdienst wird heute aus Tvedestrand gesendet. Nachdem die Kirchenlieder verklungen sind, spricht eine sanfte Priesterstimme mit Sørlandsdialekt über Genügsamkeit und Verzicht.

»Nix da. Nicht mit diesen Kopfschmerzen«, sagt Finn und steht auf, um das Radio auszuschalten. Er kommt in die Küche und lässt sich auf den Schemel fallen. Reibt sich das Gesicht mit beiden Händen und fährt sich mit den Fingern über die Wangen, sodass die Innenseiten seiner unteren Augenlider zu sehen sind.

»Du müsstest eigentlich in die Kirche gehen und deine Zechsünden beichten«, sagte Eivor und schenkt Finn Kaffee nach, der seinen Dank bekundet, dass die Kinder bereits draußen sind und im Schnee spielen.

»*Heiberg* sollte seine Sünden beichten«, erwidert er. »Der Kerl wollte einfach nicht nach Hause gehen. Und was der abkann. Hat nicht den Eindruck gemacht, als wäre er besonders betrunken. Aber gesprächig war er! Wenn ich mich recht erinnere, ging es bei unserem letzten Thema um die Russen. Wenn sie kommen, will er sich mit einem kleinen Funkpeiler in einer Jagdhütte verstecken. Nächstes Mal müssen wir die Whiskyflasche verstecken!«

Sowohl Bier als auch Branntwein sind rationiert und werden nur einmal im Monat an alle Bewohner Longyearbyens verteilt. Aber die Rationen sind großzügig, und Eivor hatte bisher nicht den Eindruck, dass jemand Gefahr lief, auf dem Trockenen zu sitzen. Wein gab es außerdem in unbegrenzten Mengen. Oben in den Arbeiterbaracken in Nybyen und Sverdrupbyen sieht es ganz anders aus – sie weiß, dass den

Arbeitern geringere Rationen zustehen, auch die Auswahl ist schlechter, was oft Unzufriedenheit zur Folge hat. Es ist noch gar nicht lange her, als in der *Svalbardposten* eine anonyme Beschwerde einiger Arbeiter abgedruckt worden war, adressiert an die Store Norske Kohlekompanie: *Warum wird nur Dunkles serviert, wenn 98 Prozent der Bevölkerung Pilsner haben wollen?* Und: *Warum wird Bier rationiert?* Eivor musste lachen, als Finn die todernsten Beschwerden laut vorlas, doch dann bekam sie ein schlechtes Gewissen, denn wenn nun feiern und trinken die einzigen Lichtblicke für einige waren? Wenn es nun kaum andere Alternativen gab, um die Monotonie aufzubrechen?

Bevor Eivor nach Spitzbergen kam, hatte Finn gesagt, es sei wichtig, dass sie sich so schnell wie möglich einlebte und einer Beschäftigung nachginge. Er sagte das mit so ernster Stimme, dass es ihr beinahe Angst machte. Als hätte er vorher schon gewusst, wie es ihr hier ergehen würde. Doch als sie endlich ankam, war er einfach nur froh und enthusiastisch – er wollte ihr alles zeigen, sie schnell ins Leben in Longyearbyen integrieren. Er schlug Vereine vor, denen sie beitreten könne, lud Gäste in ihre Wohnung ein, zeigte ihr schöne Ski- und Wanderrouten und versuchte, freundschaftliche Bande zwischen ihr, Marit und Anne Marie, der jüngsten Krankenschwester, zu knüpfen. Doch Eivor hat nur wenige Gemeinsamkeiten mit den beiden Frauen. Marit ist aktives Mitglied im Handarbeitsverein, hilft tatkräftig bei der Sonntagsschule der Kirche und ist immer mit von der Partie, wenn ein Basar stattfindet. Über Anne Marie weiß Eivor nicht viel – aber ihr Eindruck ist, dass sie sehr sozial ist und einen engen Freundeskreis hat, bestehend aus anderen jungen, unverheirateten Frauen. Eivor ist die Frau Doktor – sie gehört zu den Ehefrauen, zu den Müttern und Kindern, sie gehört zu Finn.

Eivor wendet die beiden Brotscheiben in der Pfanne, die in der Margarine brutzeln. Finn ist der festen Überzeugung, dass Fett gegen Kater hilft. Sie selbst hat nur eine Tasse Kaffee herunterbekommen und weiß, dass sie erst im späteren Verlauf des Tages überhaupt Appetit haben wird. So ist es fast immer.

»Willst du nichts?«, fragte er, als sie die Brotscheiben auf einen der braunen Keramikteller legt und vor ihm auf den Tisch stellt.

Eivor schüttelt den Kopf. Sie hat sich Wasser mit Nyco-Fruchtsalz angerührt, die grauweiße Flüssigkeit zischt leise im Glas.

Sie setzt sich auf den zweiten Küchenschemel und trinkt die Fruchtsalzlösung in kleinen Schlucken, es prickelt säuerlich auf der Zunge. Finn beugt sich über seinen Teller und beginnt zu essen. Er sieht älter aus, wenn er erschöpft ist, sie entdeckt Falten in seinem Gesicht, die sie sonst nicht sieht. Seine dunklen Locken liegen platt am Kopf, an den Schläfen sind sie von grauen Strähnen durchzogen.

Als Eivor Finn zum ersten Mal begegnet war, hatte sie keine Lust, ihm zu verraten, dass sie gerade erst neunzehn war, dass sie im Frühjahr Abitur gemacht hatte. Sie hatte zwar nicht gelogen, jedoch behauptet, ihr Französischstudium schon begonnen zu haben. Er selbst hatte sein Medizinstudium abgeschlossen und machte bereits sein praktisches Jahr im Krankenhaus.

Sie waren sich auf einem Gartenfest in Vinderen begegnet, sie hatte keinen weiten Nachhauseweg, wurde aber trotzdem von ihrem Stiefvater abgeholt. Er kam nicht in den Garten, wartete einfach nur vorne an der Straße, hatte wahrscheinlich schon eine Weile dort gestanden, bevor sie ihn bemerkte. Finn stand in der Nähe des Gartentors, als sie eilig den Weg aus Steinplatten hinunterlief, die Sommerjacke über den Schultern. Ihre Blicke trafen sich, als sie das Tor öffnete. Er lächelte sie an, sie erwiderte das Lächeln, sah sich jedoch vor, sich nicht zu ihm umzudrehen, als sie mit ihrem Stiefvater an der Hecke entlang die Straße hinabging.

Vielleicht hatte er auch gar nicht mitbekommen, dass sie abgeholt worden war – er stand mit Freunden zusammen und war ins Gespräch vertieft. Im Nachhinein hatte er jedoch behauptet, schon bei ihrer ersten Begegnung an ihr interessiert gewesen zu sein. So erzählt er es zumindest gern, obwohl es keine Anzeichen gab, nichts, was darauf hindeutete, dass er sie wahrgenommen hatte. Aber als sie dann endlich zueinanderfanden, ging alles ganz schnell. Sie war die Erste in ihrem Freundinnenkreis, die heiratete – sie, die nie zuvor einen festen Freund gehabt hatte.

Sie erinnert sich an die champagnerfarbenen Seidenschuhe auf dem graugetünchten Kirchenboden, die Haarspangen, die auf ihre Kopfhaut drückten, den Arm des Stiefvaters, sein Rasierwasser, das leere Gefühl im Magen, da sie seit dem Vortag nichts gegessen hatte. Sie stand Finn gegenüber vorm Altar und sah sein Lächeln durch den Schleier, fragte sich, ob sie wohl bereits schwanger war.

Am späten Vormittag bringt Eivor Jossa zurück zum Hof des Sysselmanns. Sie nimmt den Weg über Haugen, bevor sie das Tal an seiner tiefsten Stelle, Myra, durchquert. Mit den Kindern geht sie diesen Weg selten, denn er führt direkt unter der Drahtseilbahn entlang, und es kann schon mal Kohle aus den Loren fallen. Der Boden rund um die Träger der Seilbahn ist damit oft übersät – die Kohlestückchen sind scharfkantig, sie glitzern und sind überraschend leicht.

Jossa spürt, dass sie nach Hause gebracht wird, und zieht den Hang hinauf nach Skjæringa das Tempo an, erklimmt den Felsvorsprung, hinter dem das ehemalige Krankenhaus noch steht, verlassen und ungenutzt. Genau hier, auf der obersten Stufe der Treppe, wird der erste Sonnenstrahl ins Tal fallen, in nur wenigen Tagen.

Als sie gerade über den Kamm des Hügels kommen und nach links Richtung Sysselmannshof abbiegen wollen, bemerkt Eivor eine Menschenansammlung an der Böschung, die zu den Zwingern der Schlittenhunde abfällt. Jossa bleibt augenblicklich stehen, stellt die Ohren auf und hält die Nase in die Luft, dann senkt sie den Kopf und gibt einen Laut von sich, eine Mischung aus Winseln und Knurren. Auf einmal bäumt sie sich auf und zerrt an der Leine.

»Ruhig«, sagt Eivor, lässt sich jedoch mitziehen. Die Schlittenhunde jaulen im Chor, ihr Heulen weht wie immer zu ihnen herüber, doch heute sind sie lauter als sonst – nicht nur Jossa ist aufgebracht.

Ein leichter Windstoß schlägt ihnen entgegen, Jossa reckt die Schnauze höher in die Luft. Und plötzlich ist sie wie von Sinnen. Eivor hält die Leine krampfhaft fest und verlagert ihr Gewicht nach hinten, doch die Hündin kennt kein Halten mehr und Eivors Füße scharren durch den Schnee.

»*Bleib!*«, ruft sie, und Jossa reagiert für einige Sekunden auf das Kommando, doch dann zieht sie wieder in Richtung der Zwinger, die Leute drehen sich inzwischen zu ihnen um, es bildet sich eine Schneise zwischen den Schaulustigen.

Da sieht sie ihn. Den Bären. Dreckig weiß und kolossal liegt er da, umgeben von Blutflecken. Er ist offensichtlich tot, Eivor hält dennoch den Atem an. Ein Eisbär. Hier im Ort. Zwischen den Häusern.

»Kommen Sie mit dem Hund nicht klar?«

Der Verwalter des Huskyhofes kommt auf sie zu, setzt sich vor Jossa in die Hocke, packt sie am Halsband und raunt ihr beruhigende Laute zu.

»Olaussen war's, er hat geschossen«, erzählt Dagny, die in der Bäckerei arbeitet.

Olaussen nickt und zieht Jossas Kopf vorsichtig an sich.

»Der ist heute früh um die Zwinger herumgestromert. Muss wohl an Land geschwommen sein und dann die Hunde gewittert haben. Oder ihr Futter.« Mit einem Kopfnicken deutet er in Richtung der Zwinger, und Eivor denkt sofort an die Fleischfetzen und Eingeweide, die ab und zu an die Hunde verfüttert werden. Eine rotgraue Masse im dreckigen Schnee vor den Holzhütten, in denen sie Unterschlupf finden.

»Wie weit ist er gekommen?«, fragt Eivor, doch in dem Moment duckt sich Jossa unter Olaussens Hand hindurch und läuft auf den Eisbären zu. Eivor will ihr hinterherhechten, doch Olaussen winkt ab.

»Lassen Sie sie schnuppern. Der Bär ist tot.« Er lacht aus vollem Halse, reibt den Zeigefinger unter seiner Nase und schnieft ein paar Mal. »Er ist bis zu den Zwingern gekommen, trotz Warnschuss, also hab ich gedacht, jetzt reicht's. Ich will keinen Bären bei meinen Hunden herumscharwenzeln haben.«

Neugierig umkreist Jossa den Bären. Einige Männer in Arbeitskluft stehen hinter dem toten Tier, sie lachen und unterhalten sich angeregt miteinander, einer von ihnen hat sich in die Hocke gesetzt und hebt eine der Hinterpfoten an. Ein kleines Kind in rotem Anorak sitzt auf Knien vor dem Bären und starrt ihn mit großen Augen an. Der Sohn des Pastors versucht sogar, auf ihn hinaufzuklettern, wird jedoch von einem seiner älteren Brüder von dem Tier heruntergezogen. Einige

Erwachsene haben ihre Fotoapparate dabei, eifriges Stimmengewirr summt durch die Luft.

»Das ist schon das zweite Mal, dass wir in der Winterzeit einen Bären in der Stadt haben«, sagt Dagny. »Ob es wohl derselbe Teddy ist wie letztes Jahr? Die haben es ja so an sich, wieder zurückzukommen. Haben Sie das gewusst, Frau Nydal, dass letztes Jahr zwischen Weihnachten und Neujahr ein Bär in der Nähe des Krankenhauses herumgewandert ist?«

»Nein! Direkt davor?« Eivor spürt, wie sich die Muskeln in ihrem Oberkörper zusammenziehen.

»Unten auf dem Sportplatz«, sagt Olaussen, »also nicht direkt vor Ihrer Haustür. Obwohl, wer weiß schon, wo er überall gewesen ist, bevor er entdeckt wurde. Es war immerhin mitten in der Polarnacht, wir hatten starken Schneefall. Einer vom Haugen ist mit dem Gewehr los, aber die Büchse wollte im entscheidenden Augenblick nicht mitspielen. Zum Glück hat der Bär sich trotzdem auf und davon gemacht, Richtung Meer, das hätte sonst böse enden können.«

Dagny und Olaussen unterhalten sich weiter angeregt über den Eisbären, aber Eivor entzieht sich dem Gespräch unauffällig, bleibt ein paar Schritte vor dem toten Tier stehen. Das Stimmengewirr um sie herum verwandelt sich in ein entferntes Brausen. Heute hat sie das Gewehr nicht mitgenommen, das tut sie nie, wenn sie sich innerhalb der Siedlung bewegt. Sofort spürt sie, wie ihr Rücken sich nackt anfühlt, ihr Körper zu weich. Sie schließt die Augen, riesige Krallen kommen auf sie zu, zerfleischen sie, vom Hals bis hinunter zu den Schenkeln.

Der Eisbär liegt auf der Seite, die enormen Pranken vor ihm über Kreuz. Sie sind breit und merkwürdig platt. Fünf schwarze, messerscharfe Krallen ragen aus jeder Pfote heraus. Das gelbliche Fell wölbt sich in weichen Wulsten um den breiten Bärenhals. Das Fell an seiner Brust ist blutgetränkt, es sieht so aus, als hätten ihn mehrere Kugeln getroffen. Sein Maul ist offen, die Zunge hängt schlaff heraus, die Eckzähne sind sichtbar. Auch sie sind rot. Ein beißender Geruch strömt von dem riesigen, bewegungslosen Tier herüber.

Jossa hat bisher noch ihren Abstand gewahrt, doch nun geht sie an dem knienden Kind vorbei und bleibt am Blutfleck vor der Brust des Bären stehen. Dann senkt sie den Kopf und steckt ihre Zunge in den roten Schnee.

»Jossa!«

Die stattliche Gestalt von Sysselmann Bjørn erscheint hinter der Zwingeranlage, er kommt den Hang hinauf und ruft nach seiner Hündin. Jetzt hat auch Jossa ihn entdeckt, sie hebt den Kopf, spitzt die Ohren und wedelt mit dem Schwanz, und dann prescht sie auf ihn zu und hinterlässt schwache rote Pfotenabdrücke im Schnee.

Alle wollen den Eisbären sehen. Ganz Longyearbyen hat sich um ihn versammelt, und viele gehen davon aus, dass es sich um denselben Bären handelt, der letztes Jahr gerade noch davongekommen war. Finn drängelt, er will mit den Kindern zum Bären gehen, bevor er weggebracht wird. Es sei wichtig, die Tiere zu sehen, die hier leben, meint er. An einem Tag im November, vor dem ersten heftigen Schneefall, fuhr er mit der Familie tief ins Adventdalen hinein, auf der Suche nach einer Herde Moschusochsen, die dort gesichtet worden war. Auf dem Weg dorthin erklärte er den Kindern, was für ein Tier ein Moschusochse ist – er beschrieb die kräftigen Hörner und die großen, schweren Körper, und betonte, dass sie trotzdem sehr schnell laufen können.

»Normalerweise sind sie friedlich, aber sie können auch wütend werden und angreifen, wenn sie sich bedroht fühlen, vor allem, wenn sie glauben, dass ihnen jemand ihre Jungen wegnehmen will. Man darf also nicht zu dicht rangehen.«

Die Mädchen blickten eingeschüchtert drein und schienen beinahe erleichtert zu sein, als sich herausstellte, dass sie zu spät kamen. Sie sahen keine Tiere, als sie mit dem Jeep durch die Tundra fuhren, es herrschte absolute Stille, als sie aus dem Auto stiegen – alle Vögel waren gen Süden gezogen.

Ein anderes Mal ließ er sie ein Seehundjunges halten, das nach der Robbenjagd mit an Land gebracht wurde. Es war gestorben, kurz bevor die Jagdleute den Hafen erreichten. Was hatten sie überhaupt damit vor? Eivor hatte Lust, sie zu fragen. Was hätten sie mit dem Robbenbaby angestellt, wenn es am Leben geblieben wäre? Es hing ganz schlaff in den Armen der Mädchen. Verstanden sie, dass es tot war? Eivor wollte es ihnen am liebsten nicht sagen, Finn war der Meinung, dass man es ihnen erklären müsse, sollten sie danach fragen, aber das taten sie nicht, Unni fragte lediglich, ob sie das Robbenbaby mit nach Hause nehmen dürften.

Diesmal verstehen die Mädchen, dass es sich um ein totes Tier handelt, stumm und mit ernsten Gesichtern sehen sie dabei zu, wie der große Bär auf eine Ladefläche gehievt und davongefahren wird.

»Der wird wohl ausgestopft«, sagt Finn.

Er erklärt ihnen, was das bedeutet, und Lisbeth sieht so aus, als würde sie gleich in Tränen ausbrechen, aber sie bleibt stumm, auch auf dem Weg nach Hause schweigt sie und verliert kein Wort über den Eisbären oder das Ausstopfen, bis sie abends im Bad sind.

»Wenn du stirbst, will ich dich auch ausstopfen, Mama«, sagt sie und greift nach dem Seifenstück im Wasser – es flutscht ihr aus der Hand und springt an die Wand.

Als Eivor am nächsten Morgen mit den Kindern ins Freie geht, verspürt sie den Impuls, das Gewehr von der Ablage zu holen und mit rauszunehmen. Es ist lange her, dass sie das Gefühl hatte, die Kinder könnten jede Sekunde einer Gefahr ausgesetzt sein. Finn hatte es ihr angemerkt, als sie ihnen nach dem Frühstück die Wollunterwäsche angezogen hatte, und bevor er hinunter in die Klinik ging, sagte er, dass sie sich keine Sorgen machen brauche.

»Jetzt ist es draußen fast noch sicherer als vorher«, sagte er. »Wie hoch ist die Wahrscheinlichkeit, dass gleich zwei Eisbären so kurz hintereinander in die Siedlung kommen? Denk dran, Räumfahrzeuge stellen eine viel größere Gefahr dar als Bären!«

Trotzdem bleibt Eivor den ganzen Morgen gemeinsam mit den Kindern draußen, und als sie die Mädchen nach dem Mittagessen zum zweiten Mal hinauslässt, ermahnt sie die beiden, nicht hinter dem Gebäude zu spielen.

Die Eisbärengefahr wurde ihr, erst einige Wochen nachdem sie und die Kinder nach Spitzbergen gekommen waren, so richtig bewusst. Die Familie war zur Funktionärshütte nach Revneset gefahren, einem kleinen Kap auf der anderen Seite vom Adventfjord.

»Hier können wir die Kinder nicht alleine draußen spielen lassen«, hatte Finn gesagt, und es hat sie schwer getroffen wie eine schockierende Wahrheit. Am ersten Tag stand sie ein Stück von der Hütte entfernt, nur um sicherzugehen, rechtzeitig zu bemerken, wenn ein Bär um die Ecke kam. Sie trug das Gewehr bei sich, obwohl sie nur wenige Tage zuvor schießen gelernt hatte.

Finn saß an der Sonnenseite der Hütte, das Fernglas um den Hals, und hielt Ausschau über den Fjord und die Küstenlinie. Seinen Fotoapparat hatte er auch dabei, und er schoss ein Foto von ihr in dem Augenblick, in dem sie das Gewehr von ihrer Schulter nahm, um es sich über die andere zu hängen. Auf dem entwickelten Foto hält Eivor das Gewehr in beiden Händen, im Vordergrund sitzen die Kinder in Ölzeug und graben mit kleinen Schaufeln in der kohlschwarzen Erde.

Sie stritten sich, als sie schlafen gingen, im Flüsterton, um die Kinder im Nebenzimmer nicht zu wecken. Sie saß aufrecht im Bett, er lag auf dem Rücken, und sie fragte, warum immer sie diejenige sein müsse, die die Pflichten übernahm. Warum saß er einfach nur da und entspannte sich, während sie Wache hielt, warum übernahm er nicht für eine Weile das Gewehr?

»Was – hättest du lieber, dass ich ein stattlicher Eisbärenjäger bin? Ein Nansen vielleicht? Oder ein Johansen?« Finn packte sie plötzlich am Unterkiefer und tat so, als müsse er sie mit aller Gewalt von sich fernhalten, mit irrem Blick starrte er an ihr vorbei und sein tiefes Flüstern drang durch den dunklen Raum. »Sie müssen sich beeilen, sonst ist es zu spät.«

Eivor schlug seine Hand weg.

»Niemand kann einen Eisbären mit seinen bloßen Händen abwehren. Diese Geschichte ist doch nur Seemannsgarn. Und ich meine es ernst. Ich kann einfach nicht die Einzige sein, die Verantwortung übernimmt.«

»Ja, gut«, sagte Finn, »ich passe besser auf. Ich weiß ja, dass du es manchmal anstrengend findest, mit diesen Kindern.«

Eivor verstummte. Presste die Hand ans Zwerchfell.

Plötzlich stand Lisbeth in der Tür, in ihrem gelben Nachthemd. Sie hatte sich ganz leise angeschlichen, ihr Mund stand halb offen, sie sah die beiden fragend an.

Finn war schneller. Er rutschte ans Fußende des Bettes, streckte die Arme aus, hob Lisbeth hoch. Tröstete sie, wiegte sie in seinen Armen.

KAPITEL 2

Der Eisbär ist die Titelgeschichte in der *Svalbardposten*, die nur wenige Tage nach dem Ereignis erscheint. Olaussen wurde interviewt, zusätzlich zu einigen anderen Augenzeugen. Der Bär soll versucht haben, in die Hundezwinger einzudringen, er habe auf den Hinterbeinen gestanden und versucht, durch den Zaun zu brechen.

Normalerweise ist die Zeitung nicht von Sensationen geprägt, abgesehen von den Weltnachrichten, die oft in den Schlagzeilen stehen. Edens Rücktritt als Premierminister des Vereinigten Königreichs. Israels Rückzug von der Sinai-Halbinsel. Tausende Tote beim Aufstand gegen das Sowjetregime in Ungarn. Die Welt steht niemals still, nur auf Spitzbergen. Hier werden Fäustlinge aus dem Lompen, der Waschhalle der Bergarbeiter, gestohlen und mittels Zeitungsanzeige gesucht. Das Krankenhaus lässt einen Hinweis auf die Polioimpfung abdrucken. Das Huset veranstaltet einen Basar. Im Funken wird ein Salongewehr-Schießen ausgerichtet. Der Fotoklub bittet um Beiträge zum angekündigten Wettbewerb.

Und zwischendurch passiert etwas Dramatisches. Irgendetwas läuft schief im Bergwerk, jemand verliert eine Hand, jemand wird von einer Lawine mitgerissen und stirbt, und der Pastor spricht darüber in seiner Predigt, doch in der folgenden Woche predigt er schon etwas anderes – vielleicht den Zusammenhalt der Gemeinschaft, oder den nahenden Frühling, wie man im Warten zu Gott findet, warum Geduld eine christliche Tugend sei.

Spitzbergen ist eine Kapsel. Die Luft steht still. Die Zeit bewegt sich nicht. Man muss die Kälte aushalten können, hatte Heiberg über sein Whiskyglas hinweg gesagt. Er hätte genauso gut meinen können, dass man Geduld haben müsse. Kälte ist Stillstand, Kälte ist ein träger Stoff. Er fließt nicht, er gleitet nicht. Er reibt am Körper.

Nach einigen Tagen wendet sich die Aufmerksamkeit von dem toten Eisbären der Rückkehr der Sonne zu. Die ersten Strahlen werden am Freitag im Laufe des Vormittags im Tal erwartet. Der Wetterbericht sagt klaren Himmel und beste Verhältnisse voraus, und Bjørn hat Finn und Eivor nach Skjæringa eingeladen, um die Sonne dort gemeinsam mit ihm und Karen zu begrüßen. Sie seien keine echten Spitzbergener, bevor sie nicht zum Sonnenfest am alten Krankenhaus auf die ersten Strahlen gewartet haben.

Sie sind nicht allein – viele andere Bewohner haben den Weg auf sich genommen und trotzen der beißenden Kälte. Die Temperaturen sind auf minus fünfundzwanzig Grad gefallen und ein kalter Nordwind bläst vom Fjord herein. Die Menschen haben die Schnüre ihrer Kapuzen fest unterm Kinn zusammengezurrt, sie tragen dicke Fäustlinge und stampfen im Schnee vom einen Fuß auf den anderen, während sie zum Larsbreen und Sarkofagen hinaufsehen. Die Messemädchen vom Funken servieren heiße Brühe, sie haben einen Tisch hinausgetragen und an die Wand des verwitterten alten Krankenhausgebäudes gestellt, Lehrerin Ingerstad hat die Ziehharmonika mitgebracht. Jemand hat ein kleines Lagerfeuer in einer Schneegrube entfacht, und alle Kinder sind streng ermahnt worden, trotz des kalten Windes Abstand zum Feuer zu halten.

»Das Sonnenfest ist für viele hier wichtiger als Weihnachten«, sagt Bjørn und holt eine Brandyflasche aus der Innentasche seines Anoraks. Für ihn und Karen gehört es zur Tradition, der Sonne zuzuprosten, sobald sie über den Gletscher guckt, und auch Finn und Eivor sollen mit ihnen anstoßen. Karen hat vier Schnapsgläser mitgebracht, in dem kleinen Korb, den sie über den Arm trägt.

»Jetzt musst du auch ein Foto von uns machen, Finn!«, ruft sie.

Aber Finn sucht sich seine Motive selbst aus, und genau in diesem Moment versucht er, Unni und Lisbeth mit der Kamera einzufangen, die mit Jossa und der Tochter des Winterchefs von Store Norske spielen. Der Winterchef selbst, Andreas Iversen, lehnt an der Wand bei der Krankenhaustreppe neben seiner hochschwangeren Frau und raucht Pfeife. Er trägt einen dicken, dunklen Mantel und eine Schaffellmütze mit Ohrenklappen, trotzdem sieht er aus, als würde er frieren. Statt sich zu bewegen, um sich aufzuwärmen, steht er wie festgefroren da, mit hochgezogenen Schultern und steifem Blick. So kann man die Kälte auch ertragen – man spannt alle Muskeln an und macht sich unbezwingbar.

Familie Iversen war es, die bis kurz vor Weihnachten in der neu eingerichteten Wohnung des Krankenhauses gelebt hatte – in der Wohnung, die eigentlich dem Werksarzt zusteht, die der Winterchef jedoch für sich beansprucht hatte, weil er im Falle einer Erkrankung in der Nähe des Doktors sein wollte. Als Eivor im Spätsommer nach Spitzbergen kam, wurde die Familie zunächst in Wohneinheit 6 auf Haugen platziert. Dort zog eisige Luft in den undichten Flur, die Stromversorgung ließ zu wünschen übrig, der altmodische Eisenofen hatte nur eine einzige Herdplatte, und der Kohleeimer stand direkt am Eingang. Als der Novemberfrost kam, forderte Finn einen Petroleumofen an, aber es verging keine Woche, bis Lisbeth stolperte, gegen den Ofen stieß und sich Verbrennungen zweiten Grades am Arm zuzog. Eivor musste sie festhalten, während Finn die Verbrennung behandelte. Lisbeth schrie und trat um sich und benahm sich wie ein Tier, das nicht verstand, dass ihm gerade geholfen wurde.

Danach wurde der Prozess, die Familie in die neue Wohnung im Krankenhausgebäude umzusiedeln, beschleunigt. Noch vor Weihnachten zogen sie ein. Eivor betrachtete Lisbeths Narben und fürchtete, dass sie für immer bleiben würden.

Finn hatte ihr nicht gesagt, welche Wohnverhältnisse sie erwarten würden. Er hatte sie in Norwegen abgeholt, sie hatten gepackt, sich verabschiedet, die Wohnung leergeräumt und geputzt. Der Sommer neigte sich dem Ende zu und schon bald gingen sie in Harstad an Bord eines Kohledampfers und begaben sich auf die Reise nach Spitzbergen. Mit jedem Tag wurde es kälter. Eivor hatte das Gefühl, sie war unterwegs zum Nordpol, als erwarte sie etwas knisternd Weißes, Reines, Unendliches. Aber es stellte sich heraus, dass Longyearbyen grau war wie ein Steinbruch, der Himmel farblos, und der Kohlestaub blieb an den Schuhen kleben. Finn hatte ihr viel erzählt, aber nicht das. Der Ort war hässlich. Klein.

»Uff, die ersten Sonnenstrahlen machen mich doch etwas wehmütig«, sagt Karen. »Im Licht wird alles sichtbar. Der ganze Dreck. Ich muss die Fenster mit Spiritus putzen, um den Kohlestaub wegzukriegen. Außerdem kommt man noch lange nicht von der Insel runter.«

Sie und Bjørn überwintern nun schon das vierte Jahr in Folge, und sie hat Eivor gegenüber oft erwähnt, dass sie sich nach dem Süden sehnt. Doch dann tut sie das Gesagte sofort wieder als Unsinn ab – denn wie solle man sich denn auf dem Festland zurechtfinden, wenn man sich erst einmal an das Leben kurz vorm Nordpol gewöhnt habe? Und Jossa sei nun mal keine Hündin, die für ein Leben in Bergens schneefreien Straßen gemacht sei.

Eivor sagt nichts. Sie sieht zu Finn, der in diesem Augenblick die Kameralinse auf sie richtet, doch er lässt den Fotoapparat sinken und schüttelt lachend den Kopf. Der Sinn der Sache ist, sie in einem Moment abzulichten, in dem sie nicht damit rechnet.

Das Hiorthfjell leuchtet weiß im Sonnenlicht auf der anderen Seite des Fjords, doch die Sonne ist noch nicht über den Rand des Gletschers gestiegen, hat sich den Menschen auf Skjæringa noch nicht gezeigt. Wird sie heute kommen? Sicher ist das nicht – es wäre nicht das erste Mal, das die Berechnungen nicht stimmen.

Vorfreude hängt in der Luft, aber auch eine launische Rastlosigkeit. Vielleicht kommt die Sonne. Aber was dann? Sie wärmt noch lange nicht. Die Sonne ist ein kalter Stein, weit draußen im Weltall.

Es ist anstrengend, bei Temperaturen von minus 25 Grad zu spielen, und schon bald stapft Lisbeth erschöpft zu Finn und klammert sich an sein Hosenbein, doch Unni ist unermüdlich, obwohl sich bereits weiße und rote Frostflecken auf ihren Wangen abzeichnen und sie schwer atmet. Sie versucht, Jossa zu streicheln, aber die Hündin hat das Interesse verloren. Sie ignoriert Unni, doch ab und zu wendet sie den Kopf abrupt zu ihr um, nur um die Nase dann wieder in den Schnee zu stecken. Karen hält die Leine kurz, damit sie den Leuten nicht zwischen den Füßen herumspringt.

»Unni, willst du nicht gucken, wo die Sonne bleibt?« Eivor stellt sich zwischen Unni und Jossa.

Aber Unni ist nur an der Hündin interessiert – sie versucht, an Eivor vorbeizuschlüpfen, doch Eivor schnappt sie, hebt sie hoch und setzt sie sich auf die Hüfte. Unni stößt einen Klagelaut aus. Eivor will ihr die Wangen warm rubbeln, doch Unni windet sich auf ihrem Arm.

Eivor sieht Jossa nach und muss an die rosafarbene Hundezunge denken, die vom Bärenblut im Schnee geleckt hat. Jossa ist die schönste Hündin, die sie kennt. Der Eisbär war gelb und struppig, Jossas Brust und ihre Pfoten sind weiß wie frischer Schnee.

Auf einmal nimmt Eivor aus den Augenwinkeln ein gleißendes Licht wahr. Ein Jubelruf ertönt aus der kleinen Menschenmenge. Da ist sie, die Sonne. Ganz plötzlich taucht sie auf – ganz anders als das sanfte Glühen eines Sonnenaufgangs im Osten. Harte Strahlen pressen sich über den Rand des blauen Gletschers, und die schwarzen, kahlen Felsstreifen am Sarkofagen werden in blendendes Licht getaucht.

»Skål!« Karen reicht Eivor ein goldenes Schnapsglas. Sie trinkt, das Gesicht von Unni abgewandt. Finn kommt zu ihnen und legt seinen Arm um sie. Sein Körper sendet keine Wärme aus, sie alle tragen zu viele Kleidungsschichten.

»Jetzt wird es Tag«, sagt Finn über Ingerstads Akkordeontöne hinweg. Unni drückt ihr Gesicht an Finns Schulter. Lisbeth klammert sich an seinem Mantel fest und sieht zu Boden.

Es wird nicht lange dauern, bis es wieder vorbei ist. Heute wird nicht einmal eine halbe Stunde vergehen, bis die Sonne hinter dem Gletscher untergeht und die Nacht zurückkehrt. Also bleiben die meisten trotz Kälte und Wind vor dem alten Krankenhaus stehen – noch wollen sie nicht hinab ins blaue Tal. Eivor und Finn lassen sich jeweils einen weiteren Brandy einschenken, die Mädchen trinken Kakao aus der Thermoskanne und das Feuer brennt nieder, bis nur noch die rotschwarze Glut in der Schneemulde glimmt. Dann verschwinden die Sonnenstrahlen hinter den Bergen – schlagartig, als hätte jemand ein Band durchgeschnitten.

»Von jetzt an geht es nur in eine Richtung«, sagt Bjørn und pfeift Jossa zu sich, die sich zu ihm umdreht, aber stehen bleibt und die Lage einschätzt. Jossa ist eine sture Hündin. Sie bemerkt den Unterschied zwischen einem ernst gemeinten Befehl und einem Kommando, das ihr wie nebenbei zugerufen wird.

»Kommt ihr morgen zum Sonnenfest im Huset?«, fragte Karen an Finn gewandt. »Es wird ein richtiges Programm auf die Beine gestellt und die Blaskapelle spielt auch.«

»Das geht leider nicht. Ich habe morgen Bereitschaftsdienst, ich muss also im Krankenhaus bleiben. Schade, denn ich habe mir sagen lassen, dass das Sonnenfest legendär ist.«

»Ja, da wird wirklich viel los sein. Und es endet immer in Chaos und Schlägereien. Ich muss mich jedes Jahr darauf gefasst machen«, sagt Bjørn und lächelt resigniert.

»Ich kann also davon ausgehen, dass du auch zu Hause bleibst?«, fragt Karen an Eivor gewandt.

»Ja – ich werde Finn Gesellschaft leisten.« Eivor sieht zu Finn, doch dessen Aufmerksamkeit ist bereits abgelenkt.

»Und da kommt Heiberg.«

Eivor dreht sich um und folgt Finns Blick. Unten im Tal, unter den schwarzen Kohleloren, kommt ein Mann in grünem Anorak auf Skiern auf den Berghang zugeglitten. Er bleibt stehen und späht zu ihnen hinauf. Finn winkt, und Heiberg hebt den Skistock zum Gruß. Dann holt er wieder Schwung.

»Du bist zu spät!«, sagt Finn, als Heiberg seine Skistöcke direkt neben einem braunen Brühefleck in den Schnee rammt.

»Die Sonne kommt auch morgen wieder.« Heiberg stützt sich auf die Skistöcke, die Hände unter den Achseln, die Ellenbogen in der Luft. »Man sollte diese Feiertage nicht zu ernst nehmen. Sonst wird man geradewegs enttäuscht.«

»Aber hier bist du ja trotzdem«, erwidert Bjørn lächelnd. »Also *irgendwas* scheint dich ja schon zu locken.«

Heiberg sieht zum Gletscher hinauf, lässt dann seinen Blick über die Leute schweifen, die noch nicht gegangen sind, und lächelt schwach.

»Ich drehe nur eine Runde auf den Skiern. Aber man muss schon stehen bleiben und grüßen, wenn man unterwegs jemanden trifft.« Heiberg redet, als hätte er wochenlang keine anderen Menschen getroffen. Einer seiner Skier gleitet nach hinten weg, und er muss mit einem der Stöcke sein Gleichgewicht halten.

»Wohin geht's?«, fragt Finn.

»Zum Trollstein«, antwortet Heiberg.

Der Trollstein liegt direkt hinter dem Larsbreen, auf gut achthundert Metern Höhe. Der Weg dorthin führt über Nybyen – also hat Heiberg einen ordentlichen Umweg auf sich genommen, um sie in Skjæringa anzutreffen. Er beendet das Gespräch schleunigst, um sich wieder auf den Weg zu machen.

»Dann komme ich oben an, bevor die Sonne verschwunden ist.«

Heiberg salutiert, macht auf seinen Skiern kehrt und stakst in Richtung Loipe, die unter der Bergwand des Sverdruphamar verläuft. Die Skispur führt direkt an einer Ansammlung weißer Holzkreuze vorbei. Longyearbyens einziger Friedhof. Unter der Erde befinden sich Männer, die vor Jahrzehnten bei einer großen Bergbauexplosion ums Leben kamen, und sieben Opfer der Spanischen Grippe. Sie bewegen sich im Boden. Ihre Särge reiben und knirschen in der gefrorenen

Erde und pressen sich von unten an die Erdoberfläche. Mehrere von ihnen mussten schon umgelegt werden, einige wieder hinuntergedrückt.

Eivor war erst fünf Jahre alt, als sie eine Lungenentzündung bekam. Damals lebte ihr Vater noch, und wenn sie versucht, an die Zeit zurückzudenken, in der sie krank war, erinnert sie sich vor allem an ihn. Er schlief kaum, saß nachts bei ihr im Zimmer. Sie sieht ihn vor sich, in seinem Sessel, am Fuß des Kinderbettes, vor den schweren, dunkelgrünen Vorhängen. Sie erinnert sich an nichts anderes, erinnert sich nicht daran, wie es war, im Krankenbett zu liegen, aber sie weiß, wie nah sie dem Tod kam. »Die kritischen Stunden« wurde zu einem Ausdruck, mit dem sie aufgewachsen war, und ihr wurde später oft von der Nacht erzählt, in der sie vom Schüttelfrost gepackt in ihren Fieberträumen wirr vor sich hin sprach. Am nächsten Morgen war das Fieber gesunken, es wurde klar, dass sie es überstehen würde, doch lange hatte es finster ausgesehen. Ihr Vater war nicht von ihrer Seite gewichen und hatte geweint, als sie die Augen aufschlug. Später erzählte er ihr oft, dass in jener Nacht Erinnerungen an seine kleine Schwester wach wurden, die im Alter von fünfzehn an Tuberkulose gestorben war, und eine Weile ging er davon aus, dass auch Eivor Tuberkulose hatte. Bei ihren Besuchen der Nationalgalerie stand sie oft lange vor Munchs *Das kranke Kind* und erkannte sich selbst darin. Die grünliche, drückende Dunkelheit am Rande des Gemäldes sah aus wie der Vorhang in ihrem Kinderzimmer. Sie begann sich vor den Vorhängen zu fürchten, wollte nicht, dass sie nachts zugezogen werden, obwohl eine große Straßenlaterne direkt in ihr Fenster schien.

In ihrer Hochzeitsnacht musste Finn lachen, als er erfuhr,

dass sie es nicht gewohnt war, im Dunkeln zu schlafen, und am liebsten die Nachttischlampe anließ. Er fragte, ob er auch nachsehen solle, ob sich ein Löwe unter dem Bett versteckte, er brachte sie zum Lachen. Und sie entgegnete nichts, als er das Licht löschte, aber schmiegte sich eng an ihn, als er sich zu ihr legte. Alles war neu. Sie konnte nicht schlafen, lag einfach nur da und spürte die Wärme seines Körpers, den langsamen Herzschlag. So würde es nun jede Nacht sein. Er würde da sein, wenn sie aufwachte. Der Raum war still und schwarz, aber das machte nichts.

Samstagabend kommt der Assistenzarzt zu ihnen in die Wohnung. Das Stethoskop liegt um seinen Hals, und er berichtet, dass der Zustand eines eingelieferten Patienten mit Rippenbruch und Rippenfellentzündung sich verschlechtert habe. Der Mann sei bereits auf dem Weg der Besserung gewesen, doch nun sei das Fieber wieder gestiegen.

»Dann werde ich wohl die Nacht in der Klinik verbringen müssen.« Finn wirft Eivor, die auf dem Sofa sitzt, einen entschuldigenden Blick zu – sie haben gerade erst die Kinder ins Bett gebracht, sich eine Kanne Tee gekocht und die Kerzen angezündet. Miles Davis' Trompete erklingt vom Plattenspieler in der Ecke, und bevor es geklopft hat, hat sich Eivor in die wärmste Decke eingekuschelt und ihre Füße in Finns Schoß gelegt.

»Ich glaube auch, es ist besser, wenn du runterkommst.« Reidar ist in der Tür stehen geblieben, die Hände in den Taschen des Arztkittels. Er lässt seinen Blick durch den Raum schweifen, bevor er Eivor ansieht. »Da habe ich wohl euren gemütlichen Abend kaputtgemacht.«

»Das war wohl eher unser Patient.« Finn lacht und dreht die Musik leiser. »Wann ist deine Schicht zu Ende?«

»In einer halben Stunde. Dann wollte ich rüber zum Sonnenfest.« Reidar verstummt kurz, wendet sich dann wieder an Eivor. »Hast du nicht Lust, mitzukommen? Statt ganz allein hier zu bleiben?«

Eivor sieht zu Finn, er schaut überrascht und dreht sich zu Reidar, will gerade etwas erwidern, doch sie kommt ihm zuvor und sagt, sie müsse wegen der Kinder hierbleiben. Sie steht auf und legt die Decke zusammen.

Die Mädchen schlafen inzwischen die meisten Nächte durch. Die Zeiten, in denen sie nachts schreiend und weinend aufwachen, sind vorbei, und Finn und Eivor haben jetzt die Möglichkeit, die Kinder allein zu lassen, wenn sie abends irgendwo eingeladen sind, solange Marit oder eine der Krankenschwestern – oftmals Bjørg – nach ihnen schaut. Aber Eivor geht abends nie allein aus. Sie hat keine regelmäßigen Verabredungen oder Termine, ist kein Mitglied in einem Verein, hat keinen Grund, ohne Finn auszugehen. Zu Hause in Oslo hat sie ihre Freundinnen gehabt, da hat sie zwischendurch mal einen freien Abend mit ihnen verbracht, aber hier auf Spitzbergen ist das anders.

»Natürlich kannst du mitgehen«, sagt Finn plötzlich, als wäre ihm gerade etwas eingefallen. »Du musst ja nicht hier sitzen und dich langweilen. Marit oder Bjørg können sicher ab und zu mal nach dem Rechten sehen, und ich auch. So viel wird ja heute Nacht sicherlich nicht zu tun sein, oder, Reidar?«

Reidar schüttelt den Kopf und gibt Finn einen raschen Überblick über den Stand der Dinge unten in der Klinik – lediglich der Mann mit der Rippenfellentzündung sollte unter Beobachtung stehen, ansonsten deutet alles darauf hin, dass es eine ruhige Nacht wird.

Eine halbe Stunde später verlässt Eivor gemeinsam mit Reidar das Krankenhaus.

Sie und Reidar stehen oft auf der Terrasse vor der Klinik und rauchen, abgesehen davon ist sie es nicht gewohnt, mit ihm allein zu sein, und als das Gespräch nicht sofort in Gang kommt, hat sie große Lust zu sagen, dass sie es sich anders überlegt hat und zurückgehen will. Reidar fühlt sich jetzt sicherlich dazu verpflichtet, den ganzen Abend mit ihr zu verbringen. Wen würde sie dort sonst noch kennen, vielleicht Karen und Bjørn? Ohne Finn fallen ihr solche sozialen Begegnungen schwer. Auf wen er auch zugeht, er findet immer den richtigen Moment, um in ein Gespräch einzusteigen.

»Mit Doktor Ågenæs war das anders«, sagt Reidar, nachdem sie ein Stück gegangen sind. »Ich hatte das Gefühl, dass er mir fast alle Nachtschichten aufgehalst hatte.«

»Ach ja?« Eivor ist erleichtert, dass er die Stille beendet.

»Ja. Finn ist ein wirklich guter Chef.« Reidar betont seinen Vornamen, um den Unterschied zwischen ihm und dem ehemaligen Werksarzt zu verdeutlichen. »Und jetzt leiht er mir auch noch seine Frau aus.«

Eivor lacht und zieht sich den Schal über den Mund, um sich vor der kalten Luft zu schützen. Sie haben Gegenwind, am Straßenrand wirbelt der Schnee auf. Die Straße vor ihnen liegt im Dunkeln und der Weg bis zur Abzweigung, die zum Huset führt, ist öde und verlassen. Es ist weit bis Nybyen, weit bis zum Huset auf der anderen Seite des Tals, weit bis zu einem möglichen Zufluchtsort.

Als sie mit dem Gewehr über dem Rücken aus dem Krankenhaus kam, hatte Reidar sie angegrinst und sie Annie Oakley genannt, bevor er sie dazu überredete, es wieder reinzubringen. Longyearbyen sei trotz allem keine Wildnis, und was am vergangenen Wochenende passiert war, sei wirklich außergewöhnlich.

Reidar verbringt schon seinen zweiten Winter auf Spitzbergen und hat immer Anekdoten von Skiausflügen und von der Jagd auf Lager. Mehrmals ist er in der Svea-Bucht auf Robbenjagd gewesen, gemeinsam mit erfahrenen Robbenjägern oder Kameraden aus Haugen. Er und seine Freunde sind von einem ganz anderen Schlag als Eivor und Finn, die sich vor allem mit anderen Paaren treffen und sich stets in der Nähe der Siedlung aufhalten. Auf eine Weise kommt es ihr vor, als wäre er jünger als sie, dabei geht er auf die dreißig zu.

Reidar hat etwas an sich, das sie an ihre Freunde erinnert, die sie hatte, bevor sie Finn traf – Freunde aus der Schulzeit und aus Seglerkreisen. Niemand war verlobt, einige hatten eine feste Partnerschaft, aber keiner sprach vom Heiraten. Sie erinnert sich an den Sommer nach dem Abitur, den sie in Südnorwegen auf der Hütte verbrachten. Jemand war auf die Idee gekommen, auf dem Boot Schach zu spielen. Sie hatten zwei Stühle und einen kleinen Tisch ans Wasser getragen, alles in den Kahn geladen und mitten im flachen Sund ein Schachturnier ausgetragen. Natürlich kippte der Tisch irgendwann um und einer von ihnen musste den Schachfiguren nachschwimmen, die auf den Wellen davontanzten. Tore Kleiverud hatte diese Aufgabe übernommen – er, der im selben Jahr in den Osterferien im Dunkeln davonmarschiert war, um aus einem weit entfernten See Eis für den Whisky zu schlagen. Nachdem er wieder zurückgekommen war, schlief er auf dem Plumpsklo ein und musste zur allgemeinen Belustigung in die Hütte getragen werden.

Wo Tore jetzt wohl ist? Seitdem sind viele Jahre vergangen und sie hat den Kontakt zu ihm verloren, und auch zu vielen anderen. Vielleicht ist Tore nach Amerika gezogen, davon hatte er oft gesprochen. Oder er ist noch irgendwo in Oslo. Viele haben geglaubt, dass aus ihr und Tore mal etwas wird, sie haben geradezu darauf gewartet.

»Weißt du, was ich gefunden habe, als ich letztes Jahr im Winter das Medizinlager im Keller aufgeräumt habe?«, fragt Reidar plötzlich. »Malariatabletten!«

»Ach was!«, erwidert Eivor, aus ihren Gedanken gerissen.

»Aber das war noch nicht alles. Rate mal, was da noch in einer Kiste auf den Regalen lag. Ein ganzes Kilo – also ein *Kilo*! – reines Kokain. Kannst du dir das vorstellen? Nur die Götter wissen, wer das bestellt hat.«

»Das war wohl Doktor Ågenæs?«

»Nein, ich habe auch Sachen gefunden, die vor seiner Zeit dort gelagert worden waren. Unzählige falsche Bestellungen und ungenutzte Medizin. Ich denke nicht, dass das Chaos von ihm stammt, auch wenn er selbst nicht auf die Idee gekommen ist, das Lager mal aufzuräumen. Jetzt ist endlich mal Ordnung dort unten, dank mir höchstpersönlich.« Reidar klopft sich mit der behandschuhten Hand auf die Brust.

Ein dröhnendes Motorengeräusch lässt die beiden aufblicken. Die gelben Lichter des Kohlewagens tanzen im Dunkeln den Weg hinab. Reidar streckt den Arm aus, schiebt Eivor an den Rand der Straße und baut sich vor ihr auf, bis der Transporter an ihnen vorbeigefahren ist.

Peinlich berührt schlingt sie die Arme um ihren Körper. Denkt er etwa, sie wäre mitten auf den Weg gelaufen und hätte sich überfahren lassen? Sie dreht sich noch einmal nach dem Wagen um, während sie schon weiter Richtung Huset gehen. Sie sieht die Lichter des Krankenhauses. Finn sitzt nun sicherlich mit seinen Büchern in der Klinik – wenn die Nachtschichten ruhig verlaufen, liest er gern.

Eivor und Reidar biegen rechts in den Weg ein, der quer durch das Tal zum Huset führt. Hier oben ist alles still, sie sind weit von der Siedlung entfernt, und außer ihren Schritten, ihrem Atem und dem entfernten Dröhnen des Kohlewagens ist die Nacht still.

»Was hast du mit dem Kokain gemacht?«, fragt Eivor nach einer Weile.

»Ordnungsgemäß weggeschlossen, natürlich«, antwortet Reidar. »Kokain kann man eigentlich nur für Lokalbetäubungen verwenden. Aber es hat hier im Norden auf jeden Fall mehr Anwendungsmöglichkeiten als Malariatabletten! Wir können froh sein, dass auf dem Fest heute Abend so etwas nicht im Umlauf ist – da wird es ja so oder so heiß hergehen.«

Reidar erzählt Eivor auf dem letzten Stück bis zum Huset von hitzigen Auseinandersetzungen und ungeschickten Kinnhaken zu später Stunde sowie von dem ein oder anderen Skandal. Er hat seine wahre Freude daran, die Geschichten auszuschmücken und zu übertreiben, als wollte er sagen *tja, wenn du wüsstest*.

Im Kontrast zu den Holzhäusern der Siedlung ist das Huset ein steinerner Koloss – ein dreistöckiges, riesiges Gemäuer. Es liegt abseits, direkt am Fuße des Stollens Gruve 1. Der Eingang ist der steilen Felswand zugewandt, der Rest der Siedlung verschwindet aus dem Blickfeld, wenn man davorsteht. Im Dunkeln ist der Berg eine diffuse graue Wand, die man eher spürt, als dass man sie sieht. Den Gipfel kann man nicht einmal erahnen.

Zartgelbes Licht schimmert durch die Bleiglasscheiben der Eingangstür, ein dumpfes Dröhnen von Musik und Festgeräuschen wabert durch das Fensterglas im oberen Stockwerk. Als Reidar seine Hand auf den großen runden Türknauf legt und die Tür aufschiebt, schlägt ihnen die Wärme wie eine Welle entgegen. Eivor tritt ein, es ist fast unerträglich warm, sie zerrt sich die Kapuze vom Kopf und wickelt in aller Eile den Schal vom Hals. Das Blut strömt ihr in die Fingerspitzen, ihre gefrorenen Hände brennen.

»Ach was, die Frau Doktor!« Ein Mann, der an den Garderobenhaken steht, nickt ihr zu und schält sich aus seinem Wollpullover – Eivor hat seinen Namen vergessen, weiß jedoch, dass er bei der Funkstation Telegrafen arbeitet. »Aber wo ist denn der Herr Doktor?«, fragt er.

»Hier ist der Herr Doktor!«, sagt Reidar und zieht sich die Mütze in einer überschwänglichen Bewegung vom Kopf. Gelächter bricht um sie herum aus, als er erneut scherzt, Eivor ausgeliehen zu haben.

»Du solltest Theater spielen«, sagt Eivor.

Überall in der Garderobe liegen Stiefel und Schuhe verteilt, ganze Bündel von Wollsachen, Mützen und Schals wurden auf die Hutablage gestopft. Sie muss sich in die hinterste Ecke des Raumes schlängeln, um einen Platz für ihren Mantel zu finden.

Eivor geht zu den Toiletten, um sich ihre untersten Wollschichten auszuziehen – langes Unterhemd, kurze Wollhosen und die dicken Wollstrumpfhosen. In einem kurzärmeligen Kleid, dünnen Söckchen und roten Pumps mit kleinem Absatz tritt sie wieder hinaus in die Eingangshalle. Nachdem sie in den steifen Mantel gehüllt und von Kopf bis Fuß in Wollkleidung gepolstert war, fühlt sie sich weich und leicht und ein wenig verletzlich. Ihr Haar ist von der Mütze und der Kapuze ganz platt gedrückt und struppig, und als Eivor es mit den Fingern auflockern will, knistert es vor statischer Elektrizität. *Künstlerfrisur* hatte Finn es genannt, als sie sich kennenlernten, denn niemand anderes in ihrem Freundeskreis hatte so lange Haare wie sie, und in Longyearbyen ist es dasselbe – sie ist die Einzige.

Mit klackenden Absätzen durchquert sie die Eingangshalle – ein eisiger Zug fegt ihr um die Fußknöchel, als jemand die Eingangstür öffnet – und ihr Blick fällt auf Reidar, der am oberen Treppenabsatz auf sie wartet.

»Sieht nicht so aus, als würden wir viel mitkriegen«, sagt er, als sie den großen Saal im oberen Stockwerk betreten. Alle Klappstühle, die auf dem Parkett aufgestellt wurden, sind besetzt, und auf der Bühne führt die Schauspieltruppe bereits einen Sketch vor – einer von ihnen ist als Eisbär verkleidet und schlittert tollpatschig auf einer Eisbahn umher. Eivor dreht sich um und blickt die Galerie empor. Dort entdeckt sie einige freie Sitze. Reidar und sie eilen die Stufen zu den Rängen hinauf, so leise wie möglich, um das Publikum nicht zu stören, doch sie sitzen noch keine zehn Minuten, da ist der Sketch und somit auch das gesamte Unterhaltungsprogramm vorbei. Als Nächstes folgt ein offener Wettbewerb im Pfeilwurf.

»Auch in Ordnung – Amateurtheater ist oft peinlich mit anzusehen«, sagt Eivor und steht auf.

»Du Snob«, erwidert Reidar und folgt ihr.

Sie verlassen die Galerie und den großen Saal. Auf dem Weg in die Eingangshalle wird Eivor von Bjørn und Karen angehalten. Reidar bleibt eine Weile bei ihnen stehen, bevor er sich vom Strom ins Café mitreißen lässt. Eivor erkundigt sich bei Bjørn und Karen, ob auch sie ins Café gehen wollen, doch Karen schüttelt den Kopf.

»Wir machen uns mal auf den Weg nach Hause, bevor es hier noch ausartet. Und du? Willst du uns auf dem Heimweg begleiten?«

»Nein, ich bin gerade erst gekommen.«

»Dann bist du wohl nur für das Festgelage hier.« Karen lächelt. »Ja, viel Spaß. Oder viel Glück, eher gesagt.«

Eivor lehnt sich mit dem Rücken an das glatte, breite Geländer und lacht, aber Karens Worte versetzen ihr einen Stich – war das beabsichtigt? Eine Andeutung, dass sie, Eivor, zu diesem Zeitpunkt nicht mehr hier sein sollte? Es wird oft spät, wenn sie und Finn gemeinsam ausgehen, aber es ist noch nie vorgekommen, dass er vor ihr nach Hause geht.

Sie wünscht Bjørn und Karen eine gute Nacht und betritt das verrauchte Café im Erdgeschoss des Huset. Es dauert eine Weile, bevor sie jemanden entdeckt, den sie kennt. Männer sind hier in der Überzahl, die meisten von ihnen sehen auffällig jung aus. An einem Tisch neben der Tür sitzen vier Jungs, die nicht viel älter als achtzehn sein können. Bestimmt sind sie direkt von ihrem Elternhaus hierhergereist, um in den Minen zu arbeiten.

Bierflaschen stehen dicht an dicht auf den Tischen, und drüben neben dem Tresen stapeln sich die Bierkästen auf einer Sackkarre – für Nachschub muss anscheinend ständig gesorgt sein.

Ein Arm schnellt in die Luft – Reidar sitzt gemeinsam mit Audun und zwei Frauen an einem Tisch mitten im Lokal. Vor sich hat er bereits ein Bier, und als Eivor sich zu ihnen setzt, wird auch ihr eine Flasche hingeschoben. Er schien den Wirt überredet zu haben, denn eigentlich darf man kein zweites Bier kaufen, bevor man die leere Flasche des ersten zurückgegeben hat.

»Kennt ihr euch schon? Du weißt doch, wer Jenny ist, oder?« Reidar deutet mit einem Kopfnicken zu der jungen Dame mit kurzen, dunklen Locken. Sie trägt ein gelbes Kleid – normalerweise sieht Eivor sie in einem hellblauen Kittel mit Schürze und einer steifen Haube hinter der Essensausgabe in der Funktionärsmesse.

»Selbstverständlich«, antwortet Eivor, obwohl das nicht ganz der Wahrheit entspricht – sie haben nie mehr als ein paar Worte miteinander gewechselt. Eivor und Finn essen selten im Funken, immerhin haben sie ihre eigene Küche und können so leben wie zu Hause. Auch Jennys Freundin hat Eivor schon einmal in der Messe gesehen, weiß aber nicht, wie sie heißt.

»Der Herr Doktor ist heute Abend also nicht hier?«, fragt Jenny, wie der Mann an der Garderobe, aber Reidar wiederholt seinen Scherz nicht noch ein weiteres Mal. Eivor erzählt, dass ein Patient mit Fieber in der Klinik liegt und betreut werden müsse.

»Und ich habe endlich frei«, sagt Reidar. »Wenn es nach mir ginge, können wir die ganze Nacht durchmachen – immerhin passt das zu meinem derzeitigen Rhythmus!«

Jenny lacht und Reidar rückt ein Stück näher an sie heran.

Audun und das andere Messemädchen sitzen auch dicht beieinander. Reidar und Audun sind ungefähr im gleichen Alter und gehen oft gemeinsam Ski fahren und auf die Jagd. Sie ähneln sich sogar ein wenig – sie sind beide groß, blond und schlaksig und tragen Ready-Pullover oder andere Sportkleidung. Audun ist etwas jünger, er hat gerade seine Ausbildung zum Zahnarzt abgeschlossen und ist noch ganz frisch auf Spitzbergen, aber hat sich schnell und ohne Probleme eingelebt. Er und Reidar haben sich einen Ruf als Partylöwen erarbeitet. Bandelten sie mit den beiden Messemädchen an? Nicht alle Bewohner Haugens sähen das gern.

Jennys Hand liegt auf dem Tisch, Reidars Hand dicht daneben. Jenny hat kurze, helle Nägel und ein dünnes Handgelenk. Sie bemerkt Eivors Blick und lässt die Hand unter den Tisch sinken.

Die Gewinner des Pfeilwurf-Wettbewerbs kommen jubelnd durch die Tür und heben den Pokal hoch in die Luft. Der

Tisch neben der Bar wird rasch für sie freigeräumt, und der Pokal geht von Hand zu Hand. Einer setzt ihn sich wie einen Hut auf, ein anderer schnappt ihm den Pokal vom Kopf und hält ihn sich an den Schritt. Lautes Gegacker schallt durch den Raum.

Das Fest ändert nach und nach den Charakter und artet zusehends aus. Kein Stuhl ist unbesetzt, die Luft ist klebrig und stickig, und diejenigen, die keinen Sitzplatz abbekommen haben, lehnen an den Wänden oder am Tresen. Der Geräuschpegel ist so hoch, dass Eivor Probleme hat, der Unterhaltung am Tisch zu folgen. Irgendwann lehnt sie sich einfach nur in ihrem Stuhl zurück und gibt auf, sich an den Gesprächen zu beteiligen. Audun hat seinen Arm um die Stuhllehne von Jennys Freundin gelegt, Eivor hat inzwischen erfahren, dass sie Inga heißt. Sie beobachtet, wie Reidar Jenny etwas ins Ohr flüstert, was ein Lächeln in ihr auslöst. Wie alt wird Jenny wohl sein? Neunzehn? Zwanzig? Ihr Gesicht hat etwas Weiches, Kindliches, ihre Wangen sind rund und haben einen leicht rosigen Schimmer. Inga wirkt etwas älter, oder vielleicht liegt das auch nur an ihrer Brille.

Plötzlich ertönt ein lautes Brüllen vom Tisch der Männer direkt an der Tür, einer von ihnen schnellt von seinem Stuhl auf.

»Und da geht's auch schon los«, sagt Reidar und lehnt sich ein Stück von Jenny weg. »Jetzt gibt's was zu gucken.«

»Also wirklich, Reidar!«, sagt Jenny.

»Kneipenprügeleien haben ihre ganz spezielle Komik, das musst du zugeben.« Reidar schiebt seinen Stuhl so, dass er das Geschehen besser verfolgen kann. »Nein, entschuldige. So etwas sollte ich als Arzt nicht sagen.«

Wenn Reidar etwas getrunken hat, redet er gerne von sich und seiner Meinung *als Arzt*. Finn hat Eivor darauf aufmerksam gemacht, und immer wieder witzeln sie darüber, wenn sie unter sich sind. *Ich als Arzt muss darauf bestehen, dass wir uns einen Whisky genehmigen. Ich als Arzt muss dich darum bitten, das Buch beiseitezulegen und zu mir ins Bett zu kommen. Ich als Arzt komme nicht umhin anzumerken, dass mir die Radioandacht doch sehr aufs Gemüt schlägt.*

Die beiden drüben am Tisch beruhigen sich, sodass die Leute ihre Aufmerksamkeit wieder anderen Dingen zuwenden, und Eivor geht zur Toilette. Sie spürt, wie ihr mehrere Augenpaare folgen, während sie an den Tischen vorbeigeht – hat sie sich zu sehr aufgetakelt? Nein, alle hier haben sich schick gemacht – das hat sie gleich bemerkt, als sie nach Spitzbergen gekommen ist, dass alle sich wegen der geringsten Anlässe in Schale schmeißen. Auch Jenny und Inga haben sich sehr herausgeputzt. Trotzdem wird Eivor das Gefühl nicht los, in ihrem knallroten Kleid besonders im Fokus zu stehen. Vielleicht sticht sie aus dem Meer an Männern in dunklen Anzügen hervor.

Während Eivor sich die Hände wäscht, fasst sie den Entschluss, nach Hause zu gehen – sie ist wohl eigentlich das fünfte Rad am Wagen. Der Gedanke daran, den ganzen Weg im Dunkeln allein zurückzugehen, ist allerdings nicht gerade verlockend. In der Kälte scheinen alle Strecken doppelt so lang. Der Weg ist außerdem schlecht beleuchtet, und sie stellt sich vor, dass ein Eisbär aus dem Dunkeln auftaucht oder eine Herde Moschusochsen plötzlich vor ihr steht, wie eine Wand aus dunklem Fell, Hörnern und schnaubenden Nüstern.

Sie geht zurück ins Café, um sich zu verabschieden, verharrt jedoch auf der Türschwelle, denn die Schlägerei ist nun in vollem Gange. Arme und Beine fliegen durch die Luft, die Bewegungen sind ausladend, die Schläge verfehlen ihre

Ziele, heisere Rufe schallen durch das Café. Sie versucht, an dem Gedränge vorbeizuschlüpfen, aber in diesem Moment wird einem der Männer ein kräftiger Schlag verpasst, sodass er rückwärts auf sie zu taumelt. Ein riesiger Körper stolpert in sie hinein.

»Hoppla!«, sagt eine Stimme hinter ihr, jemand packt sie an den Schultern und gibt ihr Halt. »Alles in Ordnung?«

Eivor tritt einen Schritt zurück, dreht sich um, streicht ihr Kleid glatt und nickt. Truls Ulvén hat sie aufgefangen, ein Bergarbeiter aus der Finnmark und Trainer des Turnvereins. Er ist groß und breitschultrig, seine Beine wirken etwas zu kurz geraten, seine Arme zu lang. Sie hat ihm beim Vorturnen zugesehen, seine Statur und Beweglichkeit erinnern sie an einen Schimpansen.

Der Schlägerei wird kein Einhalt geboten, doch sie hat sich ins Innere des Cafés verlagert, etwas weiter von der Tür entfernt, nun kann Eivor vorbei. Doch Ulvén stellt sich in die Tür, die Arme ausgestreckt, wie ein menschlicher Schild, sie hat also keine andere Wahl, als sich unter seinen Armen durchzuducken und wieder in das lärmende Lokal zurückzukehren.

Sie schlängelt sich an den prügelnden Männern vorbei, um nicht von einer fliegenden Faust getroffen zu werden, läuft im Zickzack zwischen Menschen und Stühlen und Tischen auf Reidar und die anderen zu und setzt sich wieder auf ihren Platz.

»Geht denn niemand dazwischen?« Sie muss laut sprechen, um gehört zu werden.

»Die regeln das schon unter sich!«, ruft Reidar und lehnt sich zur Seite, um den Kampf verfolgen zu können, da sich einige Leute vor ihn gestellt haben und ihm nun die Sicht versperren.

Eivor reckt den Hals und sieht, wie ein junger Kerl mit rotblondem Haarschopf gegen eine Wand gedrückt wird. Blut rinnt ihm aus der Nase, seine Füße baumeln einige Zentimeter über dem Boden. Der große Mann, der eben noch in Eivor hineingestolpert ist, hat ihn gepackt und brüllt etwas Unverständliches.

»Klärt das draußen, verdammt nochmal!«, ruft jemand vom Nachbartisch, aber niemand schenkt ihm Beachtung, denn in diesem Moment holt der Rotblonde zum Gegenangriff aus. Der riesige Kerl fängt sich einen Schlag in die Rippen ein. Er flucht laut, und im nächsten Augenblick verpasst er seinem jüngeren Gegenüber eine Kopfnuss, so hart, dass Eivor bei dem knackenden Geräusch zusammenzuckt.

Eine dritte Person stürzt sich in den Kampf und versucht die beiden Streitenden zu trennen, doch es dauert nicht lange, bis alle drei miteinander zu einem Knäuel verknotet sind und ein vierter Mann vorrückt – es ist Ulvén. Er packt den dritten entschlossen an Nacken und Arm, zerrt ihn mit sich und wirft ihn aus dem Lokal. Dann weicht er einem Schwinger des riesigen Kerls aus, brüllt ihn an und bugsiert auch ihn aus der Tür. Der junge Rotschopf, der an die Wand gedrückt worden ist, lässt sich mit wackligen Beinen auf einen Stuhl fallen und presst seine Hand vor seine Nase – das Blut quillt zwischen seinen Fingern hervor.

Von draußen aus der Eingangshalle dringen Rufe und die Geräusche eines fortdauernden Kampfes. Einige Cafébesucher eilen nach draußen, um das Geschehen zu verfolgen, doch die meisten drehen sich wieder zu ihren Tischgenossen um – das Schauspiel ist vorbei.

»Er blutet«, sagt Eivor und lehnt sich über den Tisch zu Reidar. »Willst du ihm nicht helfen?«

Reidar zuckt mit den Schultern.

»Er wird schon um Hilfe bitten, wenn er sie braucht. Es lohnt sich nicht, sich unnötig einzumischen. Aber Finn wäre jetzt mittendrin im Geschehen, nicht wahr?«

Eivor weiß nicht, was sie dazu sagen soll, sie trinkt stattdessen einen Schluck von ihrem Bier. Es stimmt schon, dass Finn jemand ist, der in derartigen Situationen eingreift und für Ordnung sorgt – er ist dort, wo er gebraucht wird, kann sich Gehör verschaffen, Gemüter besänftigen, Leuten ein Gefühl von Sicherheit geben. Reidar klingt so, als fände er das peinlich.

»Ich glaube, ich geh jetzt nach Hause«, sagt sie nach einer Weile, doch Reidar protestiert.

»So früh? Bleib noch ein bisschen. Oder was meint ihr?« Er sieht sich in der Runde um. Inga und Audun nicken. Jenny sagt nichts, erwidert lediglich Reidars Blick. Der kramt in der Innentasche seines Jacketts und holt einen ziemlich großen Flachmann hervor. »Seht mal, was ich mitgebracht habe. Wodka aus Barentsburg. Das Bier, das sie uns hier servieren, ist ein ziemliches Gesöff.«

Eine Stunde später herrscht eine ganz andere Stimmung an ihrem Tisch – sie haben den Wodka mehrmals kreisen lassen, so auch den Koskenkorva, den Audun mitgebracht hat. Jenny und Inga haben von dem süßen Likör eingeschenkt, den sie in ihren Zimmern im Murboligen stehen hatten. Eivor versucht, sich zurückzuhalten – sie hat nicht gewusst, dass es ganz normal ist, eigenen Alkohol mit ins Huset zu schmuggeln –, aber die anderen nötigen sie, mitzutrinken, und schon bald spürt sie, wie ihr Kopf heiß und schwummerig wird.

Reidar strotzt vor guter Laune, er ist anders als sonst – seine Stimme ist lauter, sein Gesicht offener, seine Sprache grober, sein Blick lebendiger. Er und Audun wetteifern darum, wer die lustigsten Anekdoten erzählen kann. Es geht um diverse Schlägereien und andere Zwischenfälle, bei denen Alkohol im Spiel war – und auch die beiden Messemädchen tauen langsam auf und geben einige Spitzbergen-Geschichten zum Besten. Eivor stürzt sich ins Gespräch, erzählt ihnen von Tore Kleiverud auf dem Plumpsklo und schmückt die Osterferien auf der Hütte mit weiteren Details aus, die vielleicht nicht ganz der Wahrheit entsprechen. Reidar sieht sie mit ganz anderen Augen an.

Irgendwann lässt Eivor ihre Bescheidenheit links liegen und nimmt die Getränke an, die ihr gereicht werden, geht jedoch auch das eine oder andere Mal an die Bar, um sich ein neues Bier zu bestellen, sodass sie stets eine Flasche in der Hand hat.

Zu später Stunde spazieren sie zu fünft gemeinsam zurück zur Siedlung. Nach der Hitze im Huset ist die Kälte kaum zu ertragen, sie schlägt ihnen hart entgegen, aber Eivor friert jetzt nicht mehr, sie ist gegen den Frost gerüstet, und die Welt hat weiche, wogende Konturen. Der Schnee knirscht wie Zucker unter den Füßen der fünf, die quer durchs Tal zurück Richtung Haugen schlenkern. Weit und breit ist niemand, der sich von ihnen gestört fühlen könnte, sie jubeln und lachen. Der Polarhimmel ist eine schwarze, schwere, mondlose Haube.

Die dunklen Berge schlafende Bären.

Zuerst erreichen sie das Krankenhaus. Reidar und Audun wohnen hier in kleinen Einraumwohnungen im oberen Stockwerk, doch sie bleiben nicht – nachdem sie sich von Eivor verabschiedet haben, gehen sie gemeinsam mit Inga und Jenny Richtung Haugen, wo die beiden Zimmernachbarinnen im Murboligen sind.

Als sie vor der Eingangstür an der Giebelseite des Gebäudes steht, überlegt Eivor, ob sie noch in die Klinik gehen solle, um Finn Hallo zu sagen. Sie tritt ein paar Schritte zurück und sieht Licht aus seinem Bürofenster in den Schnee fallen. Lieber nicht. Nicht etwa, weil sie zu betrunken wäre, doch so ganz fest sind ihre Schritte trotzdem nicht. Außerdem fühlt sie sich nicht zu viel mehr in der Lage, als sich einfach nur ins Bett fallen zu lassen. Jetzt, da das Gelächter und die gute Gesellschaft sie nicht länger aufmuntert, wird sie von Müdigkeit übermannt.

Im kleinen Flur vor der Tür zum Krankenhauskorridor streift sie sich die schneebedeckten Stiefel von den Füßen und legt ihre Hand aufs Treppengeländer, immer noch in ihren Wintermantel gehüllt. Die Stufen sind eiskalt, zitternd eilt sie die Treppen hinauf und öffnet die Tür zur Wohnung, vielleicht hätte sie dabei behutsamer sein können, wenn man bedenkt, dass die Kinder schlafen. Im Wohnzimmer brennt Licht, im Flur, der zu den Schlafzimmern führt, auch. Wie spät ist es eigentlich?

Schritte im Flur. Das Licht geht aus. Dann taucht Finn im Wohnzimmer auf. Er trägt seinen Kittel, die Ärmel hochgekrempelt, das Stethoskop um den Hals gelegt.

»Weißt du eigentlich, wie spät es ist?«

Eivor schüttelt den Kopf und bleibt vor ihm stehen, den Mantel halb ausgezogen. Die Ärmel hängen schlapp und schwer über ihren Händen, der Kragen liegt um ihre Oberarme wie ein Tau, und der Saum schleift über den Boden.

Finn kommt auf sie zu und hilft ihr aus dem Mantel, mit ungeduldigen Handgriffen. Während er den Mantel an den Haken hängt, setzt er sie darüber in Kenntnis, wie lange sie fort gewesen ist.

»Frau Iversen wurde eingeliefert, sie liegt in den Wehen,

niemand hat gerade Zeit, hoch- und runterzulaufen, um nach den Kindern zu schauen. Ich bin nur gekommen, um zu sehen, ob du endlich zu Hause bist.«

»Frau Iversen?«

»Ja. Frühgeburt. Ist reingekommen, kurz nachdem ihr gegangen seid. Und ich musste Anne Marie dazuholen, damit nicht alle Last auf Bjørg und Marit fällt. Anne Marie hat eigentlich schon viel zu viele Nachtschichten geschoben.«

Eivor antwortet nicht, sie kann gerade nicht so schnell denken.

Finn legt seine Hände auf ihre Schultern.

»Und du hast getrunken, wie ich sehe. Die Mädchen schlafen, geh bitte nicht zu ihnen rein.«

Eivor lässt den Kopf hängen und lehnt sich nach vorn, um sich an ihn zu schmiegen, doch er festigt seinen Griff um ihre Schultern und hält sie auf einer Armlänge Abstand.

»Ich muss wieder runter, ich habe jetzt keine Zeit. Geh einfach ins Bett. Denkst du dran, ein Glas Wasser zu trinken, bevor du dich hinlegst?«

»Nein«, erwidert Eivor, sie hat Lust, trotzig zu sein. Er verdreht die Augen, gibt ihr einen flüchtigen Kuss auf die Stirn, dann rauscht er an ihr vorbei und verschwindet aus der Tür.

Eivor wacht zwei Mal auf, bevor der Morgen anbricht – das erste Mal mit trockenem Hals und enormem Durst, das zweite Mal, weil sie dringend auf die Toilette muss und Kopfschmerzen hat. Beide Male ist sie allein im Schlafzimmer. Und auch als sie um sieben von ausgelassenen Kindern geweckt wird, die zu ihr ins Ehebett krabbeln, ist Finn nirgends zu sehen. Ist er etwa immer noch unten in der Klinik, hat er denn gar nicht geschlafen?

Unnis Ellenbogen graben sich in Eivors Seite, Lisbeth lehnt ihr ganzes Gewicht auf Eivors Beine, und der Kopfschmerz drückt wie ein zu enger Helm.

Es ist nicht so einfach, Unni und Lisbeth zur Eile anzutreiben. Sie merken, wenn Eivor will, dass es schnell gehen soll, spüren, wenn sie abwesend ist oder die Mädchen einfach nur rasch vor die Tür schicken will. Dann werden sie maulig, klammern abwechselnd an Eivor, sind viel langsamer als gewöhnlich. Es dauert ewig, bis sie die Morgenwäsche und das Frühstück hinter sich gebracht haben – vor allem heute, da ihr die Glieder schmerzen, jedes Geräusch zu laut ist und sie alles allein machen muss.

»Bist du krank, Mama?«, fragt Unni, als Eivor sie in ihre Wollstrumpfhosen zwängt. Lisbeth steht schon an der Tür, bereit, um unten im Flur in ihren Schneeanzug zu schlüpfen. Beide Kinder blicken mit ernsten, misstrauischen Mienen drein – sie ertragen es nicht, wenn Eivor nicht in Topform ist. Sie beruhigt die Mädchen mit warmer, sanfter Stimme, geht mit ihnen die Treppe hinunter und zieht sie mit behutsamen und ruhigen Handgriffen an.

Zum Glück sind auch andere Kinder an dem kleinen Rodelberg hinterm Krankenhaus. Unni und Lisbeth nehmen ihre Schlitten und stapfen durch den Schnee, ohne lang überredet werden zu müssen. Eivor sieht ihnen nach, bis sie bei den anderen Kindern angekommen sind, dann schließt sie die Tür.

Hinter ihrem Rücken öffnet sich die Zwischentür zu Klinik. Eivor dreht sich um. Finn tritt hinaus in den kleinen Flur und schaltet die Deckenlampe an. Das Licht ist blendend weiß, sie kneift die Augen zusammen und atmet zischend ein. Sie hat das Licht absichtlich ausgelassen, während sie die Kinder angezogen hat.

»Mir war so, als hätte ich dich gehört«, sagt Finn. Den Arztkittel hat er abgelegt, er trägt einen Rollkragenpullover. Die dünnen Fältchen auf seiner Stirn werden in dem harten Licht besonders deutlich, seine Augen sehen geschwollen aus.

»Ist die Geburt vorbei?«

»Ja, seit ein paar Stunden. Endlich. Reidar ist vor einer Weile gekommen. Er ist nicht gerade in Topform. Aber ich kann jetzt immerhin schlafen gehen.«

Finn legt die Hand aufs Treppengeländer. »Sind die Mädchen draußen? Haben sie Frühstück bekommen?«

»Natürlich haben sie Frühstück bekommen!« Eivor folgt ihm die Treppe hinauf, er nimmt zwei Stufen auf einmal und steht bereits im Wohnzimmer und zieht sich den Pullover über den Kopf, als sie die Wohnung betritt. Er legt den Pullover über die Rückenlehne des Sessels und geht in die Küche, füllt sich ein Glas mit Wasser aus dem Hahn und trinkt. Dann verschwindet er im Badezimmer. Er gurgelt mit Mundwasser, schiebt daraufhin die Tür mit dem Fuß zu. Sie bleibt einen Spalt breit offen, und Eivor hört, wie der harte Strahl auf die Toilettenschüssel trifft. Dann klappern die Schranktüren im Badezimmer, es raschelt leise – die Packung Aspirin? –, dann wird der Wasserhahn erneut aufgedreht.

Eivor wartet in der Tür zum Schlafzimmer auf Finn, er gibt ihr einen flüchtigen Kuss auf die Stirn und schiebt sich an ihr vorbei – wieder dieser trockene, gehauchte Kuss. Er schält sich aus seiner Hose und lässt sie auf dem Boden liegen. Das Bett ist nicht gemacht, ihr Nachthemd liegt zerknautscht auf Finns Kopfkissen. Er wirft es auf den Fußboden, schlüpft unter die Decke, legt sich auf die Seite und seufzt schwerfällig.

Eivor steht immer noch in der Tür, wartet einen Augenblick, aber er sagt nichts, also fragt sie ihn schließlich, wie die Nacht verlaufen ist.

»Kompliziert«, brummt es unter der Decke hervor. »Ein heftiger Dammriss und Blutverlust. Ich musste das Kind mit der Zange holen.«

»Meine Güte, du musst doch nicht …«

»Natürlich nicht. Schlafen muss ich. Bitte.«

Eivor bleibt noch einen Moment in der Tür stehen, doch von Finn kommt nichts mehr. Sie sieht nicht einmal mehr seinen Kopf, er ist ein schwerer Deckenberg.

Eivor war gerade einundzwanzig Jahre alt geworden, als klar wurde, dass Unni unterwegs war. Sechs Monate zuvor hatten sie geheiratet, es war viel zu früh.

»Wir wollten doch Kinder«, sagte Finn tröstend.

Aber eigentlich hatten sie nie darüber gesprochen, es schien einfach ganz selbstverständlich zu sein, und sie war auch selbst immer davon ausgegangen, hatte Kinder in ihrer Zukunft gesehen. Dann war es plötzlich Realität, da war etwas in ihrem Körper. Hatte sich in ihr festgesaugt, lebte und wuchs. Die Wochen vergingen wie im Flug, dann auch die Monate. In ihr begann es zu zappeln, Fischschwanzbewegungen und schon bald harte Fußtritte gegen ihre Handfläche. Sie hatte keine Kontrolle, konnte nicht schlafen, in ihr kehrte nie Ruhe ein.

Sie erinnert sich an den Geschmack von Furcht auf der Zunge, als sie auf dem Weg ins Krankenhaus auf dem Rücksitz des Autos saß, halb lag. Sie erinnert sich an die fremden, unerträglichen Schmerzen. In der Eingangshalle des Krankenhauses fiel sie auf alle viere – eine Wehe zwang sie in die Knie. Als Finn ihr aufhelfen wollte, schlug sie seine Hand weg. Das harte Licht der Leuchtstoffröhren wurde vom frisch gebohnerten Boden reflektiert. Er war klebrig unter ihren Händen, und es fühlte sich an, als würde ein Paar starke Arme sich um ihren Rücken, um ihren Magen klammern, sie erdrücken.

»Hier kommt ja jemand angekrabbelt«, sagte ein Arzt, bevor er ihr in den Rollstuhl half. Sie wurde davongeschoben, weg von Finn, und die Geburt war in vollem Gang. Sie hatte keinerlei Kontrolle über ihren Körper, die Zeit erstarrte und zog sich gleichzeitig in die Länge, sie krampfte zwischen den Beinen, ihr Inneres krampfte, hatte nicht genug Platz für sich selbst. Der Körper tat, was er wollte, hart und unbarmherzig, sie wurde nach unten gezogen, und als sie endlich spürte, wie etwas aus ihr herausglitt, kam es ihr vor wie ein Fall – etwas Großes, dass sich von ihr löste, fiel und verschwand, und sie fiel selbst, tief und hinüber und aus sich selbst heraus.

Dann lag sie da und spürte, dass ihr ganzes Selbst eine offene Wunde war, weich, verletzlich und unförmig, und auf ihr lag Unni – rotgrau und fettig – und zitterte am ganzen Leib mit ihren angespannten, winzig kleinen, neuen Muskeln. Ihr Schrei war dünn und metallisch, der Raum roch nach Rost. Eivor wollte nicht, dass jemand sie berührte, wollte mit niemandem reden oder zuhören, sie wollte ihre Ruhe. Aber es war noch nicht vorbei, was folgte, waren Anweisungen, die Hebamme drückte auf ihrem Bauch herum, der Mutterkuchen musste raus, es kam mehr Blut.

In den darauffolgenden Tagen ließen die Blutungen nicht nach, und sie sagte zu Finn, dass es nie wieder aufhören würde, dass sie nie wieder ein Kind zur Welt bringen wolle, aber er erklärte, dass das alles normal sei, dass sie bald wieder sie selbst sei. Die Blutungen würden nachlassen, die Nähte verheilen, die gerissenen Bauchmuskeln wieder zusammenwachsen, genauso wie Unnis Schädeldecke sich schließen und hart werden würde.

Nach einer Nachtschicht weckt sie Finn normalerweise nach fünf Stunden, aber heute hat sie die Uhr nicht im Blick. Es dauert, bis sie an diesem Tag richtig in die Gänge kommt, das Geschirr muss gespült werden, der Wohnzimmerboden geschrubbt, Staub gewischt und Wäsche gewaschen. Dann muss sie die Mädchen irgendwann zum Mittagessen hereinrufen. Die beiden sind so aufgedreht, dass sie keinen anderen Rat weiß, als nach dem Essen noch einmal mit ihnen rauszugehen. Sie fahren mit dem Tretschlitten nach Skjæringa, um noch einmal in die Sonne zu schauen. Lisbeth und Unni sind ganz aufgekratzt und freuen sich über das Sonnenlicht, doch auf dem Heimweg ist Lisbeth so erschöpft und weinerlich, dass sie mit einem Schal am Tretschlitten festgebunden werden muss.

»Ja, ja, da werde ich wohl heute Nacht nicht schlafen«, sagt Finn mit vorwurfsvoller Stimme, als sie gegen drei Uhr ins Schlafzimmer geht, Unni und Lisbeth im Schlepptau, und ihn weckt.

Eivor erhebt sich von der Bettkante und verlässt den Raum. Die Kinder zappeln und hüpfen im Bett und auf Finn herum, Eivor hört sie jauchzen und lachen. Finn kommt ihr nicht hinterher. Sie nimmt sich ein Glas kalten Johannisbeersaft, setzt sich an den Küchentisch und wartet, aber er gesellt sich nicht zu ihr – stattdessen ruft er ihr von nebenan zu, dass er runter in die Klinik muss, um nach Frau Iversen zu sehen. Sie hört die Tür ins Schloss fallen, dann Schritte auf der Treppe.

Die Mädchen bleiben im Schlafzimmer – sie lieben es, im Doppelbett zu spielen, sich eine Höhle aus der Decke zu bauen und so zu tun, als wären sie Polarfüchse. Am allerbesten ist es, wenn Eivor hineinkommt und so tut, als könne sie die beiden Füchse im Schnee nicht finden.

Der Johannisbeersaft ist zu süß. Eivor steht ruckartig auf

und schüttet ihn ins Waschbecken. Das ist pervers, eine Todsünde – zum Ende des Winters etwas wegzuwerfen, wenn die Vorräte zur Neige gehen. Bis Januar hatten sie rote Äpfel – gefroren natürlich – in ihrer Gefrierkiste, die an der Hauswand unterhalb des Küchenfensters hängt. Doch dann kam eine unerwartete Dreitagesperiode mit milderen Temperaturen, die Äpfel tauten auf und waren zu nichts mehr zu gebrauchen, und natürlich gab es kein frisches Obst zu kaufen. Auch andere Vorräte gehen langsam zur Neige – Rosinen beispielsweise und Tee. Die Fleischvorräte sind dieses Jahr auch magerer, als sie zu diesem Zeitpunkt eigentlich sein sollten, und sicherlich wird ein Murren durch den Saal der Arbeitermesse in Nybyen gehen, jetzt, da die Männer mehr Kartoffeln als Fleisch zu essen bekommen. Offenbar ist es schon häufiger passiert, dass Unzufriedenheit in Aufstände und Streiks umschlägt. Eivor weiß, dass das Essen in der Funktionärsmesse besser ist. Alle, die eine eigene Küche besitzen, bestellen wöchentlich Essen und lassen es sich nach Hause liefern. Das Essen vom Funken ist wahrscheinlich auch viel abwechslungsreicher als das, was den Arbeitern in Nybyen serviert wird.

Sie sieht den roten Film, den die Saftreste im Waschbecken hinterlassen, und spürt das schlechte Gewissen aufsteigen.

Eivor sitzt im Wohnzimmer, als Finn aus der Klinik kommt. Sie steht auf, ohne ihn eines Blickes zu würdigen, und geht in die Küche. Sie sammelt die Zutaten fürs Abendessen zusammen, lauscht jedoch auch seinen Schritten. Bald wird er zu ihr kommen und sie fragen, was los ist – so ist es jedes Mal.

Denn es gibt ein Muster. Sie ist stets wortkarg, wenn er fragt, was los ist. Sie antwortet *Nein* und *Nein* auf jede Frage. Zieht sich immer mehr zurück, je länger er nachbohrt. Doch irgendwann landet er einen Volltreffer. Dann lässt sie ihr Schweigen für sich sprechen. Drückt ihre Stirn an seine Schulter, spürt, wie die Scham in ihr brennt, denn er lässt das, woraus sie ein Problem gemacht hat, so nichtig klingen. Er tröstet sie jedes Mal. Seine Geduld legt sich um sie wie ein schwerer Umhang.

Heute ist es anders. Er sieht sie nicht abwartend an, als er die Küche betritt – er stoppt ihre Bewegungen und fragt, ob sie nicht begreift, dass sie ihn und andere in eine schwierige Situation gebracht hat?

»Ich wollte eigentlich nichts sagen«, fügt er hinzu, »aber dieses Mal war es ziemlich deutlich, dass du nur an dich gedacht hast, und …«

Sie lässt ihn nicht aussprechen, sondern befreit sich aus seinem Griff und dreht sich zum Fenster. In ihrem Kopf scheint etwas abzustürzen, sie stützt sich mit den Händen am Fensterbrett ab und kneift die Augen zusammen.

Finn tritt näher heran, stellt sich hinter sie und legt eine Hand sanft auf ihren Rücken.

»Darf ich das nicht ehrlich sagen?«

»Papa?«, ruft Unni von draußen aus dem Wohnzimmer. Dann kommen kleine Schritte angelaufen, und schon steht sie in der Tür zur schmalen Küche. Eivor sieht sie in der Spiegelung der Fensterscheibe, dreht sich jedoch nicht zu ihr um.

»Ich komme gleich und spiele mit euch«, sagt Finn hinter ihr, er verschwindet in der Spiegelung, als er sich in die Hocke setzt. »Jetzt brauchen die Erwachsenen mal kurz Zeit für sich. Ist das in Ordnung?«

Das ist eine Frage, die keinen Raum für Einwände lässt. Kurz darauf sind sie wieder allein in der Küche, die Tür angelehnt, und Finn legt erneut seine Hände auf ihren Rücken. Eivor steht immer noch zum Fenster gewandt, sie versucht,

Ruhe und Dunkelheit in sich einkehren zu lassen. Sie sieht ihr eigenes Gesicht in der Fensterscheibe, sieht durch sich selbst hindurch zur Felswand hinauf. Das Licht ist bereits verschwunden.

Finn redet und redet hinter ihr. Er betont, dass er nicht sauer sei, das dürfe sie nicht denken, dass sie das immer zu schnell denke, aber dass er es wirklich nicht sei. Er beginnt, für seine Laune am Vorabend Rechenschaft abzulegen, und für seine Kühle heute morgen, beschreibt die Situation, in der er sich befunden hat. Dass es die bisher komplizierteste Geburt dieses Jahres gewesen sei, und dann lag im Nebenzimmer noch der Mann mit dem Fieber, zusätzlich zu den vier anderen Patienten.

Vor jedem Satz legt er eine neue Pause ein, gibt ihr die Möglichkeit, etwas einzubringen, aber sie schweigt. Jetzt lässt sie ihre Arme hängen, die Füße stehen nebeneinander, der Blick nach vorn gerichtet. Sie merkt, dass ihr Gesicht ohne jede Regung bleibt.

Sie spürt einen Stich im Kehlkopf, als er andeutet, dass sie sich vielleicht besser entschuldigen solle. Er habe ja keine Ahnung gehabt, wo sie gewesen sei – oder doch, das habe er vielleicht schon gewusst, aber woher hätte er denn wissen sollen, wann sie gedachte, nach Hause zu kommen. Sie habe sie alle in eine schwierige Situation gebracht. Und er habe wiederum unfair reagiert, denn woher habe sie wissen sollen, wie sich diese Nacht in der Klinik entwickeln würde, und er sei ihr gegenüber vielleicht etwas unwirsch gewesen, aber es sei ja wohl nicht so abwegig, dass sie sich beieinander entschuldigen sollten?

Eivor schweigt.

»Bist du damit einverstanden? Wäre das nicht fair?«, fragt er vorsichtig, doch streng zugleich, als wolle er sie zurechtweisen und im selben Atemzug versöhnlich klingen, und als sie nicht antwortet, fragt er ein weiteres Mal, macht eine Pause und sagt ihren Namen. Er schüttelt sie sanft, halb spielerisch. »Kannst du mich bitte ansehen?«

Sie sieht hinab auf die Fensterbank, als er versucht, ihren Blick in ihrer Spiegelung einzufangen. Die Pause, die folgt, ist besonders lang.

»Holst du dir Jossa bald mal wieder ab?«, fragt er schließlich – er lotet die Stimmung aus.

Sie schweigt.

Dann versucht er es mit einem Witz.

»Vielleicht kannst du Jossa bitten, das nächste Mal auf die Mädchen aufzupassen.«

Eivor wartet noch eine Weile, bis sie sich sicher ist, dass er keine Entschuldigung mehr von ihr verlangt. Dann dreht sie sich um. Sie sieht ihn nicht an, sagt nichts, aber streckt ihm die Hände entgegen. Er nimmt sie, drückt sie sanft, beugt den Kopf und lehnt seine Stirn an ihre.

Als Eivor sich wieder dem Abendessen widmen will, legt Finn eine Hand auf ihren Arm und schlägt vor, dass sie doch lieber zum Funken spazieren und sich ein Sonntagsessen gönnen sollten, nur sie beide.

»Die Mädchen können unten bei Marit ein paar Stullen bekommen. War es heute anstrengend mit ihnen – am Tag nach dem Fest, meine ich?« Finn öffnet den hellgelben Küchenschrank und beginnt, die Zutaten für das Abendessen wieder einzuräumen.

Eivor sagt, dass sie sich gut fühlt, und will gerade die Küchentür öffnen, als er sich ihr in den Weg stellt. Sie macht einen Schritt zur Seite, will vorbei, doch er nimmt erneut ihre Hände, sucht ihren Blick, will ihn einfangen.

»Dann gehen wir zum Funken?«

Eivor nickt.

»Ich will mich nur umziehen.«

Finn hält sie noch einen Augenblick fest und sieht sie mit prüfendem Blick an, als wäre er unsicher, dann lächelt er und lässt sie vorbei.

Als er ihr wenig später die Tür zum Funken aufhält, ist die Dunkelheit, die Eivor den ganzen Tag in sich herumgetragen hat, langsam versiegt. Es ist leicht zu durchschauen, wenn Finn versucht, lieb zu ihr zu sein, aber es ist auch kein Schauspiel, er meint es ernst. Er tut nie so als ob, verheimlicht nichts. Seine Wärme ist immer echt.

»Nicht ganz wie im Restaurant, aber dennoch«, sagt er und lässt Eivor den Vortritt in das große Messelokal. Er hat versprochen, dass sie einen Tisch für zwei nehmen werden – sich nicht von anderen ins Gespräch verwickeln lassen.

Der Raum ist erfüllt von Stimmengewirr und klapperndem Besteck, und drüben an der Essensausgabe dampft es aus großen Töpfen. Es riecht nach Bratensoße, Erbsen und Gedünstetem. Sie sitzen an einem Tisch und essen Lapskaus aus weißen Schüsseln mit norwegischen Flaggen und dem Emblem der Store Norske.

»Deftiges Frühstück«, sagt Finn lächelnd. »Aber das passt ausgezeichnet, ich habe immer einen Bärenhunger, wenn ich tagsüber geschlafen habe.«

Eivor rührt in ihrer Schüssel herum und lässt zwischen jedem Bissen viel Zeit vergehen. Die Kartoffelstückchen sind zerkocht und lösen sich beinahe in der Soße auf, die Karotten und Erbsen sind wässrig, und sie schiebt die Fleischbrocken, die sie findet, beiseite. Die Übelkeit, die sie nach dem Aufwachen verspürt hat, hat nachgelassen, aber der Appetit ist bisher nicht zurückgekehrt, und Finn hat ihr zu viel aufgetan.

Während sie essen, lichten sich die Reihen, bald sitzen nur noch wenige an den Tischen und Jenny geht durch den Saal und sammelt benutztes Geschirr ein.

»Lass uns abräumen«, sagt Eivor. Plötzlich will sie nicht, dass Jenny an ihren Tisch kommt und ihre Schüsseln mitnimmt, es fühlt sich an, als würde sie sich von ihr bedienen lassen, und außerdem hat sie nicht aufgegessen.

»Es ist doch besser, wenn wir uns nicht in die Arbeit anderer einmischen«, erwidert Finn. Kurz darauf kommt Jenny zu ihnen an den Tisch. Sie nimmt Finns Besteck aus seiner Schüssel und stellt Eivors Schüssel hinein. Dort schwimmt noch die Hälfte ihrer Portion Lapskaus, kleine rosafarbene Fleischbröckchen schmücken den weißen Porzellanrand.

»Ich war nicht besonders hungrig«, erklärt Eivor und will gerade *nach gestern* anfügen, doch nichts an Jennys Miene deutet darauf hin, dass sie Eivor wiedererkennt, dass sie gestern auf dem Fest so viel Zeit miteinander verbracht haben. Höflich lächelt sie Finn und Eivor an, dann stapelt sie die Gläser der beiden ineinander und stellt alles zusammen auf ihren kleinen Servierwagen. Die Rädchen rattern über das Linoleum, als sie auf den nächsten Tisch zusteuert.

»Dann gehen wir mal zu den Mädchen zurück«, sagt Eivor – sie will diejenige sein, die es anspricht, diejenige, die an die Kinder denkt. »Damit sie Marit nicht von der Arbeit abhalten.«

Doch Finn sagt, sie brauche sich keine Sorgen zu machen. Er nimmt ihre Hand, hält sie, streichelt Eivor über das Handgelenk, als wäre sie aufgewühlt und müsse beruhigt werden. Sie will gerade etwas erwidern, doch dann schweift Finns Blick ab, er hat etwas hinter ihr entdeckt.

»Wen haben wir denn da?«

Eivor dreht sich um und entdeckt Heiberg, der in der Tür

steht und seinen Blick durch den Saal schweifen lässt. Er hält seine Mütze vor der Brust und hat sich eine zusammengerollte Zeitung unter den Arm geklemmt. Als er Eivor und Finn entdeckt, erhellt sich sein Gesicht und er steuert auf sie zu.

»Ach was, habt ihr eurer Sonntagsessen hier zu euch genommen?«

Finn steht auf, schüttelt ihm die Hand und erklärt, dass es eigentlich sein Sonntagsfrühstück sei.

»Ja, ich habe schon von der Geburt heute Nacht gehört«, sagt Heiberg. »Mutter und Kind wohlauf?«

Finn und Heiberg unterhalten sich eine Weile, schließlich legt Heiberg Mütze und Zeitung auf den Tisch und sagt, dass er sich etwas zu essen holen wolle, bevor alles weggeräumt wird. Er geht zur Essensausgabe. Eivor schiebt ihren Stuhl nach hinten und will aufstehen.

»Wir können doch noch ein bisschen bleiben«, sagt Finn. »Jetzt, da Heiberg gerade gekommen ist. Vielleicht können wir uns ein bisschen Kaffee holen.«

Und so kommt es, dass Finn und Heiberg ihren Kaffee mit hinauf ins Kaminzimmer nehmen und Eivor zurück zum Krankenhaus geht, um die Kinder ins Bett zu bringen.

Eigentlich hatte er ihr nicht direkt versprochen, dass sie den ganzen Abend zu zweit verbringen würden – aber sie war trotzdem davon ausgegangen. Alle Pläne können durchkreuzt werden, es kann ständig etwas passieren. So ist es im Grunde immer gewesen.

Eivor erinnert sich an ihren gemeinsamen Skagen-Urlaub, den ersten ohne Kinder. Der Strand war weit, frei und rein, sie hatten den Urlaub vor die schlimmste Touristensaison gelegt, und der erste Tag fühlte sich so an, als wäre sie in ihrer eigenen Welt, nur mit ihm – sie gingen in der eiskalten See baden, als sie noch gar nicht ganz angekommen waren, gingen lange an der Küste spazieren, sie trug ein weißes Kleid und fragte ihn, ob sie Marie Krøyer ähnlich sah.

Am Abend hatten sie sich Wein und Essen mit aufs Zimmer genommen und ein Picknick gemacht, hatten verabredet, das am nächsten Tag zu wiederholen. Vier Tage sollten sie in diesem Hotel bleiben, die Zeit war also nicht zu knapp, um feste Ferienroutinen zu etablieren, und Finn sagte, dies erinnere ihn an das Leben, bevor die Kinder da waren, er hatte sie ganz für sich allein.

Doch am zweiten Tag kam ein Fremder am Strand zu ihnen – er hatte sie Norwegisch sprechen hören. Mit einem undefinierbaren Dialekt stellte er sich ihnen als der letzte König von Lilletorv vor und breitete ohne Wenn und Aber sein Handtuch neben ihnen aus. Um den Leib trug er eine Art Lendenschurz, er erinnerte an Gandhi, wie er da so saß, auf dem Kopf trug er ein großes weißes Tuch, das er an allen vier Enden zusammengeknotet hatte. Der Lilletorvkönig hatte viele Jahre auf Mallorca gelebt, einige Jahre in Italien, aber jetzt war er hier gelandet. Es war unklar, wo genau er lebte – in der Nähe ihres Hotels vielleicht, denn am späteren Abend tauchte er dort auf und wollte mit Finn und Eivor trinken. Wollte einen ausgeben. Eivor gab Finn Zeichen, dass sie versuchen sollten, ihn irgendwie abzuwimmeln, doch Finn schüttelte nur den Kopf und sah sie verständnislos an. Ein Jahr später stand der Lilletorvkönig vor ihrer Tür – es war der Frühling bevor sie nach Spitzbergen gezogen sind. Er hatte Stock und Hut dabei, eine Flasche Apfelwein in der Innentasche seines Mantels und ein Gebrechen, dass sich der Doktor Nydal – so seine Hoffnung – ja vielleicht mal ansehen könne. Die Mädchen waren noch nicht im Bett und fürchteten sich vor dem fremden Mann in ihrem Flur, der Stock und Hut ablegte. Kinder sind wie Hunde, sie spüren, wenn mit jemandem etwas nicht stimmt. Erst beim dritten Besuch des Lilletorvkönigs ging Finn langsam ein Licht auf, dass er im Begriff war, sich einen Stammgast einzuhandeln, den man so leicht nicht mehr loswürde, aber er kam gerade nochmal davon. Denn bereits im Mai zog er nach Spitzbergen, um den Sommer über mit Doktor Ågenæs zusammenzuarbeiten, bevor er den Rest der Familie im Herbst nachholte.

Zwei weitere Male stattete der König von Lilletorv ihnen noch einen Besuch ab, während Eivor allein zu Hause war und ihr Oslo-Leben in Kisten verpackte. Beim ersten Mal ließ sie ihn in den Aufgang hinein, in dem Glauben, dass ihre Mutter geklingelt hatte, aber immerhin hatte sie die Kette vorgelegt – denn vor der Tür stand er, mit großen Augen hinter den Brillengläsern, den Hut tief in die Stirn gezogen, die Haut ganz aufgedunsen. Als er zu hören bekam, dass Doktor Nydal nicht zu Hause sei, wollte er trotzdem hineinkommen und auf ihn warten. Eivor wiederholte, dass es gerade ungünstig sei, machte ihm die Tür vor der Nase zu und drehte den Schlüssel um.

Als er das nächste Mal klingelte, sah sie ihn schon vom Fenster. Er stand unten vor der Tür, von den Straßenlaternen, die gerade angesprungen waren, erleuchtet, und er wartete und wartete, obwohl ihm niemand aufmachte.

An einem Herbstabend in den ersten Wochen in Longyearbyen erwähnte Eivor diese Besuche Finn gegenüber. Er konnte darüber nur lachen, und auch Eivor erkannte schließlich die komische Seite am Ganzen. Sie waren sich einig, dass von Glück zu reden war, dass er nicht in Longyearbyen auftauchen würde.

Montagmorgen erkundigt sich Finn, ob sie nicht wieder Skifahren gehen will – einen längeren Ausflug, gemeinsam mit Jossa. Er sagt, dass er sich für die Kinder eine Lösung überlegen will, und betont, sie müsse nicht das Gefühl haben, sich beeilen zu müssen.

»Ich denke, dass ich für heute Abend noch einen Brotteig ansetzen werde«, sagt er beiläufig, aber Eivor weiß, dass er ihr damit zu verstehen geben will, dass er zu Hause bleibt. Wenn er Brot gebacken hat, holen sie die Margarine und den Honig hervor und essen das frische, dampfende Brot direkt vom Schneidebrett – ein feierliches Ritual.

Nach dem Skiausflug bindet sie Jossa draußen an und betritt die Klinik. Schon durch die Fenster kann sie sehen, dass Finn gerade keine Patienten im Sprechzimmer hat. Sie schlüpft in sein Büro, schließt die Tür und lehnt sich dagegen, sieht, wie er von seinem Stuhl aufsteht. Er trägt seinen weißen Kittel und sieht überrascht aus, aber er lächelt.

Sie schnappt sich seinen Stuhl, setzt sich, lässt ihn zurückrollen und streckt die Beine aus. Stützt die Ellenbogen auf die Armlehnen, verschränkt die Finger unter ihrem Kinn, so wie Finn oft dasitzt.

»Na, was fehlt Ihnen denn?«, fragt sie.

Da lacht er, lässt sich halb sitzend, halb lehnend auf der Untersuchungsliege nieder, er spielt mit.

Am folgenden Tag stattet sie ihm wieder einen Besuch in seinem Büro ab, schließt die Tür und sagt etwas, das ihn zum Lachen bringt. Sie weiß, dass ihn das von der Arbeit abhält, doch sie tut es trotzdem, und er lässt sie gewähren, er lässt sie herumalbern. Vielleicht wirft er zwischendurch einen flüchtigen Blick auf die Uhr, aber er lässt es zu, das sie ihm die Zeit stiehlt. Das ist das Spiel, das sie dieses Mal spielen.

Am fünften Tag ist Finn nicht allein in seinem Büro. Reidar taucht hinter einem Wandschirm auf, als Eivor gerade die Tür schließen will. Er trägt ein Stahltablett mit Instrumenten.

»Guten Morgen«, sagt Reidar und nickt ihr zu, als er an ihr vorbeigeht. Er hält den Kopf gesenkt, geht hinaus in den Korridor und in die Krankenstube. Bei der Arbeit mit Finn ist er stets ernst und effektiv, nicht einmal sein Gruß ist besonders kameradschaftlich.

Eivor lässt die Tür offen stehen, plötzlich ist ihr bewusst, was sie die letzten fünf Tage gemacht hat – ist einfach so in sein Büro gerauscht und hat seine Zeit in Anspruch genommen, oft direkt vor den Augen anderer. Aber er will es doch auch – sie kann ihm ansehen, dass er sich freut, wenn sie vorbeikommt.

Als sie am Samstag bei Finn im Büro vorbeischaut, spürt sie, dass das Spiel vorbei ist. Er strahlt zwar, als er sie sieht, doch dann wendet er den Blick wieder ab und widmet sich den Papieren auf dem Tisch.

»Tut mir leid«, sagt er. »Aber ich hab so viel zu erledigen.«

An diesem Tag kommt Finn erst mitten in der Nacht nach Hause. Am Morgen darauf erzählt er Eivor von dem Mann, der mit mehreren ausgeschlagenen Zähnen, einem ordentlichen Kieferbruch, einer Schnittwunde über der Augenbraue und zwei Hämatomen eingeliefert worden war. Er brauchte sowohl eine ärztliche als auch eine zahnärztliche Untersuchung, bevor er in ein Krankenzimmer gebracht wurde, um seinen Rausch auszuschlafen.

Im Laufe des Tages kommt Bjørn vorbei, um zu erfahren, wer den Mann so übel zugerichtet hat, denn Gewalt, die über die übliche Kneipenprügelei hinausgeht, muss dem Sysselmann gemeldet werden. Doch er bekommt kein Wort aus ihm heraus.

»Er wollte mir nicht verraten, wer dahintersteckt«, sagt Bjørn bei einer Tasse Kaffee oben in Eivors und Finns Wohnung. »Er hat nur mit Nachdruck darum gebeten, mit dem ersten Boot nach Hause fahren zu dürfen.«

»Ja, das hat er mir auch gesagt«, berichtet Finn. »Und er ist nicht der Einzige. Allein in dieser Woche waren vier Patienten bei mir, die mich um ein Attest gebeten haben, mit dem sie nach Hause dürfen, sobald das erste Boot ablegt.«

»So ist das, wenn das Licht zurückkehrt.«

Finn und Bjørn beginnen die Sonnenstunden dieses Tages auszurechnen, sprechen darüber, wie schnell das jetzt alles gehen wird. Ostern ist in diesem Jahr erst spät, Ende April, und da wird bereits die Mitternachtssonne scheinen.

»Bis zu den Ferien muss noch mit Volldampf gearbeitet werden«, sagt Finn.

Eivor zieht ihre Füße hoch auf den Sessel und sieht hinaus. Sie hat den Sessel direkt unters Fenster gestellt, sodass sie den Kopf an die Rückenlehne stützen und in den Himmel und zum weißen, schimmernden Gipfel des Sukkertoppen sehen kann. Wenn sie so dasitzt, sieht sie weder die Siedlung noch die Kohleseilbahn, nur Fjell und Himmel. Sie könnte auf einer Hütte auf dem Festland sein, an einem Ort, von dem aus man nur einen kurzen Weg auf Skiern zurücklegen muss, um zum nächsten Bahnhof zu kommen. Sie schließt die Augen. Die Sonne wärmt ihr Gesicht, sie muss den Schal etwas lockern und sich den Anorak um die Hüfte binden. Feuchter Schnee rieselt von niedrigen Bäumen entlang der Loipe, sie hat die Skier mit Klister gewachst. Am Bahnhof bindet sie die Skier zusammen, setzt sich auf eine Bank, holt eine Apfelsine und Schokolade aus ihrem Rucksack. Der Bahnsteig ist nass vom schmelzenden Schnee, es tropft und rieselt vom Dach des Bahnhofshäuschens. Kurz darauf schlängelt sich der Zug durch das Tal Richtung Oslo, sie steigt an der Haltestelle Østbanen aus und nimmt die Straßenbahn hinauf nach St. Hanshaugen. Der Schnee ist weg. Das Gras leuchtet grün in den Parks, die Tulpen stecken ihre Köpfe aus der schwarzen Erde.

KAPITEL 3

Die kommende Woche ist arbeitsreich, mit jedem Tag strömen mehr Patienten in die Klinik. Viele der Beschwerden seien vage, erzählt Finn, eher psychischer als physischer Natur, doch auch das müsse ernst genommen werden. Er muss sich um viele eher kleine Wunden kümmern, und am Mittwoch wird ein etwas in die Jahre gekommener Bergarbeiter mit einer so schweren Meniskusverletzung eingeliefert, dass er für den Rest der Saison außer Gefecht gesetzt ist. Am selben Vormittag wird Frau Iversen zehn Tage nach der Entbindung entlassen, doch schon am nächsten Morgen setzen die Wehen bei einer der Ingenieursfrauen in Haugen ein.

Diesmal ist es Reidar, der bei der Geburt assistiert, und Finn schafft es, zur gewöhnlichen Zeit zum Abendessen nach oben zu kommen – zum ersten Mal in dieser Woche.

Nach dem Abendessen will er zum Turntraining, weil er schon letzte Woche nicht teilnehmen konnte.

»Vielleicht willst du ja mitkommen und zusehen? Gemeinsam mit den Kindern? Ich will nur noch einmal unten nach dem Rechten sehen, dann können wir los.«

Eivor erledigt den Abwasch, danach macht sie sich an die langwierige Aufgabe, die Kinder anzuziehen. Draußen sind die Temperaturen wieder auf minus zwanzig Grad gefallen, und sie hat gehofft, dass sie den Abend drinnen verbringen könnte, doch Finn enttäuscht diese Einstellung – er findet, sie unternehme zu wenig.

Die Mädchen lieben es, beim Turntraining zuzuschauen, wie Papa Purzelbäume schlägt und Bock springt und an den Ringen schwingt. Außerdem freuen sie sich wie wild auf die Tretschlittenfahrt zum Huset, sie jauchzen und quietschen und rutschen fast von ihren Holzsitzen. Sobald sie in der Garderobe ihre Wintersachen ausgezogen haben, laufen sie die große Treppe zum Vereinssaal hinauf.

»Ist es nicht toll, dass sie so selbstbewusst sind?« Lächelnd sieht Finn ihnen nach und hängt seinen Schaffellmantel an den Metallhaken.

Er spricht oft darüber – wie schön es für die Kinder ist, hier aufzuwachsen. Für sie ist die Welt durch den Umzug nach Longyearbyen nicht geschrumpft – für sie ist sie größer geworden. Alle Türen stehen ihnen offen, sie können die Häuser auf Haugen betreten und wieder gehen, wann sie wollen, mit jüngeren und älteren Kindern spielen. Hier haben sie viele erwachsene Bezugspersonen, sie können allein die Treppe in die Klinik hinunterlaufen und Marit in der Krankenhausküche besuchen. Die Siedlung ist klein genug, dass sie sich zurechtfinden, aber groß genug, dass sie eine ganze Welt für sie ist. Außerdem sind sie immer draußen in der Natur. Sie werden Gleichaltrigen immer voraus sein, wenn sie zurück aufs Festland ziehen, meint Finn, eine ganz andere Beziehung zur Natur haben, ganz andere motorische Fertigkeiten.

Als Eivor in den Saal kommt, liegt Lisbeth auf der dicken Matte, Unni hängt am Schwebebalken. Sie hat die Finger um den flachen Balken verschränkt und versucht, ihre Füße hochzuschwingen, sodass sie an ihm baumeln kann. Ulvén kommt und gibt ihr Hilfestellung, sie schlägt die Beine über den Balken und verschränkt die Füße. Ulvén tritt einen Schritt zurück und Unni hängt wie ein Äffchen am Schwebebalken, lässt den Kopf nach hinten fallen. Einige der Turner klatschen in die Hände und sie lacht aus vollem Halse.

Eivor klappt einen der weinroten Sitze herunter und nimmt in der vordersten Reihe Platz. Als die Mädchen bei Finns erster Turnstunde losgelaufen sind und zwischen den Geräten herumgetobt haben, ist sie ihnen hinterhergeeilt, um sie einzufangen, doch Finn hat sie gestoppt und gesagt, sie solle nicht so streng sein.

Heute ist er es, der die Kinder einfängt und sie zu Eivor hinaufträgt, gleich nachdem er den Saal betreten hat. Dann geht er wieder hinunter in die Halle und beginnt, sich mit den anderen Teilnehmern zu unterhalten.

Männer aus allen gesellschaftlichen Schichten, doch vor allem Bergarbeiter, sind Mitglied bei Svalbard Turn. Deshalb hat Finn beschlossen, mitzumachen, denn wie sollte er sonst mit den Arbeitern in Kontakt kommen, wenn sie nicht gerade mit schmerzenden Knien, blutigen Fingern und schwarzen Lungen zu ihm kamen? Hier gibt es nur wenig andere Möglichkeiten, Zeit miteinander zu verbringen – die Menschen leben in separaten Teilen der Siedlung, essen in separaten Messen.

»In Pyramiden wissen sie's besser, da essen alle in derselben Messe«, sagte Finn einmal während eines Abendessens beim Sysselmann. Da lachte Bjørn und fragte ihn, ob ihn der Kommunismus anlachte. Als Sysselmann ist er oft zu Besuch in den russischen Siedlungen, und auch wenn er oft mit warmen Worten über die freundschaftlichen Bande hier auf Spitzbergen spricht, so macht er keinen Hehl daraus, dass es ihm Sorgen bereitet, dass Norweger auf der Insel in der Unterzahl sind.

Die Turner haben sich bereits vor der Sprossenwand aufgereiht, als die Tür zum Saal plötzlich aufgeht. Von der Galerie, wo Eivor mit den Kindern Platz genommen hat, kann sie nicht sofort sehen, wer da noch hereinkommt, doch dann erblickt sie Heiberg, der in weißen Steghosen und blauem Wollpullover in den Saal joggt. Er steuert direkt auf Ulvén zu, schüttelt ihm die Hand und beugt leicht den Kopf, als er ihm etwas zuraunt, das Eivor nicht verstehen kann. Er eilt zu den Männern, die in Reih und Glied vor der Sprossenwand stehen. Er stellt sich zwischen Finn und dessen Nebenmann, verschränkt die Finger und dehnt seine Handgelenke, während er auf den Fußballen auf und ab wippt.

Sie hat nicht gewusst, dass Heiberg sich der Turngruppe angeschlossen hat. Als sie letztes Mal zugeschaut hat, ist er noch nicht dabei gewesen. Vielleicht hat Finn es endlich geschafft, einen seiner Freunde zum Mitmachen zu überreden – er hat lange versucht, Leute für die Gruppe zu gewinnen.

Eivor hat sich ein Buch mitgebracht, aber es fällt ihr schwer, sich aufs Lesen zu konzentrieren, denn unten im Saal wird gerufen und gejohlt. Es erinnert sie eher an eine Militärübung als an eine Turnstunde. Ulvén geht vor der Reihe der Turner auf und ab und bellt seine Kommandos. Er schimpft die Männer Schlappschwänze und herrscht sie unentwegt an, sich zusammenzureißen, damit sie für den Wettkampf in Barentsburg bereit seien.

Zwischendurch sieht Finn immer mal hinauf zur Galerie, versucht, Eivors Blick zu erhaschen, dann lächelt er, als wolle er sagen, dass man Ulvén nicht zu ernst nehmen dürfte. Sie weiß, dass er Ulvéns Marschgebläse, wie er es nennt, mit Humor nimmt – angeblich liebt er es, Leute anzubrüllen.

Jetzt beordert er alle, der Reihe nach über das Pferd zu

springen, und Finn gibt ein deutlich hörbares Seufzen von sich. Er hasst diese Übung. Er ist stark und muskulös, eigentlich die besten Voraussetzungen für das Pferd, aber er bekommt immer Probleme beim Anlauf. Am besten ist er an den Ringen, und in einzelnen Bodenübungen, aber er kann sich nicht mit Ulvén und den anderen Spitzenturnern der Gruppe messen, die die Wettbewerbe für sich entscheiden.

Die meisten Männer haben nicht mehr als ein paar Monate trainiert, und sie forcieren das Pferd mit einfachen Sprüngen – sie wollen es einfach nur hinter sich bringen. Finn landet ungeschickt, er plumpst auf die Matte und muss ein Knie aufsetzen, er lächelt resigniert und eilt zurück ans Ende der Schlange. Ulvén steht neben dem Pferd, brüllt den Männern Anweisungen entgegen und klatscht ungeduldig in die Hände – niemand hat zu zögern.

Nun ist Heiberg an der Reihe, doch er läuft nicht los – statt Anlauf zu nehmen, bleibt er mit gesenktem Blick stehen. Er ballt die Hände zu Fäusten, öffnet sie wieder.

»Komm schon, Mann, wir haben nicht den ganzen Abend Zeit«, brüllt Ulvén.

Heiberg sieht schlagartig auf, sein Blick kämpferisch, er erinnert Eivor an einen Raubvogel.

»*Komm schon!!!*«, wiederholt Ulvén.

Heiberg sieht aus, als wolle er loslaufen, er geht in die Knie und holt Schwung, doch in letzter Sekunde kommt er ins Stocken.

Hier und da sind vereinzelte Lacher zu hören, Finn lehnt sich von seinem Platz in der Schlange zur Seite, es sieht kurz so aus, als wolle er Anstalten machen, nach vorn zu Heiberg zu gehen. Ulvén brüllt Heiberg ein weiteres Mal entgegen, dieses Mal aus vollem Halse, sodass Lisbeth neben Eivor zusammenzuckt und sich an sie drückt.

»Alles gut, er ist nicht böse, nur sehr energisch«, erklärt Eivor und hebt sie auf ihren Schoß. Unni steht auf Zehenspitzen am Geländer der Galerie und verfolgt das Geschehen.

Unten im Saal hebt Heiberg die Arme, schlägt sich mit beiden Händen hart ins Gesicht, stößt einen Schrei aus und nimmt Anlauf. Er federt vom Sprungbrett ab, setzt die Hände ans Pferd, geht in den Handstand und stößt sich zu einem Salto ab. Er landet präzise, doch dann lässt ihn eins seiner Knie im Stich und er wankt einen Schritt nach vorn, bevor er sein Gleichgewicht wiederfindet und die Arme abspreizt – langsam, wie ein Schwan, der seine Flügel ausbreitet.

Als Finn und Eivor vorm Huset stehen und die Kinder auf die Tretschlitten heben, schwingt die Tür auf und Heiberg tritt ins Freie. Er trägt keine Mütze, seine Wangen sind rosig vom Training, seinen Schal trägt er offen.

»Gutes Training heute!«, sagt Finn und setzt Unni die Kapuze auf. »Ich schaffe es nie, ordentlich zu landen.«

Heiberg zuckt verlegen mit den Schultern, angelt seine Mütze aus der Manteltasche und setzt sie auf.

»Ist alles in Ordnung?«, fragt Finn plötzlich. »Ich hatte den Eindruck, du warst beim Training nicht ganz bei der Sache.«

»Das war nicht mein Tag heute«, antwortet Heiberg wickelt sich seinen Schal enger um den Hals, löst ihn wieder, scheint nicht zufrieden zu sein. Finn holt Luft, um etwas zu erwidern, doch Heiberg schneidet ihm das Wort ab. »Um ehrlich zu sein, war ich heute etwas abwesend. Ich mache mir Sorgen, dass Ulvén so nonchalant ist. Siehst du das nicht auch so?«

»Nonchalant – wie meinst du das?« Finn hebt Unnis Arme an und überprüft, ob ihre Ärmel über die Fäustlinge gezogen sind.

»Das mit den Russen«, sagt Heiberg. »Barentsburg und der Wettkampf und all das. Man könnte meinen, dass er nicht mitbekommen hat, was der Sportverband dazu sagt.«

Eivor weiß, wovon er spricht, in der *Svalbardposten* stand geschrieben, dass der Sportverband allen Mitgliedern untersagt, an Wettkämpfen in der Sowjetunion teilzunehmen. Die Teilnahme an internationalen Wettkämpfen auf neutralem Boden sei ihnen weiterhin gestattet, und genau diesen Sachverhalt versucht Finn Heiberg zu erklären.

»Hier auf Spitzbergen gelten andere Regeln, so ist es schon immer gewesen«, sagt er. »Es ist wichtig, die freundschaftlichen Bande zu stärken. Du willst mir doch nicht erzählen, dass du überlegst, nicht mitzufahren? Das wäre schade. Im Gegensatz zu mir hast du die Möglichkeit, in diesem Wettbewerb weit zu kommen.«

Heiberg schüttelt den Kopf und lässt sich nicht überreden, sagt, dass es schlicht und einfach nicht vertretbar sei.

»Über unseren Köpfen hängt eine frisch ausgesprochene atomare Bedrohung. Hört ihr denn keine Nachrichten? Das kann man doch nicht einfach ignorieren und über freundschaftliche Bande sprechen.«

Finn lächelt, verdutzt oder als wäre er auf der Suche nach einer passenden Antwort. Im selben Augenblick ruft Unni vom Tretschlitten.

»Mir ist kalt! Ich will nach Hause!«

Lisbeth wimmert leise, als wolle sie ihrer Schwester zustimmen. Ihre Wimpern sind bereits mit winzigen Eiskristallen besetzt, und Eivor lehnt sich vor, um ihr den untersten Schal über Mund und Nase zu ziehen.

»Wir fahren jetzt«, verspricht sie, »nicht wahr, Finn?«

Finn geht über den knirschenden Schnee auf Heiberg zu und reicht ihm die Hand.

»Ich werde mal Frau und Kinder nach Hause bringen. Sehen wir uns bei Karen und Bjørn am Samstag?«

Heiberg erwidert seinen Händedruck und sagt, er werde es sich überlegen. Dann zieht er sich den Schal ein weiteres Mal vom Hals und wickelt ihn erneut um. Als Eivor sich noch einmal umdreht, bevor sie auf den Weg einbiegen, der quer durchs Tal führt, steht er immer noch vor der Tür und kämpft mit seinem Schal. Sein frostiger Atem wölbt sich wie eine weiße Wolke um seinen Kopf.

Nachdem sie die Mädchen ins Bett gebracht haben, schaltet Finn das Radio ein, um die Nachrichten zu hören. Nur wenige Minuten nach Beginn der Sendung wird ihnen klar, wovon Heiberg gesprochen hat. Der norwegische Staatsminister Einar Gerhardsen hatte am Vormittag einen persönlichen Brief vom sowjetischen Ministerpräsidenten Bulganin erhalten. In dem Brief tut er seine Besorgnis kund – die Sowjetunion befürchte, dass ausländische Militärstützpunkte in Norwegen errichtet werden sollen. Der Ton ist freundlich, aber die Botschaft ist klar: Norwegen könnte in einen Atomkrieg verwickelt werden, wenn es nicht alle derartigen Pläne ablehnt.

»Das ist nur Panikmache.« Finn geht zum Radio, dreht an dem kleinen Rädchen und stellt es ab. »Jetzt werden die Leute hier oben in Angst und Schrecken versetzt. Und Heiberg kippt garantiert Wasser auf die Mühlen.« Er geht in die Küche, nimmt den Teekessel vom Kochfeld, dreht den Wasserhahn auf.

Eivor lehnt sich an den Türrahmen und sieht ihm zu, wie er den Kessel befüllt.

»Aber es ist ja wahrscheinlich nicht einfach so aus der Luft gegriffen, dass es Grund zur Sorge gibt?«, sagt sie. »Der Fall wird doch jetzt im Parlament besprochen, das wird doch als Bedrohung verstanden.«

»Es *ist* eine Bedrohung.« Finn macht den Herd an und öffnet den Schrank über der Küchenbank. »Aber das bedeutet nicht, dass man übertriebene Panik haben sollte. Außerdem sehen wir an diesem Beispiel deutlich, dass die Angst auf der sowjetischen Seite größer ist. Sie fahren diese Geschütze auf, weil sie Angst vor der NATO und vor Amerika haben, und da haben sie auch allen Grund zu. Wenn wir also versuchen, es von ihrer Seite aus zu betrachten. Willst du auch einen Tee?«

»Aber genau deshalb ist es doch so unheimlich. Wenn man Angst hat, trifft man oftmals falsche Entscheidungen, man handelt unüberlegt.«

»Jetzt klingst du, als ob die Sowjetunion eine Person wäre!«, sagt Finn und lacht. »Du redest tatsächlich ein bisschen wie Heiberg. Er spricht schon lange darüber. Für ihn ist Spitzbergen das Zentrum des Kalten Krieges und er stellt alles, was auf der Welt passiert, mit Spitzbergen in Zusammenhang.«

Im Kessel beginnt es leise zu säuseln, und Eivor setzt sich an den Küchentisch. Sie schweigt, während Finn Teetassen, ein Sieb und den Zucker aus dem Küchenschrank nimmt. Er hat vor nichts Angst. Er ist derjenige, der sie stets besänftigt. Sie sei nicht krank. Die Katastrophe träte nicht ein. Er würde nicht verschwinden. Der Krieg käme nicht. Sie stürbe nicht plötzlich in einem Unfall, sie stürbe nicht plötzlich mitten in der Nacht. Eisbären in der Siedlung seien eher selten. Eivor betrachtet seinen Rücken, während er am Küchenschrank steht und den Tee zubereitet. Er hat seinen Wollpullover ausgezogen, trägt nur noch ein langärmeliges Sporthemd. Sie sieht die Konturen seiner Schulterblätter, die Muskeln, die sich darunter abzeichnen.

Das Zischen im Teekessel wird immer lauter, wird zu einem Pfeifen, und Eivor will gerade aufstehen und den Kessel von der Flamme nehmen, bevor der Flötenaufsatz an die Fliesen hinter dem Ofen knallt, doch in letzter Sekunde greift Finn nach dem Kessel und schenkt ihnen beiden ein.

Er stellt die beiden Tassen auf den Tisch, nimmt auf dem anderen Hocker Platz und streckt die Hand nach ihr aus.

»Alles in Ordnung? Du bist so still. Machst du dir wirklich Sorgen?«

Eivor schüttelt den Kopf und legt ihre Hand in seine. Er lächelt.

»Sicher? Ich kann nicht immer erkennen, was du denkst.«

Eivor erwidert sein Lächeln, schiebt mit der freien Hand ihre Tasse hin und her. Ein leichter Schleier aus Dampf steigt daraus auf.

»Ist Heiberg ein bisschen merkwürdig?«, fragt sie nach einer kleinen Pause.

»Merkwürdig ...? Ein bisschen exzentrisch vielleicht. Worauf willst du hinaus?«

»Ich finde ihn einfach nur merkwürdig – und ein bisschen langweilig.«

»Langweilig und merkwürdig ... klingt widersprüchlich.« Finn lässt ihre Hand los und schlägt das Teesieb vorsichtig gegen den Rand seiner Tasse, um es abtropfen zu lassen.

»Ja, ich weiß nicht, hab mich nur gewundert«, sagt Eivor. Sie rührt ihren Tee mit einem dünnen Silberlöffel, der die Wärme so schnell leitet, dass man ihn nur wenige Sekunden in der Hand halten kann.

»Er ist ein bisschen anders«, räumt Finn ein. »Typischer Einzelgänger vielleicht. Aber er ist ein interessanter Kerl, finde ich. Ich hoffe nur, dass er sich in nächster Zeit über die Sache mit der Sowjetunion nicht zu sehr den Kopf zerbricht.

Denn wenn er damit erst mal anfängt, ist er tatsächlich etwas langweilig.«

Auf dem Weg zur Abendgesellschaft am Samstag schlägt Finn vor, am Murboligen vorbeizugehen und Heiberg abzuholen.
»Sonst kommt er vielleicht gar nicht erst. Es ist oft schwer, ihn zu überreden, sich bei gesellschaftlichen Anlässen blicken zu lassen.«
»Vielleicht mag er gesellschaftliche Anlässe nicht so gern? Das muss man doch akzeptieren.«
Eivor dreht sich um und sieht hinauf zum Giebelfenster – dort steht Marit und hält Lisbeth, damit sie ihnen nachwinken kann. Eivor winkt zurück, Finn dreht sich um und tut es ihr nach.
»Jetzt haben wir Marit ganz schön oft um Hilfe gebeten«, sagt er, nachdem sie über ein paar hartgefrorene Schneewehen bis an die Straße gestapft sind. »Ich habe doch langsam ein schlechtes Gewissen.«
Eivor bleibt stehen und fragt, ob sie nach Hause gehen und bei den Kindern bleiben soll.
Finn bleibt ebenfalls stehen und sieht sie verblüfft an.
»Nein, so meinte ich das nicht. Wir sind doch jetzt schon unterwegs. Natürlich gehen wir zusammen zum Fest, oder nicht?« Er streicht ihr über den Arm, wie um sie aufzuwärmen. »Willst du nicht zum Fest?«
»Doch, na klar.« Eivor trippelt auf und ab, ihre Füße schmerzen in den Stiefeln wegen der viel zu dicken Schichten Wollsocken. Ihre Beine werden schon ganz taub in der Kälte. »Ich kann nicht so lange stillstehen, wir müssen uns bewegen.«
»Ja, aber lass uns vorher in Haugen vorbeigehen.«
Er geht den sanften Hügel hinauf.

Eivor wartet unten im Flur, während Finn die Treppen zu Heibergs Wohnung hochsteigt. Sie bleibt auf der Fußmatte stehen, um nicht unnötig viel Schnee und Kohlestaub mit ins Haus zu schleppen. Große Stiefel stehen in Reih und Glied auf einer Metallablage über der Heizung, es riecht nach nasser Wolle und altem Leder.

Der Eingang zu den Wohnungen der Frauen ist an der Vorderseite des Gebäudes und führt direkt in den Keller. Rosenkeller wird er auch genannt, Eivor ist sich nicht sicher, woher der Name kommt. Sie hat nur gehört, dass die Messemädchen auch *Rosen* genannt werden, und es gibt Gerüchte, dass in ihren Wohnungen oft ein Kommen und Gehen sei. Die Leute reden darüber, als wäre das skandalös. Bei einer Abendgesellschaft, auf der jemand vielsagende Andeutungen über Partys und häufige, spätabendliche Männerbesuche im Rosenkeller machte, konterte Finn, er habe es wohl mit einem besonders sensationslüsternen und prüden Gesprächspartner zu tun.

Eivor lehnt sich an die Wand und fragt sich, wie diese Kellerpartys wohl sein mögen. Sie malt sich aus, wie es wäre, selbst im Rosenkeller zu wohnen – mit den anderen Mädchen durch den Schnee zu laufen, klappernde Flaschen vom Resteverkauf im Funken im Gepäck, in aller Eile ihr Schlafzimmer aufzuräumen, sich rasch etwas Schickeres anzuziehen und schließlich die Tür in die nächtliche Dunkelheit zu öffnen, hinter zugezogenen Gardinen zum Fest hereingebeten zu werden. Gedämpftes Licht, wärmender Branntwein. Bestrumpfte Füße auf dem Bett, Ellenbogen, die an die Wände stoßen. Tanzmusik aus einem knisternden Radio, Gespräche bis tief in die Nacht, nichts eilt, niemand wartet.

Der Hof des Sysselmannes erinnert an einen mittelalterlichen Bauernhof. Das Anwesen ist von einem Lattenzaun umgeben, und ein riesiges Portal aus schwerem Holz führt auf einen Innenhof, eingerahmt von rot- und braungetünchten Gebäuden. An das Haupthaus wurde ein mächtiger, turmartiger Anbau gebaut, und von diesem Turm führt ein Durchgang zu einem Blockhaus – die sogenannte Gildehalle.

»Toller Empfang«, sagt Heiberg und deutet mit einem Kopfnicken zu den Fackeln, die rechts und links der Treppe im Spalier aufgestellt worden sind. »Es wird guttun, ins Warme zu kommen und etwas zu trinken.«

Er und Finn sind einige Schritte vorgegangen, als sie das Tal durchquert haben – sie hat sich etwas zurückfallen lassen. Auf den ersten paar Metern hat Finn noch versucht, sie in das Gespräch zu integrieren, doch sie hat selten etwas zu erzählen, was Heiberg interessiert. Er hört höflich zu, bevor er sich wieder Finn zuwendet.

Finn klopft an die Haupttür, die fast im selben Augenblick geöffnet wird. Drinnen empfängt sie eine Helligkeit und eine nahezu dampfende Wärme, in der Eingangshalle sind so viele Menschen, dass Finn, Heiberg und Eivor sich an ihnen vorbeiquetschen müssen, um zur Garderobe zu gelangen. Die Leute unterhalten sich, Gläser in den Händen – einige von ihnen stehen auf den Treppenstufen in Grüppchen zusammen, und aus dem Wohnzimmer zu Eivors Rechten dringen Gelächter und laute Stimmen in die Eingangshalle hinaus – man könnte meinen, beinahe alle Staatsbeamte und Funktionäre hätten sich heute hier versammelt.

»Hier ist ja was los«, kommentiert Heiberg und knöpft sich den Mantel auf, »aber das wird sicher nett.«

Eivor hängt ihren Mantel an die Garderobe und tritt einen Schritt zurück. Sie will Blickkontakt zu Finn herstellen, mit den Augen rollen oder ihn verschmitzt angrinsen. Es leuchtet ihr nicht ganz ein, was Finn in Heiberg sieht. Normalerweise mag er keine Menschen, die keinen Humor haben, dann sagt er insgeheim solche Sachen wie *der Typ hatte das Priestersyndrom* oder *das war ja eine richtige Oberstudienrätin* oder *die laden wir nie wieder ein*.

»Eivor! Da seid ihr ja. Kommt rein und nehmt euch was zu trinken.« Karen kommt auf hohen Absätzen aus dem Wohnzimmer, umgeben von einer leichten Wolke Parfum, das nach Lilien duftet. Sie trägt ein smaragdgrünes Kleid und legt ihre Hand auf Eivors Schulter. »Wein?«

»Ja, gern«, sagt Eivor und krempelt die Ärmel ihres Wollpullovers hoch, den sie so schnell gar nicht ausziehen konnte. Es ist warm im Wohnzimmer, Leute sitzen oder stehen in Grüppchen zusammen und unterhalten sich. Am anderen Ende des Raumes steht Bjørn neben dem Sekretär und gibt vor einer kleinen Versammlung Anekdoten von der Jagd zum Besten, und genau dorthin zieht es Finn und Heiberg, sobald sie das Wohnzimmer betreten.

Eivor bleibt am Buffet stehen, wo Karen ihr aus einer der unzähligen Weinflaschen ein Glas einschenkt.

»Bitte sehr«, sagt sie und reicht ihr ein großes Glas Rotwein.

Eivor bedankt sich, sie stoßen an, tauschen Kleiderkomplimente aus. Karen geht auf die vierzig zu, sie befindet sich an einem ganz anderen Punkt in ihrem Leben als Eivor. Sie weiß alles über Longyearbyen, ist eng mit dem Leben hier verflochten, hat keine Kinder und reist mit Bjørn überallhin – nach Ny-Ålesund, Barentsburg, Pyramiden. Ihr scheint niemals langweilig zu sein, sie ist wie ein vor Energie strotzendes Knäuel.

Während sie Eivor von einem Polarfuchs berichtet, der sich in die Tagesanlage des Bergwerks geschlichen hatte, wandert Eivors Blick zum Fenster. Jenseits der gräulichen, geriffelten Scheibe, die von Eiskristallen übersät ist, leuchtet der Abend bläulich. Es ging schnell – vor nur einer Woche war er noch schwarz. Bald kommt die totale Helligkeit, aber mit der Wärme wird es noch etwas dauern, Eivor spürt es in ihrem gesamten Körper, es wird niemals aufhören. Das stimmt natürlich nicht, denn sie werden bereits Anfang Juni in den Süden reisen, doch im August schon wieder zurückkehren, und dann heißt es warten und die Tage zählen, bis das letzte Boot ablegt und das Eis kommt. Bis sich alles wieder schließt, erstarrt, verdunkelt.

»Eivor«, sagt Karen und berührt sie am Ellenbogen. Sie zuckt zusammen – sie hat anscheinend für einen Augenblick nicht zugehört. Doch Karen lächelt. »Du darfst nicht vergessen, dass jetzt die schwerste Zeit ist. Aber bald kommt der Frühling. Bald bricht das Eis auf, dann könnt ihr mit uns auf den Fjord rausfahren und Wale sehen. Du kannst dich auf einiges freuen.«

Eivor hebt das Glas zum Mund und trinkt einen hastigen Schluck. Warum erzählt Karen ihr das? Ist es ihr so deutlich anzusehen?

»Danke«, sagt sie, »darauf freuen wir uns.«

Eine kleine Pause entsteht. Karen nimmt ihr Glas vom Buffet und gibt Eivor mit einer Geste und ihren Blicken zu verstehen, dass sie jemand anderen im Raum entdeckt hat.

»Wo ist Jossa heute?«, fragt Eivor noch schnell.

Karen lächelt.

»Sie liegt oben im Flur. Willst du zu ihr hochgehen und Hallo sagen? Einfach nur dort die Treppe hoch, sie freut sich sicher, dich zu sehen.« Sie streicht Eivor sanft über den Arm und geht, um die neu angekommenen Gäste zu begrüßen.

Als Eivor Jossa zum ersten Mal begegnete, war die Hündin nicht an ihr interessiert. Sie lag an der Wand im Wohnzimmer des Sysselmannshofes, als Finn, Eivor und die Kinder von Bjørn hereingebeten wurden. Sie hob den Kopf, stand auf, drehte sich jedoch nur einmal im Kreis, bevor sie sich wieder hinlegte.

»Sie hatte kein Interesse an den anderen Hunden«, sagte Bjørn, als er ihr von Jossas kurzer Karriere als Schlittenhündin erzählte. »Stur, keine ordentliche Läuferin, hört nicht auf Kommandos. Aber abgesehen davon ist sie eine wunderbare Hündin!«

Die Kinder hielten Abstand – dazu hatte Eivor sie ermahnt, denn sie wusste, dass ein sibirischer Husky kein normaler Familienhund war – und gingen auch nicht näher an sie heran, als Karen sie ermunterte, Jossa zu streicheln. Finn kraulte Jossa zwischen den Ohren, strich ihr über den Nacken, aber Eivor ließ sie in Ruhe. Sie hatte keine Angst. Sie hat nie Angst vor Hunden, doch sie wollte Jossa zeigen, dass sie sie respektierte, sie verstand. Sie wollte, dass Jossa sie mochte. Deshalb setzte sie sich auf den Stuhl, der Jossa am nächsten stand, und hörte den Gesprächen nur mit halbem Ohr zu. Jossa lag still an der Wand und atmete ruhig. Die cremegraue Seite ihres Bauches hob sich langsam beim Einatmen, senkte sich schnell beim Ausatmen.

Als alle anderen ans Fenster traten, um die Aussicht über den Fjord zu bestaunen, blieb Eivor sitzen. Jossa hatte sich umgedreht, sodass sie nun mit dem Kopf in Eivors Richtung lag. Nach einer Weile öffnete sie die Augen und erwiderte Eivors Blick. Ihre Ohren drehten sich nach vorn. Sie musterte Eivor, ohne den Kopf zu heben.

Bei ihrer nächsten Begegnung – diesmal vor dem Krankenhaus – kam Jossa auf sie zugelaufen und streifte ihre Finger mit der Schnauze. Sie wedelte zaghaft mit dem Schwanz und blieb bei ihr stehen. Eivor legte ihre Hand auf den großen Hundekopf. Das Fell war dick und dicht, es fühlte sich elastisch an, und sie spürte die Wärme des Hundeschädels.

Oben im Flur ist es kühl, es riecht nach Holz und irgendwie nach Walnuss. Eivor ist noch nie zuvor hier oben gewesen und weiß nicht, wo der Lichtschalter ist. Sie balanciert das volle Weinglas in einer Hand, sie hat sich noch einmal nachgeschenkt, bevor sie hochgegangen ist.

Die Dielen knarren, sie tastet sich mit den Fingern der anderen Hand an der Wand entlang. Dann hört sie ein Geräusch und sieht, wie ein Augenpaar im Dunkeln aufleuchtet. Jossa brummt leise, ihr Schwanz trommelt im Takt auf den Boden.

Eivor ist der Lichtschalter nun ganz egal, sie setzt sich einfach vor Jossa auf den Boden, die sich auf die Seite fallen lässt und die Stirn an Eivors Schenkel presst. Sie will am Bauch gekrault werden.

Kaum jemand kennt diese Seite von Jossa. Wenn Eivor mit Jossa durch die Siedlung geht, sehen die Leute in ihr eine kalte, schroffe Wölfin. *Da kommt die Frau Doktor mit dem wilden Tier*, ruft Frau Iversen jedes Mal. Sie ist nicht die Einzige, die mit einem Hund durch den Ort geht, aber vielleicht die einzige Frau, die so oft allein unterwegs ist.

Plötzlich hört Eivor Stimmengewirr und das Klackern eleganter Schuhe auf dem Fußboden der Eingangshalle. Dann ertönt Bjørns Stimme. Er verkündet, dass die Gesellschaft sich nun in die Gildehalle bewegt. Hat er sie damit angesprochen? Sie richtet sich auf, lauscht. Nein – kurz darauf wird es ganz still, alle sind nach nebenan ins Blockhaus gegangen.

Jossa brummt und legt eine Pfote auf Eivors Unterarm,

verlangt nach mehr Aufmerksamkeit, und Eivor rutscht dichter an die Wand, legt die Beine über Kreuz und streichelt Jossa über den Nacken, während sie ihren Wein austrinkt. Jetzt sitzt sie schon seit fast einer halben Stunde hier oben, sie weiß, dass sie sich bald wieder zu den anderen gesellen muss. Im Grunde ist es merkwürdig, dass Finn nicht nach ihr gesehen hat.

Sie reißt sich von Jossa los und geht in die Gildehalle. Der Raum ist so voll, dass sie Finn nicht sofort entdeckt. Auf einem Tisch direkt neben der Tür stehen Getränke, sie füllt sich ihr Glas, bevor sie den Saal betritt. Dann entdeckt sie ihn – er steht am Klavier, gemeinsam mit dem Chef des Telegrafen, dem Bergmeister und einigen anderen. Wahrscheinlich hat er nicht einmal bemerkt, dass sie weg gewesen ist. So ist es immer bei größeren Veranstaltungen – Finn wird von der Menge mitgerissen, er verschmilzt in ihr, bewegt sich mit energischen Schritten und Gesten und steht schon bald im Zentrum des Geschehens.

Das war auch der Grund, warum sie eigentlich schon nicht mehr daran geglaubt hatte, dass er sie überhaupt wahrnehmen würde, in jenem Sommer, in dem sie ihm immer wieder in Seglerkreisen begegnet war. Sie war sich beinahe sicher, dass zwischen ihnen eine gewisse Spannung herrschte, doch keiner von beiden wagte den ersten Schritt. Er flirtete mit anderen, manchmal ließ er sie sogar mitten im Gespräch stehen, oft mit dem Versprechen, gleich wiederzukommen, was er dann jedoch vergaß. Finn näherzukommen war so schwer, wie durch tiefen Sand zu laufen, oder am Hafen einem großen Schiff nachzusehen, dass aufs offene Meer zusteuerte.

Wenige Wochen nachdem sie den Entschluss gefasst hatte, sich keine weiteren Hoffnungen zu machen, klingelte das Telefon. Finn rief an und fragte, ob er überhaupt nur die geringste Chance bei ihr hätte. Sie stand im Flur im oberen Stockwerk ihres Elternhauses, den Hörer zwischen Schulter und Ohr geklemmt, und starrte auf den Blutahorn vor dem Fenster. Es war Ende Oktober und der Baum hatte schon fast sein gesamtes Laub verloren. Sie sagte *doch*. Und da änderte sich alles, setzte sich in Bewegung.

»Nein!« Der Ruf schallt von der Sitzgruppe ein Stück von Eivor entfernt, und Heiberg schnellt zwischen Sofa und Tisch in die Höhe. »Wir müssen endlich erkennen, was tatsächlich auf dem Spiel steht.«

Einige Gäste drehen sich zu ihm um, Bjørn, der neben ihm gesessen hatte, steht auf und legt ihm eine Hand auf die Schulter.

»Es stimmt, die Lage ist ernst, aber ...«

»Davon habe ich heute Abend aber noch nicht viel mitbekommen«, erwidert Heiberg. »*Ich* bin derjenige, der das anspricht. Alle anderen schneiden das Thema, das stinkt nach Bagatellisierung.«

»Stehst du hier ganz allein?«, fragt eine Stimme neben Eivor. Es ist eine der Ingenieursfrauen, die sich Whisky nachschenkt. »Wir haben uns schon gefragt, wo du abgeblieben bist.«

Eivor will gerade antworten, doch in dem Augenblick bricht eine neue Salve aus Heiberg hervor. Diesmal spricht er Bjørn direkt an – sagt, die norwegische Präsenz auf Spitzbergen sei bedroht und er als Sysselmann sollte der Erste sein, der gegen die sowjetischen Drohungen Stellung bezieht.

»Wir wissen, welche Aggression sich hinter einem freundlichen Russenlächeln verbergen kann«, sagt er und setzt sich wieder, doch er ist noch längst nicht fertig mit seinen Ausführungen, und den anderen am Tisch fällt es schwer, zu Wort zu kommen.

Eivor sieht hinüber zu Finn, ihre Blicke treffen sich, als er den Raum durchquert und sich zu der Gruppe um Heiberg gesellt. Er grinst sie an, als wolle er sagen, *jetzt geht das schon wieder los*, doch stattdessen mischt er sich in das Gespräch ein, das nun die Aufmerksamkeit mehrerer Gäste auf sich zieht.

»Wir dürfen nicht vergessen, dass das nicht für Spitzbergen gilt«, sagt Finn, bekommt aber unmittelbar Gegenwind von Heiberg, der ihn daran erinnert, das Spitzbergen eine politische Arena sei, dass die Russen zweifellos befürchteten, dass die NATO einen militärischen Stützpunkt auf Spitzbergen errichten wolle – dass ihre Worte keine leeren Drohungen seien.

»Angst ist eine nicht zu unterschätzende, treibende Kraft«, sagt Heiberg.

Eivor nimmt ihr Glas und zieht sich von der Diskussion zurück, die immer hitziger wird. Sie schlüpft in den Durchgang zum Hauptgebäude und macht sich auf die Suche nach der Toilette. Dort lässt sie sich Zeit, frischt ihr Make-up auf und macht ihre Haare zurecht. Sie nimmt die Spangen heraus, kämmt ihr Haar mit dem kleinen Kamm aus ihrer Tasche und steckt es wieder hoch. Als sie fertig ist, ist auch ihr Glas schon fast wieder leer, sie löst den Haken, mit dem sie die Tür verschlossen hat, und tritt hinaus in den Flur. Aus der Gildehalle dringen schwache Klaviertöne herüber. Das wird Finn sein, der sich an das Instrument gesetzt hat, um die Gäste zu unterhalten.

Auf dem Buffet im Wohnzimmer stehen immer noch ein paar Flaschen. Eivor füllt sich erneut Wein nach und steigt die Treppe zu Jossa hinauf. Diesmal kommt sie ihr entgegen, und Eivor fällt ein, dass die Hündin bestimmt mal rausmüsste.

Fünf Minuten später geht sie mit ihren dünnen Söckchen in den Stiefeletten hinaus auf den eiskalten Hofplatz und umklammert den Stiel ihres Weinglases mit ihren Robbenfellhandschuhen. Jossa zieht sie zu den Schneewehen an der Hauswand, hockt sich hin und erledigt ihr Geschäft. Dann steuert die Hündin zielsicher auf die Eingangspforte zu, doch im selben Augenblick öffnet sich eines der Fenster der Gildehalle.

»Eivor!«, ruft Karen und lehnt sich hinaus. »Bist du da draußen? Willst du dir den Tod holen? Komm wieder rein und sing mit uns. Finn spielt uns ein Wunschkonzert und Bjørn setzt gleich Glühwein auf!«

Finn schämt sich für sie, das merkt sie sofort.

»Du kannst nicht einfach so verschwinden«, sagt er, als sie durch die Eingangspforte gehen.

Sie antwortet nicht darauf, hält den Kopf gesenkt und hakt sich bei ihm unter. Er reitet nicht weiter darauf herum. Immerhin ist sie wieder zurück in die Gildehalle gekommen, hat sich neben das Klavier gesetzt und in den Gesang eingestimmt, hat sich den Rest des Abends unter die anderen Gäste gemischt. Jetzt ist es weit nach Mitternacht und sie weiß nicht, wie viel sie eigentlich getrunken hat.

Finn kommt nie ins Wanken, wenn er getrunken hat, lediglich sein Blick wird starrer, seine Augen glänzender. Er stützt Eivor den gesamten Weg hinunter ins Tal, damit sie nicht ausrutscht und auf den glatten, festgetrampelten Weg fällt.

So viele Abende enden wie dieser, mit schweren Schritten die Treppe hinauf, einem gummiartigen Zeitgefühl und ungeschickten Bewegungen. Schuhe, die in eine Ecke geschleudert und drei Wassergläser, die hintereinander in einem Zug ausgetrunken werden. Nach einem Fest nach Hause zu kommen ist wie einen schallgedämpften Raum zu betreten. Es wird still, so schlagartig, während im Körper immer noch alles tobt – das Herz rast, die Konturen des Raumes verzerren und biegen sich am Rande des Blickfeldes, können den Kopfbewegungen nicht folgen, schweben verzögert am Blick vorbei und sachte wieder zurück.

Eivor schließt die Tür zum Badezimmer, während Finn sich bei Marit dafür bedankt, dass sie auf die Kinder aufgepasst hat. Er wünscht ihr gute Nacht, und die Stille stülpt sich über sie – dicht und weich wie Filz. Die Handflächen glühen am kühlen Waschbecken, der Puls pocht und pocht im Kopf. Das Leuchtstoffrohr über dem Spiegel flimmert in unregelmäßigen Abständen, sie kriegen es einfach nicht repariert, sie hört ein dünnes Sirren. Hinter ihr hängt ihr Kopf an der Wäscheleine über der Badewanne.

Es sieht aus, als sähe sie direkt in die Linse, doch in Wirklichkeit hat sie an der Kamera vorbeigeschaut, beinahe direkt in die Sonne. Sie erinnert sich an den Moment, in dem Finn das Foto geschossen hat, es war an einem der ungewöhnlich milden Tage.

Das Gesicht im Spiegel schwebt unklar im Vordergrund, weich und gelblich weiß im Neonlicht. Eivor justiert ihren Blick, sieht, wie ihre eigenen Konturen schärfer werden, während das Gesicht über der Badewanne verschwimmt.

In den kommenden Wochen wird in der *Svalbardposten* kein Wort über die Sowjet-Gefahr verloren. Nachrichtensendungen im Radio berichten darüber, und auch andere NATO-Länder reagieren auf die Drohungen, aber in der *Svalbardposten* stehen nur lokale Nachrichten. In letzter Zeit sind die

Neuigkeiten aus aller Welt zu einem Nichts zusammengeschrumpft, stattdessen werden Witze, Liedtexte und Ankündigungen zu diversen Veranstaltungen gedruckt, und der Direktor der Store Norske schreibt, wie wichtig es sei, seine Mitarbeiter zu motivieren und auf diese Weise die Moral aufrechtzuerhalten. Warnungen von den Vorarbeitern der Bergwerke werden ebenfalls gedruckt, sie erinnern daran, dass die Arbeiter, obwohl viele von ihnen jetzt die Schichten bis zum ersten Boot zählen, nicht leichtsinnig und tollkühn sein dürfen. Im Frühling haben sich schon zuvor die Unfälle gehäuft.

In der ersten Aprilwoche kommt der Postflieger. Das Flugzeug landet nicht, es gleitet im Tiefflug über die Berggipfel im Adventdalen und wirft große, dunkle Leinensäcke ab, die dumpf auf dem Boden landen. Das provisorisch engagierte Bodenpersonal läuft los, um die Postsäcke einzusammeln und auf die Ladefläche des Postautos zu hieven. In der Luft schlingern die Tragflächen des Flugzeugs, als würden sie winken, dann leitet die Maschine ein Wendemanöver ein und fliegt gen Süden über den Fjord davon.

»Ich wünschte, ich könnte mitfliegen«, sagt Eivor und lässt das Fernglas sinken. Sie steht neben dem Jeep, die Kinder eng an sie geschmiegt. Reidar steht ein Stück hinter ihr und sieht dem kleinen Flieger durch sein Fernglas nach.

»Bist du schon mal mit einem Propellerflugzeug geflogen? Das holpert ordentlich, wenn Wind aufkommt.«

»Nein, ich meinte eher, ich wünschte, ich könnte von hier fortreisen. Nach Süden.«

Lisbeth rührt sich neben ihr und zupft am Saum von Eivors Mantel.

»Mama! Willst du weg?«

»Was? Nein! Alles gut, hör nicht auf mich.« Eivor setzt sich in die Hocke und legt die Arme um sie. Lisbeth bohrt ihr Gesicht in Eivors Schulter und Unni schmiegt sich von der anderen Seite eng an sie. Reidar lächelt und setzt das Fernglas erneut an.

Finn ist nicht bei ihnen – er operiert gerade einen Mann, der sich im Stollen den Fuß gequetscht hat. Eivor macht sich von den Mädchen los und richtet sich auf. Gegenüber Finn könnte sie niemals zugeben, dass sie nach Süden reisen will, aber in Reidars Gegenwart kann man solche Kommentare leicht äußern. Er interpretiert nichts in derartige Aussagen hinein, will nicht wissen, was sie eigentlich damit meint.

Es ist kurz vor vier, doch inzwischen ist es hell – vor neun wird es nicht dunkel. Mit jedem Tag frisst sich die Sonne tiefer und tiefer in die Nacht hinein, mit jedem Tag kriecht das Licht tiefer ins Tal. Die Erdachse kippt die Nordkalotte langsam Richtung Sonne, aber bisher ändert sich nur das Licht. Die Temperaturen liegen stabil bei unter zehn Grad minus.

Eivor findet es drinnen wärmer als jemals zu Hause in Oslo. Das Krankenhaus hat eine moderne Zentralheizung, und auch in der Wohnung sitzt die Wärme immerzu in den Wänden, liegt wie eine Schicht unterm Dach und klebt sich in Mundhöhle und Nasenlöcher, wenn sie von der Kälte hereinkommt.

Eines Abends ist sie allein zu Haus, als sie ins Bett geht, macht sie das Fenster weit auf. Der Himmel ist beinahe sommerlich blau, aber die Kälte zieht herein, kurz darauf weicht ihr die Wärme aus Wangen, Lippen, Kopfhaut, Brustkorb. Die Kälte senkt sich über sie wie ein Stempel, sie hebt die Hände und streckt sie aus dem Fenster, lässt sie zu leichten Eisschollen werden. Dann kommt sie wieder zu sich, macht das Fenster zu und schließt es mit dem Fensterhaken. Sie schlüpft unter die Decke, die Bettwäsche ist steif und schwer vor Kälte, beinahe klamm, und Eivor kauert sich zusammen, zieht die Beine an und umschlingt sie mit den Armen, haucht ihren heißen Atem an die Knie.

Nur auf ihren Skiausflügen schafft sie es, auf eine angenehme Weise warm zu werden. Sie dreht ihre Runde, sooft es geht, mit dem Gewehr auf dem Rücken – den Gletscher hinauf, überquert ihn ein Stück, dann saust sie wieder hinab ins Tal, so schnell sie kann. Wenn sie Jossa nicht mitnehmen kann, geht sie über den Fjord, an der Halbinsel Hotellneset vorbei, wo ein rauchender, schwarzer Kohlehaufen darauf wartet, dass das Eis aufbricht.

KAPITEL 4

In der Woche vor Palmsonntag beginnen die Temperaturen zu steigen. Es geschieht über Nacht – auf einmal ist das Quecksilber auf minus zwei Grad hinaufgeklettert. Am folgenden Tag liegen die Temperaturen bei null und halten sich dort für die nächsten drei Tage. Es ist nicht wie auf dem Festland, wenn das milde Wetter einsetzt – an den sonnigen Hügeln wird es nicht wärmer, in den Straßengräben quellen keine Schmelzwasserbäche, aber dennoch kann man beobachten, wie der Schnee langsam in sich zusammensinkt, und zu Beginn der Karwoche sind die Möwen zurückgekehrt. Plötzlich sind sie überall – lassen sich im Ort nieder und wühlen im Müll, der unterm Schnee zum Vorschein kommt.

Winters dicke Schneedecke hat die Siedlung reiner und ordentlicher wirken lassen, als sie eigentlich ist. Jetzt wird Eivor an den Schock erinnert, den sie verspürt hat, als sie im Herbst angekommen ist. Alles war so hässlich. *Hier kannst du nie weiße Wäsche waschen*, sagte Marit, die ihr den Waschkeller zeigte, es ging um den Kohlestaub im Wasser, doch das gab Eivor das Gefühl, dass hier alles schmutzig war, unordentlich. Denn eigentlich räumt hier oben niemand auf. Alte, ausrangierte Möbel, die im Ort und auch außerhalb herumstanden, Bretter und Materialreste liegen quer verstreut im Myra. Das Abwasser wird direkt aus den Häusern abgelassen – es liegt in dunklen, gefrorenen Pfützen hinter den Gebäuden.

Am Gründonnerstag ist Finns erster freier Tag seit Langem, und eine Leichtigkeit breitet sich in Eivor aus. Sie werden die Siedlung verlassen. Sie werden das Eis überqueren und einige Tage bis Ostersamstag in der Funktionärshütte auf der Halbinsel Revneset verbringen, bevor Reidars Urlaub beginnt und er die Hütte übernimmt.

Die Temperaturen sind erneut unter null gesunken, aber es ist windstill und die Sonne scheint, als sie und Finn vor Olaussens Zwingern stehen und zusehen, wie Olaussen das Hundegespann klar zur Abfahrt macht. Unni und Lisbeth sitzen bereits in dicke Mäntel und Felle eingepackt im Schlitten. Die Mädchen und das Gepäck sollen von den Hunden gezogen werden, Eivor und Finn werden dem Gespann auf Skiern und mit leeren Pulkas folgen. Olaussen will noch heute mit den Hunden zurückkehren, auf ihrem Rückweg am Samstag müssen sie ohne den Hundeschlitten auskommen.

Lisbeth ist schläfrig, immer wieder fallen ihr die Augen zu – ihr gut gepolsterter, runder Kopf ruht an der Schulter der Schwester. Unni hingegen ist hellwach und beobachtet die Hunde mit skeptischem Blick. Die Tiere trippeln auf und ab, ihnen entfährt hier und da ein aufgeregtes Bellen, sie wollen los, es dampft aus den Hundemäulern.

»Gute Wetterverhältnisse heute«, sagte Finn und lässt seinen Blick über den Fjord schweifen.

»Ja, die Wettergötter haben euch erhört«, antwortet Olaussen und spannt die Leithündin ein. Einen Augenblick lang muss er sie mit strengem Griff festhalten. Ein Schlittenanker mit schwarzen Zacken sitzt fest im harten Schnee, aber die Hunde sind voller Energie, in ihnen wirken unbändige Kräfte. Ein Husky kann laufen, bis er umfällt, wenn niemand ihn anhält. Das Tau, das den Anker an den Schlitten bindet, ist so straff gespannt, dass es vibriert.

Olaussen geht vom Kopf des Gespanns zum Schlitten und stellt sich auf die hinteren Enden der Kufen, legt sein ganzes Gewicht auf sie und lehnt sich nach hinten.

»Lösen Sie den Anker, Doktor Nydal?«

Finn geht vor dem Anker in die Hocke, sieht auf und bekommt ein Kopfnicken als Signal. Dan hievt er den Anker aus dem Schnee und reicht ihn Olaussen gerade noch rechtzeitig, bevor ein Ruck durch das Hundegespann geht.

An einem Sonntag im November fuhren sie zum ersten Mal mit dem Hundeschlitten. Finn hatte Olaussen ausdrücklich klargemacht, dass sie wirklich lernen wollten, wie man Hundeschlitten fährt – sie wollten nicht einfach nur zum Vergnügen mitgenommen werden – also wartete Olaussen mit zwei Hundeschlitten vor den Zwingern und fragte, ob sie bereit wären, hart zu arbeiten.

Er erklärte und zeigte ihnen, wie man einen Husky nach dem anderen holte und an den Schlitten spannte. Die Reihenfolge war wichtig. Einige der Hunde waren Querulanten, andere waren unzuverlässig und konnten auf die Idee kommen, sich zu eigenen Abenteuern aufzumachen, wenn man sie allein im Gespann ließ. Und dann gab es die besonnenen, stoischen Leittiere, die die anderen Hunde in Schach hielten.

Die Hunde sollten wie Koffer getragen werden, erklärte Olaussen und demonstrierte den Griff an einem Hund mit hellgrauem und schwarzem Fell mit beinahe weißen Augen. Er zog ihn hoch, sodass er gezwungen war, auf zwei Beinen über den Schnee zu laufen. Er fuchtelte leicht mit den Vorderbeinen, und Eivor fand das eine Spur zu brutal, aber Olaussen lachte nur und setzte den Hund vorsichtig ab. Er nannte sie ein Stadtfräulein und betonte, dass die Hunde Nutztiere seien. So war es nun mal.

Sechs Hunde sollten eingespannt werden. Finn löste sie von ihren Ketten und schleppte sie nach Olaussens Vorbild zum Schlitten. Eivor gefiel das nicht, sie mochte nicht, wie er an den Hunden zerrte und zog, doch im nächsten Moment musste sie selbst zwei Hunde, die nach einander schnappten, auseinanderbringen, sie voneinander fernhalten und ihnen mit harter, dunkler Stemme Kommandos erteilen.

Und die Hunde hörten auf sie, beruhigten sich. Auch die Leithündin wies die anderen Huskys zurecht. Sie stieß ein dunkles Grollen aus, dass tief aus der Kehle kam. Es war nicht direkt ein Knurren, aber eine klare Anweisung. Einer der Hunde piepste ein wenig und streckte den Kopf nach vorn, um der Leithündin die Mundwinkel zu schlecken.

»Da sehen Sie«, sagte Olaussen mit zwei Hunden für sein eigenes Gespann im Schlepptau.

Eivor wusste nicht, was sie sehen sollte, aber sie nickte, und Finn ging zurück zum Zwinger, um die letzte Hündin zu holen – Toni. Eivor stand immer noch zwischen den beiden Hunden, die sich angegangen hatten, sie hielt das Geschirr in der Hand. Warmes Fell schmiegte sich an ihre Beine, und ein schwacher Ruck ging durch die muskulösen Hunderücken, sie waren ungeduldig. Die Hunde, die immer noch in ihren Zwingern standen und sie nicht auf ihrem Ausflug begleiten würden, heulten wie trauernde Wölfe.

Finn brachte Toni – eine schmächtige, hellbraune Hündin, die nicht stark genug für diese Aufgabe aussah, doch laut Olaussen war sie die Zäheste. Eivor nahm sie entgegen. Dann stellte Finn sich auf die Enden der Kufen hinter dem Schlitten. Eivor zwängte Toni in ihr Geschirr und befestigte sie im Gespann, sie musste sich konzentrieren, die Hunde in Schach zu halten und die Gurte der Geschirre nicht zu verheddern. Ihre Armmuskeln schmerzten, und sie war sich bewusst, dass Olaussen sie beobachtete und sich ein Urteil bildete, und Finn wahrscheinlich ebenso. Durch das Abkämpfen mit den Hunden wurde ihr ganz warm unterm Mantel, aber ihre Hände waren kalt, und als sie sich aufrichtete, nachdem sie den letzten Hund eingespannt hatte, spürte sie, wie der Frost in ihre Nasenlöcher stach.

»Dann hole ich jetzt den Anker ein!«, rief Olaussen und kam auf sie zugezuckelt. »Alle an Bord!«

Eivor sprang auf den Schlitten und hüllte sich in die Felle, Olaussen zog den Anker aus dem Schnee und reichte ihn Finn, der ihn auf dem Schlitten befestigte, als die Hunde auch schon lospurteten. Das Geräusch der Kufen auf dem Schnee erinnerte an das Ratschen von Messern, und sie ließen den bellenden und jaulenden Hundechor hinter sich zurück.

Mitten auf dem Fjord steht der Hundeschlitten still. Olaussen und die Hunde sind schwarze, kleine Punkte in der Ferne. Die Kinder sind nicht zu sehen, sie sind eins mit dem Schlitten und dem Gepäck. Auf Skiern kann man sich nicht so schnell über das Eis bewegen, es geht immer nur geradeaus, geradeaus, geradeaus. Einstechen, abstoßen, wieder einstechen. Eine richtige Loipe gibt es nicht mehr – dafür geht es schon zu sehr auf den Frühling zu. An einigen Stellen ist der Schnee bereits fortgeweht worden – das Eis schimmert bläulich, die Skier kratzen über die Oberfläche. Sie ist von Beulen aus Eis überzogen, von Kerben und Schnitten.

»Glaubst du, sie frieren?«, fragt Eivor. Ihr selbst ist warm, sie schwitzt, aber sie ist auch in Bewegung. In einem Hundeschlitten kann es richtig kalt werden, trotz Wolle, Fellen und doppelten Fäustlingen. Eisiger Wind im Gesicht, Tränen in den Augen. Das weiß sie.

Doch als sie bei den Kindern ankommen, hat Unni sich bereits die Kapuze heruntergezogen. Finn gleitet auf seinen Skiern zu ihnen, kommt neben dem Schlitten zu stehen und zieht sie ihr wieder auf, doch Unni wendet sich von ihm ab und schiebt sie wieder herunter.

»Mir ist warm!«, protestiert sie und streckt ihre Zunge heraus, als wäre sie einer der Huskys.

»Ja, ein richtiger Osterausflug.« Olaussen steht hinten auf dem Schlitten und gönnt sich eine Zigarette. »Jetzt dauert es nur noch einige Wochen, bis das Eis aufbricht.«

Eivor spürt ein plötzliches Ziehen im Magen und schaut hinab auf ihre Füße und die Skier, hinab zu der dünnen Schneedecke, auf der sie steht, denkt an das Eis unter dem Schnee und die dunkle, arktische Tiefe. Auf einmal kommt es ihr vor wie absoluter Wahnsinn, hier zu stehen. Wie schwer ist eigentlich der Schlitten? Ihre Siebensachen türmen sich auf ihm. Zwei blanke Nachttöpfe thronen auf der Plane über dem Gepäck, in letzter Sekunde mit einem Tau festgezurrt.

»Vielleicht ist es besser, wenn wir schnell weiterfahren«, sagt Eivor und holt mit ihren Skistöcken Schwung, um näher an den Schlitten heranzufahren.

»Mama, ich will runter!«, kräht Unni plötzlich. Sie rutscht hin und her, um sich von ihren Gurten zu befreien und auszusteigen, und neben ihr bricht Lisbeth in Tränen aus.

Finn, der dichter bei den beiden steht, beugt sich zu ihnen herab und weist sie zurecht. Unni brüllt und wirft einen ihrer Fäustlinge aufs Eis, dann will sie ihre Mütze gleich hinterherwerfen, doch Finn zieht sie ihr wieder über den Kopf und drückt Unni zurück in den Schlitten.

»Jetzt beruhigst du dich mal wieder«, sagt er, doch da beginnt auch Unni zu weinen. Lisbeth heult daraufhin noch lauter und fuchtelt wild mit den Armen, will sich auch die Mütze vom Kopf reißen, aber Finn beugt sich über Unni hinweg zu ihr und drückt ihren Arm herunter.

»Ja, ja«, sagt Olaussen an Eivor gewandt und gluckst leise. »Hier war Ruhe und Frieden, bevor Sie uns eingeholt haben. Sie waren lammfromm.«

Eivor schweigt. Statt Unnis Fäustling aufzusammeln, bleibt sie auf ihre Skistöcke gestützt stehen und sieht zu. Es passiert nicht oft, dass die Mädchen sich Finn gegenüber so verhalten – wild und unzähmbar, unzugänglich. Normalerweise hören sie sofort auf ihn. Aber er ist auch oft nicht derjenige, der sie als Erster tadelt. Normalerweise kommt er dazu und beendet Konflikte und Trotzanfälle, nachdem Eivor schon ganz erschöpft von ihren Versuchen ist, die Mädchen zur Vernunft zu bringen.

Unni schreit wutentbrannt, als Finn ihr die Kapuze wieder auf den Kopf zieht, Lisbeth stimmt in Solidarität mit ein, und auch die Hunde werden langsam unruhig. Sie stampfen mit ihren Pfoten im Schnee, werfen die Köpfe zurück, einige von ihnen beginnen zu bellen.

»Hey!«, ruft Olaussen schroff, doch das scheint die Hunde nur zu ermutigen, denn es geht ein Ruck durch das Gespann, die Taue strammen sich und knirschen. Die Mädchen heulen, Finn richtet sich auf, Eivor stakst hinüber zum Anker, um zu überprüfen, ob er richtig befestigt ist, doch Olaussen winkt ab.

»Geben Sie mir den Anker, Frau Nydal! Lassen wir sie laufen. Dann sehen wir uns an Land.«

Finn kommt auf sie zu, etwas außer Puste.

»Er hat recht, Eivor«, sagt er und schiebt sie zur Seite. »Wir fahren besser weiter.« Er beugt sich hinab, hebt den Anker und reicht ihn Olaussen, und der Schlitten saust davon, mit zwei heulenden Kindern an Bord.

»Wie die beiden sich angestellt haben«, sagt Finn nach einer Weile.

»Ja, so sind sie normalerweise«, sagt Eivor, festigt den Griff um ihre Skistöcker und setzt sich in Bewegung.

»Wie bitte?« Finn steht wie angewurzelt da.

»Die Kinder«, sagt Eivor und dreht sich zu ihm um. »So sind sie nun mal. Unni zumindest. Und Lisbeth stimmt gerne mit ein, wenn Unni erst einmal loslegt.«

Finn steht mit hängenden Stöcken da.

»Willst du mir gerade erzählen, wie unsere Kinder sind?«

Eivor sieht ihn an, weiß nicht, was sie sagen soll, aber dann lacht er los.

»Du hast recht – du bekommst solche Wutanfälle häufiger mit als ich. Aber jetzt machen wir es uns schön und haben einfach mal frei. Komm, wir beeilen uns, damit Olaussen nicht so lange mit den Kindern allein ist.«

An diesem Abend herrscht beinahe drückende Stille. Unni und Lisbeth schlafen in ihrem Doppelstockbett, die Bäuche voll mit Kakao und Zimtbroten. Sie haben mit den Hunden gespielt, sind rings um die Hütte gelaufen, dann drinnen von Raum zu Raum, von Fenster zu Fenster getobt und schließlich ganz erschöpft in ihre Betten gefallen. Sie haben in einem der Schlafzimmer große Filzpantoffeln gefunden und mit ihnen herumgealbert, haben ihre Hände gegen die Holzwände gedrückt, sich gegenseitig herausgefordert, alleine in das dunkle Plumpsklo zu gehen, das glücklicherweise direkt vom Flur aus zugänglich ist. Zu den Eisbären müsse niemand raus, hat Finn gesagt.

Finn und Eivor haben die Bettdecken aufs Sofa geschleppt und sitzen eingemummelt vor dem Kamin. Auf dem Tisch stehen zwei Becher Whisky. Zu Hause im Krankenhaus hätten sie den Plattenspieler oder das Radio angeschaltet, hier hört man nichts als das Knistern des Feuers und das Heulen des Windes vor der Hütte.

»Kann es nicht immer so sein wie jetzt?«, sagt Eivor und schmiegt sich an Finn. Sie will es wie eine leicht dahingesagte Floskel klingen lassen, doch sie meint es wörtlich. Es ist so still, hier sind sie allein. Er sagt nichts, lächelt aber und zieht sie näher an sich heran, atmet ruhig und lehnt seinen Kopf an ihren. Auf dem Fensterbrett liegt sein Colt. Das Fernglas steht senkrecht daneben. Draußen weht der Wind stärker als vorhergesagt. Eigentlich wollten sie am hellen Abend draußen sitzen, doch es ist zu kalt.

Sie hatte es sofort gemerkt, als sie ankamen, als sie das Gepäck hereintrugen, sich die Skischuhe auszogen und einen Kaffee aufsetzten – dass er den Finn, der er bei der Arbeit war, abgelegt hatte. Er wurde freier und gelöster, seine Augen heller. Mit Lisbeth auf dem Schoß hatte er dagesessen und Olaussen dabei zugesehen, wie er Kaffee mit Schuss zubereitete – zwei Drittel Kaffee, ein Drittel Schnaps und massenweise Zucker. Dann ging Finn hinaus und streichelte die Hunde, die vor der Hütte lagen und sich ausruhten. Er saß zwischen ihnen, die Beine von sich gestreckt – saß einfach nur da und tat nichts weiter.

Vielleicht gibt auch sie sich anders. Zumindest hat er ihr gesagt, dass sie glücklich aussieht. Sie hatte Angst, dass sie draußen auf dem Eis einen Streit angezettelt hatte, mit ihrer Bemerkung zu den Kindern, aber er hatte bereits da über sich selbst lachen können, und sie spürte, wie sich etwas Schweres von ihr löste, je näher sie der weißen, reinen Halbinsel kamen. Von Revneset aus kann man in einiger Entfernung das Kohledepot auf der anderen Seite des weiten Fjords sehen – ein kleiner dunkler Fleck in all dem Weiß, unbedeutend unter dem gigantischen Platåfjell. Hinter dem Plateau erhebt sich das Nordenskiöldfjell wie eine breite, stumpfe Pyramide, mehr als tausend Meter über dem Meer. Und weit draußen im Westen, auf dem Oscar-II-Land, kann man Gletscher und leuchtende Berggipfel erahnen. Revneset ist das krasse Gegenteil vom engen Longyeardalen. Die Landschaft ist offen und frei. Sie sind weit weg von Maschinenlärm, Schrott, verfärbtem Schnee, näher dran an dem Bild, das sie von der Arktis vor Augen hatte, bevor sie zum ersten Mal hergekommen war. Finn hatte ihren Aufenthalt hier als eine Art Hüttenferien angepriesen – sie würden nah an der Natur leben, nah beieinander. Das war eins seiner ersten Argumente, als sie erfuhr, dass er sich um die Stelle als Werksarzt beworben hatte.

Ein kräftiger Windstoß fegt an der Hütte vorbei, rüttelt an den Wänden und wirbelt den Schnee vor den Fenstern auf. Auch vor dem Wetterumschwung vor zwei Wochen hat ein starker Wind geweht, und Eivor fragt Finn, ob er glaubt, dass es wieder milder wird.

»Vielleicht«, sagt er, »aber es gibt keinen Grund, sich wegen der Eisdecke Sorgen zu machen, wenn es das ist, woran du gerade denkst. Sie ist ziemlich dick.«

Aber das trifft nur auf den Adventfjord zu. Ein kleines Stück weiter draußen, vor der Landzunge, war das Eis bereits zu Tellern aufgebrochen – zu kleinen Eisschollen, die in den Meeresströmungen aneinanderreiben, sodass ihre Ränder sich nach oben wölben. Doch Finn meint, sie solle sich davon nicht aus der Ruhe bringen lassen, denn so sei der Zustand des Isfjord seit einigen Wochen, und Bjørn und Karen hätten nicht geplant, das Eis zu überqueren, wenn irgendeine Gefahr bestünde. Die beiden werden sich morgen zu ihnen gesellen und eine Nacht bleiben, bevor sie am folgenden

Tag alle gemeinsam nach Longyearbyen zurückkehren würden.

Das Fjordeis hat einen Klang – das stellen sie am nächsten Morgen fest. Der Wind hat im Laufe der Nacht nachgelassen, der Schnee liegt in kantigen Wehen um die Hütte herum, und von der Küste her klingt ein Seufzen, Stöhnen und Singen.

»Hörst du das?«, sagt Finn und hält sich die Hand ans Ohr.

Eivor steht in dem nach Teer duftenden Windfang, die nackten Beine in ihren Winterstiefeln, nackt unter Finns Mantel. Sie hält die Luft an und lauscht.

»Bricht das Eis auf?«, fragt sie, und wieder weiß Finn sie zu beruhigen. »Es ist ganz normal, dass das Eis sich rührt. Eisberge ebenso, sie seufzen und klagen und knirschen.«

Nach dem Frühstück gehen sie mit den Kindern auf Skiern hinauf ins Hanaskogdalen. Die Sonne strahlt vom Himmel, aber es ebenso kalt wie am Tag zuvor. Später, als sie wieder an der Hütte sind, schaufelt Finn eine Rutschbahn in den Schnee und formt eine kleine Sprungschanze. Gemeinsam mit den Mädchen schickt er leere grüne Flaschen die Bahn hinab.

Am Nachmittag kocht er ein Risotto in dem größten Topf, den er in der Hütte gefunden hat. Eivor nimmt das Fernglas und den Colt und geht hinaus, um nach den Gästen Ausschau zu halten. Sie hat nie geübt, mit dem Colt zu schießen, aber Finn hat sich schon über sie lustig gemacht, weil sie das Gewehr am liebsten überall mit hinnehmen würde. Den Colt kann sie in der großen Anoraktasche am Bauch verstecken.

Sie geht hinunter an den Strand, lauscht dem Stöhnen des Eises, doch nun ist es wieder still. Sind es die Meeresströmungen, die die Bewegungen im Eis verursachen?

Sie hebt das Fernglas an die Augen und sieht, wie sich weit

draußen auf dem Eis auf der anderen Seite des Fjords etwas bewegt. Vielleicht sind es Karen und Bjørn. Das gute Wetter hat sich gehalten, die Sicht ist klar, dass sie schon bald erkennt, dass nicht nur zwei Gestalten der Hütte immer näher kommen, sondern drei.

Finn und Eivor stehen vor der Hütte und erwarten die Gäste, die der Küstenlinie von Moskushamn gefolgt sind.

»Ahoi!«, ruft Bjørn und hebt den Skistock zum Gruß.

»Kommt da etwa Besuch?«, ruft Finn.

Karen löst Jossa von der Leine, die sie an ihrem Gürtel befestigt hatte. Mit sanften Sprüngen flitzt sie auf Eivor zu, schmiegt sich an ihre Beine und brummt leise, während die Gäste aus der Loipe am Ufer steigen und auf Skiern den Hang hinauf zur Hütte kraxeln. Jetzt erkennen sie auch den dritten Gast – es ist Heiberg.

»Ach was, wen habt ihr denn da im Schlepptau?«, fragt Finn, immer noch mit gutgelaunter Stimme, aber Eivor hört, wie aufrichtig verblüfft er ist. Er hat Heiberg nicht eingeladen – das ist deutlich zu hören. Sie sieht zu Finn auf, ihre Blicke treffen sich flüchtig.

Heiberg sticht seine Stöcke tief in den Schnee und hebt die Hand zum Gruß an die Mütze. »Ich hoffe, das ist in Ordnung. Alfsen hier hat mich eingeladen.« Mit einem Kopfnicken deutet er in Bjørns Richtung. »Ich habe gehört, es gibt etwas zu essen«, fügt er keck hinzu und macht eine Bewegung, die ein Zwischending zwischen einem Nicken und einer Verbeugung ist.

»Papa hat Risotto gemacht!«, kräht Unni. Heiberg sieht zu ihr und schenkt ihr ein vorsichtiges Lächeln. Dann richtet er seinen Blick wieder auf Eivor und Finn.

»Ja, hier gibt es genug für alle«, sagt Finn und gibt Heiberg die Hand zum Gruß. Jetzt ist Eivor an der Reihe, sie erwidert Heibergs harten, schmerzenden Händedruck.

»Ich wollte mich eigentlich gar nicht aufdrängen«, sagt er an Finn gerichtet und macht eine Handbewegung in Richtung Karen und Bjørn, als wolle er ihnen die Schuld geben.

»Wir haben doch Platz genug für alle.« Finn klopft ihm herzlich auf die Schulter, im selben Moment wandert sein Blick erneut zu Eivor, bevor er wieder zu Heiberg sieht. »Solange du nichts dagegen hast, auf dem Sofa zu kampieren.«

»Da schlage ich doch mein Lager gleich im Wohnzimmer auf.« Heiberg nimmt seinen Rucksack von der Schulter. Er hat sowohl eine Luftmatratze als auch einen Schlafsack mitgebracht, und Finn breitet die Arme aus, als wolle er sagen, dann ist die Sache ja gelöst.

Die Gruppe spaltet sich ziemlich schnell. Die Männer finden zusammen, während die Frauen und Kinder das andere Klüngel bilden. Heiberg, Bjørn und Finn arrangieren die Skier und Schlitten und tragen Getränke und Essen in die Hütte, Eivor und Karen hängen Wollkleidung und Wintersachen zum Trocknen auf und räumen den Proviant ein, während die Kinder um sie herumwirbeln und mit Jossa spielen.

Nachdem Karen sich frisch gemacht hat, geht sie vor den Kindern in die Hocke und begrüßt sie richtig. Sie unterhält sich aufmerksam mit beiden und nimmt sich Zeit für sie.

»Wie schön, dass wir hierherkommen und euch besuchen dürfen«, sagt sie.

Unni lächelt, sieht jedoch auch etwas verunsichert aus, wie immer, wenn Erwachsene in zu erwachsenem Ton mit ihr reden oder sie etwas fragen, worauf sie keine Antwort weiß. Lisbeth kuschelt sich an Karen. Für die Kinder ist Karen wie ein Filmstar. Sie hat den schönsten Pelzmantel Longyearbyens und trägt jeden Tag roten Lippenstift.

Finn und Eivor erhaschen einen kleinen Moment der Zweisamkeit in der Küche, während Bjørn, Karen und Heiberg im angrenzenden Wohnzimmer einen Schnaps trinken.

»Hast du ihn eingeladen?«, fragt Eivor, es brennt ihr auf der Seele.

»Du weißt, dass ich ihn nicht eingeladen habe«, raunt Finn und hebt den Topfdeckel an, um nach dem Risotto zu sehen. Eine Dampfwolke stiebt unter dem Deckel hervor. »Du wolltest ja nicht einmal, dass Bjørn und Karen zu Besuch kommen.«

Eivor schweigt, sie steht neben ihm und sieht ihm dabei zu, wie er das Risotto würzt und abschmeckt. Es stimmt, am liebsten wollte sie mit ihm allein sein, aber seine Worte klingen wie der Vorwurf, sie hasse alle Menschen.

»Du hast mehr als deutlich gemacht, dass du Heiberg nicht leiden kannst«, fährt er leise fort und wischt sich die Hände an dem gestreiften Küchenhandtuch ab.

»Das habe ich nie gesagt!«, entfährt es ihr.

»Doch, das hast du gesagt. Du kannst ganz schön streng und feindselig sein, Eivor, weißt du das?«

Finn streift sie im Vorbeigehen, als er sich aus der engen Küchentür zwängt und im Wohnzimmer verschwindet. Sie bleibt wie angewurzelt stehen und spürt den Schock; wie ein Stromschlag, ein Kribbeln von Kopf bis Fuß und dann ein stechender Schmerz in den Sohlen.

Was hat sie über Heiberg gesagt? Stimmt es, dass sie sich so feindselig geäußert hat? Finn ist in den letzten Wochen viel mit Heiberg Ski gefahren und hat ihn mehrmals auf Whisky oder Kaffee in die Wohnung eingeladen, meist ohne Vorankündigung. Eivor hat aufgehört, mit ihnen im Wohnzimmer zu sitzen – sie hat sich stattdessen ins Schlafzimmer zurückgezogen. Dort zieht sie so früh wie möglich die Vorhänge zu, um das Licht auszusperren und so besser einschlafen zu können. Sie hat diesen Monat mehr getrunken als sonst und die Abende sanft mit der Nacht verschmelzen lassen.

Sie wird aus ihren Gedanken gerissen, als sie Finns Stimme im Wohnzimmer hört – das Essen sei fertig, man solle sich bedienen. Sie schlüpft hinaus in den Flur und lehnt die Küchentür an. Jossa liegt mit der Schnauze zwischen den Pfoten vor der Haustür, sie sieht zu Eivor auf, rührt sich aber nicht – sie ist müde und will wohl lieber in Ruhe gelassen werden.

In der Küche hört man bald darauf Gelächter und Geplauder. Eivor bleibt eine Weile im Flur stehen und betrachtet die Hündin. Sie versucht, diese Feindseligkeit, von der Finn gesprochen hat, zu spüren, versucht, sie nachzufühlen, in ihrem Körper, an ihrem Körper. Ist sie wirklich so? Sie merkt, wie sich ihre Wirbelsäule streckt, die Armmuskulatur sich anspannt, die Schultern härter werden, dass sich die Schulterblätter senken und gegen die Rückenmuskulatur drücken.

Später, als der Abend fortgeschritten ist, die Kinder schon längst im Bett liegen und das prasselnde Kaminfeuer zu einer rötlichen Glut heruntergebrannt ist, werden die derben Anekdoten ausgepackt.

Bjørn räuspert sich, lehnt sich nach vorn und erzählt von der Schiffsreise nach Ny-Ålesund, auf der er und Karen beinahe an einer Kohlenmonoxidvergiftung gestorben wären. Sie hatten an Bord des Schiffes im Salon geschlafen, der von einem alten Kohleofen mit schlechtem Abzug warm gehalten wurde. Es sei die Schuld des Zahlmeisters gewesen, der nur sichergehen wollte, dass die beiden nicht froren.

»Wenn der Skipper nicht die Tür aufgezerrt und uns mit Rufen und kaltem Wasser im Gesicht geweckt hätte, würden wir heute vermutlich nicht hier sitzen«, erzählt Bjørn.

»Ja, das ist gefährlich«, sagt Heiberg mit ernster Miene. Er ist bisher nicht besonders gesprächig gewesen, wirft hier und da kurze Bemerkungen und zustimmendes Nicken ein. Vielleicht ist es ihm unangenehm, sich selbst auf diesen Ausflug eingeladen zu haben. Wieder trinkt er mehr als die anderen, aber nur an seinem glänzenden, leicht unfokussierten Blick kann man erkennen, dass er nicht mehr nüchtern ist.

Finn sieht ihn erwartungsvoll an – es ist deutlich zu erkennen, dass er ihn in das Gespräch integrieren will, mehr als diese kurzen Sätze aus ihm herauslocken will, aber Heiberg sitzt ruhig auf dem Sofa und balanciert sein Cognacglas auf dem Knie. Er lässt die anderen reden. Also knüpft Finn mit der Geschichte über die bisher gefährlichste Situation seines Aufenthalts auf Spitzbergen an – es scheint, dass sie jetzt reihum gehen und jeder am Tisch etwas zum Besten geben muss.

Finn wählt die Geschichte vom Eisbären vor der Jagdhütte, der plötzlich am Strand entlangspazierte. Finn musste die Beine in die Hand nehmen, zur Hütte sprinten und sich eilig einschließen – aber Bjørn ist bei diesem Ausflug dabei gewesen, er lacht und sagt, dass der Bär gar nicht *so* nah an die Hütte herangekommen sei.

»Mir erzählt er immer, dass er dem Tod gerade so davongekommen ist«, sagt Eivor.

»Das tu ich nicht«, protestiert Finn lachend. »Ich sage nur, dass mein Herz ein wenig schneller schlug. Du hättest dabei sein sollen, Eivor.«

Eivor neigt ihr Glas vorsichtig zur Seite, hält es dann wieder gerade.

»Männer müssen immer übertreiben«, wirft Karen ein und zwinkert Bjørn zu.

Heiberg summt in seiner Sofaecke vor sich hin, Finn dreht sich zu ihm.

»Und du – hast du dem Tod schon mal ins Auge geblickt?«

»Tja, man erlebt schon das ein oder andere«, sagt Heiberg, noch ernster als zuvor. Plötzlich steht er auf, geht zum Kamin und nimmt den Feuerhaken. Die Glut raschelt trocken, als er in ihr herumstochert. Dann hängt er den Feuerhaken wieder an seinen Platz und richtet sich auf. »Das Entscheidende ist, einen kühlen Kopf zu bewahren und vernünftige Entscheidungen zu treffen.«

»Das habe ich auch gesagt«, stimmte Eivor zu, »als Finn und ich mit dem Hundegespann in einen Schneesturm geraten sind. Soll heißen – ich habe gesagt, dass das unvernünftig war, und damit hatte ich wohl recht, nicht wahr, Finn?«

Sie spürt den Alkohol, merkt, dass sie inzwischen redet, ohne nachzudenken. So hatte sie es nie formuliert, sie hatte sich eigentlich gar nicht geäußert. Erst als der Schnee um sie herum immer tiefer wurde. Da wollte sie umkehren, doch da war es bereits zu spät. Es war auf der ersten Tour mit Olaussen im vergangenen November. Er lenkte seinen eigenen Schlitten ein Stück von ihnen entfernt, und als der Sturm über sie hereinbrach, konnten sie kaum ihre Augen offen halten. Finn stand hinten auf den Kufen und steuerte, Eivor saß im Schlitten, und bald spürte sie, wie die Kälte unter die dicken Felle kroch.

Finn erzählt den anderen in der Runde daraufhin, dass Eivor einfach nur schlecht angezogen gewesen sei und dass sie ohnehin immer viel zu schnell fröre.

»Sie war total im Delirium«, sagt er. »Ich musste ihr eine Ohrfeige verpassen, damit sie wieder zur Besinnung kommt.«

Eivor rutscht auf dem Sofa näher an Finn und lehnt ihren Kopf an seine Schulter. Sie sitzen genauso da wie am Abend zuvor, als sie nur zu zweit waren. Doch jetzt ist es schon spät in der Nacht, sie hat viel mehr getrunken als gestern und möchte eigentlich nur ihre Augen schließen und einfach einschlafen, gar nicht mehr aufstehen, sich nicht die Zähne putzen, sich nicht umziehen. Finn drückt sanft ihren Oberarm. Jossa rührt sich unter dem Tisch.

Die erste Hundeschlittentour ist wie ein grauweißer Fleck in ihrer Erinnerung. Irgendwie haben sie es geschafft, zur Siedlung zurückzukehren, aber Eivor weiß nicht mehr, wie. Das Ende dieses Ausflugs kennt sie nur aus Finns Erzählungen.

Die Kälte, die anfangs in ihren Körper kroch, empfand sie nur als lästig, als ein Ärgernis, das sie beinahe abzuschütteln vermochte. Sie hatte ja keine Vorstellung davon, wie es ist, zu frieren, nicht auf diese Art und Weise. Es war das dichte Schneegestöber, das ihr Sorgen bereitete. Jeden Augenblick hätte ein Eisbär aus der weißen Dunkelheit auftauchen können. Sie wollte umkehren, aber Finn vertraute Olaussen, vertraute den Hunden, vertraute sich selbst.

Eivor erinnert sich an die Unruhe, die sie verspürte, als sie Olaussens Schlitten nicht mehr sehen konnten.

»Er ist nicht weit weg, es wirkt nur so, wegen des ganzen Schnees!«, rief Finn hinter ihr. »Wenn wir jetzt umkehren, wird es nur schlimmer, dann wissen wir nämlich gar nicht mehr, wo wir sind!«

Er hatte also keine Kontrolle mehr, war auf die Hunde angewiesen, auf ihre Fährte, auf sein Glück oder das Schicksal – und Eivor klammerte sich an den Rand des Schlittens und schlug die Füße unter den Fellen aneinander, um warm zu bleiben. Sie trug drei Paar Socken, die in ihren Robbenfellstiefeln kaum Platz hatten. Der Kragen ihres Schaffellmantels war steif gefroren, ihr Schal hatte sich gelockert. Eisige Luft strömte an ihren Hals. Um den Schal festzuziehen, musste sie einen Fäustling ausziehen, sie hielt ihn zwischen den Zähnen, und er muss ihr wohl in den Schoß geplumpst und dann vom Schlitten gefallen sein, denn er war verschwunden, als sie ihn wieder überstreifen wollte, sie konnte sich nicht mehr erinnern, wo er abgeblieben war, also schob sie ihre nackte Hand unter Mantelkragen und Schal an die warme Haut.

Sie begann zu zittern.

Als Finn merkte, was los war, rief er ihr etwas zu, immer und immer wieder, aber sie erinnerte sich nicht an seine Worte, hatte keine Ahnung, wie schnell oder langsam die Zeit verging, erinnerte sich nur an das Grau und das Weiß. Und an den Schlag von hinten. Eine kräftige Ohrfeige, gedämpft durch die Kapuze. Seine Stimme wurde klarer, und sie nahm den Schlitten und die rennenden Hunde vor sich langsam wieder wahr. Doch ihre Hand konnte sie nicht mehr spüren. Der Schnee peitschte ihr ins Gesicht und sie schloss die Augen. Finn legte seine Hand auf ihre Schulter und rief ihr wieder irgendetwas zu. Ihr Körper schaukelte im Schlitten hin und her, alles war grau und weiß, er schlug sie erneut.

Laut Finn waren sie keine zehn Minuten später wieder zurück bei den Zwingern – sie hatten im Schneesturm nicht bemerkt, dass sie im Kreis gefahren waren. Olaussen hatte eine feste Route, die nicht besonders lang war, dennoch schaffte Eivor es nicht, vom Schlitten aufzustehen, wollte nicht, konnte nicht, fühlte sich schläfrig und schwer, sie musste hochgezogen und gestützt werden, konnte nicht allein aufrecht stehen.

Die Mädchen wachen nicht auf, als Eivor zu ihnen ins Zimmer kommt. Beide Mädchen liegen in der unteren Koje in dem Stockbett, das an der Wand steht. Unni hat ihren Arm um ihre kleine Schwester gelegt und ihr Gesicht in ihre Schulter gebohrt.

Eivor legt sich in die untere Koje des anderen Stockbetts und betrachtet die beiden Mädchen einen Moment lang. Unter der Bettdecke lugen dunkle Haarbüschel hervor, sie sieht eine dicke, kleine Hand. Ihre Haut ist gelblich im Schein der Karbidlampe auf dem Boden. Die Lampe ist die einzige Lichtquelle, die dicken Vorhänge schirmen die helle Nacht ab.

Aus Bjørns und Karens Zimmer ertönen gedämpfte Stimmen, ein Herumtasten und Rascheln, gefolgt von einem Knarren, als einer der beiden in die obere Koje des Stockbetts klettert. Eivor erwägt, ebenfalls in die oberste Koje umzuziehen, damit Finn später das Klettern erspart bleibt, aber sie ist bereits zu schläfrig, ihr Körper zu erschöpft. Sie streckt den Arm nach der Karbidlampe aus und löscht das Licht.

Draußen im Wohnzimmer sind immer noch Geräusche zu hören – gedämpftes Brummen von zwei tiefen Stimmen. Eivor schließt die Augen, schiebt ihre Arme unter die Bettdecke und zieht die Knie an den Oberkörper. Das Brummen im Wohnzimmer wird zu einem Stampfen von Maschinen auf einem Boot, tief und dumpf, sie stampfen und stampfen.

Finn schläft mit Ohrenstöpseln – zu Hause in der Wohnung über dem Krankenhaus macht er das nie, aber jetzt hat er frei und er wacht nicht auf, als die Mädchen am nächsten Morgen in dem dunklen Zimmer zu kichern und zu flüstern beginnen.

»Können wir die Vorhänge aufziehen, Mama?«, fragt Unni, als Eivor nicht länger so tun kann, als würde auch sie noch schlafen. »Ich seh ja gar nichts.«

Eivor tastet nach der Karbidlampe und schaltet sie an – ihr Schein wirft ein dreckig gelbes Licht an die Decke. Aber Unni ist nicht zufrieden, sie will das Tageslicht reinlassen. Sie hüpft aus der Koje auf den Boden und geht aufs Fenster zu, doch Eivor hievt sich aus dem Bett und kommt ihr zuvor, bevor sie die Vorhänge aufziehen kann. Unni beschwert sich lauthals, aber Eivor legt ihre Hand auf den kleinen Brustkorb und beruhigt sie, sagt, dass alle anderen noch schlafen.

Finn rührt sich in der oberen Koje, das Lattenrost knackt unter seinem Gewicht.

»Jetzt gehen wir mal raus, alle drei«, beschließt Eivor. »Papa muss schlafen.«

Vom Schlafzimmer aus führt eine Tür direkt in die Küche. Eivor wirft einen Blick hinaus, um zu sehen, ob sie leer ist, dann rafft sie die Sachen der Mädchen zusammen und zieht die beiden zwischen der Küchenbank und dem Ofen an.

Jossa hat draußen in dem kühlen Eingangsbereich geschlafen, sie hebt den Kopf, als Eivor mit den Kindern herauskommt, steht auf und wedelt freudig mit dem Schwanz. Sie geht zuerst auf Eivor zu, schmiegt ihren Kopf an ihr Bein und jault leise, dann dreht sie sich zu Unni und Lisbeth um und streckt ihnen der Reihe nach die Schnauze entgegen. Lisbeth wendet sich wie immer ab, während Unni lacht, ihr Gesicht nach vorn hält und sich von der Hündin abschlecken lässt.

»So, ja«, sagt Eivor und schiebt Jossa vorsichtig von Unni weg. »Willst du raus? Musst du pullern?«

»Nein, *ich* muss pullern!«, protestiert Unni und klammert sich an Eivor, die Unni erneut zum Schweigen bringen muss.

Die Mädchen gehen nacheinander auf die Toilette, dann zieht Eivor ihnen und sich selbst Wintersachen über und lässt Jossa raus. Dieses Mal muss sie das Gewehr mitnehmen, denn der Colt liegt im Wohnzimmer, wo Heiberg schläft.

Draußen ist es so hell, dass es beinahe in den Augen schmerzt. Die Sonne spiegelt sich im Fjordeis und erzeugt ein Farbenspiel aus Blaugrau, Silber und Gold. Hoch über dem Fjord kreisen die Möwen – oder sind es gar schon die Eissturmvögel?

»Nein! Bleibt hier!«, ruft Eivor den Mädchen nach, die zum Strand hinunterlaufen. Jossa will ihnen nach, doch Eivor ruft erneut *Nein!* und hält die Hündin fest. Jossa schüttelt sich, und Unni und Lisbeth kommen zurück, mit ernsten, verängstigten Mienen. Eivor setzt sich vor den beiden in die Hocke. »Wir müssen in der Nähe der Hütte bleiben, denkt dran, dass hier jederzeit ein Bär auftauchen kann.«

Lisbeth wimmert, als sie das Wort Bär hört, und auch Eivor verspürt eine stechende Angst. Sie hat nicht hinter der Hütte nachgesehen, bevor die Kinder nach draußen gegangen sind.

»Kommt, wir gehen rein und essen Frühstück«, sagt sie, steht auf und wendet sich zur Hütte um. Da sieht sie, dass Rauch aus dem Schornstein steigt. Jemand muss bereits aufgestanden sein.

Eivor vermeidet es, ins Wohnzimmer zu gehen. Da sie keinerlei Geräusche oder Gespräch durch die Tür hören kann, vermutet sie, dass es Heiberg ist, der schon aufgestanden ist, nicht Karen und Bjørn.

Sie füttert die Hündin, setzt Kaffee auf und bereitet für sich und die Mädchen Frühstück zu, lässt sie mit baumelnden Beinen auf der Küchenbank sitzen und in ihre Brote beißen. Doch dann wollen sie ins Wohnzimmer und spielen. Vorsichtig öffnet Eivor die Tür und späht um die Ecke herum.

Das Wohnzimmer ist leer. Die Gardinen sind immer noch zugezogen, aber Heibergs Schlafsack und die Luftmatratze liegen zusammengerollt an der Blockwand, im Kamin glühen die Reste eines Feuers.

Unni kommt ins Wohnzimmer, dicht gefolgt von Lisbeth und Jossa.

»Wo ist der Mann?«, fragt sie.

»Ich weiß nicht«, antwortet Eivor und öffnet die Vorhänge. »Vielleicht dreht er eine Runde auf seinen Skiern?«

Doch vor dem Wohnzimmerfenster stecken fünf Paar Ski und zwei Paar Kinderski in der Schneewehe, und Eivor ist vorhin aufgefallen, dass alle drei Gewehre an ihrem Platz an der Wand vor der Eingangstür hingen.

Sie tritt ans Fenster an der Giebelseite und sieht hinaus, danach schaut sie durch die anderen Wohnzimmerfenster. Um die Hütte herum sind Unmengen an Fußspuren in alle Himmelsrichtungen zu sehen, es ist nicht leicht zu erkennen, welche frisch sind.

Das Kaminfeuer ist bis auf ein schwaches Glühen erloschen.

»Das ist doch gefährlich, vom Kamin wegzugehen«, sagt Lisbeth.

Eivor dreht sich zu ihr um und sagt, sie habe recht, gut, dass sie sich das gemerkt hat.

Wie lange kann das Feuer im Kamin gebrannt haben? Bestimmt länger als eine Stunde. Die Wanduhr zeigt acht – es ist noch zu früh, um die anderen zu wecken, zumindest nach der gestrigen Nacht. Eivor legt ein paar Scheite in die Glut, dann nimmt sie ihr Buch von der Fensterbank und setzt sich zum Lesen aufs Sofa, während die Mädchen auf dem Teppich mit ihren Puppen spielen. Doch sie schlägt das Buch gar nicht erst auf, stattdessen denkt sie an das Gespräch, das sie gestern mit Karen geführt hat, als sie nach dem Risotto abgespült haben. Die Männer sind mit den Kindern nach draußen gegangen und haben gemeinsam mit ihnen die Flaschenbahn ausprobiert.

Karen sagte, sie hoffe, es sei in Ordnung, dass sie Heiberg eingeladen haben.

»Er hat ein Gesicht gezogen, als wir ihm erzählt haben, dass wir euch besuchen fahren«, erklärte sie. »So kam es mir jedenfalls vor. Auf dem Festland hat er nicht sonderlich viel Familie. Und ich finde, hier oben ist man irgendwie füreinander verantwortlich, sollte aufeinander aufpassen.«

Eivor stimmte ihr zu. Sie nahm einen Teller aus der Spülwanne, ließ ihn abtropfen, um ihn dann abzutrocknen.

»Finn spürt schon eine gewisse Verantwortung ihm gegenüber«, sagte sie. »Sie haben zumindest in den letzten Wochen viel Zeit miteinander verbracht.«

»Bei uns ist er auch oft«, erzählte Karen. »Kommt immer mal wieder vorbei, wenn er von einem Skiausflug zurückkehrt. Bjørn fühlt sich ihm gegenüber auch verpflichtet. Ein bisschen einsam ist er schon.«

Eivor ließ einen weiteren Teller abtropfen, und Karen erklärte, dass sie und Bjørn sich einig waren, jemanden wie Heiberg ein bisschen unter ihre Fittiche nehmen zu müssen.

»Er ist ja ein guter Kerl, aber seine Nerven sind schon etwas angespannt. Das hast du bei unserem Fest wohl auch miterlebt, als er sich lauthals über die Russen aufgeregt hat. Das kann das Frühjahrslicht sein, das aufs Gemüt drückt. Das meint Finn zumindest. Dir gegenüber hat er das sicherlich auch erwähnt.«

Eivor antwortete nicht darauf, sondern trocknete einfach weiter ab. Finn hatte ihr nichts davon erzählt. Aber später am Abend bemerkte sie, dass Finn Heiberg besonders viel Aufmerksamkeit schenkte, auch wenn er sich während der Unterhaltung zurückhielt. Sowohl Finn als auch Bjørn versuchten, ihn zum Reden zu bringen, aber es war schwer – als wäre er woanders.

Eivor sitzt keine fünf Minuten, da legt sie das Buch zurück auf die Fensterbank und klopft an Karens und Bjørns Tür – ganz leicht, um sie nicht zu abrupt aus dem Schlaf zu reißen. Keine Reaktion. Sie klopft wieder, wartet, hört drin aber nur ein paar leise Geräusche, dann wird es wieder still. Schließlich schiebt sie die Tür auf und lässt Jossa durch den Türspalt huschen. Kurz darauf erwacht das Zimmer zum Leben.

Bjørn kommt als Erster heraus, schlaftrunken und mit struppigem Haar. Er trägt ein Opahemd und Kniehosen.

»Ziemlich früh am Morgen, oder?«, sagt er und kratzt sich am Hinterkopf. Eivor antwortet, dass ihr das bewusst sei, aber das Heiberg verschwunden sei.

»Verschwunden? Ist er nicht einfach nur auf Skiern losgezogen?«

Eivor schüttelt den Kopf und deutet mit einem Kopfnicken Richtung Fenster.

»Seine Skier stehen vor der Hütte.«

Bjørn tritt ans Fenster und sieht hinaus.

»Wie merkwürdig. Bist du schon draußen gewesen?«

Nun kommt auch Karen ins Wohnzimmer, und schnell ist der Entschluss gefasst, dass Finn geweckt werden muss. Niemand weiß, wann er tatsächlich ins Bett gegangen ist, aber als er sich im Etagenbett auf die Seite rollt und Eivor durch den Spalt zwischen dem grob gedrechselten Stockbettgeländer und der dünnen Matratze anblinzelt, wird klar, dass er möglicherweise nicht viel geschlafen hat. Seine Augen sind geschwollen und schmal, er murmelt etwas Unverständliches und fährt sich mit der Zungenspitze über die trockene Oberlippe.

»Heiberg ist verschwunden«, sagt Eivor.

Wieder gibt er einen undefinierbaren Laut von sich.

»Heiberg ist verschwunden«, wiederholt sie. »Er ist vom offenen Kaminfeuer weggegangen, hat aber seine Skier hiergelassen.«

Es dauert einen Augenblick, um Finn aus dem Schlaf zu holen, aber als er erst einmal wach ist und ihm klar wird, was Eivor da gerade gesagt hat, ist es, als ob jemand einen Schalter umgelegt hätte. Er reagiert, wie wenn er mitten in der Nacht zu einem Notfall gerufen wird – er hört auf zu gähnen, sein Blick ist entschlossen. Er springt aus dem Bett, wirft sich in seine Sachen, geht hinaus ins Wohnzimmer.

Dort steht Bjørn, schon fast in voller Montur, bereit, sich mit Jossa auf die Suche zu machen.

»Weit kann er ja nicht gekommen sein, und es gibt bestimmt eine natürliche Erklärung für sein Verschwinden. Wir folgen einfach seinen Spuren, eine Spürhündin haben wir auch.«

»Und Heiberg ist jemand, der draußen in der Wildnis gut zurechtkommt«, fügt Finn hinzu. »Er würde sich nicht unnötig in Gefahr begeben.«

»Aber seine Mütze ist noch hier«, sagt Karen und nimmt sie vom Haken im Flur. »Warum hat er ohne Mütze das Haus verlassen? Sein Gewehr hängt auch noch in der Halterung ...«

»Jetzt machen wir uns erst mal keine Sorgen, sondern gehen raus und machen uns auf die Suche«, unterbricht Finn – er spricht mit demselben heiteren Ton wie Bjørn, sammelt seine Ausrüstung jedoch mit ernster Miene zusammen – den Colt, sein Fernglas, ein paar Tafeln Schokolade und ein kleines Erste-Hilfe-Kästchen.

Drüben auf dem Sofa sitzen Unni und Lisbeth, ohne einen Mucks zu sagen – sie beobachten die Erwachsenen, Unnis Blick ist finster und verunsichert. Sie starrt Karen an, die nicht so fröhlich und aufmerksam guten Morgen gesagt hat, wie Unni es von ihr kennt.

Eivor greift Finns Arm, als er endlich fertig angezogen ist und im Flur an der offenen Tür steht. Sie drückt ihre Wange an seine Schulter und spürt den glatten, kalten Anorakstoff. Er lässt sie gewähren, voll passiver Ungeduld.

»Wie viele Stunden hast du geschlafen?«, fragt sie, ihre Hand immer noch an seinem Arm. »Du bist vorsichtig, ja?«

»Geht schon«, sagt Finn und befreit sich aus ihrem Griff. »Tröste du mal die Kinder, sie sind ziemlich unruhig.«

Bjørn hat Jossa bereits an seinen Gurt gespannt und ist hinunter ans Eis gegangen, doch jetzt kommt er wieder ein Stück den Hang hinauf und ruft etwas in den Wind.

»Was?« Finn tritt hinaus in den Schnee, nimmt seine Skier und geht Bjørn entgegen.

Eivor räumt Flaschen weg und wäscht ab, während Karen auf dem Teppich vor dem Kamin mit den Kindern Mensch ärgere dich nicht! spielt. Das Kaminfeuer hat die ganze Hütte erwärmt, und auch draußen ist es viel milder geworden, wie Eivor sieht, als sie auf das Thermometer vor dem Wohnzimmerfenster schaut. Jetzt sind es drei Grad – gestern um dieselbe Zeit waren es minus vier.

»So gesehen ist es weniger gefährlich als befürchtet«, sagt Karen.

»Was ist gefährlich?«, fragt Unni in scharfem Ton.

»Nichts ist gefährlich«, erwidert Karen mit fröhlicher Stimme und streicht ihr über den Kopf. »Bin ich jetzt dran?«

Die Kinder sind Karen gegenüber stets viel umgänglicher als mit Eivor – sie finden alle Spiele toll, die sie vorschlägt, doch heute kommen sie einfach nicht zur Ruhe, also beschließen Eivor und Karen, mit ihnen rauszugehen.

Doch es ist ein Krampf, sie in ihre Wintersachen zu bekommen. Lisbeth quengelt und findet die Wollsachen kratzig, Unni windet sich bei jedem Kleidungsstück aus Eivors Griff. Karen steht in voller Montur an der Tür und lächelt, aber man kann ihr ansehen, dass sie das Gebaren der Kinder heftig findet, und Eivor hat große Lust, ihr zu erzählen, wie gut das Anziehen heute morgen geklappt hat. Stattdessen sagt sie nur, dass mit Kindern alles etwas länger dauere, dass man sich eigentlich nie beeilen könne oder etwas schaffe, und klingt dabei bitterer, als sie es eigentlich meint.

Unni und Karen rollen einen großen Schneeball zu einem Schneemann, Lisbeth sitzt neben ihnen auf Knien im Schnee. Plötzlich richtet sie sich auf und ruft nach ihrer Mama.

Eivor blickt auf. In der Ferne sieht sie drei Gestalten näher kommen, sie sind in der Loipe von Moskushamn, die an der Küste entlangführt. Bjørn und Finn haben Heiberg in ihre Mitte genommen. Bjørn geht zu Fuß, Heiberg hat Skier an den Füßen und Jossas Leine um die Hüfte gespannt. Er geht selbst, aber seine Bewegungen sind langsam und etwas abgehackt und er benutzt nur einen der Skistöcke. Den anderen zieht er schlaff hinter sich her. Finn geht direkt neben ihm, einen Arm bereit, ihn notfalls zu stützen.

Karens und Eivors Blicke treffen sich.

Jetzt hebt Finn die Hand und winkt ihnen zu, der Skistock baumelt an seinem Handgelenk.

»Ist der Mann krank?« Unni sagt immer noch *der Mann*, obwohl sie weiß, wie er heißt.

»Ich glaube, ihm ist kalt«, erklärt Karen. »Kommt, lasst uns hinter die Hütte gehen und dort spielen. Komm, Lisbeth, komm Unni.«

Lisbeth nimmt Karens Hand, Eivor legt ihre Hand auf

Unnis Schulter und versucht, sie hinter die Hütte zu führen, doch Unni spannt die Muskeln an, sie bleibt stehen, breitbeinig und tief im Schnee.

»Komm schon, Unni«, sagt Eivor, doch Unni schüttelt den Kopf und lässt sich auf die Knie fallen. Wenn Eivor jetzt versucht, sie hochzuheben, wird sie sich wie ein Aal aus ihrem Griff winden, sich in den Schnee legen und sich immer wieder wegducken. Eivor bleibt stehen, jetzt ist nicht der Zeitpunkt für eine Auseinandersetzung mit Unni.

Kurz darauf sind die Männer nah genug an der Hütte, dass Eivor ihre Gesichter deutlich lesen kann. Im nächsten Moment hebt Heiberg den Kopf und sieht direkt zu Eivor und Unni. Er zieht eine merkwürdige Grimasse. Unni erschrickt und presst sich an Eivors Bein.

»Eivor«, ruft Finn. »Ich glaube, wir müssen ein paar Decken aufwärmen.«

»Ist er verletzt?«

Beim Klang von Eivors Stimme macht Jossa einen kleinen Sprung und will auf sie zustürzen, aber Finn greift nach der Leine zieht die Hündin mit einem Ruck nach hinten. Heiberg verliert kurz das Gleichgewicht, doch Finn löst die Leine von seinem Gurt, und Jossa sprintet auf Eivor zu. Unni quietscht erschrocken und läuft um die Hütte herum zu ihrer Schwester und Karen.

Eivor geht in die Hocke, als Jossa angesprungen kommt, sie legt ihre Arme um sie, die Hündin reibt ihr Gesicht an Eivors Wange. Als Eivor aufstehen will, wird sie von einer übereifrigen Pfote nach hinten gestoßen, und sie muss sich mit der Hand im Schnee abstützen.

»Eivor!«, ruft Finn erneut. Sie schiebt die Hündin mit dem Unterarm sanft von sich weg, kommt auf die Beine und klopft sich den Schnee ab. Dann eilt sie zur Tür.

Die Männer halten sich lange im Flur auf, sodass Eivor es schafft, den Kohleofen in der Küche anzuheizen und eine Decke über zwei Stühle zu hängen, die sie vor den Ofen stellt. Sie setzt einen Kessel Wasser auf und geht ins Wohnzimmer, um das Feuer im Kamin zum Leben zu erwecken, dann winkt sie den Kindern durch das Wohnzimmerfenster zu und versucht, ein glückliches und entspanntes Gesicht zu machen.

Finn ist der Erste, der ins Wohnzimmer kommt. Er begegnet Eivors Blick, sieht ihr ein paar Sekunden lang in die Augen. Dann dreht er sich um, bereit, Heiberg zu stützen, aber Heiberg kann allein laufen, er duckt sich unter dem niedrigen Türrahmen hindurch und betritt das Wohnzimmer. Er nickt Eivor flüchtig zu, dann bleibt er stehen und sieht sich um, ohne etwas zu sagen. Seine Augen wandern über den Boden, dann die Decke entlang. Er knetet die Hände.

Jetzt kommt auch Bjørn dazu, er hat die aufgewärmte Decke dabei und wirft erst Eivor, dann Finn einen Blick zu.

»Ich glaube, wir machen mal einen Johannisbeersaft warm«, sagt er und legt Heiberg die Decke über die Schultern.

Eivor nickt, bleibt jedoch stehen, während Finn Heiberg durch den Raum bis zum Sessel vor dem Kamin geleitet. Heiberg sagt kein Wort, lässt sich schweigend helfen. Finn zieht sich einen Schemel heran, setzt sich vor ihn und beginnt, seine Knöchel und Füße zu massieren. Heiberg zieht die Decke eng um sich und starrt hinunter in seinen Schoß. Seine Wangen sind rosa, die Haut unter seiner Nase ist weiß.

»Was ist passiert?«, fragt Eivor leise, als sie und Bjørn in der Küche stehen und den Johannisbeersaft aufwärmen. Er riecht nach frischem Schweiß, ihm ist so warm, dass er förmlich dampft.

Bjørn schraubt den Deckel vom Honigglas ab und erzählt, dass Heiberg still dagesessen habe, als sie ihn gefunden haben.

In der Hocke, unten am Eis, am Ufer direkt unter dem Adventtoppen. Weiter draußen auf dem Eis waren Fußspuren zu sehen. Den ganzen Weg bis dorthin hatten er und Finn frische Fußspuren und kleine Halbkreise im Schnee verfolgt.

»Jossa hat uns direkt dorthin gezogen, wo er saß, so weit war er noch gar nicht gekommen.« Bjørn flüstert so, wie Männer flüstern, seine tiefe Stimme bricht hier und da hervor.

»Aber hat er irgendwas gesagt?«, fragt Eivor und tritt einen Schritt näher an Bjørn heran.

»Er hat allerlei Merkwürdiges gesagt. Unter anderem, dass das Eis aufbricht und dass wir den ganzen Weg außen herum zurückgehen müssen.« Er rührt den Honig in ein Glas voll Whisky und Johannisbeersaft.

»Bricht das Eis auf?« Eivor berührt Bjørn am Arm. »Bricht es *jetzt* schon auf?«

»Nein, nein, natürlich bricht es jetzt noch nicht auf«, flüstert Bjørn. »Heiberg bildet sich das nur ein. Finn und ich sind draußen auf dem Eis gewesen, es ist sicher und solide. Außerdem bleiben wir in Küstennähe. Wir brauchen uns keine Sorgen zu machen und können ruhig zusammenpacken.«

Eivor trägt den Johannisbeersaft ins Wohnzimmer, während Bjørn nach draußen geht, um die Skier wegzustellen und nach Karen und den Kindern zu sehen. Heiberg nimmt keine Notiz von ihr, als sie hereinkommt, er sieht nur Finn, starrt ihn mit gerunzelter Stirn und gespanntem Kiefer an und murmelt, dass das alles gar nicht nötig gewesen sei.

»Doch, jetzt wollen wir dich mal aufwärmen«, sagt Finn mit bestimmtem Ton und gibt Eivor ein Zeichen, dass sie den heißen Saft abstellen soll. Heiberg zuckt unter der Decke mit den Schultern, beginnt wieder zu frösteln.

»Das ist wirklich nicht nötig«, wiederholt er.

Eivor stellt die Tasse auf den Wohnzimmertisch und geht ein paar Schritte zurück. Der heiße Saft wird wahrscheinlich noch einen Moment stehen bleiben. Bei starker Unterkühlung sollte man nicht sofort glühend heiße Getränke zu sich nehmen, das hat Finn ihr schon einmal erklärt. Sie erinnert sich, dass Bjørn auch in dieser Nacht im November heißen Johannisbeersaft für sie gemacht hat, als sie nach der Hundeschlittenfahrt ganz verfroren zum Sysselmannshof kam. Sie durfte nicht trinken, bis der Saft etwas abgekühlt war, Finn hatte ihr die Tasse abgenommen und sie außer Reichweite gestellt, dann hatte er sie in Decken gehüllt und sie abgerieben, ihre Arme, Hände, ihre Füße, ihren ganzen Körper. Karen war nach oben gegangen, um ein Bad einzulassen, und sie wollte nach Hause, wollte nicht in einem fremden Haus sein und sich ausziehen und baden, aber sie musste erst wieder warm werden, hatte Finn gesagt.

Jetzt hält Finn Heibergs Füße in seinem Schoß, ein intimer Anblick. Seine Rückenmuskeln arbeiten unter dem Wollpullover, während er knetet und massiert.

Der ursprüngliche Plan war, den Tag auf Revneset zu genießen, Skilaufen zu gehen und erst am späten Nachmittag Richtung Longyearbyen aufzubrechen, doch nun ist es beschlossene Sache, dass sie sofort abreisen.

Etwas mehr Leben regt sich in Heiberg, sobald das große Packen beginnt – er erhebt sich vom Sessel und ist ganz geschäftig und gesprächig. Er packt seinen kleinen Rucksack mit großer Präzision und wiederholt mehrmals, wie wichtig es sei, schnell nach Longyearbyen zurückzukehren und andere daran zu hindern, die Siedlung über den Fjord zu verlassen. Er wiederholt, dass das Eis aufbräche, dass absolut niemand aufs Eis gehen solle. Dann will er mit anfassen, als das Gepäck aus der Hütte getragen werden soll. Er ist nicht länger apathisch und verwirrt, jetzt will er um alles in der Welt helfen – tragen, schnüren, die Abreise beschleunigen.

»Ich kann das hier mit rausnehmen.« Er geht auf die rote Petroleumkanne zu, die an der Wohnzimmerwand steht, und hebt sie hoch.

»Die soll hier stehen bleiben«, sagt Finn und nimmt ihm die Kanne ab. »Und so viel müssen wir gar nicht packen. Willst du dich nicht noch einmal setzen? Hast du dich auch wirklich genug aufgewärmt?«

Heiberg wirft Finn einen beinahe verständnislosen Blick zu und pocht mit dem Fingerknöchel gegen die Holzwand.

»Der Heimweg ist lang, wir sollten uns beeilen«, sagt er und geht Richtung Tür. »Ich geh lieber raus und helfe mit dem Schlitten.«

Finn wirft Eivor einen Blick zu. Dann stellt er die Petroleumkanne an ihren Platz und folgt Heiberg in Richtung Küche.

Aber es ist schwierig, ihn zur Kooperation zu bewegen. Eivor bleibt mit den Sachen der Kinder in der Hand im Wohnzimmer stehen, sie hört, was in der Küche vor sich geht. Finn spricht ruhig, er redet Heiberg nach dem Mund, er verspricht, dass sie abreisen werden und dass sie natürlich alles ernst nehmen, was er sagt, aber Heiberg will nur raus, und im nächsten Moment hört sie, wie die Tür nach draußen aufgerissen wird.

Doch sie wird sofort mit einem lauten Knall wieder zugeschlagen, es poltert, als wäre jemand an die Wand gestoßen.

Dann wird es still.

»Jetzt beruhig dich doch bitte«, ertönt Finns Stimme draußen im Flur.

Wieder wird es still.

Eivor legt die Kindersachen auf einen der Sessel, sie geht in die Küche, schaut vorsichtig hinaus in den Flur. Dort steht

Heiberg mit einer Decke um die Schultern und gesenktem Kopf. Finn versperrt ihm den Weg nach draußen. Er erblickt Eivor und bittet sie, das restliche Gepäck zu Bjørn zu bringen.

Die Mädchen werden von Heiberg ferngehalten. Karen kümmert sich noch immer um sie, jetzt sitzt sie in einem Klappstuhl im Schnee und sieht ihnen beim Spielen zu. Jossa ist an ihrer Schleppleine festgebunden und schnüffelt am Boden herum. Unni und Lisbeth bauen hohe Türme aus pappigen Schneebällen. Gelegentlich drehen sie sich um und schauen zur Hütte hoch.

»Warum machen wir jetzt so eine Hektik, wenn das Eis doch dick genug sein soll?« Eivor kniet im Schnee und hilft Bjørn, das Gepäck auf dem Schlitten festzuzurren, sie strafft die Plane, während er die Gurte festzieht.

Bjørn verknotet ein letztes Tau und zögert mit seiner Antwort.

»Wir reisen nicht früher ab, weil mit dem Warten eine Gefahr verbunden wäre«, sagt er. »Es ist wegen Heiberg, wir reisen seinetwegen früher ab. Kannst du diese Ecke noch mal straffziehen?«

Eivor zieht eine Falte in der Plane glatt, die sich unter einem der Gurte gebildet hat.

»Aber was ist denn überhaupt los?«, fragt sie. Sie hatte bisher keine Möglichkeit, mehr in Erfahrung zu bringen – die Hütte ist klein, es ist kaum möglich, außerhalb Heibergs Hörweite darüber zu sprechen, und das Zusammenpacken hatte bisher oberste Priorität.

»Ich weiß es nicht genau.« Bjørn fährt sich durch den Bart, wirft einen ernsten Blick zur Tür. »Wir kommen gerade nicht so richtig an ihn heran. Er ist fest entschlossen, aufzubrechen, über etwas anderes will er gar nicht reden.«

»Aber wenn er sich verkühlt hat?« Eivor steht auf und bürstet sich den Schnee von den Knien. »Können wir jetzt einfach so abreisen, wie sollen wir mit ihm vorankommen? Warum können wir nicht warten? Ist es überhaupt verantwortbar, jetzt gemeinsam mit ihm aufzubrechen? Wir haben ja nicht mal Hunde.«

»Es geht nicht darum, dass ihm kalt ist«, erklärt Bjørn mit gedämpfter Stimme. »Will sagen, klar *war* er unterkühlt, als wir ihn gefunden haben, aber es geht um was anderes. Ich weiß nicht. Finn versteht eher als ich, was los ist. Er meint auch, es sei besser, wenn wir sofort aufbrechen. Damit Heiberg das Gefühl bekommt, dass wir auf ihn hören.«

Eivor bleibt im Schnee stehen und schaut zu, während Bjørn um die beiden Schlitten herumläuft und überprüft, ob alles richtig befestigt ist. Der Schnee ist überall so blendend weiß, dass es wehtut, lange hinzusehen. Sie schirmt die Augen mit der Hand ab und lässt ihren Blick über das Eis bis zum Isfjord schweifen. Dort in der Ferne ist das Tellereis ein träge wogendes Mosaik auf den Wellen. Hinter den kleinen Eisschollen glitzert es blau.

Moskushamn ist eine Ansammlung dunkler, verlassener Kasernen, die zwischen dem Ufer und dem steilen Hiorthfjell verstreut liegen. Irgendwo unter dem Schnee verläuft eine kaputte Bahntrasse, und die Reste der Seilbahnstation stehen auf dünnen, rostigen Vogelbeinchen unten am Eis. Seit dem Krieg hat hier niemand mehr gearbeitet. Die Berge sind karg und verschlossen. Hier kann kaum noch abgebaut werden. Niemand kümmert sich um die Gebäude. Es ist ein toter Ort. Aber einst wurde hier eine Herde Moschusochsen aus Grönland ausgesetzt, und die Leute gehen hier an Land, wenn sie von Longyearbyen aus das Eis überqueren.

Finn hat Heiberg versprochen, bis ins Innerste des Fjords zu gehen, so weit wie möglich vom offenen Meer entfernt, den überfrorenen Stausee Isdammen zu passieren und am anderen Ufer entlang die lange Route nach Longyearbyen zu nehmen. Doch als er dieses Versprechen abgab, hatte er Bjørn einen flüchtigen Seitenblick zugeworfen, und Eivor überrascht es nicht, dass er sich jetzt von seinem Pulka losmacht und auf Heiberg zugleitet.

»Wir nehmen diesen Weg über das Eis«, sagt er und zeigt mit den Skistöckern zu den Spuren von gestern.

Finn ist bestimmt und offensiv, er hat sich mit seinen Skiern quer in die Loipe gestellt. Eivor wirft Karen einen Blick zu und stakst zu Finns Pulka, in dem die Kinder sitzen.

Heiberg steht ruhig und mit geradem Rücken in der Loipe, beide Skistöcke in einer Hand.

»Doktor Nydal«, sagt er mit förmlicher Stimme. »Das habe ich Ihnen doch erklärt. Ich habe das Eis untersucht. Es ist nicht sicher.«

»Der Weg übers Eis ist nicht lang, und es wird uns tragen. Das haben *wir* untersucht.«

Bjørn geht aus der Loipe, stakst durch den tiefen Schnee und bleibt neben Heiberg stehen. Der Pulka mit dem Gepäck steht nun quer über der Skispur hinter Heiberg.

Karen mischt sich ebenfalls ins Gespräch ein, sie argumentiert, dass sie vielleicht nicht rechtzeitig in Longyearbyen ankommen, um andere zu warnen, wenn sie den langen Weg an der Küste entlang nähmen, doch Finn unterbricht sie und tritt noch näher an Heiberg heran.

»Es gibt keine Gefahr, vor der wir warnen müssen.«

Heiberg versucht nicht, sich zu bewegen, versucht nicht, den Kreis aufzubrechen, den sie um ihn geschlagen haben. Er rührt sich nicht, doch er sieht sich wachsam um, als würde er versuchen, die Gefahr, in der er sich befindet, zu berechnen, das Problem, mit dem er konfrontiert ist. Aber irgendwie scheint ihm die Luft ausgegangen zu sein – ihm ist bewusst, dass es ihm an Kraft fehlt.

»Ich mache mir nur Sorgen um unsere Sicherheit«, sagt er schließlich, in fast schon bittendem Ton.

»Entschuldige, aber du bist in dünner Kleidung und ohne Gewehr von der Hütte weggegangen, du hast uns vorher nicht einmal Bescheid gesagt, wohin. Man gewährleistet doch keine Sicherheit, indem man gegen gängige Sicherheitsvorkehrungen verstößt«, sagt Bjørn, doch Finn wirft ihm einen warnenden Blick zu.

»Jetzt gehen wir ganz in Ruhe auf die andere Seite«, sagt Finn, in demselben Ton, den er gegenüber Eivor anschlägt, wenn sie besorgt oder ängstlich ist, wenn er ihr nicht vertraut.

Karen stimmt zu, dass alles gut wird. Eivor ist die Einzige, die nicht daran beteiligt ist, Heiberg zu überzeugen. Sie geht neben den Kindern in die Hocke und erklärt leise, dass die Erwachsenen nur eine kurze Pause machen müssten, dass sie bald weiterziehen. Unni und Lisbeth sagen nichts, sie starren die Männer vor ihnen ernst an.

Jossa schnüffelt im Schnee und zieht an ihrer Leine, dreht sich zu Eivor um und sieht sie mit leuchtenden Augen an.

Auf dem Weg über das Eis ist es Eivor, die den Pulka mit den Kindern zieht. Finn hat ihr ihren Rucksack abgenommen und läuft neben Heiberg. Bjørn hat das gesamte Gepäck auf seinen Pulka geladen, doch Eivor hat trotzdem mit dem Gewicht ihres Pulka zu kämpfen. Wie viel wiegen die Mädchen jetzt? Der Schlitten ist schmal und schwer, wie eine scharfe Eisenklinge, die übers Eis gezogen wird.

Bei unsicherem Eis soll man sich auf den Bauch legen und vorwärts robben, das Gewicht auf der Oberfläche verteilen. In einem Moor soll man Arme und Beine von sich strecken, um nicht in die Tiefe gezogen zu werden. Doch wenn Meereis aufbricht, kann das plötzlich und unmittelbar geschehen. Risse tun sich auf, Eisschollen reiben aneinander und werden nach oben gepresst, wölben sich zu Eisbergen. Eivor stellt sich vor, wie zwischen ihr und dem Schlitten mit den Kindern ein Riss wie eine Zickzacklinie durch das Eis geht, wie ein Ruck durch ihren Körper fährt, stellt sich vor, dass sie nach einem Messer tastet und das Seil durchtrennt. Das Seil durchtrennt? Nein. Sie spielt die Szene erneut in ihrem Kopf durch – diesmal springt sie einfach über den klaffenden Riss im Eis zurück, zurück zu den Kindern, ohne das Seil zu durchtrennen. Nein. Sie schafft es nicht rechtzeitig. Das Eis springt mit lebensgefährlicher Geschwindigkeit auf, sie fällt ins Wasser, sie zieht den Schlitten mit sich in die Tiefe.

Sie kneift die Augen zusammen, öffnet sie wieder.

Auf dem Eis hat sich an mehreren Stellen Oberflächenwasser gebildet, eine dünne, glänzende Membran. Die abgenutzte Loipe wird immer wieder vom blanken Eis unterbrochen – sie wirkt wie eine ungleichmäßige gestrichelte Linie. Sie hätten genauso gut zu Fuß gehen können, doch sie haben keine Steigeisen dabei.

Heiberg hat den Trupp bis nach Moskushamn angeführt – jetzt geht er ein Stück hinter Finn und sagt kein Wort. Seine Bewegungen sind nicht so behände wie sonst, eine schwere Stille scheint auf seinen Schultern zu lasten, aber er fährt weiter, er blickt nicht zurück.

Was würden sie hören, wenn sie jetzt alle stehen blieben und lauschten? Knacken, Knirschen, vielleicht ein weit entferntes Krachen? Die Entfernung zum Land sieht verräterisch kurz aus, aber es fühlt sich an, als würden sie ihrem Ziel kein Stück näher kommen.

Eivor heftet ihren Blick an Finns Rücken und versucht, sich seinem Rhythmus anzupassen, versucht sich vorzustellen, dass zwischen ihnen beiden stets ein Strang verläuft, versucht, sich von diesem Strang mitziehen zu lassen.

Sie sind schon fast an Land, als ein Ruck durch das Seil von Eivors Pulka geht und sie das Gleichgewicht verliert. Ihr rechter Ski rutscht zur Seite, und sie kracht der Länge nach aufs Eis. Hinter ihr beginnen die Mädchen laut zu weinen.

»Eivor!«, ruft Finn. Sie dreht sich auf den Bauch, spürt, wie das Eiswasser durch ihre Skihose und den Anorak dringt, und sieht zu den Kindern – der Pulka ist umgekippt.

Unni und Lisbeth liegen dort und schluchzen, noch sind sie angeschnallt. Eivor setzt sich auf und versucht, die Bindungen ihrer Skier zu öffnen, aber Karen ist schneller – sie hat sich ihre Skier abgeschnallt, kniet neben dem Pulka und versucht, ihn wieder auf die Kufen zu stellen.

Finn kommt auch angelaufen, aber Heiberg ist vor ihm da, auch er hat sich seiner Skier entledigt und hockt sich neben Karen, direkt an Unnis Kopf.

»Pass auf!«, brüllt er, es ist unklar, wen er anbrüllt.

Die Mädchen schreien, doch gemeinsam schaffen es Karen und Heiberg, den Pulka wieder aufzurichten. Heiberg beugt sich über die Mädchen und überprüft, ob die Gurte der Kinder noch stramm genug sitzen.

»Ganz ruhig«, sagt Finn – er legt Heiberg die Hand auf die Schulter und bringt ihn dazu, vom Pulka zurückzutreten, dann beugt er sich über die Kinder, nimmt ihnen die Mützen ab und untersucht sie.

Eivor hat sich inzwischen aufgerappelt, sie trägt immer

noch die Skier an den Füßen. Ein Skistock baumelt an ihrem Handgelenk und jetzt macht sich der Schmerz vom Sturz in ihrer Hüfte bemerkbar. Sie spürt ein Stechen im Hals und ein Brennen in den Augen, sie ballt die Fäuste.

»Nimm es nicht so ernst, Eivor«, sagt Karen und tätschelt ihr den Arm. »Das hätte mir auch passieren können.«

Sobald die Kinder sich beruhigt haben, übernimmt Karen den Pulka – nachdem Finn und Heiberg ihn von dem großen Eishuckel, der ihn zum Umkippen gebracht hat, heruntergehoben haben. Eivor bildet das Schlusslicht der Truppe und hat nichts weiter zu tragen als Karens leichten Rucksack. Sie hat Jossa an ihrem Gurt festgebunden, die Hündin gibt ihr noch einen extra Zug nach vorn. Sie muss nur ab und zu mit den Stöcken Schwung holen. Ihre Hände zittern.

An Land angekommen, klopft Bjørn Heiberg auf die Schulter.

»Geschafft«, sagt er. »Das hat doch gut geklappt.«

»Na ja«, sagt Heiberg und lässt seinen Blick über das Eis schweifen.

Bjørn und Karen biegen nicht in den Weg zum Sysselmannshof ein, als sie an die Abzweigung kommen – stattdessen begleiten sie die anderen bis nach Haugen. Heiberg wirkt wieder bei Kräften, er führt das Gefolge an und läuft mit hohem Tempo den Hang hinauf, doch als er sich vor Murboligen zu Bjørn und Finn umdreht, um sich zu verabschieden, stellen die beiden Männer sich vor ihm auf.

Bjørn schnallt sich von seinem Pulka ab, Finn tritt einen Schritt näher.

»Ich nehme dich mit in die Klinik und untersuche dich erst mal, bevor du nach Hause gehst. Mit einer Unterkühlung ist nicht zu spaßen.«

»Ich bin jetzt ganz gut aufgewärmt nach der Tour«, erwidert Heiberg, aber Finn besteht darauf.

»Du brauchst eine Untersuchung. Das ist das einzig Vernünftige.«

»Ach, das ist doch Quatsch.« Heiberg will sich auf den Weg nach Hause machen, doch Finn gleitet in der Loipe an ihm vorbei und stellt sich ihm in den Weg.

»Keine Diskussion. Du wirst untersucht, damit wir auf der sicheren Seite sind, und danach trinken wir einen Kaffee. Wir überlassen hier oben nichts dem Zufall. Wir müssen da nicht so ein Theater draus machen.«

Finns Stimme ist ruhig, aber er ist wachsam, das kann Eivor ihm ansehen. Finn strahlt Ruhe aus, wenn er unruhig ist, dämpft seine Stimme, wenn ihn die Wut packt, bewegt sich behutsam, wenn er sich eigentlich klar zum Angriff macht.

Einmal hat Eivor ihn zu einer Medizinerkonferenz in Helsinki begleitet – dort kam es im späteren Verlauf des Abends zu einem Streit und einem Handgemenge zwischen zwei finnischen Chirurgen. Als Finn zu ihnen auf die Terrasse kam und sie bat, den Schlagabtausch zu beenden, drehte sich einer der beiden zu ihm um. Er ging in Kampfstellung, ballte die Fäuste, senkte den Kopf und bot ihm die Stirn, als wolle er jeden Moment auf ihn losgehen. Finn blieb unbeirrt vor ihm stehen, während der Mann ihn auf Finnlandschwedisch anbrüllte, doch als der Angriff kam, unpräzise und halbherzig, reagierte Finn blitzartig – er blockte den Schlag ab, drehte den Arm des Angreifers zur Seite und presste seinen Unterarm gegen die Kehle seines Gegenübers. Dabei trat er so hart mit den Füßen auf, dass der weiße Dielenboden nur so bebte und dass Eivor, die in der Tür stand, Festlichkeiten und Lärm und Kronleuchter im Rücken, vor Schreck zusammenfuhr. Sie rannte zurück in den Festsaal und holte Hilfe, doch als sie mit Verstärkung zurückkam, hatte Finn es geschafft, beide Streithähne zu beruhigen. Er stand zwischen ihnen und redete mit ruhiger Stimme. Eivor holte tief Luft und blickte zum Sommerhimmel hinauf, der blassgrün über dem dunklen Garten hing.

Eivor geht allein mit den Kindern hinauf in die Wohnung über der Klinik. Finn ist mit Heiberg unten in seinem Sprechzimmer, und Bjørn und Karen nehmen Kurs auf Skjæringa zum Sysselmannshof. Karen wollte Eivor und die Kinder gern in die Wohnung begleiten, aber Eivor hat abgelehnt. Sie will einfach nur ihre nassen Kleider ausziehen, warm und trocken werden, ohne dass sie jemand bemitleidet. Vor allem die Kinder müssen ins Warme und Trockene – sie noch eher als Eivor.

»Mama, dürfen wir Saft trinken?«, fragt Unni. Sie steht neben ihrer Schwester im Bad, Eivor zieht sie gerade aus, während Wasser in die Wanne läuft.

»Nachher«, verspricht Eivor. »Aber erst geht's für euch in die heiße Badewanne.«

»Und dürfen wir auch Rosinen?«

»Ja, bestimmt.«

Unni lächelt zufrieden. Eivor spürt, wie sich eine Erleichterung in ihr ausbreitet, aber ihre Hände sind steif vor Kälte und ungeschickt, als sie die Strickjacken der Kinder aufknöpft. Einer der Knöpfe an Lisbeths Jacke hat sich verhakt, Eivor wird ungeduldig und zieht am Stoff. Lisbeth sieht plötzlich verängstigt aus. Eivor lässt von dem Knopf ab, legt ihre Hand behutsam an Lisbeths Hinterkopf und gibt ihr einen Kuss auf die Stirn.

Als beide Mädchen nackt auf dem grünen Fliesenboden stehen, sieht Eivor die blauen Flecken.

Unni hat einen rötlich lilafarbenen Bluterguss auf der

Schulter. An Lisbeths Schlüsselbein zeichnet sich ein dunklerer blauer Fleck ab, außerdem hat sie eine Schramme am Ellenbogen – eine oberflächliche Schürfwunde.

Eivor atmet tief ein und hält die Luft an. Vorsichtig dreht sie Lisbeths Arm, um die Schürfwunde genauer zu betrachten, doch Lisbeth zieht den Arm zu sich, presst ihn auf ihren Bauch und sagt, sie friere. Da hebt Eivor sie hoch, um sie in das warme Badewasser zu setzen, greift ihr unter die Arme – tut ihr das weh, ist ihr Griff zu stramm und zu hart? Vorsichtig lässt sie Lisbeth in die Wanne gleiten, die Kleine kneift die Augen zusammen und hält die Arme über dem Wasser.

»Zu warm?«, fragt Eivor, während sie Unni eine stützende Hand hinhält, die schon ganz allein in die Badewanne klettert.

Lisbeth lässt ihre Hände ins Wasser sinken und rutscht näher an ihre Schwester heran. Die Mädchen sind schmal genug, dass sie nebeneinander in die Wanne passen, die dünnen Oberärmchen aneinandergepresst.

Eivor kniet neben der Wanne und hilft den Mädchen beim Waschen, mit einem weichen Schwamm schäumt sie sie ein und gibt Acht, die Blutergüsse nicht zu berühren. Keine der beiden sagt, dass ihnen irgendetwas wehtut, aber sie sind auch stiller als sonst. Eivor sieht sie vor sich, eingeklemmt unter dem Schlitten. Unnis Gesicht war aufs Eis gepresst worden. Eivor fühlt es an ihrer eigenen Wange, spürt die brennende Kälte. Dann bricht das Eis, sie ist im Wasser, ihr Kopf taucht unter, der Körper wird hinabgezogen. Sie ist am Pulka festgebunden und verschwindet unter dem Eis.

Heiberg kommt nicht auf einen Kaffee hoch in die Wohnung. Finn ist allein, als er ins Wohnzimmer tritt, und er erzählt, dass er Heiberg nach Hause geschickt hat.

»Wir haben Reidar unten in der Klinik getroffen, und er

wurde gehörig gewarnt«, sagt Finn und lässt sich neben Eivor auf das Sofa fallen. »Jetzt hat Heiberg seinen Seelenfrieden gefunden. Hast du auch für mich einen Tee gekocht?« Er will nach der Teekanne greifen, die auf dem Tisch steht, zögert jedoch, die Hand über dem Henkel.

»Ich habe eine ganze Kanne gekocht«, sagt Eivor und steht auf, um eine Porzellantasse vom Regal über dem Klavier zu holen. »Aber sonst ist alles in Ordnung mit ihm? Hast du ihn untersucht?«

»Ja, das hat er glücklicherweise zugelassen.« Finn nimmt die Teetasse entgegen, die Eivor ihm reicht, legt das Teesieb auf und lässt Eivor eingießen.

»Und?«, fragt sie nach einer kurzen Pause und setzt sich wieder zu ihm aufs Sofa. »Alles in Ordnung mit ihm?«

»Darüber darf ich nicht sprechen, Eivor. Alles, was in meinem Sprechzimmer passiert, fällt unter die Schweigepflicht.« Er legt die Hand auf ihr Knie und drückt sanft zu.

»Aber kannst du mir nicht sagen, ob mit ihm alles in Ordnung ist? Ist er verletzt?«

»Ich habe ihn doch jetzt nach Hause geschickt, ich finde nicht, dass du einen Grund zur Sorge haben solltest.« Finn nimmt die Hand von ihrem Knie und legt sie auf ihre Schulter. »Und du?«

»Was ist mit mir?« Sie zieht die Knie an und stülpt sich die Ärmel ihres Pullovers über die Hände.

»Du hast einen ganz schönen Schrecken bekommen, nehme ich an?«

Eivor zuckt mit den Schultern. Sie weiß nicht, wie viel er gesehen hat draußen auf dem Eis, was er mitbekommen hat. Er war so auf die Kinder konzentriert, hat nachgesehen, ob sie sich verletzt haben, war mit dem Pulka beschäftigt, mit den Gurten, hatte ein Auge auf Heiberg.

»Hast du irgendwo Schmerzen?«, fragt Finn, doch Eivor kommt gar nicht dazu, zu antworten. Im Flur sind leise Schritte zu hören und Unni kommt angesaust, rutscht geradewegs auf ihren Wollsocken ins Wohnzimmer.

»Papa! Draußen vorm Fenster sind Moschusochsen!«

»Moschusochsen? Jetzt veralberst du uns doch, Unni?«

Unni verschränkt die Hände hinter dem Rücken und schüttelt vehement den Kopf, sodass ihr ganzer Körper hin- und herschwingt.

Finn lächelt und wirft Eivor einen Blick zu, er steht auf und nimmt den Fotoapparat vom Klavier. Er folgt Unni ins Kinderzimmer, um von dort aus dem Fenster zu sehen, aber Eivor bleibt sitzen. Sie weiß, dass dort draußen keine Moschusochsen sind. Das ist nur etwas, das Unni ab und zu behauptet, ein Spiel, mit dem sie angefangen hat. Unni weiß, wie gern Finn die Tiere aus nächster Nähe fotografieren möchte.

Der Tee wird kalt, während Finn bei den Mädchen im Zimmer ist. Eivor hört, wie sie lachen und spielen, sie überlegt, zu ihnen zu gehen, doch dann steht sie auf, um sich ans Fenster zu stellen. Es zieht sich langsam zu, die sonnenscharfen Schatten, die der Adventtoppen und das Hiorthfjell ins Tal geworfen haben, sind wie ausradiert.

Ihr Blick fällt auf Audun und Reidar – sie gehen auf Skiern und mit Rucksäcken bepackt die Straße entlang. Brechen sie allein nach Revneset auf, oder nehmen sie noch jemanden mit? Jenny und Inga vielleicht?

Wie Reidar wohl auf Heibergs Warnung reagiert hat? Hat er ihn ernst genommen, kamen Zweifel auf, ob er und Audun abreisen sollen? Nein, Finn hat sicherlich mit eindeutigen Blicken und vielsagenden Kopfbewegungen kommuniziert, dass man Heiberg keinen Glauben schenken solle, dass keinerlei Gefahr bestehe.

KAPITEL 5

In dieser Nacht kommt der Wind zurück. Er fegt um die Häuser, rüttelt an den Fenstern und weckt Eivor.

Für eine Weile liegt sie einfach nur da, auf dem Rücken, und starrt geradeaus. Das Zimmer ist finster, abgedunkelt. Zu Hause in der Thulstrups gate konnte sie von ihrem Bett aus die Straßenlaternen sehen. Sie gefielen ihr besonders gut bei Regen oder Nebel, im Oktober. Die Lampen waren in diesige Glorien eingehüllt, und auf dem Boden klebte gelbes Laub auf schwarzem Asphalt.

Sie werden nie in diese Wohnung zurückkehren. Wenn sie wieder aufs Festland ziehen, werden sie woanders wohnen. Finn spricht von einem Einfamilienhaus, in dem jedes der Mädchen sein eigenes Zimmer bekommen kann. Wann wird das sein? Finn hat gesagt, dass sie zunächst zwei Winter auf Spitzbergen verbringen und dann sehen werden, ob sie ihren Aufenthalt noch verlängern.

Sie setzt sich auf und betrachtet ihn. In der Dunkelheit kann sie ihn nicht genau sehen, erkennt nicht, ob er ihr zugewandt oder mit dem Rücken zu ihr liegt. Der Wind kann seinem Schlaf nichts anhaben, er wacht nur auf, wenn das Telefon plötzlich klingelt.

Der Boden unter ihren Füßen ist eiskalt, Gänsehaut bildet sich auf ihren Armen, und sie schnappt sich Finns Wollpullover vom Hocker in der Ecke. Sie tritt ans Fenster, zieht sich den Pullover über den Kopf und die Haare aus dem Kragen. Es knistert elektrisiert, einige Strähnen heften sich an ihre Haut.

Sie schiebt einen Finger in den Spalt zwischen den Vorhängen. Ein weißer Lichtstrahl fällt auf das Bett, aber Finn wacht nicht auf. Eivor legt die Stirn an die Scheibe und sieht hinaus. Schneeflocken! Weiße Wolken aus Schnee stieben um das Haus herum, sie kommen von allen Seiten, es ist unmöglich, die Windrichtung zu bestimmen. Es hat lange nicht geschneit, aber jetzt ist der Himmel über den Bergen leuchtend zinngrau, und der Schnee fällt und fällt. Irgendwo hinter den Wolken steht die Sonne am Nachthimmel – heute ist die erste Nacht, in der sie nicht untergeht.

Eivor lässt die Vorhänge wieder zufallen und bleibt im Dunkeln stehen.

Gestern noch ist sie übers Eis gegangen und hat sich Sorgen wegen der Frühlingssonne und des Schmelzwassers und der Wellen draußen im Isfjord gemacht. Und jetzt ist der Winter zurückgekehrt. Das Licht kommt zurück, doch der Winter hört nie auf.

Sie schleicht zur Tür und öffnet sie so behutsam wie irgend möglich – sie weiß ganz genau, an welcher Stelle sie knarrt, und kneift in dem Moment die Augen zusammen, bis sie ein zweites Mal an die Stelle kommt, als sie sie wieder schließt.

Im Badezimmer streift sie das Nachthemd nach oben, streicht sich über die Hüfte, muss sich drehen, um im richtigen Winkel zum Spiegel zu stehen. Der Bluterguss ist größer als ihre Hand und bereits dunkler als gestern, als sie ein Bad genommen hat. Sie drückt mit den Fingerspitzen darauf herum, lockt den empfindlichen Schmerz hervor. Auch ihr Ellenbogen schmerzt, aber dort sind keine Blutergüsse.

Am Morgen hat der Wind gedreht, und als sie aufstehen, weht ein frischer, aber milder Wind ins Longyeardalen hinab. Es hat aufgehört zu schneien, der Himmel ist blau, das Thermometer zeigt zwei Plusgrade an.

»Und wir haben noch nicht einmal Mai«, sagt Finn.

Im Laufe des Tages klettert das Quecksilber noch ein bisschen höher. Der Wind ist inzwischen abgeflaut und es sind fünf Grad plus, als Eivor sich zu ihrer Skirunde aufmacht – diesmal nur eine kurze Runde, denn Finn will nach dem Gottesdienst bei Heiberg vorbeischauen. Die Luft riecht anders – feucht, nasskalt und salzig. Der Schnee, der über Nacht gefallen ist, ist bereits weggeweht oder mit dem alten Schnee verschmolzen.

Auf dem halben Weg nach Nybyen, etwas unterhalb des Eingangs zur Gruve 2, fällt ihr auf, wie still es ist. Alle Maschinen stehen still. Ostersonntag ist einer der wenigen Tage im Jahr, an denen alle Arbeiter frei haben und die Loren regungslos an den Drahtseilen hängen. Die graue, unordentliche Tagesanlage liegt dunkel und still am Geröllhang, sie hört nicht die üblichen metallischen Klänge aus dem Berg. Auch der Lift vom Fuß des Berges nach oben in die Anlage, die lange, gebrechliche Holzkonstruktion, steht still.

Einige Wochen nach ihrer Ankunft in Longyearbyen bekamen Finn und Eivor eine Führung durch das Bergwerk. Eivor erinnert sich an den rauen Steingeruch im Inneren des Berges, den Druck des gelben Schutzhelmes, den steifen, kalten Stoff des Blaumanns, den sie überziehen musste. Sie erinnert sich, wie der Förderwagen unter ihr schlingerte und klapperte, an das Gefühl, dass sie viel zu weit hineinfuhren, denn die Decke des Tunnels wurde immer niedriger, bis sie endlich anhielten. Aber der Steiger erklärte, dass sie sich immer noch in der Nähe der Tagesanlage befanden. Der Stollen ging noch viel tiefer in den Berg hinein, mehrere Kilometer ins Dunkel.

Bisher ist sie noch keiner anderen Menschenseele begegnet. Longyearbyens einziger Laden, Sundt & Co, hat heute natürlich geschlossen, und zwischen den Kasernen in Nybyen ist niemand zu sehen. Viele schlafen wahrscheinlich den Rausch der vergangenen Nacht aus, womöglich ist es daher ruhiger als sonst in der großen Messe.

Die Loipe verläuft oberhalb der Häuser, vorbei am Buret – dem *Käfig* –, wie die Unterkunft der Mädchen genannt wird, die in der großen Messe arbeiten. Dort begegnet Eivor anderen Menschen. Vier Mädchen sitzen dicht beieinander auf der Treppe in der Sonne. Eine von ihnen ist Jenny – sie winkt und Eivor kommt in der Loipe zum Stehen.

»Frohe Ostern«, ruft Jenny.

»Frohe Ostern«, antwortet Eivor. Jenny lehnt sich zu einer ihrer Freundinnen hinüber, um sich Feuer geben zu lassen, eine von ihnen sagt etwas, woraufhin alle vier zu lachen beginnen.

Eivor steht noch einen Augenblick mit hängenden Stöcken da, dann geht sie weiter. Jenny ist also nicht mit nach Revneset gefahren. Vielleicht ist ihre Beziehung zu Reidar also gar nicht so eng – vielleicht haben die beiden gar keine Beziehung. Das ist möglich, man kann miteinander anbandeln, ohne dass etwas Ernstes daraus wird. Oder vielleicht hatten sie eine Beziehung, die nun vorbei ist?

Sie geht aus der Loipe um einen Abschnitt mit dünnem, gammeligem Schnee zu meiden, und lehnt ihr gesamtes Gewicht auf einen der Stöcke, um nicht nach hinten wegzurutschen. Es besteht kein Zweifel, dass sie das falsche Wachs benutzt hat – sie kommt nicht nur schwer voran, sondern rutscht auch nach hinten weg, und sie spürt, wie der Schnee bereits an den Unterseiten ihrer Skier festpappt.

Die letzte Baracke in Nybyen ist ein langgezogenes, grün gestrichenes Gebäude. Draußen ist es so hell, dass die langen Fensterreihen zu dunklen Spiegeln werden, es ist nicht zu erkennen, ob da drinnen jemand sitzt und hinausschaut, und sie beschleunigt, will so schnell wie möglich an der Siedlung vorbei, aber bevor sie das Ende der Kaserne erreicht hat, fliegt die Tür auf und ein Mann tritt heraus. Er trägt ein graues Hemd mit offenem Kragen, einer der Hosenträger ist ihm von der Schulter gerutscht und sein Haar steht in alle Himmelsrichtungen ab. Seine Nase ist rot, seine Augen geschwollen, er sieht sich um, erblickt Eivor. Da legt er zur Begrüßung ein paar Finger an die Stirn und geht zu der Milchkanne, die auf der Veranda steht und an deren Rand eine Schöpfkelle hängt. Er beugt sich und schöpft Wasser in die Kelle, richtet sich langsam auf, um nichts zu verschütten, starrt auf das glitzernde, zitternde Wasser in der Kelle, während er sie an die Lippen setzt. Aber dann sieht er auf und starrt Eivor an. Er wendet seinen Blick nicht von ihr ab, während er trinkt, das Wasser fließt in Strömen aus der Kelle und aus seinem Mund, tropft aus seinem Bart. Dann grinst er sie an und lässt das Wasser zwischen seinen Zähnen heraussickern und lässt die Kelle fallen. Sie schlägt mit einem lauten Knall auf den Milcheimer und Eivor schrickt zusammen. Der Mann wischt sich den Mund ab und starrt ihr hinterher, als sie weitergeht, sie spürt seinen Blick in ihrem Rücken, dreht sich aber nicht um, biegt nur rechts ab in die Loipe, die quer durch das Tal bis nach Sverdrupbyen führt, verschwindet aus seinem Sichtfeld. Jetzt hätte sie gerne Jossa bei sich, dann würde sie sich sicherer fühlen.

Über Situationen wie diese kann sie mit Finn nicht sprechen. Nicht, dass es etwas zu erzählen gäbe. Es ist ja nichts passiert. Oder vielleicht würde er verstehen und würde dann sagen, dass sie nicht allein unterwegs sein sollte oder keine Loipen wählen sollte, die direkt an den Kasernen verliefen. Doch ohne Jossa traut sie sich nicht, sich allzu weit von der Siedlung zu entfernen, wo es keinen Zufluchtsort gibt, sollte ein Bär im Anmarsch sein.

Der pappige Schnee macht das Vorankommen immer schwerer. Eivor hält an, schlägt die Skier gegeneinander, aber es hilft nichts, sie muss die Skier abschnallen und sogar den Schaber herausholen. Ihre Gamaschen sind bereits ganz durchnässt. Sie befindet sich noch immer unweit der Kasernen und will hier weg, auf den Gletscher hinauf, will am liebsten mit den Fingern schnippen und einfach dort oben sein. Der Schweiß juckt unter ihrer Mütze und den Achseln. Longyearbyen ist eine dunkle Schlucht, jeden Tag sieht sie dasselbe, wohin sie auch geht. Mit voller Wucht wirft sie die Skier auf den Boden, setzt den Schuh in die Bindungen und muss ein bisschen tricksen, damit die Metallachse einrastet. Wie es jetzt wohl draußen auf Revneset ist? Mit wie vielen Freunden sind Reidar und Audun unterwegs? Wahrscheinlich erkunden sie gerade die Gegend auf Skiern, das Tal von Hanaskog, fahren vielleicht bis zu den Gletschern Knorringbreen und Brandtbreen. Ohne Kinder im Schlepptau können sie bestimmt lange Ausflüge in die Wildnis machen.

Eivor gibt ihren Plan auf, bis nach Sverdrupbyen zu laufen, stattdessen geht sie schräg durchs Tal Richtung Huset am Fuße des Sverdrupshamar entlang. Sie holt Schwung und kommt endlich richtig in Fahrt, doch dann bremst sie ab und biegt nach rechts zum Flussbett ab, als sie sieht, dass ihr jemand auf Skiern entgegenkommt. Sie gerät in eine holprige, zertretene Loipe, und wieder beginnt der Schnee an ihren

Skiern zu kleben. Als sie schließlich den Weg erreicht, der nach Haugen hinaufführt, schnallt sie die Skier ab und geht das letzte Stück zu Fuß. Obenrum ist ihr viel zu warm, aber ihre Fußknöchel sind eiskalt, Schnee und Wasser sind ihr in die Skischuhe gespritzt.

Am Fuße des Haugen trifft sie auf Lars Mikkelsrud, Personalchef bei Store Norske. Er ist Mitglied im Fotoklub und leiht sich oft Finns Dunkelkammerausrüstung, auch wenn er, laut Finn, nicht so recht Talent hat. Ihr bleibt nichts anderes übrig, als stehen zu bleiben und kurz mit ihm zu plaudern.

Lars spricht sein Mitgefühl aus, als er den pappigen Schnee an ihren Skiern sieht, und fügt hinzu, er hoffe, selbst besseres Wachs benutzt zu haben, denn er will bis aufs Platåfjell hinauf, um von dort aus die Eisverhältnisse weiter draußen auf dem Fjord zu sichten.

»Es sieht so aus, als ob das Eis dieses Jahr früher aufbricht«, sagt er. »Denn schon für heute Nachmittag wurde kräftiger Wind aus Südwesten vorhergesagt. Und dann könnten wir den Kohledampfern Bescheid geben.«

»Aber es ist ja noch nicht einmal Mai?« Eivor zieht sich die Mütze vom Kopf und streicht sich das verschwitzte Haar aus der Stirn. »Ich dachte, das erste Boot kommt erst Ende Mai?«

»So pauschal kann man das gar nicht sagen. Das ist jedes Jahr anders. Aber wir müssen schon noch ein bisschen Geduld haben. Wann reist ihr gen Süden?«

»Anfang Juni«, antwortet Eivor und versucht, den Schnee mit der Hand von den Skiern zu entfernen, doch er ist bereits festgefroren, sodass sie den Ski hart über den Boden schaben muss. »Ich reise vielleicht schon früher ab.«

»Ach ja?« Die Überraschung steht Lars ins Gesicht geschrieben, und Eivors Wangen beginnen zu glühen.

»Das ist aber noch nicht entschieden«, fügt sie hinzu.

»Ach so.« Lars greift um seine Skistöcke und macht sich bereit, weiterzugehen. »Dann wollen wir doch mal sehen, wann das Eis verschwindet.«

Finn ist auf dem Sprung, als sie nach Hause kommt. Er ist auf dem Weg zu Heiberg, und hinterher muss er direkt in die Klinik. Sie steht am Rodelberg und passt auf die Kinder auf, als er vom Haugen zurückkehrt, er winkt ihr zu, bevor er die Klinik betritt, doch er ist zu weit weg, als dass sie ein paar Worte wechseln könnten.

Als er abends nach Hause kommt, geht er ins Bad, um die Fotos zu entwickeln, die er auf Revneset geschossen hat. Sie erkundigt sich, ob er Hilfe braucht, doch er will lieber allein arbeiten, und nach dem Abendessen vertieft er sich in seine Bücher. Er sitzt neben dem Sekretär – sein fester Platz, wenn er Fachliteratur liest. Als die Mädchen ins Bett gehen, kommt er noch einmal zu ihnen ins Zimmer, um gute Nacht zu sagen, dann widmet er sich wieder seinen Büchern. Er macht sich Notizen in einem blauen Schreibheft.

Sie ist bereits eingeschlafen, als er ins Bett kommt. Irgendwo tief im Schlaf spürt sie eine Stirn an ihrem Nacken, eine Hand auf ihrer Hüfte.

Das Eis bricht über Nacht. Ein dunkler Riss frisst sich durch den zugefrorenen Adventfjord und lässt frisches Meerwasser hineinströmen.

Karen beschreibt den Anblick, als sie früh am Morgen des Ostermontags vom Sysselmannshof anruft.

»Der Riss war schon da, als wir aufgewacht sind, wir haben das große Ereignis verschlafen.«

Eivor ist ans Telefon gegangen, sie lauscht Karens Beschreibungen, während Finn in der Küchentür lehnt und ihr fragende Blicke zuwirft.

»Mikkelsrud hat erzählt, er habe gestern vom Platåfjell deutlich sehen können, dass das Eis weiter draußen schon relativ dünn ist, aber dass es *so* schnell geht?«

Eivor weiß nicht, was sie sagen soll, sie schweigt, und Finn kommt auf sie zu, sieht sie mit hochgezogenen Augenbrauen an.

»Jetzt wird Frühling!«, jubelt Karen am anderen Ende der Leitung. »Und ich glaube, jetzt wird es auch ganz schnell gehen. Das müssen wir feiern. Habt ihr Zeit? Habt ihr schon gefrühstückt?«

Und so kommt es, dass sie die Mädchen wecken, sie in ihre Wintersachen stecken und zum Sysselmannshof aufbrechen. Die Schneedecke ist zu dünn für den Tretschlitten, der ganze Weg ist matschig und vereist. Am Hang des Sverdruphamar grast eine kleine Herde Rentiere an trockenen Grasbüscheln und Moosen, die unter der spärlichen Schneedecke hervorgucken.

Sie erklimmen den Hang zur Skjæringa und sehen über den Fjord. Der Spalt im Eis ist inzwischen so weit aufgebrochen, dass er einer dunkelblauen Pyramide ähnelt. Ihre Spitze reicht noch nicht ganz bis an die Stelle, ab der sie zwei Tage zuvor das Eis überquert haben, aber der Fjord ist jetzt nicht mehr sicher. Alles ist in Bewegung, alles kann sich ändern. Eivor öffnet den Mund und schluckt einen Schwall kalte Luft, der Wind kommt direkt von vorn. Finn breitet die Arme aus und lehnt sich in den Wind, Unni tut es ihm nach, aber Lisbeth versteckt sich hinter Eivor und presst sich an ihre Kniekehlen.

»Was wird jetzt aus den Männern auf Revneset?«, ruft Eivor gegen den Wind. Sie muss die Kapuze ihres Anoraks fest zuziehen, damit der Wind ihr Haar nicht zerzaust.

»Was?«, ruft Finn und fängt Unni auf, die in dem starken Wind das Gleichgewicht verloren hat.

Sie gehen weiter hinauf zum Sysselmannshof, finden im Hof Schutz vorm Wind, Bjørn und Karen öffnen ihnen und bringen sie direkt in das Kaminzimmer, von wo die Aussicht besser ist als in jedem anderen Raum. Die Sonne erfüllt ihn, die gewebten Läufer an der Wand leuchten in satten Farben. Von hier können sie alles sehen: das weite Mälardalen, den hohen Dirigenten, das Hiorthfjell, den Adventtoppen, die Halbinsel Revneset und die großen Gletscher im Nordwesten Richtung Ny-Ålesund. Der Isfjord lebt jetzt, er bewegt sich, dunkelblau und mit Schaumkronen bedeckt, mit treibenden Eisschollen. Die Meeresvögel hängen wie dünne Bleistiftskizzen im Wind. Ist es die Trottellumme, die zurückgekehrt ist, oder der Krabbentaucher? Der Kohlenrauch aus dem Kraftwerk hängt wie ein schmutziger Schleier über dem blauen, offenen Himmel.

Lisbeth und Unni stehen jede auf einem Stuhl und können sich kaum sattsehen. Sie haben gar kein Interesse am Frühstück oder an Jossa, die unter dem Wohnzimmertisch liegt und döst. Als sie das letzte Mal hier zu Besuch waren, war der Fjord weiß und am Fenster klebten Eiskristalle. Manchmal fragt Eivor sich, woran sich die Kinder erinnern können, wie viel sie vergessen. Erinnern sie sich an die Apfelblüte, an feuchte Erde, schwarzes Moorwasser und Seerosen?

Während des Frühstücks in der großen, blauen Küche kann sie nicht länger an sich halten.

»Also hat Heiberg recht behalten.«

Für einen Augenblick wird es still – sie hat wohl ausgesprochen, was alle denken, was jedoch in all der Freude über das aufgebrochene Eis und das Ende des Winters keinen Platz gefunden hat.

Finn starrt auf seinen Teller, dann hebt er den Blick.

»Ja«, sagt er schließlich. »Das hat er tatsächlich. Soll er doch jetzt denken, was er will.«

»Soweit ich weiß, ist das Eis noch nie so früh aufgebrochen«, wirft Bjørn ein und schenkt allen Kaffee nach, »und weiß Gott, woran er seine Ahnung festgemacht hat. Aber ja – jetzt wurden wir ganz schön vorgeführt.«

»Das hätte ja wirklich niemand ahnen können«, erwidert Karen. »Sonst hätten die Kohleboote und Eisbrecher schon längst von Harstad abgelegt. Jetzt werden alle ganz schön zu tun haben.«

»Stellt euch mal vor, das Eis wäre aufgebrochen, als Reidar und die anderen mitten auf dem Fjord waren!«

Erneut wird es still am Frühstückstisch, alle Blicke sind auf Eivor gerichtet.

»Stellt euch das doch nur mal vor«, wiederholt sie, mit gedämpfter Stimme. »Oder wenn wir noch dort gewesen wären. Mit den Kindern.«

»Ja, das hätte natürlich sehr gefährlich werden können. Und für einen Moment war es auch ein bisschen riskant.« Finn legt seine warme Hand auf ihre. »Nächstes Jahr werden wir den Fjord nicht mehr so spät überqueren«, fügt er hinzu.

Nächstes Jahr. Es fühlt sich an, als hätte ihr jemand einen Schlag in den Magen verpasst.

Als sie vor das Haus treten, haben sich schon andere Bewohner vor dem Sysselmannshof versammelt. Menschen stehen am Felsvorsprung von Skjæringa und unten am Wasser. Auch auf der anderen Seite des Tals sieht Eivor Menschen – einige sind den Berghang vom Sukkertoppen hinaufgestiegen.

Der Fjord hat sich schon wieder verändert. In der Fahrrinne ist das Eis bereits zu kleineren Schollen zerbrochen. Wie lange wird es noch dauern, bis im gesamten Fjord die Risse klaffen?

Heiberg taucht plötzlich auf, niemand hat ihn kommen sehen. Auf einmal steht er neben Eivor und Finn und streicht sich durch den Vollbart.

»Jaja. Da verschwindet das Eis. Schöner Anblick, nicht wahr?«

In seinem Ton klingt keinerlei Andeutung von *was habe ich euch gesagt*, in seiner Miene keine Spur von Selbstgefälligkeit, und Finn zögert einen Moment, bis er es ausspricht:

»Ja – du hattest recht. Wir hätten auf dich hören sollen.«

Heiberg macht eine undefinierbare Kopfbewegung und verschränkt die Hände hinterm Rücken.

»Ich hab gesehen, dass sie trotzdem aufgebrochen sind«, sagt er nach einer kurzen Pause. »Doktor Eikeland und der Zahnarzt.«

»Ja«, sagt Finn und tritt einen Schritt zurück, sodass sie einen kleinen Halbkreis bilden. »Sie wollten sich Ostern auf der Hütte wohl nicht entgehen lassen, denke ich. Aber das ist ja nochmal gut gegangen. Sie haben nur einen längeren Heimweg vor sich.«

»Jetzt bleibt nur zu hoffen, dass uns Drifteis erspart bleibt«, sagt Heiberg. »Wenn wir Pech haben, treiben große Mengen altes Eis von Grönland zu uns herüber. Dann wird es sich im Isfjord stauen und der Schiffsverkehr wird für mehrere Wochen blockiert.«

»Prophezeist du uns neue Katastrophen?« Finn grinst.

Heibergs Miene wird ernst, er verstummt und starrt auf den Fjord hinaus.

Finn nimmt Eivors Hand, drück sie sanft und lässt sie wieder los – das kann als Trost gemeint sein oder aber auch als

Bitte, ihn mit Heiberg allein zu lassen, und sie entscheidet sich für Letzteres, zieht sich zurück und geht zu den Mädchen, die mit den Pastorenkindern spielen. Sie weiß, dass Finn bei Heiberg stehen bleiben wird und dass es für sie keinen Platz in dieser Unterhaltung gibt.

Sie liegt in der Badewanne, als die Tür aufgeht und Finn hereinkommt.

»Ich höre, du willst früher aufs Festland zurückkehren?« Er schließt die Tür hinter sich, Eivor setzt sich in der Wanne auf und zieht die Knie an.

»Kannst du nicht anklopfen?« Der Schaum hat sich bereits aufgelöst, sie sitzt nackt im blanken Wasser.

»Du klopfst doch auch nicht an, wenn ich in der Wanne bin«, sagt Finn und er hat recht – sie kommt oft einfach herein, wenn er gerade ein Bad nimmt. Das hat angefangen, als sie frisch verheiratet waren, in der Welle der Begeisterung, dass ihr das jetzt einfach so gestattet war, es gab keine verschlossenen Räume mehr. Sie konnte seinen Körper betrachten, berühren, jeden Tag. Sie konnte einfach so ins Bad gehen und etwas holen, während er badete, das war ihr gutes Recht. Sie lebten zusammen. Es gab keine Geheimnisse mehr. Sie sah ihm gerne dabei zu, wie er aus der Wanne stieg und tropfte, ihr gefiel, wie die Härchen auf seinen Armen, am Bauch und an den Beinen an der Haut klebten.

Finn nimmt den Badezimmerschemel, zieht ihn an das Fußende der Badewanne und setzt sich.

»Lars hat mir erzählt, dass du ihm gegenüber erwähnt hast, früher reisen zu wollen?«

Eivor lehnt sich wieder zurück, legt den Nacken auf das feuchte Handtuch, das sie auf dem Rand der Badewanne zusammengerollt hat. Sie spürt, wie der weiche Dutt gegen den Hinterkopf drückt. Finn hat die Ellenbogen auf die Knie gestützt und die Finger ineinander verschränkt.

»Hast du das so gesagt?«, fragt er.

Sie nickt.

Er legt den Kopf schief, öffnet die Hände, verschränkt dann wieder die Finger. Er seufzt.

»Warum?«

»Ich will ins Warme.« Eivor spricht es aus, ohne groß zu überlegen, es kommt einfach ganz von selbst. Das Badewasser ist abgekühlt. Sie verschränkt die Arme vor der Brust, die Fingerspitzen im Nacken.

Finn lehnt sich zum Wasserhahn und dreht das warme Wasser auf. Sie streckt ihre Beine im Wasser aus. Dampf steigt von der Wasseroberfläche auf, an ihren Füßen und Knöcheln fühlt sich das heiße Wasser zunächst kalt an. Dann brennt es. Finn testet die Temperatur mit den Fingern und dreht den Hahn wieder zu. Er wischt seine Hand am Hosenbein ab. Eivor rudert mit den Beinen, damit die Wärme sich gleichmäßig verteilt. Dann lässt sie sich tiefer sinken, sodass das Wasser wie ein dünner Ring um ihren Hals liegt.

»Du kannst nicht früher fahren.« Finn rückt den Schemel ein Stück Richtung Kopfende. »Warum willst du das?«

Eivor senkt den Blick. Unter Wasser verschwimmt ihr Körper. Ihre Arme entspannen sich und treiben an die Oberfläche. Finn nimmt ihre Hand und hält sie zwischen seinen Händen.

»Es ist doch nur noch ein bisschen mehr als ein Monat«, sagt er. »Warum hast du nicht mit mir darüber gesprochen?«

Seine Stimme ist mild und vorsichtig, das wird ihr zu viel. Eivor spürt ein Brennen in den Augen und an der Nase, sie wendet den Kopf ab.

»Eivor«, sagt er.

»Du bist nie da. Warum bist du den ganzen Tag weg gewesen?«

»Aber das war ich doch gar nicht«, sagt Finn, und er hat recht – er ist am Vormittag nach Hause gekommen, mit den Mädchen draußen gewesen und hat einen Schneemann gebaut, doch dann ist er wieder in die Klinik gegangen. Abendbrot hat er in der Messe gegessen. »Du hättest doch mit mir und Heiberg zu Abend essen können.«

»Mir wäre es lieber gewesen, wenn du zu Hause gewesen wärst.«

»Warum hast du das nicht gesagt?«

»Ich habe gesagt, dass ich müde bin.« Eivor zieht ihre Hand zu sich, schließt die Augen und spürt, wie sich ihr Gesicht entspannt.

Finn sitzt eine Weile schweigend neben ihr.

»Ist es so schlimm, hier zu sein?«, fragt er.

Sie antwortet nicht.

Finn lässt seine Hand ins Wasser sinken, tastet nach ihrem Knie, nach der Innenseite ihres Schenkels. Er erhebt sich von dem Schemel und geht neben der Wanne auf die Knie.

»Du willst doch nicht fahren«, sagt er.

Sie rührt sich nicht. Das Wasser streichelt ihr Kinn.

Finn zögert. Dann wandert seine Hand noch ein Stück höher, er wartet. Sie liegt ganz still da.

»Ich weiß, wie das ist«, sagt er leise. »Du denkst, alles fühlt sich so nach Stillstand an, du glaubst, die Wochen, die noch kommen, sind wie all die anderen Wochen. Aber das Eis ist aufgebrochen. Jetzt kommt das Leben zurück. Jetzt kommen neue Menschen. Frisches Gemüse wird angeliefert. Wir bekommen Post. In weniger als einem Monat ist Nationalfeiertag. Dann werden wir die Flagge hissen, beim Festumzug mitlaufen, feiern, tanzen. Der Schnee schmilzt, es wird wärmer. Spürst du das nicht?«

Eivor schüttelt den Kopf. Sie liegt noch immer ganz still da, ballt die Fäuste unter Wasser, gibt sich Mühe, die Fassung zu behalten. Hört leises, hohles Plätschern von seiner Hand, die sich im Wasser bewegt.

In der folgenden Woche pflügt der Eisbrecher Nordvarg eine tiefe Fahrrinne in die Überreste des Eises. Eine blanke, schwarze Spur streckt sich bis an Land, und schon bald können die Fischerboote ausfahren und die Kohledampfer anlegen.

Plötzlich ist alles anders. Passagiere gehen an Land und strömen in die Siedlung. Überall neue Gesichter. Im Huset wird die Post ausgeteilt. Frischer Fisch und frische Kartoffeln kommen in den Messen auf den Tisch. Die leeren Lagerräume werden mit Bier und Branntwein bestückt und im Krankenhaus füllen sich die Medizinschränke.

Tonne um Tonne von Kohle wird in die Frachträume der anlandenden Schiffe gekippt. Die Loren schweben vollbeladen Richtung Hotellneset, und das nächste Boot legt an, sobald das erste abgefahren ist. In der seit vielen Monaten gesperrten, zugeschneiten Kaianlage pulsiert das Leben.

Und alles schmilzt. An den sonnenbeschienenen Hängen kommen mit jedem Tag die schwarzen Felswände mehr und mehr zum Vorschein. Schwarze, strenge Tempelsäulen ragen an den steilen Berghängen empor. Der Fels hier ist überall rau und zerklüftet, es gibt keine weichen Linien.

Am Ersten Mai marschiert ein Festumzug von Nybyen hinunter ins Zentrum der Siedlung. Mit Fahnen und Hornbläsern marschieren die Männer am Krankenhaus vorbei, unter ihren Füßen gurgelt der Matsch. Nur wenige tragen noch Mützen.

Mit dem Kontakt zum Festland kommt auch die Erkältungswelle. Zuerst treibt sie in den Kasernen am Hafen ihr Unwesen, dann bahnt sie sich ihren Weg durchs gesamte Tal, bis nach Nybyen und Sverdrupbyen. Und auch Eivor wacht eines Tages mit Halsschmerzen auf. Zuerst fühlt es sich nur an, als hätte sie eine trockene Kehle, sie spürt leichten Widerstand beim Schlucken, doch nach nur wenigen Stunden kommen die Schmerzen.

Es ist schlimmer als eine gewöhnliche Frühjahrserkältung, die Krankheit geht bis in die Bronchien, und schon bald ist sie mit Fieber ans Bett gefesselt. Auch die Mädchen werden krank, und sie ziehen zu Eivor ins Doppelbett, sodass Finn allein im Kinderzimmer nächtigen kann. Er braucht den Schlaf. So verschwinden einige Tage hinter geschlossenen Gardinen, und als Eivor endlich wieder aus dem Bett und aus dem Haus kommt, sind alle Wege schlammbedeckt. Ein Stück tiefer im Tal ist eine Lawine abgegangen, Straßen wurden gesperrt. Überall fließt und sickert das Schmelzwasser – endlich hat diese Phase begonnen –, doch die Luft ist immer noch kalt. Schmutzige Haufen verrotteten Schnees liegen im gesamten Tal verstreut, dort wo er geschmolzen ist, kommt der Müll zum Vorschein. Unter der Gletscherzunge zeigt sich die Moräne, nackt und dunkel, mit ihren gezackten Steinkonturen.

Zu Hause in Oslo wird jetzt die Birke ausgetrieben haben, die Obstbäume stehen wie weiß leuchtende Fackeln in den Gärten und die gelbe Sumpfdotterblume erhellt den Waldboden der Nordmarka. In Longyearbyen wächst im Frühling nichts. Hier wird der Ort nur dunkler und schmutziger – Kies und Staub und Sand und Steine, so weit das Auge reicht. Die Siedlung ist ein brutaler, grauer Einschnitt in die Landschaft.

Mitte Mai findet der norwegisch-russische Turnwettbewerb in Barentsburg statt. Finn hat überlegt, teilzunehmen, aber als die Wettbewerbswoche näher rückt, fasst er den Entschluss, dass es unverantwortlich wäre, freizunehmen, um nach Barentsburg zu fahren. Reidar sollte jetzt so wenig wie möglich überlastet werden. Denn immerhin muss er zwei Wochen allein die Stellung halten, bevor die Sommervertretung anreist.

Eivor ist noch nie in Barentsburg gewesen, kennt den Ort nur aus Finns Erzählungen und von seinen Fotos – lange Treppen, die von einem dunklen Kaibereich nach oben führen, Holzhäuser, mit Täfelungen versehen, auf denen sowjetische Arbeiter ihre Arbeitsgeräte gen Berge und Sonnenstrahlen erheben, eine Lenin-Büste vor einer beeindruckenden Sporthalle. In ihr soll der Turnwettbewerb ausgetragen werden.

Am Abend vor der Abreise der Truppe kommt Reidar zu ihnen in die Wohnung, um nach der Spätschicht einen Absacker zu trinken. Er und Finn kommen schnell über die Verletzungsprobleme ins Gespräch, die sie in den letzten Monaten während der Vorbereitungen zum Wettbewerb behandelt haben – sie mussten verstauchte Knöchel und Handgelenke verarzten, außerdem kam jemand mit einer Gehirnerschütterung zu ihnen. Es gab Beschwerden von den Direktoren der Store Norske Kohlekompanie. Sie wollen Krankschreibungen aufgrund von Bagatellverletzungen, die sich die Arbeiter bei Freizeitaktivitäten zugezogen haben, nicht gutheißen.

»Vielleicht sollte ich mal eine Statistik dazu erheben, dass regelmäßige Körperertüchtigung eher dazu beiträgt, dass weniger Arbeitskräfte wegen Krankheit ausfallen«, sagt Finn, »das könnte ich denen auf den Tisch knallen. Und was ist mit Abnutzungserscheinungen, die sie sich bei der Arbeit zuziehen, oft wegen viel zu schlechter Ausrüstung? Erinnerst du dich an den Aufruf in der *Svalbardposten* im Winter? Wer die besten selbstgemachten Knieschützer erfindet, sollte einen Preis gewinnen. Diese Art von Ausrüstung sollte ein fester Bestandteil der Arbeitsausstattung sein!«

»Da ist er, unser Idealist!«, sagt Reidar grinsend.

»Ja, was soll man denn sonst sein? Als Arzt?« Finn sitzt auf vorderste Sofakante, vornübergelehnt. »Wir sind doch diejenigen, die auf die Probleme hinweisen müssen, die wir bei den Arbeitern feststellen. Wir müssen den ganzen Patienten sehen, für sein Wohlergehen einstehen. Da können wir die Verhältnisse am Arbeitsplatz nicht außen vor lassen. Du bist hier schon länger als ich, du weißt, dass Knieschäden ein unnötiges und viel zu verbreitetes Problem sind.«

»Das bestreite ich gar nicht. Es ist absolut keine gesunde Arbeitshaltung, in der sie in den Stollen arbeiten.« Reidar zieht den Korken aus der Branntweinflasche und schenkt sich nach. »Aber das wird jetzt zu langweilig für Eivor, wir sollten aufhören, über das Fachliche zu sprechen.« Er hält die Flasche über ihr Glas. »Mehr?«

Sie bejaht, er schenkt ihr nach, füllt ihr und auch sein Glas mit Sprudelwasser auf. Finn, der in Bereitschaft ist, trinkt Tee. Sie kann ihm ansehen, dass er noch etwas hinzufügen will, dass die Diskussion für ihn gerade erst so richtig angefangen hat und er jetzt frustriert ist, dass sie von Reidar so abrupt im Keim erstickt wurde, aber er lehnt sich im Sofa zurück und lässt Reidar das Thema wechseln – Sommerpläne.

Reidar selbst wird während seines Urlaubs kaum im Süden sein. Den größten Teil des Sommers wird er an Bord eines Fischereifahrzeugs verbringen – sie werden je nach Eisverhältnissen so weit wie möglich nach Norden fahren.

»Ich werde zum Ende meines Urlaubs für ein paar Tage

aufs Festland reisen, um meiner Familie einen Gefallen zu tun. Aber es ist schon verlockender, den Sommer hier zu verbringen und endlich die Ausflugs- und Jagdmöglichkeiten vollends auszunutzen, statt nur hier im Tal herumzudackeln.«

»Du musst Eivor mal mitnehmen!«, sagt Finn. »Sie beschwert sich oft genau darüber, dass es zu wenig Möglichkeiten gibt, die Siedlung zu verlassen. Was meinst du, Eivor? Vielleicht steckt ja eine Jägerin in dir? Schießen kannst du!«

Reidar und Finn lachen, und auch Eivor lächelt, doch dann leert sie ihr Glas in einem Schluck und sagt, dass sie um nichts in der Welt auch nur einen Sommertag auf dem Festland verpassen wolle.

»Ihr dürft nicht vergessen, dass nicht nur Spitzbergen mit einer einzigartigen Natur gesegnet ist. Wenn man die Leute so reden hört, könnte man das manchmal vergessen. Als gäbe es nur hier Wanderer und Bergsteiger, während auf dem Festland nur Stubenhocker leben. Das finde ich ziemlich überheblich. *Wir auf Spitzbergen* – so reden die Leute. Wir auf Spitzbergen schätzen frische Luft und Kälte.« Eivor ahmt mit ihrer Stimme den Pfarrer nach, und wieder lachen die beiden Männer.

Finn sieht sie mit warmem Blick an. Er wird so froh, wenn sie aus sich herauskommt, wenn sie herumalbert und an Gesprächen teilhat. Er leert seine Teetasse und vertraut Reidar an, dass Eivor ziemlich begabt sei, wenn es darum ginge, Leute zu parodieren und ihre Stimmen nachzuahmen.

»Ja, ich weiß. Hast du nicht Finn parodiert, Eivor, als wir bei dem Fest im Huset waren?« Reidar grinst Eivor an und späht hinüber zu Finn, um zu sehen, wie er darauf reagiert.

»Hast du?« Finn lacht überrascht. »Lass mal hören.«

Sie denkt schnell, versucht sich zu erinnern, ob das wirklich stimmt, doch in dem Moment klopft es an der Tür.

Finn stellt seine Tasse ab, steht auf und sagt, er hoffe, unten in der Klinik sei nichts passiert. Reidar lehnt sich im Sessel zurück und faltet die Hände über seinem Bauch, als wolle er sagen, dass er diese Nacht keinerlei Verantwortung trägt.

Doch dann erklingt Heibergs Stimme von draußen auf dem Treppenabsatz.

»Tut mir leid, dass ich hier so reinplatze, aber ich habe ein Problem, über das ich gerne mit dir sprechen würde. Es geht um morgen.«

»Du wirst die Truppe also doch begleiten?«, fragt Finn. »Was ist denn los?«

Reidar wirft Eivor einen raschen Blick zu, sie setzt sich auf und lauscht. Jetzt hat Heiberg die Stimme gesenkt, und sie hört nicht, was er auf Finns Angebot, ihn ins Wohnzimmer zu begleiten, antwortet. Dann senkt auch Finn die Stimme, Eivor und Reidar hören nur gedämpftes Murmeln.

Dann hören sie die Tür und kurz darauf Schritte auf der Treppe.

Reidar und Eivor sehen sich an.

»Tja, das ist Finn«, sagt Reidar und streckt seine langen Beine aus. »Ich lehne Behandlungen außerhalb der Sprechzeiten immer ab, es sei denn, es geht um einen Notfall, natürlich.«

»Die beiden sind ja befreundet, es ist sicher deshalb.«

»Ein Grund mehr, klare Grenzen zu ziehen. Mir ist aufgefallen, dass Heiberg in letzter Zeit ziemlich oft zu Finn ins Büro kommt, gern außerhalb der Sprechzeiten. Ich würde das nicht dulden. Es ist schon schwer genug, hier in Longyearbyen, wo jeder jeden kennt, eine gute Balance zu halten. Wir Ärzte haben keine andere Wahl, wir müssen Menschen aus unserem Bekanntenkreis behandeln. Dann sollten wir gut darauf achten, dass wir in unserer Rolle als Arzt professionell bleiben.« Reidar steht auf, geht zum Ofen und haucht dem Feuer mit dem Blasebalg neues Leben ein. Ein paar Funken stieben auf die Metallplatte vorm Ofen und erlöschen sofort.

Eivor öffnet eine neue Flasche Sprudelwasser, der Kronkorken ploppt gegen das Mahagonitischchen und rollt auf den Boden. Reidar beugt sich hinab und hebt ihn auf, legt ihn vorsichtig zurück auf den Tisch. Er bleibt stehen, als warte er auf eine Einladung, sich wieder zu setzen.

»Ein letztes Glas?«, fragt sie. »Finn kommt sicher bald wieder hoch.«

»Klingt sehr einladend, aber ich glaube, ich werde mich trotzdem auf den Weg nach Hause machen. Ich muss morgen früh raus.«

Eivor nickt, stellt die Flasche ab und steht auf, um ihn zur Tür zu begleiten. Sie bleibt noch einen Augenblick hinter der Tür stehen und lauscht seinen Schritten, die sich entfernen, erst die Treppe hinab, dann den Krankenhausflur entlang. Dann wird es still. Sie geht wieder zurück ins Wohnzimmer, lässt den Blick durch den schweigenden Raum wandern – das Klavier, der Sekretär, das Sofa, der Servierwagen, das Regal mit Büchern und Schallplatten, der Phonoschrank, der Esstisch, der Sessel. Das Nachtlicht dringt durch die Fenster, der Himmel hängt weiß über dem Tal.

Als Finn nach einer halben Stunde immer noch nicht wieder da ist, geht Eivor ins Schlafzimmer und zieht den Koffer unterm Bett hervor. Sie schiebt ihn an die Wand und öffnet ihn. Jeden Tag packt sie ein kleines bisschen. In ein paar Wochen ist es so weit.

Die Feiern zum Nationalfeiertag am 17. Mai sind geprägt vom Sieg des Spitzbergener Turnvereins *Svalbard Turn* über die

Russen in Barentsburg. Nach dem Festumzug der Kinder turnen die Männer vor dem Gedenkstein beim Huset vor, Finn ist mit von der Partie, auch wenn er sonst nicht zur Wettbewerbstruppe gehört. Er turnt nichts Spektakuläres vor, steht nur in der Basis einer Pyramidenformation. Heiberg nimmt nicht an dem Vorturnen teil, aber er steht mit einer norwegischen Flagge in der Hand im Publikum. Auch er ist nicht mit nach Barentsburg gefahren, aufgrund seiner üblichen Vorbehalte – das hatte Finn erzählt, als er nach der Untersuchung am Abend vorm Turnier wieder hochgekommen war. Doch worum es sich bei Heibergs Problem genau handelte, hatte er Eivor nicht erzählt.

Abends lädt das Huset zum Tanz. Eivor trägt wieder ihr rotes Kleid und dünne Söckchen in Schuhen mit hohen Absätzen. Finn tanzt nicht gern, also tanzt sie mit Bjørn, mit Lars, mit einigen Delegierten aus Oslo und mit einigen Kumpels von der Zeche, die sich die Haare mit Wasser zurückgekämmt haben und deren Namen Eivor nicht kennt. Sie kommt kaum dazu, sich hinzusetzen, als sie schon wieder aufgefordert wird, und irgendwann spürt sie einen Schmerz im Brustkorb – seit der Bronchitis hat sie ab und zu noch Probleme, richtig Luft zu kriegen. Sie sucht Finn, will ihm sagen, dass sie nach Hause muss, um sich auszuruhen.

»Es gefällt mir, dir beim Tanzen zuzusehen«, sagt er, als sie weit nach Mitternacht das Tal bei schwachem Sonnenlicht durchqueren. »Spürst du meine Blicke, wenn du tanzt?« Er trägt beide Flaggen, denn sie hat ihre Hände tief in ihre Manteltaschen vergraben. Sie waren kalt, die Handschuhe zu dünn.

»Ich hab zu viel getanzt«, sagt Eivor und hat Schmerzen beim Sprechen, ihre Stimme ist heiser.

»Aber du hattest Spaß, das hab ich dir angesehen.« Finn

greift nach ihrer Kapuze und stülpt sie ihr über den Kopf. »Dass dir nicht kalt wird.«

»Stell dir mal vor, zu Hause ist schon Sommer«, sagt sie nach einer Weile. »Das haben sie in der 17.-Mai-Sendung im Radio gesagt. In Oslo sind die Kinder mit kurzen Ärmeln über den Schlossplatz marschiert, um der Königsfamilie zu winken.«

Finn antwortet nicht. Er hebt die Hosenbeine seiner Anzughose ein Stück an und macht einen großen Schritt über einen dunklen Sturzbach, der vom schwarzen Hang hinunter ins Tal und quer über den Weg sprudelt. Eivor hüpft nach ihm drüber. Hier unten im Tal sind die Loipen komplett weggewaschen. Eivor ist die letzten Tage zu Fuß mit Jossa unterwegs gewesen, doch überall ist es nass, sie muss auf den festen Wegen bleiben, um nicht knietief im Schlamm zu versinken. Gummistiefel mit dicken Socken sind jetzt an der Tagesordnung.

Sie haben nie wieder darüber gesprochen, dass Eivor nach Hause fahren will. Hat sie das wirklich so gemeint? Sie erinnert sich nicht recht. Aber sie lebt ein Leben in Wartestellung. Sie zählt die Tage. Finn hat über dem Koffer in der Ecke kein Wort verloren, hat nicht versucht, ihn wieder unters Bett zu schieben. Er steht dort, aufgeklappt, und jeden Tag legt sie etwas dazu – ein Kleidungsstück oder ein Buch oder irgendetwas anderes Kleines.

Eine Woche vor ihrer Abreise nimmt Finn sie mit hinunter ins Watt, um Möweneier einzusammeln – für ihn ist das ein lustiges Abenteuer, eine Art Exkursion. Aber die Möwen sind wutentbrannt, sie schreien und stürzen sich auf sie, und Finn muss sie mit einem Knüppel verjagen, um sich und Eivor zu verteidigen, während Eivor die Eier in ein blaukariertes Bündel sammelt.

Zu Hause schlagen sie die Eier für einen Pfannkuchenteig.

Ihre Farbe ist merkwürdig, kränklich dunkel, gar einen Hauch grünlich, aber die Eier seien essbar, versichert Finn. Und die Pfannkuchen schmecken normal, aber Eivor wird trotzdem übel, sie muss den zusammengerollten Pfannkuchen auf ihrem Teller liegen lassen und das Fenster öffnen. Sie lehnt sich hinaus und zieht die kalte Luft langsam ein. Die Mädchen sitzen auf ihren Hochstühlen und schweigen.

KAPITEL 6

Bereits im Winter schlug Finn vor, mit dem Kohledampfer zu reisen, der bis nach Göteborg fährt. Er bestellte ein Zimmer in einem feinen Hotel, sie würden zwei Tage in der Stadt verbringen und dann den Zug nach Oslo nehmen. Das hätten sie sich nach dem langen Winter im Norden doch verdient, fand er.

Die Seekrankheit sitzt ihr noch in den Knochen, als Eivor in der zweiten Juniwoche in Göteborg an Land geht. Sie trägt den Koffer in der einen Hand und hält Unni an der anderen und wird in der Menge hin und her geschoben. Die Gangway vibriert unter den unzähligen Füßen. Finn wird von ihr fortgeschoben und treibt irgendwo weiter vorn in der Menge, mit Lisbeth auf dem Arm, Eivor sieht seinen Hut auf und ab wippen und Lisbeths Kopf an seiner Schulter hier und da aus der Menge auftauchen.

Der Kai ist bereits voller Reisender eines Passagierschiffes, das kurz vor ihnen angelegt hat. Leute strömen den Neuankömmlingen entgegen. Unten auf dem Kai angekommen, verliert Eivor Finn und Lisbeth vollständig aus den Augen. Unni wimmert, als jemand sie anrempelt. Eivor stellt den Koffer zwischen ihren Füßen ab und hebt sie auf ihren Arm. Unni presst ihre Hände an Eivors Schulter und dreht und wendet sich, um über die Menschenmenge zu schauen.

Von allen Seiten dröhnt der Lärm – Kräne knarren und

knarzen, Ketten quietschen, Hafenarbeiter brüllen und johlen, und Straßenbahnen kreischen schrill an den Anlegern vorbei. Große Lastwagen stehen in Reih und Glied vor den Schiffen und warten auf ihre Ladung. Der Geruch von Meer, Öl, Abgasen und Essen erfüllt die Luft, und überall sind Menschen, überall Fremde.

»Eivor! Unni!« Finn reckt ein Stück von ihnen entfernt den Arm in die Luft – er hat sich aus dem Treiben herausgekämpft.

Sie geht auf ihn zu. Er hat seinen Mantel bereits ausgezogen und über seinen Arm gelegt, und auch sie spürt, wie warm es ist. Es ist noch früh am Morgen, aber es ist Sommer und der dünne Wollpullover kratzt bereits unter den Armen. Wie fühlt es sich noch einmal an, zu frieren? Das Gefühl ist schon gar nicht mehr gegenwärtig.

Während Finn nach einem Taxi Ausschau hält, geht Eivor mit den Mädchen zu einem Blumenbeet neben einem Zeitungskiosk. Im Kiosk wird Eis verkauft, aber die Mädchen haben nur Augen für die Blumen. Sie knien nieder und drücken ihre Hände auf die schwarze Erde, schnuppern an den Petunien und berühren die Dornen an den Rosenbüschen vorsichtig mit ihren Fingerspritzen. Sie werden ganz dreckig unter den Fingernägeln und Unni hat Erdflecken auf dem hellblauen Kleid, aber Eivor schimpft nicht mit ihnen. Die Kinder sind so überwältigt, beinahe benommen, sie staunen mit offenen Mündern. Eivor hockt sich in ihrem engen Kostümrock neben sie und legt ihre Hand behutsam auf den weichen Teppich aus violetten Blaukissen.

»Freust du dich?«, fragt Finn, als er sie wenig später an die Hand nimmt und mit ihr die Treppe zum weißen, großen Hotel am Drottningtorget hinaufsteigt.

Eivor war zum ersten Mal auf ihrer Hochzeitsreise in Schweden. Am Morgen nach der Feier machten sie sich im Auto von Finns Vater auf den Weg, sie wollten nach Stockholm und dort eine ganze Woche im Hotel wohnen. Sie hatte die Scheibe heruntergekurbelt und ihren Arm aus dem Fenster auf das warme Metall gelegt, Finn fuhr, es war Mitte Juni und vom Wegesrand duftete es nach frischem Gras und Wiesenkerbel.

Am Vänern legten sie Rast ein, auf einem nackten Felsen direkt am Wasser, der von der Straße aus nicht zu sehen war. Außer ihnen war niemand hier, und Finn schlüpfte aus seinen Schuhen, zog sich aus und machte einen Kopfsprung in den See. Eivor zog sich unter ihrem Rock den Badeanzug an und wandte sich vom See ab, als sie sich die Träger über die Schultern zog. Finn lag auf dem Rücken im Wasser und lachte darüber, dass Eivor sich so genierte. Doch sie hatte sich noch nie vor ihm ausgezogen, hatte noch nie komplett nackt vor ihm gestanden, irgendein Kleidungsstück hatte sie bisher immer anbehalten, es musste auch immer schnell gehen.

Vor der Hochzeit hatte sie lange überlegt, wie die Hochzeitsnacht wohl werden würde, sie hatte sich vorgestellt, wie es wäre, Hand in Hand mit ihm das Fest zu verlassen, hinauf in die Hochzeitssuite zu gehen, ganz selbstverständlich, ohne sich davonzuschleichen. Sie würde erst den einen Schuh abstreifen, dann den anderen, er würde ihr Hochzeitskleid ausziehen, so hatte sie es sich ausgemalt. Sie war noch nie neben ihm eingeschlafen, jetzt würde sie endlich bleiben können. Sie musste nicht mehr aus seinem Wohnheim schleichen und spät in der Nacht allein mit der Straßenbahn nach Hause fahren.

Ihr erstes Mal war bei einem Hüttenausflug. Hinterher war er aus dem Fenster geklettert und hatte sich davongeschlichen. Sie hatten einige Tage mit Finns Freunden auf dieser Hütte verbracht, er teilte sich ein Zimmer mit einem seiner Kameraden, in einem zweiten kampierte das andere Pärchen des Freundeskreises – sie waren frisch verheiratet. Eivor hatte ein Zimmer für sich allein am anderen Ende der Hütte. Allen war klar, was dort vor sich gegangen war, Finn hüpfte trotzdem aus dem Fenster, landete auf dem feuchten Gras und verschwand um die Blockhütte herum im Dunkeln. Draußen roch es nach Erde, nach welkem Laub und Fäule. Eivor schloss das Fenster und legte sich hin. Er floss aus ihr heraus. Im Zimmer war es still. Sie wollte nicht schlafen. Sie hatten die ganze Zeit das Licht ausgelassen, sie hatte ihn gar nicht richtig gesehen. Wann würde sie ihm das nächste Mal so nah sein? Sie konnte nicht diejenige sein, die es vorschlug, sie musste abwarten, bis es passierte.

An ihrer Hochzeit konnten sie erst spät in der Nacht die Feier verlassen und auf ihr Zimmer gehen, er war erschöpft, und am nächsten Morgen hatten sie verschlafen. In aller Eile hastete sie durchs Zimmer, um ihre Sachen zusammenzuraffen, sie legte sich das Brautkleid über den Arm, er trug das Gepäck, und dann liefen sie die mit weichen Teppichen bezogene Treppe hinunter in die Eingangshalle, wo Finns Vater mit dem Autoschlüssel in der Hand auf sie wartete. Das Auto parkte vorm Hotel und ihre Mutter stand bereit, um ihr das Kleid abzunehmen.

Die Reise nach Stockholm war ihre erste Auslandsreise ohne ihre Mutter, es war, wie von zu Hause abzuhauen. Finn war schon an so vielen Orten gewesen, es war nicht neu für ihn, in Stockholm zu sein, an sich keine großartige Erfahrung, doch als er die Balkontür des Hotelzimmers auf Skeppsholmen öffnete und seine Arme um sie legte, spürte sie, dass ein Jubel in ihm saß – jetzt war sie sein, jetzt begann das Leben. Der Wind blies die weißen Vorhänge ins Zimmer, sie ließen die Balkontür offen, das Doppelbett war warm von der Sonne, und er sagte, jetzt seien sie endlich frei von allen anderen, jetzt zählten nur noch sie beide. Sie erwiderte, er müsse vorsichtig sein, sonst seien sie ganz schnell mehr als nur sie beide, und er lächelte und versicherte ihr, immer vorsichtig zu sein.

Die Kinder haben sich seit Monaten darauf gefreut, den Vergnügungspark Liseberg zu besuchen, und dass die Familie bis zum nächsten Tag damit wartet, steht überhaupt nicht zur Debatte. Nachdem sie also ihr Hotelzimmer bezogen und sich umgezogen haben, machen sie sich auf den Weg.

Unni und Lisbeth tragen Kleidchen, Halbschuhe und feine Söckchen. Sie sitzen nebeneinander in einem winzigen roten Auto und düsen über eine Rallyebahn, schneiden Grimassen im Spiegelkabinett, reiten auf perlmuttgrauen Pferdchen auf einem Karussell und überreden Finn und Eivor dazu, eine Runde mitzufahren. Eivor schmiegt sich an Finn, ab und zu dreht sie sich um, um auf der anderen Seite des Ringelspiels nach den Kindern zu sehen. Die Pferde bewegen sich in gleichmäßigen Wellenbewegungen auf und ab, und die Mädchen klammern sich an gewundene, rotweiß geringelte Stangen.

Vom Restaurant aus haben sie einen Blick über einen spiegelglatten Teich. Die Mädchen bekommen Kuchen zum Abendessen und jede von ihnen eine Flasche Brause ganz für sich allein. Sie sind hungrig nach der langen Reise auf dem Boot, sie haben viele Tage auf See verbracht und hatten nie recht Appetit.

Am nächsten Tag gehen sie in verschiedene Geschäfte – Finn kauft Fotoausrüstung und einen neuen Sommermantel, Eivor bekommt Schuhe und ein neues Kleid. In einem Spielwarengeschäft mit großem Schaufenster darf jedes der Mädchen sich eine Puppe aussuchen.

Am Abend schleichen Finn und Eivor sich aus dem Zimmer und gehen hinunter an die Hotelbar. Finn bestellt einen Whisky Sour, Eivor Rum Cola. Wann hat sie diesen Drink zuletzt getrunken? Letzten Sommer vielleicht. Es kommt ihr vor wie eine Ewigkeit. Jetzt ist sie wieder auf der anderen Seite, sie ist zurück im Warmen, im Sommer. Die Fenster zum Marktplatz sind geöffnet, es riecht nach Flieder und Abgasen.

Endlich sind sie allein, doch Eivor weiß nicht, worüber sie reden soll. Die beiden Tage in der Stadt sind lang und übersättigend gewesen, ohne Pausen. Sie hat leichte Kopfschmerzen, ihr ist ein wenig schwindelig. Mehrere Monate hat sie auf diesen Moment hingefiebert und nun liegt der Sommer vor ihr.

»Zu süß«, sagt sie nach einer Weile und schiebt das Glas von sich weg.

»Willst du etwas anderes bestellen?«

Sie schüttelt den Kopf.

»Wir sollten zu den Kindern hochgehen. Wann müssen wir morgen am Bahnhof sein?«

»Nicht vor halb zehn.« Finn zieht ihr Glas zu sich und spielt damit. Dann schiebt er es zur Seite und nimmt ihre Hände. »Eivor. Jetzt ist doch alles gut, oder?«

Eivor betrachtet das Farbenspiel auf den glänzenden Flaschen, die in Reih und Glied über der Bar stehen. Sie heftet ihren Blick an eine Rumflasche – auf dem Etikett sind zwei Seemänner abgebildet, blaue Wellen und ein Segelschiff im Hintergrund.

»Ich weiß, dass unsere Zeit in Spitzbergen nicht das ist, was du dir erhofft hast«, sagt Finn.

Eivor wendet den Blick von der Flasche ab und zieht ihre

Hände zu sich. Sie rutscht auf ihrem Stuhl umher. Das grüne Leder knirscht.

»Ich bin nur müde«, sagt sie und greift doch wieder nach ihrem Glas.

Finn steht auf und geht um den schmalen Tisch herum. Er setzt sich neben sie und legt den Arm behutsam um ihre Schultern. Hält sie, während sie austrinkt.

Sie haben kein Zuhause mehr in Oslo, sie werden den ganzen Sommer über bei anderen zu Gast sein.

Zunächst kommen sie drei Wochen lang bei Eivors Mutter im Stadtteil Vinderen unter, in dem großen Haus, in dem noch alles wie immer ist. Unni und Lisbeth dürfen in Eivors hellblauem Mädchenzimmer schlafen. Sie halten lange Abendessen im Wintergarten ab, fast jeden zweiten Abend kommen Gäste, Finn spielt Klavier und unterhält die Gesellschaft mit Geschichten aus Spitzbergen.

»Vier Monate Konservendosen!«, sagt Eivors Tante, nachdem sie sich mit Wildbraten und Erdbeerdessert den Magen vollgeschlagen haben. Sie bringt ihre Besorgnis über die Gesundheit der Kinder zum Ausdruck, aber Finn kann sie beruhigen.

»Es gibt kaum einen Ort, an dem besser für Kinder gesorgt wird«, sagt er. »Die Kinder bekommen jeden Tag frische Milch direkt aus dem Stall, Vitamine und Tran. Bestrahlung mit Höhensonne im Winter. Und Unmengen an frischer Luft.«

»Aber da oben wächst ja gar nichts! Ist es nicht wie in einer Wüste?«

»Es gibt viel Stein und Geröll. Aber langweilig ist es nicht. In den Gesteinsfeldern kann man die tollsten Blattfossilien finden, aus den Wäldern, die dort vor Millionen von Jahren gewachsen sind! Und wenn wir im August wieder hochfahren, werden wir vom Arktischen Hahnenfuß empfangen, und von Leimkraut und Steinbrech. Wir haben sogar unseren ganz eigenen Mohn – den weißen Spitzbergenmohn.« Während er spricht, sieht Finn zu Eivor. Sie war diejenige, die letztes Jahr vor ihrer Abreise die Pflanzenbücher studiert hat – sie hatte ihm die lateinischen Namen laut vorgelesen. *Ranunculus sulphur, Silene acaulis, Saxifraga oppositifolia, Papaver dahlianum, Xanthoria elegans.*

»Man kann sich gar nicht vorstellen, wie schön es dort oben ist, wenn man es nicht mit eigenen Augen gesehen hat«, sagt Eivor.

Alle Augen am Tisch sind jetzt auf sie gerichtet – bisher hat sie noch kein Wort über Spitzbergen verloren, doch plötzlich findet sie Worte, um von dem Ort zu erzählen, plötzlich fügt sich alles zusammen, jetzt, da sie nicht mehr mittendrin steckt. Sie beschreibt die glitzernden Gletscher, das blaue Licht im Februar, die Eisformationen entlang der Küste. Sie erzählt vom Nordlicht und von all den Sternen, die man dort oben ganz klar sehen kann. Und der Mond ist so hell wie eine Lampe. Finn sitzt ganz still da und hört ihr zu. Dann lächelt er.

Eivor und Finn sind sofort wieder drin in ihrem alten Osloer Leben. Sie gehen gemeinsam aus, während jemand auf die Kinder aufpasst – treffen alte Freunde, gehen ins Kino, ins Theater und Restaurant und gehen segeln im Oslofjord, so wie früher. Der Fjord ist voller Boote, auf den Schären tummeln sich die Menschen und es gibt weit und breit keinen ruhigen Ort. So ist es auch in Åsgårdstrand, wo sie zwei Wochen mit Finns Familie verbringen – Badegäste am Strand, Schlangen vor der Konditorei und Krocketspieler hinter den Gartenzäunen.

»Weißt du noch, als wir die Blauwale an der Küste vor Grumant gesehen haben?«, sagt Finn eines Nachmittags Ende Juli, als sie mit zwei sonnenmüden Mädchen von einem überfüllten Badestrand nach Hause gehen.

Der Sommer hier im Süden ist wärmer als üblich. Jeden Tag scheint die Sonne, gelegentlich zieht ein warmer Sommerregen oder Gewitter auf. Rote Johannisbeeren leuchten an den Büschen, der Duft von Grillkoteletts hängt zwischen den Häusern, die Feuerquallen schweben träge unter den Stegen. Eivor hüllt sich nachts in dünne Laken, öffnet die Fenster zum Garten, und der süße Duft des kreideweißen Jasmin zieht in das Schlafzimmer.

Und es ist kaum möglich, den Leuten zu erklären, wie es ist, in Longyearbyen zu leben – sie wollen es eigentlich gar nicht hören. Oder sie *wollen* es hören, aber sie wissen nicht, wie sie darauf reagieren sollen. Eivor kommt mit ihren Geschichten und legt sie den Menschen wie schwere Gewichte in die Hände, aber was sollen sie mit diesen Geschichten anfangen? Sie haben nichts mit der Realität zu tun, die sie kennen. *Oh*, sagen sie, klingen überwältigt. Also erzählt sie irgendwann nichts mehr – es kommt ihr plötzlich leichter vor, in Longyearbyen zu leben.

Doch als die letzten zwei Ferienwochen anbrechen, auf einer Insel vor Grimstad, mit salzigen Winden aus Südwest, rotierenden Leuchtfeuern an der Küste bei Nacht, Heidekraut in voller Blüte und einem Hauch von Herbst in der Luft, wird Eivor bewusst, dass sie nicht einfach allmählich in den Spätsommer hinübergleiten wird, in den Herbst mit kühlen Morgen und warmen Nachmittagen – dass all das einfach gekappt wird. Sie kehrt abrupt zurück in die unfruchtbare Landschaft, es gibt keinen Übergang.

Auf der Rückfahrt folgen sie der gleichen Route wie bei ihrer ersten Reise nach Spitzbergen. Mit dem Zug nach Bodø, mit den Hurtigruten nach Harstad und dann mit dem Kohlenschiff weiter gen Norden. Doch dieses Mal ist das Gepäck leichter. Ihr Hab und Gut wartet zu Hause in der Wohnung auf sie.

Auch das Boot ist dasselbe wie letztes Mal, ihnen wird dieselbe Kajüte zugeteilt, und wieder dürfen sie auf die Brücke kommen, doch der Kapitän ist ein anderer – ein großer Mann mit zottigem Bart, der den halben Mund verdeckt. Er hat eine tiefe, dröhnende Stimme, und Lisbeth bekommt es mit der Angst zu tun. Doch dann darf sie das Steuer halten, und schon freut sie sich darauf, vielleicht auch am folgenden Tag wieder auf die Brücke kommen zu dürfen.

Die Reise beginnt ruhig – das Boot stampft gleichmäßig vorwärts, über ein flaches Meer in den Farben eines Blechtellers. Doch am zweiten Tag tanzen Schaumkronen auf ihm, am Tag darauf bäumt es sich auf, formt Berggipfel und Wellentäler. Finn hält am längsten stand – er geht auf eines der unteren Decks, um Fotos vom Wetter und von den Wellen zu machen, obwohl das grün gestrichene Deck rutschig ist und Meerwasser durch den Spalt unter der Reling an Bord spült. Es dauert nicht lange, bis er von einem der Matrosen verjagt wird – es sei zu gefährlich, sich dort unten aufzuhalten – und er geht nach oben zu Eivor, die sich bereits übergeben musste. Die Kinder tragen Lebensleinen um den Bauch, die an Eivors Gürtel befestigt sind, die Bewegungen des Bootes haben sie schläfrig gemacht. Jetzt übernimmt Finn die Leinen, doch auch er ist jetzt blasser, muss tief durch die Nase atmen und sich an der weißen Reling festklammern.

Das Unwetter legt sich im späteren Verlauf der Nacht, es folgt ein ruhigerer Tag, und das Wetter bleibt für den Rest der Reise stabil, doch als sie am letzten Morgen erwachen, ist es spürbar kälter. Die Wintersachen müssen ausgepackt werden, und sie frieren schneller, wenn sie zu lang an Deck stehen. Eivor kuschelt sich in ihrer Kajüte in eine Decke und liest, Finn ist mit den Mädchen oben auf der Brücke. Über die Scheiben ziehen sich Striemen vom harten, salzigen Wasser, der Himmel ist farblos. In den geschwungenen, weißen Wänden vibriert es dumpf, und bald beginnen die Buchstaben auf den Seiten vor ihren Augen zu verschwimmen. Sie weiß nicht, wie lange sie geschlafen hat, als Finn kommt und sie wach rüttelt und sagt, dass Land in Sicht ist.

In der ersten Nacht zurück in Longyearbyen können sie alle nicht schlafen. Sie sind zu lange auf dem Festland gewesen, haben sich an Dämmerung und an dunkle Nächte gewöhnt.
»Sollen wir rausgehen?«, fragt Finn, nachdem sie beide wach gelegen und sich von Seite zu Seite geworfen haben.
»Jetzt? Dann schlafen wir ja nie ein.«
»Das macht doch nichts, wir haben in den letzten Wochen viel Schlaf bekommen.« Er schwingt die Beine aus dem Bett, steht auf, dreht sich zu ihr um und reicht ihr die Hand. »Komm schon.«
In den Schubladen und Schränken der Küche herrscht gähnende Leere, sie erwarten erst am nächsten Morgen eine Lieferung. Alles, was sie noch auftreiben können, ist eine Packung Backkakao und Trockenmilch, und Eivor findet noch ein paar Zuckerstückchen, die sie vom Boot mitgenommen hat. Kurz darauf hat Finn eine Thermoskanne befüllt, sie ziehen sich warm an, schleichen die Treppe hinunter, den Flur entlang bis zum Giebel mit der Veranda. Dort setzen sie sich in ihre Liegestühle und schenken sich Kakao ein.
Die Nachtluft ist geruchlos, das hatte sie schon wieder ver-

gessen – wie steril die Luft hier oben ist. Eine leichte Wolkendecke liegt über dem Himmel, trotzdem kann man nicht sehen, wo die Sonne gerade steht – sie ist in den Wolken verlaufen wie dünne Milch. Es ist zwei Uhr nachts – doch das merkt man nicht. Das Tal schläft nie. Die Seilbahn rattert stet und ständig, vollbeladene Loren schweben knirschend am Krankenhaus vorbei, über Myra hinweg. Die Arbeit in den Stollen steht niemals still.

Weiter oben in Nybyen steigt eine Gruppe Männer aus einem Lastwagen, sie wollen wahrscheinlich ins Lompen, in die Badeanlage der Bergarbeiter. Dort wird der Staub von ihnen abgespült. Sie erinnert sich an die Führung im Bergwerk, als die Kumpel sich in Reih und Glied aufstellten, um sich vor Herr und Frau Doktor zu präsentieren. Sie alle hatten feine schwarze Linien von Kohlestaub um die Augen und erinnerten Eivor an alte Ägypter, die sie auf Bildern in Geschichtsbüchern gesehen hatte. Männer mit schwarzgeschminkten Augen. Die alten Ägypter jedoch hatten sich die schwarzen Linien um die Augen gezogen, um sich vor dem gleißenden Licht der Wüstensonne zu schützen.

»Stell dir mal vor, dass jetzt noch Leute arbeiten«, sagt Eivor. »Dass immer irgendjemand im Berg ist. Ich könnte das nicht, meinen Tagesrhythmus komplett umstellen.«

»Einigen gefällt es, Nachtschichten zu arbeiten. Ich hatte mal einen Kerl in der Sprechstunde, der ein Attest wollte, laut dem er nur noch nachts arbeiten durfte.«

»Warum denn das?«

»Keine Ahnung. Ich konnte mir da keinen Reim drauf machen. Das Sonderbare war ja, dass das mitten in der Polarnacht war, also er hätte ohnehin kein Tageslicht damit gewonnen.« Finn macht eine Pause, richtet die Decke, die er ihnen beiden über die Beine gelegt hat. »Aber es blieb bei dem einen

Gespräch, und eigentlich war er wegen etwas ganz anderem da. Er hatte es im Kreuz.«

»Ich dachte, du hättest Schweigepflicht«, sagt sie.

»Ja, natürlich.« Finn lächelt leicht, greift nach der Thermoskanne auf dem Verandageländer und füllt beide Tassen nach. »Die Schweigepflicht ist übrigens ziemlich relativ. Store Norske will schon bald wieder meine Untersuchungsberichte einsehen.«

Eivor nickt – das Prozedere kennt sie noch vom letzten Jahr. Die Verträge von neunundzwanzig Bergleuten wurden nicht verlängert, einer von ihnen kam nach einer Kinovorstellung im Huset auf Finn zu und wollte sich mit ihm anlegen. Er war der Meinung, Finn hätte seine Zukunft ruiniert, sein Leben – alles. Finn war geduldig, hörte zu und nickte, doch dann trat der Mann einen weiteren Schritt auf ihn zu, seine Stimme wurde lauter und er sah aus, als wollte er auf Finn losgehen. Finn hielt ihn eine Armlänge auf Abstand, und einer seiner Kameraden kam zu ihm, klopfte ihm auf die Schulter und zog ihn weg. Später vertraute Finn Eivor an, dass derartiges Verhalten zu seiner Entscheidung beigetragen habe.

Die Nacht ist beinahe windstill. Es ist kalt, aber nicht auf diese unerträgliche Art wie im Frühling. Sie schiebt ihren Stuhl dichter an Finn heran und legt ihren Kopf an seine Schulter. Sie richtet ihren Blick auf eine Lore und folgt ihr, bis sie hinter Skjæringa verschwindet.

»Wann kommt Heiberg wieder zurück?«, fragt sie, nachdem sie drei Loren nachgesehen hat und ihr davon beinahe etwas schwindelig wird.

Finn rutscht in seinem Stuhl nach oben.

»Das weiß ich nicht. Aber er wird umgehend von sich hören

lassen, sobald er wieder da ist, nehme ich an. Warum fragst du?«

»Ach nichts, ich wollte es nur wissen.« Sie wickelt die Decke enger um sich herum. Eigentlich will sie jetzt gar nicht über Heiberg sprechen – sie hat schon länger keinen Gedanken an ihn verloren.

Die letzten beiden Wochen vor ihrer Abreise nach Süden hatte Heiberg sich mehr als sonst zurückgezogen, oder vielleicht hatte Finn auch einfach zu viel zu tun, dass er kaum Zeit für anderes außer Arbeit fand. Ein einziges Mal ist Heiberg zu ihnen in die Wohnung gekommen – mal wieder unangemeldet, er wollte Finns Meinung zu einem Beitrag hören, den er in der nächsten Ausgabe der *Svalbardposten* drucken lassen wollte. Bei dem Beitrag handelte es sich um eine Reaktion auf den Entschluss der Zeitung, Teile vom Appell des Friedensnobelpreisträgers Albert Schweitzer abzudrucken, der im April im Radio verlesen worden war. Aus Heibergs Sicht war es ziemlich peinlich, dass die Zeitung Schweitzers Aussagen, in denen er sich gegen Atomwaffen positionierte, unkommentiert drucken wollte. Es reiche nicht aus, eine Rede zur Verurteilung von Atomwaffen zu drucken – die Zeitung selbst sollte sich glasklar positionieren, die Sowjetunion verurteilen und zur Arktispolitik Stellung beziehen.

Heiberg hatte Finn aus Schweitzers Rede laut vorgelesen. *Dass in der Natur von uns geschaffene radioaktive Elemente vorhanden sind, ist ein unfassliches Ereignis in der Geschichte der Erde und der Menschheit. Es zu unterlassen, sich mit der Bedeutung und seinen Folgen abzugeben, ist eine Torheit, welche die Menschheit furchtbar teuer zu stehen kommen kann.*

Finn hatte Heiberg daran erinnert, dass die *Svalbardposten* in erster Linie ein Organ von Store Norske sei – dieses Thema zu besprechen fiel schlicht und einfach nicht in ihren Aufgabenbereich. Darauf antwortete Heiberg, Frieden und Sicherheit sei der Aufgabenbereich jeder und jedes Einzelnen, und dann machte er es sich auf dem Sofa bequem. Eivor nahm ihr Buch und ging ins Schlafzimmer. Sie wusste, dass dieses Gespräch länger dauern würde.

Finn wird zwei Wochen lang mit der Sommervertretung zusammenarbeiten, bevor er das Krankenhaus wieder für sich hat. Er verbringt lange Tage in seinem Büro mit Epikrisen und dem Schreiben von Berichten. Es sind nicht wenige Patienten, die in seine Sprechstunde wollen – einige von ihnen vertrauten der Sommervertretung nicht und haben lieber gewartet, bis Finn aus dem Urlaub zurückgekehrt ist.

»Jetzt warst du bestimmt wieder viel allein unterwegs«, sagt Finn zu ihr, am Morgen nachdem die Sommervertretung abgereist ist. Sein Ton ist wachsam, er wirkt etwas nervös, und sie hat gespürt, wie er sie aus den Augenwinkeln beobachtet hat, nach einem Zeichen gesucht hat, dass irgendetwas mal wieder nicht stimme.

Doch es ist nicht eingetreten – das Gefühl, nach hinten wegzurutschen und zu fallen. Sie findet wieder in ihre Routinen hinein, füllt ihre Tage mit Aktivitäten und merkt, wie gut es tut, wieder dorthin zurückzukehren, wo ihr und Finns Leben gerade stattfindet. Sie reisen nicht mehr herum und sind zu Besuch bei anderen. Außerdem hat sie sich Jossa wieder ausleihen dürfen, diesmal für einen längeren Zeitraum, denn Bjørn fand, die Hündin sei bei ihr besser aufgehoben, während Karen bis zur ersten Septemberwoche fortgereist ist.

Eivor kommt kaum dazu, allein spazieren zu gehen, aber es ist leichter, die Kinder mitzunehmen, wenn sie nicht auf Skier angewiesen sind, jetzt können sie frei herumlaufen. Es gibt keinen Schnee, in dem man versinken kann, keine Überschwemmungen auf den Wegen, das Terrain ist trocken, man kommt leicht voran, sogar, wenn es bergauf geht. Blumen wachsen im Gelände, Vögel segeln durch die Luft, die Tage sind still, klar und sonnig – fast so wie der Herbst in den Bergen auf dem Festland. Sie trägt stets das Gewehr bei sich, wenn sie die Siedlung verlässt, doch sie kann sich kaum vorstellen, jetzt, da kein Schnee liegt, auf einen Bären zu treffen.

Der Eisbär, der im Winter erschossen worden ist, steht jetzt ausgestopft im großen Büro auf dem Sysselmannshof – Eivor hat einen Blick auf ihn werfen dürfen, als sie Jossa abgeholt hat. Er steht auf zwei Beinen und beugt sich regelrecht über den Schreibtisch. Jossa hat ihn jedes Mal, wenn sie den Raum betrat, angekläfft.

»Sag Bescheid, wenn es schwierig wird, mit ihr an der Leine zu gehen, oder wenn sie Heimweh bekommt«, sagte Bjørn, als er Eivor die Leine draußen auf dem Hof in die Hand drückte, und sie gab ihm ihr Wort.

Aber die Tage ziehen dahin und Jossa zeigt keinerlei Anzeichen von Unruhe oder Unwohlsein. Jedes Mal wenn Eivor mit ihr unterwegs ist, kommt es ihr vor, als wäre sie größer und stärker, durch die bloße Anwesenheit der Hündin.

In der letzten Augustwoche steht Eivor mit Jossa am Strand von Hotellneset. Die Sonne scheint, die Luft ist mild, und träge Wellen spülen an den Steinstrand. Jossa schnüffelt sich bis ans Wasser, hebt die Pfoten vorsichtig über die schwarzen Taue, die vom Ufer quer über den Strand ins Wasser verlaufen.

Drüben am Kai liegt »Ingerfem« mit ihrem schwarzen Rumpf. Dampf steigt aus ihren Luken. Das Boot hat gerade angedockt und ist voll mit Passagieren, die darauf warten, an

Land gehen zu dürfen. Aus der Mitte des Kais ragt eine riesige graue Krankonstruktion hervor, die mit einem langen Förderband verbunden ist, über das Kohle vom Depot zum Hafen transportiert wird. Sobald die Passagiere das Boot verlassen, Gepäck, Lebensmittelvorräte und andere Güter in großen Holzkisten abgeladen sind, wird der Laderaum mit Kohle gefüllt, bevor »Ingerfem« erneut ihre Fahrt in den Süden antritt.

Unni und Lisbeth spielen am Ufer, sie tragen ihre Randsaumstiefel und Ölzeug. Finn steht ein Stück von ihnen entfernt am Strand, den Fotoapparat um den Hals. Er hat sie mit dem Jeep hier rausgefahren, um Reidar vom Boot abzuholen und ihn mit zurück in die Siedlung zu nehmen.

Eivor sieht zu Jossa, die im selben Moment die Schnauze aus dem Wasser hebt und sie ansieht. Wassertropfen perlen an ihren Schnurrhaaren, ihre Lefzen sind entspannt und leicht geöffnet. Jetzt wohnt sie schon seit einer Woche bei ihnen. Eivor hat ihr Verhalten genau beobachtet, ob sie sich nach ihrem Zuhause, dem Sysselmannshof, sehnt, doch es zieht sie bisher nie in Richtung Skjæringa, wenn Eivor mit ihr unterwegs ist. In der Wohnung lässt sie Eivor nicht aus den Augen und liegt nachts direkt vor der Schlafzimmertür. Bei Karen und Bjørn scheint sie nicht genug Aufmerksamkeit zu bekommen – vermutlich sehen sie in ihr eine Hündin, die allein zurechtkommt.

Ein metallischer Knall vom Hafen lässt Jossa aufhorchen – sie dreht sich um und spitzt die Ohren – die Gangway wurde heruntergelassen. Kurz darauf strömen die Passagiere an Land, und Eivor hört Gelächter und frohe Stimmen. Plötzlich ist es so voll auf dem schmalen Kai, dass die Leute am Kran vorbei zurückgedrängt werden.

Finn geht den Strand hinauf, um Reidar zu empfangen, die

Kinder rennen ihm nach, aber Eivor bleibt am Strand. Sie geht hinunter zum Wasser, rafft ihren Mantel im Schoß und geht in die Hocke. Sie lässt ihre Finger durch das Wasser gleiten. Erst vor wenigen Wochen lag sie auf einem warmen, grau glitzernden Felsen und ließ sich nach einem Bad von der Sonne trocknen. Sie hatte ihre Zehen ins Meer gesteckt und den Übergang von Luft zu Wasser nicht gespürt. Hier kneift die Kälte in jede einzelne Fingerspitze. Hier besteht kein Zweifel, die Natur ist hart und schonungslos.

Neben ihr planschen ein paar Pfoten durchs Wasser. Sie hebt den Kopf und spürt heißen Atem und eine kalte Schnauze an ihrer Wange. Dann dreht Jossa sich wieder weg, schnüffelt weiter den Strand ab.

»Eivor!« Finn ruft nach ihr, sie richtet sich auf und erblickt ihn neben dem Jeep. Dort steht er mit Reidar und den Kindern, und neben ihm ragt eine Gestalt in die Höhe. Es ist Heiberg.

Eivor geht den Strand hinauf, die runden Steinchen rutschen unter ihren Schuhen weg, doch dann hat sie wieder festen Boden unter den Füßen. Erst begrüßt sie Reidar mit einer freundschaftlichen Umarmung und einem Klopfer auf den Rücken, dann wendet sie sich zu Heiberg.

»Ich komme pünktlich mit der Polarnacht«, sagt er und streckt ihr die Hand entgegen.

»Was?« Eivor erwidert seinen harten Händedruck, er nickt ihr zu.

»Heute geht zum ersten Mal die Sonne wieder unter. Ein wichtiger Tag.« Heiberg lässt sie los, als Jossa ihre Nase langstreckt und an ihm schnuppert. »Ach, hier ist ja auch der Wachhund.«

Reidar wirft Eivor einen Blick zu und grinst. Er trägt Stadtkleidung, sieht anders aus. Sein Haar ist kürzer, die Haut brauner. Heiberg hingegen sieht aus wie immer, in seinen Wandersachen, sein Körper ist rastlos, sein Blick suchend.

An diesem Abend hat Finn das Krankenhauspersonal in die Wohnung über dem Krankenhaus eingeladen, um zu feiern, dass sie alle aus ihren Ferien zurückgekehrt sind. Da jedoch Heiberg mit ihnen im Jeep sitzt, als er das erwähnt, bekommt auch er eine Einladung.

»Das wäre sonst eine merkwürdige Situation gewesen«, sagt Finn, nachdem sie ihn vor dem Murboligen abgesetzt haben. »Wir können auch noch andere Gäste einladen. Es muss kein reines Krankenhausfest werden. Ich rufe Bjørn an und frage ihn, ob er auch vorbeikommen will.«

Bjørn nimmt die Einladung ebenfalls an, sagt jedoch, dass er erst später dazustoßen wird – und als Heiberg die Wohnung betritt, ist er der einzige Anwesende, der keinen direkten Bezug zum Krankenhaus hat.

»Wir geben unser Bestes, nicht zu viele Krankenhauswitze zu erzählen«, sagt Finn und klopft Heiberg auf die Schulter.

»Das weiß vor allem *ich* zu schätzen«, wirft Eivor ein.

Heiberg erwidert, dass Humor in allen Formen gut sei und dass man jetzt, wo es auf dunklere Zeiten zugeht, nicht genug davon haben könne.

»Da hast du vollkommen recht«, pflichtet Bjørg ihm bei. Sie hält ein Schnapsglas in der Hand, das so aussieht, als würde es mehr Sprudelwasser als Branntwein beinhalten. »Lachen ist Medizin.«

Reidar erwidert Eivors Blick mit einem verschmitzten Lächeln und sie muss die Lippen aufeinanderpressen, um ein Grinsen zu unterdrücken. Bjørg ist die Einzige im Krankenhaus, die über vierzig ist, und Reidar hat Eivor anvertraut, er fände, dass sie jeder Party einen Dämpfer verpasst.

»Ich glaube, ich brauch einen neuen Drink«, sagt er und nimmt sein Glas. »Du auch, Eivor?«

Sie folgt ihm zum Servierwagen. Dort steht Audun und unterhält sich mit Anne Marie. Sie trägt ein Kleid, das Eivor noch nie zuvor gesehen hat, und frisch frisierte Wellen in dem kurzen, dunkelbraunen Haar. Sie sieht Audun mit einem Blick an, der vermuten lässt, dass sie das Gespräch lieber mit ihm allein fortgesetzt hätte. Jetzt lächelt sie Eivor zu und es entsteht eine Stille, die erst gebrochen wird, als Reidar über die neue Ausrüstung im Funktionszimmer zu sprechen beginnt. Und so reden die drei über die Arbeit, Eivor leert ihr Glas schnell und schenkt sich wieder nach. Sie weiß, dass sie heute trinken wird, bis sie den Fall im Kopf spürt, die schwebende Schläfrigkeit.

Finn rotiert durch den Raum, geht in seiner Rolle als Gastgeber auf. Als Bjørn zusammen mit dem Sysselpolizisten eintrifft, sorgt Finn dafür, dass beide ein Getränk in die Hand bekommen und in eine Gesprächsrunde integriert werden, in der sie sich wohlfühlen. Er wirft Eivor einen raschen Blick zu und lächelt, dann verschwindet er in der Küche – vielleicht hält Heiberg sich gerade dort auf. Sie hat ihn schon länger nicht im Wohnzimmer gesehen.

Eivor will gerade Richtung Schlafzimmer gehen, um nach Jossa zu sehen, als Reidar sich ihr zuwendet.

»Wie ist es, wieder hier zu sein?«, fragt er.

»Du bist doch derjenige, der gerade erst zurückgekommen ist«, erwidert sie.

»Ja, das stimmt. Aber ich war ja kaum auf dem Festland. Bin noch gar nicht ganz im Süden gewesen, als ich schon wieder Sehnsucht nach dem Norden hatte.« Reidar setzt sich auf den Klavierhocker und lehnt seinen Ellbogen vorsichtig auf die Tasten, die ein dumpfes, dissonantes Klirren von sich geben. Er sieht zu ihr auf und lächelt. »Aber du langweilst dich hier.«

Eivor lacht auf.

»Wie kommst du denn darauf?«

Reidar mustert sie einen Augenblick, stützt auch den anderen Ellenbogen auf die Tasten. Betrunken scheint er noch nicht zu sein.

»Oder bist du traurig?«, fragt er.

»Nein!«

In dem Augenblick ertönt der scharfe Klang einer Trompete, Finn ist am Plattenspieler gewesen und hat eine neue Scheibe aufgelegt. Bjørg, die auf dem Sofa sitzt, wippt im Takt mit dem Fuß, ihr Schuh trifft das Parkett mit einem trockenen Klackern.

»Ich geh mal nachsehen, ob die Kinder schlafen.« Eivor leert ihr Glas und stellt es auf dem Klavier ab.

Sobald sie die Tür hinter sich schließt, dringen nur noch gedämpfte Festgeräusche in den Flur. Trotzdem kann sie noch Lachsalven und laute Stimmen hören, das Klirren von Gläsern und Louis Armstrongs Trompete.

Das Kinderzimmer liegt am Ende des Flurs, sie bleibt vor der Tür stehen und lauscht.

Alles ist still.

Warum fällt es Kindern so leicht, mit so viel Lärm um sich herum zu schlafen? Die Mädchen lassen sich auch schlafend ins Bett tragen – vom Wohnzimmer oder auch vom Auto, wenn sie während der Fahrt eingeschlafen sind. Es kann vorkommen, dass sie mal nicht schlafen können oder *wollen*, doch wenn sie erst mal eingeschlafen sind, bekommt man sie fast nicht wach. Ein fremder, komatöser Schlaf.

Wand an Wand mit den Mädchen liegt Jossa. Eivor schiebt die Tür zum Schlafzimmer vorsichtig auf, die Hündin hebt den Kopf vom Bettvorleger. Sie stellt die Ohren auf, die Vorderpfoten zeigen geradeaus. Sie liegt da wie die Sphinx und macht keine Anstalten, aufzustehen. Eivor schließt die Tür wieder.

Traurig? Wie kommt er darauf, was kann er sehen? Als er fragte, ob sie sich langweile – als er es behauptete –, musste sie überspielen, wie froh sie das machte. Doch dann fiel das Wort *traurig*, es klang schrill in ihren Ohren und er war ihr damit viel zu nah getreten, doch die Freude jubelte immer noch in ihr – ein wildes Gefühl. Sie reibt die Fingerspitzen aneinander und öffnet die Tür zum Badezimmer.

Das Licht vom Flur fällt ins Bad, und dort steht Heiberg, mitten im Raum, vornübergebeugt, die Stirn auf die Knie gepresst, die Hände auf die Ohren, die Ellenbogen von sich gestreckt. Eivor erstarrt, als Heiberg sich schlagartig aufrichtet und sie geradewegs ansieht. Er hält sich immer noch die Ohren zu, als säßen seine Hände an ihnen fest, die Ellenbogen abgespreizt. Sein Hemd ist bis über die untersten Rippen hochgerutscht, sein Mund ist wie zu einem stummen Schrei geöffnet. Hastig zieht Eivor die Tür zu, bleibt draußen im erleuchteten Flur mit rasendem Herzen stehen.

Jenseits der Badezimmertür ist es komplett still.

Eivor geht ein paar Schritte Richtung Wohnzimmertür, legt die Hand auf die Klinke.

Was soll sie tun – soll sie Finn Bescheid sagen? Ist Heiberg krank, oder was ist mit ihm los? Er war so dünn, das hat sich in ihre Netzhaut gebrannt, da war ein Hohlraum zwischen Magen und Rippen, eine konkave Ausbuchtung. Sein Blick war leer, als er ihn auf Eivor richtete, in seinen Augen war nichts zu sehen. Ein dünner Strich verlief längs über seinen Bauch, eine Falte, und er war unbehaart, seine Haut war nackt und von Sommersprossen übersät.

Finn ist bereits aufgestanden und in die Klinik gegangen, als Eivor am nächsten Morgen aufwacht. Das Kinderzimmer ist ebenfalls leer – er muss die Mädchen mit hinunter in Marits Küche genommen haben. Das macht er manchmal, eine Übersprungshandlung.

Draußen im Wohnzimmer wird sie von Jossa mit vorwurfsvollem Blick begrüßt – sie liegt auf dem Teppich und sieht aus, als hätte sie auf Eivor gewartet. Ist Finn mit ihr draußen gewesen? Wahrscheinlich nicht. Eivor holt die Leine, zieht sich einen dicken Wollpullover über, während sie die Treppe hinuntergeht.

Jossa steht immer für einen Moment in der Tür und zögert wie eine Katze, wittert. Dann stürmt sie hinaus, mit einem Satz, sodass Eivor stets darauf vorbereitet sein muss, dagegenzuhalten. Denn wenn Jossa sich erst einmal in Bewegung setzt, zieht sie mit aller Kraft. Doch Eivor bekommt sie relativ schnell unter Kontrolle. Sie zerrt nie an der Leine, stattdessen spannt sie die Muskeln und hält Jossas Kraft entgegen – sie demonstriert ihren Willen ganz ruhig, lässt ihn durch ihren Arm und die Leine zu Jossa durchdringen. Gestern, als sie Jossa durch das Wohnzimmer an den Gästen vorbeiführte, um eine Abendrunde mit ihr zu gehen, bemerkte Bjørn, dass die Hündin Eivor besser gehorchte als ihm.

Eivor biegt nach rechts ab, um an der Oberseite des Krankenhauses entlangzugehen, so kommt sie auch an Finns Bürofenster vorbei. Die Morgensonne spiegelt sich in der Fensterscheibe, und sie kann nicht erkennen, ob er da ist, doch als sie an der Krankenhausküche vorbeigeht, hämmert es an die Scheibe, und sie erblickt Unni, die ihre Handflächen und Nase gegen das Glas drückt. Marit kommt von hinten und zieht sie ins Zimmer. Vermutlich hat sie es satt, Abdrücke von klebrigen Kinderfingern wegzuwischen, nachdem sie sich in der Küche um die Mädchen gekümmert hat.

Eivor überlegt, wieder reinzugehen, aber Jossa will weiter, sie will sich heute nicht mit der kleinen Runde ums Haus zufrieden geben, also gehen sie ein Stück den öden Weg zwischen Haugen und Nybyen entlang. Es ist kalt – so kalt, dass sie schnell feststellt, zu wenig angezogen zu haben, und sie muss an Heiberg auf Revneset denken, den Ausflug, den er allein unternommen hat, bevor sie und die anderen aufgewacht sind. Sie erinnert sich an seine gefrorenen Füße in Finns Händen.

Sie muss Finn einfach mitteilen, was sie gestern beobachtet hat. Besonders, weil Heiberg ganz normal schien, als er aus dem Bad zurück ins Wohnzimmer kam – so normal, dass es unmöglich war, Finn an Ort und Stelle einzuweihen. Heiberg hat viel getrunken, aber das tut er immer, und er verträgt mehr als die meisten. Nichts hat darauf hingedeutet, dass er noch vor wenigen Minuten vornübergebeugt, mit hochgezogenem Hemd und die Hände auf die Ohren gepresst im Badezimmer gestanden hat.

Zu späterer Stunde erzählte er plötzlich eine Anekdote – von einem Restaurantbesuch in London, bei dem ihn der Kellner gefragt hatte: *Would you like it hot? – Yes, very hot*, hatte er geantwortet, denn es war ein bitterkalter Wintertag, und da wurde ihm die schärfste Mahlzeit serviert, die er je gegessen hatte. Die anderen Gäste lachten, während er beschrieb, dass er Feuer spie. Daraufhin gaben auch einige der anderen Anwesenden ihre Anekdoten zu sprachlichen Missverständnissen zum Besten. Audun erzählte von falschen Freunden im Schwedischen, und Bjørn hatte sich einige Male mit seinem Wörterbuchrussisch blamiert.

Sofort warf Heiberg ein, dass vielleicht bald jeder Russisch lernen müsse, ehe man sich's versah, wenn man bedachte, wie viele Sowjetrussen im Verhältnis zu Norwegern auf Spitzbergen lebten.

»Das ist wirklich besorgniserregend«, fügte er hinzu, doch niemand ging darauf ein, die Gäste hatten bereits zu viel getrunken, und die meisten von ihnen wollten lieber von lustigen Begebenheiten und Missgeschicken unterhalten werden. Heiberg trottete schweigend zum Servierwagen, um sich einen neuen Drink zu holen. Er sprach das Thema nicht wieder an, verließ das Fest sogar zu einem angemessenen Zeitpunkt, versuchte nicht, länger als die anderen Gäste zu bleiben.

»Er hatte wohl Probleme mit dem Magen«, sagt Finn, nachdem die Mädchen vom Abendbrottisch aufgestanden sind.

»So verhält man sich doch nicht, wenn man Magenschmerzen hat.« Eivor hat beschrieben, wie sie Heiberg im Bad vorgefunden hat – die Hände über den Ohren, die Ellenbogen ausgestreckt – sie ist sogar aufgestanden und hat es Finn demonstriert.

Finn lehnt sich nach vorn und stützt die Arme auf den Tisch.

»Vielleicht war ihm auch schwindelig. Bist du dir sicher, dass es genauso passiert ist? Es ist immer unangenehm, jemanden im Badezimmer zu überraschen, vielleicht habt ihr beide einen kleinen Schock erlitten?«

»Was meinst du damit? Das eine hat doch mit dem anderen nichts zu tun.«

Finn verstummt. Er kaut auf seiner Unterlippe.

»Ich weiß es nicht«, räumt er schließlich ein. »Das macht mir schon Sorgen. Ich werde mit ihm sprechen.«

»Wenn du dieses Verhalten und das an Ostern betrachtest, zusammen mit seinen manischen Ausbrüchen über die Sowjetunion und Atomwaffen, wird es doch ziemlich deutlich, dass mit ihm irgendetwas nicht stimmt. Das ist doch unnormal.«

»Unnormal«, wiederholt Finn. »Du fällst mal wieder ein ziemlich hartes Urteil. Wenn ich mich recht erinnere, warst du selbst etwas besorgt, was einen eventuellen Atomkrieg betrifft.«

Eivor nimmt ihren Teller und steht auf. Die Teller der Kinder stellt sie übereinander, streckt den Arm nach Finns Gedeck aus, er muss sich zurücklehnen, damit sie herankommt. Sie geht hinaus in die Küche, stellt das Geschirr in die Spüle, dann geht sie zurück und holt die benutzten Gläser. Finn sitzt immer noch still am Esstisch, als sie mit dem Abwasch beginnt. Sie erwartet, dass er zu ihr in die Küche kommt. Nach einer Weile hört sie, wie er seinen Stuhl zurückschiebt und vom Tisch aufsteht, doch er kommt nicht in die Küche. Als sie nach dem Abwasch zurück ins Wohnzimmer geht, sitzt er am Sekretär, die Lesebrille auf der Nase, Jossa liegt unterm Tisch, sie steht auf, als sie Eivor sieht, tapst auf die Wohnungstür zu und gibt ein tiefes Grummeln von sich.

»Ich geh noch eine Runde mit ihr raus«, sagt Eivor, doch da erhebt Finn sich vom Sekretär.

»Eivor, hey. Entschuldige. Das war nicht so gemeint.«

Sie bleibt stehen, will nicht an ihm vorbeigehen. Sie weiß, dass er versuchen will, sie in den Arm zu nehmen, und dann fällt es ihr immer schwerer, zu reden.

Drüben an der Wohnungstür hebt Jossa ihre Vorderpfote, setzt sie wieder ab und gibt erneut ihr ungeduldiges Grummeln von sich.

»Ich dachte einfach, du solltest es wissen«, sagt Eivor schließlich.

»Ja, ich verstehe«, sagt Finn und geht einen Schritt auf sie zu. »Aber natürlich fallen auch mir Dinge auf. Ich lerne ihn immer besser kennen. Ich versuche, ein Freund für ihn zu sein. So etwas ist wichtig für mich.«

Er verstummt, betrachtet sie. Sie weiß, dass es ihn nervös macht, wenn sie nicht antwortet, aber was soll sie darauf schon sagen? Jossa kommt zurückgetapst, stößt sie sanft mit der Schnute an und wimmert leise. Eivor streicht ihr über den Kopf.

»Wenn es um eure Begegnung im Badezimmer geht, so finde ich, dass es verschiedene Arten und Weisen gibt, sein Unbehagen auszudrücken«, fährt Finn fort. »Manchmal muss man seine Angst körperlich zum Ausdruck bringen. Und es ist auch oft der Fall, dass man sich anders verhält, wenn man allein ist, wenn man glaubt, nicht gesehen zu werden. Das machen wir alle. Wir alle verbergen etwas, das nicht ans Tageslicht kommen soll.«

Als Eivor mit Jossa nach unten geht, versucht sie sich vorzustellen, wie Finn sich verhält, wenn sie ihn nicht sieht, aber es gelingt ihr nicht. Sie kann sich kaum vorstellen, dass er Geheimnisse hat. Die Schweigepflicht ist die einzige Barriere – es ist der einzige Raum, den er vor ihr verschließt, und es ist der Raum anderer, in diesem Raum geht es nicht um ihn. Er selbst ist klar und offen und ehrlich, wie eine reine Oberfläche. Sie weiß nicht einmal, ob er in der Lage ist zu lügen.

Eivor überquert die Brücke über den schmalen Fluss aus Schmelzwasser, der nun durch Myra fließt, und geht über Skjæringa zur Seilbahnstation, um sich von dort die Aussicht über das dunkelgraue Meer und das braunschwarze Hiorthfjell anzusehen. Heute weht ein feuchter, rauer Wind direkt von der See herein, und sie kehrt um, nimmt denselben Weg zurück, geht diesmal etwas schneller, um rasch zurück ins Warme zu kommen.

Am Sportplatz, knappe hundert Meter vom Krankenhaus entfernt, bemerkt sie den roten Krankentransport, der mit voller Geschwindigkeit den Weg entlangrast, sodass sein Rumpf nur so klappert. Er biegt auf den Platz vorm Krankenhaus ein und kommt vor dem Eingang zum Stehen. Jetzt entdeckt sie auch Finn, der bereits vorm Gebäude steht, und da kommen Reidar und Anne Marie, sie eilen auf den Wagen zu, als seine Türen aufgeklappt werden.

Eivor fasst Jossas Leine kürzer und kommt näher. Ein Stück vor der Ecke des Gebäudes bleibt sie stehen. Sie wendet den Blick nicht von den vier Männern – Finn, Reidar und zwei Männer in Arbeitskluft, die jetzt eine Trage aus dem Transporter heben.

Plötzlich bellt Jossa, laut und scharf, eine Lücke tut sich zwischen den Männern auf, als sie sich zu ihr umdrehen. Sie hat freie Sicht auf den Mann auf der Trage, sein Gesicht ist kreidebleich, er trägt einen dunkelblauen Overall, der an Bauch und Brust von einem nassen, dunklen, glänzenden Fleck durchtränkt ist.

»Eivor, geh hoch zu den Mädchen!«, ruft Finn und dreht sich wieder zu dem Mann um, und gemeinsam mit einem der Bergmänner trägt er den Verwundeten hinein, vorbei an Reidar und Anne Marie, die ihnen die Tür aufhalten.

Langsam geht Eivor einige Schritte zurück, ihre Arme und Beine fühlen sich steif an, aber Jossa zerrt an der Leine, zieht sie auf die Tür an der Giebelseite des Krankenhauses zu.

Sie bleibt unten im Flur stehen, mit Jossa dicht an ihren Beinen, die Hündin hechelt und starrt sie an. Durch die Tür, die in die Klinik führt, sind gedämpfte Rufe, schnelle

Schritte, zuschlagende Türen zu hören. Sie werden den Verletzten wahrscheinlich direkt in den Operationssaal bringen.

Sie hat noch nie einen Verletzten von Nahem gesehen – nicht so, nicht mit so viel Blut. War er tot? Er hatte sich nicht bewegt. Vielleicht hatten die Rippen nachgegeben, drückten nach innen, zerquetschten die Organe. Eivor atmet langsam und tief ein, um zu überprüfen, ob ihre Atemwege frei sind. Die Übelkeit sitzt wie ein weicher Belag im Hals.

Bisher hat es einen Todesfall gegeben, seitdem sie auf Spitzbergen sind – ein Lokführer, der von seinem eigenen Zug überfahren worden war. Er war während der Fahrt abgesprungen, um die Weiche umzustellen, doch in den Schienen lagen lose Kohlereste, er stolperte und fiel, und dann geschah das Unglück. Er wurde in drei Teile geteilt – nur sein Overall hielt ihn noch zusammen. Dieser Satz hat sich ihr eingebrannt – *nur sein Overall hielt ihn noch zusammen* – und auch jetzt taucht er wieder in ihrem Gedächtnis auf, quält sie; und sie denkt an all das Blut und daran, wie es demjenigen ergangen sein musste, der die Leiche von den Schienen heben musste, schlaff und in drei Teile zerteilt.

Jossa springt einige Stufen hinauf, dreht sich um und sieht sie aus dem dunklen Treppenaufgang mit leuchtenden Augen an. Eivor löst sich aus ihrer Starre, zieht sich die Schuhe und die Wintersachen aus und folgt der Hündin die Treppe hinauf.

Im Wohnzimmer haben die Kinder zwei Stühle vom Esstisch ans Fenster geschoben. Sie stehen auf den Sitzflächen, als Eivor und Jossa hereinkommen.

»Mama! Hast du den Krankenwagen gesehen?« Unnis Stimme klingt erregt, sie balanciert auf der äußersten Kante des Stuhls. Eivor eilt zu ihr, hebt sie vom Stuhl und stellt sie auf den Boden. Dann hebt sie Lisbeth hoch, die die Arme nach ihr ausstreckt und sich nach vorne lehnt.

»Ich hab den Krankenwagen gesehen«, sagt Eivor und stellt auch Lisbeth auf den Boden. »Der Mann ist sehr krank, aber Papa kümmert sich um ihn. Kommt, wir ziehen unsere Schlafanzüge an.«

Die Mädchen reagieren nicht. Unni steht mit ausgestreckten Armen vor Jossa und lässt sich die Hände abschlecken. Lisbeth knabbert an ihrem Daumen und schmiegt sich an Eivors Bein.

Heute ist es besonders schwer, die Mädchen zum Zähneputzen zu bewegen und sie in ihre Schlafanzüge zu stecken, sie wollen viel lieber zurück ins Wohnzimmer, auf die Stühle klettern und nachsehen, ob der Krankentransport noch da steht. Es hilft nichts, dass Eivor erzählt, der Krankenwagen sei schon wieder weggefahren, die Mädchen wollen trotzdem nachsehen, und sie wollen wissen, wie es dem kranken Mann geht.

»Papa kümmert sich gerade um ihn«, sagt Eivor mehrmals. Aber als sie an den kleinen Betten sitzt und die beiden gut in ihre Decken einpackt, fragt sie sich, wie viel die Mädchen eigentlich vom Fenster aus erkennen konnten. Haben sie dasselbe gesehen wie Eivor – den Mann auf der Trage und den blutdurchtränkten Overall? Oder haben die Männer ihnen die Sicht versperrt?

Als die Kinder endlich zur Ruhe gekommen sind, nach mehreren Gutenachtgeschichten und Schlafliedern, geht sie hinaus ins Wohnzimmer und stellt sich ans Fenster. Sie legt das Gesicht an die Scheibe, versucht sich vorzustellen, ob die Mädchen von hier aus verfolgen konnten, was unten vor den Türen des Krankenhauses vor sich ging. Zwei Stockwerke unter ihnen und ein Stück nach links – vielleicht konnten sie keinen eindeutigen Blick erhaschen. Sie hätten sicher etwas gesagt, wenn sie den verwundeten Mann ebenso gut hätten sehen können wie Eivor.

Doch sie erzählen auch nicht alles – oft sehen sie sie einfach nur an, mit ernsten Mienen, beinahe streng vor Sorge. Sie erinnert sich an die Gedanken, die sie selbst als kleines Mädchen hatte und die sie nie aussprach. Sie verstand, wann etwas gefährlich war, wenn etwas Schlimmes passierte. Die Erwachsenen hatten immer nur gesagt, dass alles in Ordnung sei. Sogar, als ihr Vater das erste Mal im Garten zusammengebrochen war, hatten sie ihr gut zugeredet. Er sei ein bisschen krank, würde aber bald wieder gesund werden.

In den frühen Morgenstunden kommt Finn und legt sich zu ihr. Er schmiegt sich an sie, legt seine Arme von hinten um ihre Taille und umschließt ihre Hände mit seinen, erzählt ihr, dass er dem Mann nicht mehr helfen konnte. Eivor will es nicht hören, doch sie ist noch im Halbschlaf und kann ihn nicht bitten, aufzuhören.

Alles ist vorbei. Die Lungen sind kollabiert, der Mann ist tot. Ein schrecklicher Unfall, eine grauenvolle Quetschung, eine Verletzung, bei der er viel Blut verloren hat. Er war unter den Schürfwagen geraten und wurde in den Kohlehaufen gepresst, anscheinend lag es an einer abgenutzten Ringleitung. Der Führer des Schürfwagens hat nicht gemerkt, dass etwas nicht stimmte, bevor es schon zu spät war. Und da lag der Mann, bewusstlos und kaum im Stande, zu atmen, tief im Stollen.

All das erzählt er ihr in dem dunklen Schlafzimmer, während sie allmählich immer wacher wird. Und er erzählt vom perforierten Lungenfell, von gebrochenen Schultern, dem Versuch, eine Drainage in die Brusthöhle zu legen, und dem Leben, das unter seinen Händen schließlich versiegt war.

Sie spürt, wie seine Hände ihre umschließen, jetzt drückt er sanft zu. Sie versucht, ihre Hände aus seinem Griff zu lösen, aber das spürt er nicht. Er liegt dicht an sie geschmiegt und wird immer schläfriger, während er spricht. Schließlich sagt er nichts mehr, sein Atem ist langsamer geworden. Sie selbst ist inzwischen hellwach, sie fragt ihn, wie spät es ist, bekommt jedoch keine Antwort mehr. Er ist eingeschlafen.

Finn ist die nächsten Tage kaum zu Hause. Er und Reidar haben mit der jährlichen Herbstuntersuchung der Arbeiter alle Hände voll zu tun. Er geht morgens in aller Früh in die Klinik und bleibt dort bis zum späten Nachmittag. Abends geht er immer häufiger hinunter in sein Sprechzimmer, sitzt dort und liest statt am Sekretär im Wohnzimmer.

Eivor ist das nicht neu. Es scheint ihm auch mit den Jahren nicht leichter zu fallen. Sie erinnert sich an das erste Mal, dass er einen Patienten verloren hat – er kam direkt von einer Schicht in seinem Praktischen Jahr zu einem Rendezvous mit ihr und erzählte, dass ein Mann mit starken Brustschmerzen und Atemnot eingeliefert worden sei.

Er hatte nicht gleich erkannt, dass es das Herz war – immerhin war der Mann keine fünfzig Jahre alt –, und als er es mit einer Morphinbehandlung versuchte, war es bereits zu spät. Plötzlich hatte der Mann nach Luft geschnappt, sein Gesicht färbte sich blau, und ein Zucken fuhr durch seinen Körper. Dann sank er zurück auf die Liege, tot. All das hatte Finn ihr bis ins Detail beschrieben, bis Eivor schließlich in aller Deutlichkeit sagen musste, dass sie am liebsten nichts darüber hören wolle, und da erschrak Finn, bat um Entschuldigung und stimmte zu, dass es unnachsichtig gewesen sei, ihr das so grafisch zu schildern. Den Rest des Abends sprach er über andere Dinge, doch in den darauffolgenden Tagen und Wochen nahm er kaum Kontakt zu ihr auf. Er übernahm zusätzliche Schichten im Krankenhaus und es war, als ob sein ganzes Leben sich dort abspielte. Wenn sie sich trafen, wirkte er distanziert, als wolle er sofort wieder zurück zur Arbeit.

Als der Sarg mit dem Toten sechs Tage später an Bord des Kohledampfers transportiert werden soll, fährt Finn nach Hotellneset, um der Verladung beizuwohnen. Er erzählte, dass die Leiche in einem Zinksarg liegt, der verlötet und luftdicht gemacht wurde. Nun wird er über das Meer nach Tromsø und weiter südlich nach Senja geschickt, wo er von der Witwe und seinen Eltern beigesetzt wird. Vater ist er auch gewesen.

»Du hättest dabei sein müssen«, sagt Finn, als er von Hotellneset zurückkommt. »Auf dem Weg zurück habe ich Karen getroffen – sie ist heute Morgen mit dem Boot angekommen. Sie hat nach dir gefragt.«

»Waren noch andere bekannte Gesichter da?«, fragt sie, erleichtert, dass er nicht über den Toten und den Sarg sprechen will. Sie hat gerade einen Korb Wäsche aus dem Keller hochgeholt und sitzt auf dem Wohnzimmerboden, wo sie die Sachen zusammenlegt. Die Mädchen sind auf Haugen und spielen dort mit anderen Kindern.

Finn nennt einige Namen von Leuten, die sie kennen, aber mit denen sie nicht viel zu tun haben, also kommt er wieder auf Karen zu sprechen.

»Sie haben uns für heute Nachmittag eingeladen. Das können wir doch sicher einrichten?«

»Wird es ein großes Fest?« Eivor ist es schon gewohnt, dass Karens kleine Zusammenkünfte gerne zu größeren Veranstaltungen wachsen.

»Ich glaube, wir sind die Einzigen.« Finn geht in die Hocke, nimmt eine Hose und legt sie zusammen, wenn auch etwas ungeschickt.

Jossa liegt ein kleines Stück vom Wäschehaufen entfernt, den Kopf auf einer Pfote abgelegt, den Schwanz zusammengekringelt. Ihre Augen sind schmal und schläfrig, aber ihre Ohren bewegen sich, als würde sie dem Gespräch lauschen.

Finn erwähnt es nicht, und vielleicht denkt er nicht einmal daran – aber Eivor weiß, dass der Zeitpunkt gekommen ist, Jossa zurück zum Sysselmannshof zu bringen.

KAPITEL 7

Ohne Jossa verlieren die Tage an Struktur. Seit mehreren Wochen, eigentlich seitdem sie nach Spitzbergen zurückgekehrt waren, haben die Spaziergänge mit der Hündin den Tagen einen Rhythmus gegeben und Eivor vorangebracht, doch jetzt heißt es nur noch aufstehen, den Kindern Frühstück machen, sie anziehen, mit ihnen rausgehen – und dann? Letztes Jahr im Herbst war alles neu – die Tage haben sich ganz von selbst mit Inhalt gefüllt. Es gab so viel zu lernen, so viel zu sehen, so viele neue Menschen, die man kennenlernen konnte, neue Gewohnheiten, die man sich anlernen musste.

Der Herbst ist anders als der Winter. Das wird ihr plötzlich klar. Im Winter existieren über die Wochen verteilt feste Punkte, an denen sie sich orientieren konnte – das Vereinsleben, Kinovorstellungen, feste abendliche Treffen im Kaminzimmer des Funken, aber jetzt, im Herbst, ist Longyearbyen offen, fließend, vorübergehend. Es gibt keinen klaren Rhythmus.

Für Finn ist das kein Problem – er hat seine Arbeit. Die Krankenstube ist im Augenblick nicht belegt, doch es gibt immer etwas zu tun. Die Untersuchungen halten Finn und Reidar auf Trab – sie sollen Hunderte von Patienten untersuchen, bevor das letzte Boot ablegt. Lungen sollen geröntgt werden, Knie untersucht, Hauterkrankungen überprüft, Seh- und Hörvermögen getestet, Berichte geschrieben. Als Mitte September wieder das Turntraining losgeht, begleitet sie Finn und setzt sich mit den Kindern in die erste Reihe auf der Galerie.

Unni ist ganz aufgeregt, sie sind schon lange nicht mehr hier gewesen – solange die Halle noch fast leer ist, rennt sie auf und ab und lässt ihre Hand über das Metallgeländer gleiten, sodass ein schwitziges Quietschen ertönt. Sie hält einen Moment inne und sieht Eivor mit einem schelmischen Blick an – will sich versichern, ob sie noch weitermachen darf. Dann läuft sie die gesamte Galerie hinauf, wo die Decke niedrig ist und die Sitze im Dunkeln stehen.

Unten im Saal hat das Training noch nicht begonnen. Ulvén macht Dehnübungen, während er sich mit einigen Teilnehmern unterhält, Finn läuft sich weiter hinten unter den Fenstern auf der Stelle warm. Er hat gerade niemanden, mit dem er sich unterhalten kann, also sieht er zu Eivor und den Kindern hoch.

»Unni!«, ruft er plötzlich. »Willst du runterkommen und ein bisschen mitturnen?«

Lisbeth, die auf Eivors Schoß sitzt, erstarrt. Dann reckt sie ihren Hals, presst die Hände an das Geländer und sieht Unni nach, die auf der Galerietreppe an ihnen vorbei in den Saal saust.

Die anderen Turner drehen sich um und schmunzeln, als Unni Finn entgegenläuft und er sie hoch in die Luft hebt. Unni jauchzt vor Freude. Finn setzt sie ab und hebt sie wieder hoch, dieses Mal so, dass sie die Ringe zu fassen kriegt. Sie greift nach ihnen und hängt schon fast selbstständig daran – Finn stützt sie mit seinem Oberkörper und hält sie sanft um ihre Taille.

Lisbeth gibt eine Art halb ersticktes Wimmern von sich und rutscht auf Eivors Schoß herum.

»Willst du auch turnen?«, fragt Eivor, doch Lisbeth schüttelt den Kopf.

Jetzt schwingt die Schwester an den Ringen vor und zurück, lacht laut und zappelt mit den Beinen.

Die nächste Station ist der Schwebebalken. Finn hebt Unni hinauf und stützt sie, sie balanciert in Socken darauf entlang. Ulvén stellt sich ans andere Ende und streckt die Arme aus, um sie entgegenzunehmen. Er grinst und ruft Eivor zu, dass sie darüber nachdenken sollten, eine Kindergruppe zu gründen, so geschickt wie Unni sei.

Da geht ein Ruck durch Lisbeth. Noch zögert sie einen Augenblick, doch dann hüpft sie von Eivors Schoß und läuft zur Treppe. Mit vorsichtigen, aber zielbewussten Schritten steigt sie hinunter in den Saal, während sie sich am Geländer festhält. Eivor erhebt sich halb von ihrem Sitz, bleibt in der Schwebe, überlegt, ihr zu folgen, doch Lisbeth schaut nicht über die Schulter, sieht nicht so aus, als wolle sie, das Eivor mitkommt.

Unni ist schon fast in der Mitte des Schwebebalkens, als Finn entdeckt, dass Lisbeth auch herunter in den Saal gekommen ist.

»Willst du auch mitmachen?«, fragt er.

Lisbeth nickt und geht auf die Ringe zu.

»Nein, sie soll nicht!«, kräht Unni vom Schwebebalken, und unter den Männern im Saal breitet sich fröhliches Gelächter aus – inzwischen sind noch mehr Turner eingetroffen. Heiberg ist auch unter ihnen, er trägt einen Wollpullover und seine Steghosen.

Lisbeth ist verunsichert, sie steckt sich den Finger in den Mund, zerknautscht den Saum ihres Kleides in der anderen Hand. Eivor erhebt sich von dem roten Ledersitz, doch im selben Augenblick macht Heiberg einen großen Schritt nach vorn, schnappt sich Lisbeth und hebt sie hinauf zu den Ringen. Eivor kann ihr Gesicht nicht sehen, aber erkennt sofort, wie der Körper ihrer Tochter in der Luft erstarrt. Dann stößt Lisbeth einen Schrei aus – laut und schrill wie der eines Vogels.

Lisbeth muss hinausgetragen werden. Sie sitzt auf Eivors Schoß in der menschenleeren Eingangshalle, in die nur die gedämpften Geräusche vom Training aus dem Saal im ersten Stock nach unten dringen. Unni ist immer noch oben, sie will ihrem Papa beim Turnen zusehen.

»Er war nicht gefährlich, er wollte nur helfen.« Eivor sitzt am Fuße der Treppe, Lisbeth hat ihr Gesicht in der Grube an Eivors Hals vergraben, es ist warm und feucht von Tränen. Sie sagt nichts, hält sich einfach nur an Eivor fest.

Es ist still hier unten, es riecht nach Linoleum und Schmierseife. Die dünne Metallkante an der Treppenstufe, auf der sie sitzt, ist kalt. Oben aus dem Saal dringen Geräusche von auf dem Boden aufprallenden Füßen, und Lisbeth wimmert leise. Ihr Mund ist warm und feucht an Eivors Haut.

Heiberg ließ nicht los, obwohl Lisbeth heulte – er hielt sie mit seinen großen Händen und den langen Fingern, die quer über ihren Brustkorb reichten, er hielt sie noch näher an die Ringe, doch dann begann sie, um sich zu treten. Erst dann hatte er sie wieder abgesetzt.

Lisbeth lief weinend auf Eivor zu, warf sich in ihre Arme und schluchzte. Finn hob Unni rasch vom Schwebebalken und ging auf Heiberg zu.

»Mach dir keinen Kopf«, sagte er und legte die Hand auf seine Schulter. »Lisbeth hat leider vor sehr vielem Angst.«

Als Lisbeth das hörte, schrie sie wieder auf, und Eivor hob sie auf ihren Arm, versuchte, sie mit warmer Stimme zu beruhigen, und ging auf die Ausgangstür zu. Sie warf Heiberg einen letzten Blick zu, der neben Finn stand, mit schlaffen nackten Unterarmen, die aus seinen hochgekrempelten Pulloverärmeln herausschauten.

Wieder lachten die Männer im Saal, doch einige von ihnen sahen peinlich berührt aus.

Finn kam schließlich zu Eivor, mit Unni im Schlepptau. Hinter ihm rief Ulvén die Turner dazu auf, sich in Reih und Glied aufzustellen. Lisbeth weinte inzwischen so laut, dass es nicht möglich war, sich zu unterhalten. Heiberg stand ganz außen in einer der Reihen, das Gewicht auf einen Fuß verlagert, und spähte mit unsicherem Blick in den hellen Augen zu ihnen herüber.

Eivor schiebt behutsam ihre Hände unter Lisbeths Achseln und hält sie ein Stück vor sich, um sie zu betrachten. Ihr Gesicht ist geschwollen und rot gefleckt, sie blinzelt und wirft den Kopf leicht hin und her. Unter ihrer Nase glänzt es. Eivor holt ihr Taschentuch hervor, putzt Lisbeth ab und fragt sie, ob sie nach Hause gehen wollen. Lisbeth nickt.

Eivor darf sich nicht anmerken lassen, wie aufgebracht sie ist. Nur so kommt Lisbeth wieder zur Ruhe. Sie geht mit ihr zur Garderobe und zieht ihr die Wintersachen über, spricht nicht darüber, was eben passiert ist, erzählt ihr nur, was sie machen, wenn sie gleich nach Hause kommen. Sie werden heißen Johannisbeersaft trinken und das neue Buch angucken, mit dem kleinen Zicklein, das bis zehn zählen kann.

Sie haben das Tal zur Hälfte durchquert, als Lisbeth getragen werden möchte. Eivor geht in die Hocke und lässt sie auf ihren Rücken klettern. Lisbeth klammert sich an ihr fest wie ein Äffchen. Ihre Nähe ist angenehm, sie ist wie ein wärmender Schild. Dieses Stück Weg ist öde und verlassen, bis zur Siedlung noch weit. Ohne Jossa scheint das Tal unbezwingbar. Lisbeth sagt kein Wort, hängt nur auf Eivors Rücken und summt leise vor sich hin. Kann sein, dass sie bereits alles vergessen hat, dass der Vorfall inzwischen unwichtig ist. Aber sie hat so laut geschrien, um sich getreten, ihr ganzer Körper hat gezittert. Das Tal ist von Geräuschen erfüllt – in Nybyen wird eine neue Kaserne errichtet, das abgehakte Echo der harten Hammerschläge und lauten Rufe hallt zwischen den schwarzen Fjellketten wider.

Auch dieses Mal ist Finn nicht der Meinung, Heiberg habe etwas getan, was Grund zur Sorge wäre.

»Du reibst dich total an Heiberg auf«, sagt er und schließt sein Buch. »Die ganze Sache ist doch erst so dramatisch geworden, weil du so auf sie zugestürzt kamst, ich glaube, das hat Lisbeth total erschreckt.«

»Sie kam doch auf *mich* zugestürzt«, entgegnet Eivor. »Sie kam auf mich zugerannt, weil sie Angst davor hatte, so gehalten zu werden. Sie hat doch wie am Spieß geschrien. Das ist unnormal, ein kleines Kind so zu packen.«

»Er wollte ihr helfen«, sagt Finn und klingt wie das Echo dessen, was sie selbst Lisbeth zur Beruhigung gesagt hatte. »Er hat die Situation falsch eingeschätzt, und es hat ihm wirklich leidgetan. Das hab ich ihm angesehen. Er war während der Turnstunde ganz abwesend, hat die ganze Zeit Fehler gemacht, die ihm sonst nie passieren. Und nach dem Training ist er pfeilschnell zur Tür hinaus, ich konnte nicht einmal mehr mit ihm sprechen.«

Sie steht vor seinem Sessel und sucht nach den richtigen Worten, wie soll sie ihm dieses Gefühl von Ekel beschreiben, diese Ahnung vor herannahender Gefahr.

»Du fällst deine Urteile viel zu schnell«, sagt Finn. »Du siehst immer das Schlechte im Menschen, ständig.«

»Ich will nicht, dass er unsere Kinder anfasst.«

»Unsere Kinder *anfasst* ...«, wiederholt Finn und legt sein Buch beiseite. »Das klingt ja, als wenn ...«

»Nein. *Nein.* So habe ich es nicht gemeint.«

»Was meinst du dann? Du führst dich ja so auf, als wäre er gefährlich.«

»Was ich sagen will, ist, dass die Mädchen ihn nicht mögen. Du musst doch gesehen haben, dass sie ihm gegenüber skeptisch sind?«

Finn runzelt die Stirn und schüttelt sachte den Kopf.

»Nein, das ist mir nicht aufgefallen.«

»Ich will nicht, dass er irgendwas mit den Kindern zu tun hat«, sagt Eivor leise.

»Mit den Kindern zu tun hat ...«, wiederholt Finn abermals. »Ich verstehe das nicht. Entweder führst du dich so auf, als wären die Kinder ständig im Weg oder ein Problem für dich, oder du denkst, es lauern überall Gefahren. Da müssen sie plötzlich auf Biegen und Brechen vor allem beschützt werden.«

Eivors Puls beschleunigt sich. Nicht so, wie wenn man außer Atem ist, es ist eher ein Übelkeit erregender Druck in der Brust. Sie geht zum Servierwagen, hebt die Whiskyflasche an. Sie ist schwer, noch ganz voll. Für einen Moment hält sie die Flasche in der Hand und malt sich aus, wie sie sie auf den Boden fallen lässt. Dann stellt sie sie vorsichtig zurück auf die gläserne Oberfläche.

»Ich muss ins Bett.« Sie dreht sich um, geht hinaus in den Flur, hört noch, wie er aufsteht, aber sie schließt die Badezimmertür hinter sich und dreht den Schlüssel um.

Er sitzt auf dem Bett, als sie ins Schlafzimmer kommt. Er beobachtet jede ihrer Bewegungen, als sie um das Bett herumgeht und das Fenster öffnet.

Draußen ist es dunkel – wirklich stockdunkel. Der Wind ist immer noch stark, bläst um die Häuserecken und durchs Fenster herein, durch ihr Haar, und legt sich wie kalter Stahl um ihren Hals.

Finn kommt von hinten auf sie zu, streckt einen Arm aus und zieht das Fenster heran. Die Scheibe kommt näher, ihr Gesicht kommt näher.

»Du lässt die ganze Kälte rein.« Er steht hinter ihr, seine Hand ruht auf der Fenstersprosse.

Sie antwortet nicht, überlegt, das Fenster einfach wieder aufzuschieben. Trockene, warme Wellen steigen von der Heizung zu ihr auf. Finn wartet, sie spürt seine nervöse Energie, seine Gereiztheit. Sie beruhigt sich selbst. Ihre Muskeln entspannen sich. Ihre Lippen, Augenbrauen, Stirn, Augenlider, Kiefer, die Haut, die sich über die Schläfen und bis hinter die Ohren spannt – alles lockert sich. Ihr Gesichtsausdruck wird neutral, sie geht zu allem auf Distanz.

»Eivor«, sagt er. »Musst du mich immer so mitten im Gespräch stehen lassen? Kannst du dir vorstellen, wie sich das für mich anfühlt? Wir müssen doch reden können. Ich muss doch sagen dürfen, was mir auf dem Herzen liegt.«

Da hebt sie seinen Arm an, duckt sich unter ihm hindurch, zieht sich den Wollpullover über den Kopf und legt sich unter die Bettdecke. Natürlich sollte sie jetzt etwas sagen, aber sie fährt ganz gut damit, auf Distanz zu gehen, sich von dem, was gerade passiert, loszumachen. Sie schließt die Augen unter der Decke und lässt die Zeit erstarren.

»Willst du jetzt einfach so da liegen bleiben?«, fragt Finn nach einer Weile. »Gut. Dann reden wir halt morgen.«

Eivor bleibt noch einen Moment still liegen, bis sie hört, wie er aus dem Zimmer geht und die Tür schließt. Sie zieht die Knie an die Brust und drückt ihr Gesicht ins Kissen. Der

Kissenbezug riecht nicht mehr ganz frisch, sie müsste morgen mal in den Waschkeller gehen.

Sie hasst die großen, schweren Waschmaschinen, hasst es, sie bedienen zu müssen. Die Tür der einen Maschine ist schwer zu öffnen, sie ist also oft die einzige, die nicht in Benutzung ist, und sie muss an ihr rütteln und herumfummeln, um sie endlich aufzukriegen. Sie hasst es, die nasse Wäsche aus der Trommel zu ziehen, sie scheuert schwer und kalt an den Unterarmen. Sie hasst die Metallspüle, in die sie die klitschnasse Wäsche legen muss, bevor sie sie in die Schleuder steckt. Sie findet die Spüle ekelhaft, obwohl sie stets sauber ist. Und in den Wänden sind Risse – dünne, wellige Linien, die vom Boden emporwachsen.

Diese Risse seien entstanden, so hat Finn es ihr erklärt, weil das Krankenhaus auf Eisgrund errichtet worden ist. Hier hätte nichts gebaut werden dürfen. Unter Teilen des Gebäudes wurde eine Betonplatte gegossen, das war eine Notlösung, nachdem unter der Moräne Blaueis entdeckt worden war. Aber bereits im ersten Sommer nach dem Bau hat sich die Südseite des Gebäudes wegen der Eisschmelze abgesenkt, und eine zweite Notlösung musste her – dieses Mal in Form eines alten Kühlaggregats. Es vibriert und dröhnt unter dem Krankenhaus und sorgt dafür, dass die Eismassen nicht abschmelzen. Das Problem ist nur, dass das Schmelzwasser, das im Frühjahr von den Fjells herabfließt, sich unter dem Gebäude sammelt und das Eis wächst und wächst.

Der Boden des Waschkellers fühlt sich an wie eine dünne Erdkruste. Etwas unter den Füßen presst sich nach oben, die Tundra arbeitet schwer und unermüdlich. Es ist unmöglich, die Natur im Zaum zu halten. Die Natur kann sich langsam bewegen und doch plötzlich, ohne Warnung, über alles hereinbrechen.

Am nächsten Tag kommt es nicht dazu, dass sie miteinander sprechen. Finn geht früh hinunter in die Klinik und kommt erst nach sechs wieder zurück. Im selben Augenblick, in dem er die Wohnung betritt, macht Eivor sich auf und davon, Richtung Sukkertoppen. Bis zum Gipfel ist es nicht weit, aber der Anstieg ist steil, und sie ist ganz durchgeschwitzt und außer Atem, als sie ihr Ziel endlich erreicht.

Hier oben weht ein starker Wind, und für einen Augenblick lässt sie ihn durch ihre Haare und ins Gesicht peitschen, doch dann beginnt sie zu frieren. Sie setzt sich die Kapuze ihres Anoraks auf und schnürt die Bänder unterm Kinn fest. Die Sonne hängt direkt über dem Sverdruphamar. Vom Tal aus gesehen hatte sie sich bereits hinter dem Bergmassiv versteckt, doch nun steht Eivor in ihrem gleißenden Licht. Sie schließt die Augen, hält das Gesicht in die Sonne, hört den Wind an ihrer Kapuze zerren wie an einem flackernden Segel.

Dann wird ihr bewusst, dass sie so nicht hören kann, was in ihrer Umgebung vor sich geht, und die Furcht zieht ihr strammes Band um Eivors Körper. Sie dreht sich um, schiebt die Kapuze wieder herunter, späht nach links und nach rechts. Jossa ist nicht bei ihr, sie hat nur das Gewehr. Es ist lange her, dass sie die Hündin das letzte Mal vom Sysselmannshof abgeholt hat. Sie wird das Gefühl nicht los, wie ein Kind wahrgenommen zu werden, das anklopft, um mit dem Hund spielen zu dürfen. Finn ist es gewesen, der diese Abmachung einst mit Bjørn und Karen getroffen hat, um Eivor einen Gefallen zu tun, ihr etwas zu geben, worauf sie sich freuen kann, etwas in die Wege zu leiten, damit sie eine Beschäftigung hat. Er hat Karen gegenüber sicherlich zum Ausdruck gebracht, dass er sich Sorgen um sie mache.

Vom Sukkertoppen aus kann Eivor ihren Blick weit in alle Richtungen schweifen lassen. Nirgends ist Gefahr in Sicht. In weiter Ferne, an den Hängen der Lindholmhøgda, grasen fünf, sechs Rentiere, abgesehen davon rührt sich nichts. Sie hört nur den Wind

Sie nimmt das Fernglas aus dem Etui und lässt den Blick über Isdammen und die Ebene zwischen dem Operafjell und dem Fluss Adventelva im Inneren des Adventfjord schweifen. Dort haben im Mai Tausende von Gänsen gerastet – Weißwangengänse, Kurzschnabelgänse, Ringelgänse. Ihr Geschnatter konnte man bis an den Hafen hören, und sie flogen in langen, weißen Bögen über den Fjord. Im August wimmelte es noch von Leben am Wasser – Sterntaucher, Alpenstrandläufer, Sandregenpfeifer, Eiderente, Meerstrandläufer, Schmarotzerraubmöwe tummelten sich unten an der Küste. Doch nun sind kaum noch Vögel da. Es geht auf den Winter zu und die meisten sind schon gen Süden gezogen.

Die Landschaft ist bereits viel blasser und trockener, alle Blumen sind schon vor Ewigkeiten verwelkt. Das Geflecht der dünnen, blauen Flussstreifen im Inneren des Adventdalen ist bereits zu dünnen Rinnsalen geworden. Die feuchten Atlantikwinde haben im Sommer und Herbst Nebel und Regen gebracht, aber jetzt herrscht seit mehreren Wochen kalter, sehr trockener Hochdruck. Die Pfützen unten im Tal sind von dünnen Eishäuten überzogen. In wenigen Wochen wird die Sonne zum letzten Mal untergehen.

Auf den Gipfeln ringsherum liegen bereits feine Schneedecken – auf dem Teltberget und dem Nordenskiöldfjell auf der gegenüberliegenden Seite des Longyeardalen, aber auch nördlich des Adventdalen, auf dem Hiorthfjell, dem Dirigenten und anderen hohen Fjells. Dort, wo Eivor gerade steht, ist der Fels noch nackt, doch lange wird es nicht mehr dauern.

Es ist zu kalt, um lange still zu stehen, sie kehrt der Aussicht den Rücken zu und wandert weiter über das Plateau.

Sie verfällt in einen Rhythmus, konzentriert sich auf ihre Schritte, ihr Gleichgewicht, das Terrain. An den meisten Stellen besteht es nur aus Fels und losem Geröll, hier und dort entdeckt sie Flecken von Moos, Flechten und höheren Grasbüscheln.

Plötzlich ertönt ein lautes Flattern, Eivor bleibt wie angewurzelt stehen. Ein Alpenschneehuhn war aufgeschreckt und zeternd hochgeflogen. Sie fasst sich an die Brust, spürt, wie ihr Herz laut und schmerzhaft pocht. Nur ein Alpenschneehuhn, mehr nicht. Trotzdem nimmt sie das Gewehr in den Anschlag, wiegt es in ihrer Hand. Seit ihren Schießübungen ist viel Zeit vergangen, sie müsste bald wieder zum Schießstand gehen.

Wieder bewegt sich etwas, das sie nur in ihrem Augenwinkel wahrnimmt. Sie hält die Luft an, sucht die Umgebung mit Blicken ab. Und da – hinter einem Stein – schaut ein kleiner, struppiger Kopf hervor. Ein Polarfuchs, nur knappe fünfzig Meter von ihr entfernt! Sie wagt es immer noch nicht, auszuatmen – dies ist das erste Mal, dass sie einen Polarfuchs sieht. Er steht ganz still, halb hinter dem Stein versteckt, seine goldbraunen Augen auf sie gerichtet. Sein Fell ist graubraun, doch um die Augen herum und am Rücken zeichnet sich weißer Flaum ab – sein Winterpelz wächst bereits nach.

Vorsichtig atmet sie aus und gibt darauf Acht, nicht einen Muskel zu rühren. Der Fuchs sieht ihr immer noch direkt in die Augen. Dann zuckt er zusammen, duckt den Kopf, sieht dann sogleich wieder auf. Trippelt abwechselnd mit den Vorderpfoten auf der Stelle, bleibt dann wieder ruhig. Duckt erneut den Kopf. Er wirkt nicht ängstlich. Langsam hebt Eivor ihren Fuß, macht einen Schritt nach vorn, dann noch einen. Der Fuchs steht still, der Wind fährt ihm sanft durch den Pelz. Sie wird mutiger, geht noch näher heran. Der Fuchs macht eine rasche Bewegung, lehnt sich zur Seite, als wolle er loslaufen, da bleibt sie stehen, und das kleine Tier tut es ihr nach. Sie sehen einander an. Behutsam geht sie den nächsten Schritt. Der Fuchs lässt den Blick nicht von ihr, bewegt sich nicht. Er zuckt erneut zusammen, Eivor verharrt in ihren Bewegungen. Jetzt hat sie eine Grenze erreicht, das kann sie spüren. Näher heran darf sie nicht.

Der Fuchs starrt sie einige lange, starre Sekunden lang an.

Dann hebt er die Schnauze, wittert etwas in der Luft. Und plötzlich läuft er davon, in leichten Sprüngen über die Hochebene. Eivor bleibt stehen und sieht ihm nach, bis sie wieder zu frieren beginnt.

Sie legt den Kopf in den Nacken, schaut in den Himmel. Er ist in ein kühles Dämmerungsblau getaucht, im Osten wird es langsam dunkler. Plötzlich fällt ihr auf, dass die Sonne schon längst untergegangen ist. Wie spät es jetzt wohl ist? Sie dreht sich wieder um und sieht hinab ins Tal. Am Horizont im Westen glüht ein goldener Bogen, seine Kante schimmert grünlich. Bald wird die Dunkelheit über den Himmel bluten, wie Tinte auf Löschpapier.

Eivor zieht den Gewehrgurt stramm und setzt sich in Bewegung.

Finn steht vom Sekretär auf, als sie hereinkommt, sagt, er hätte nicht gedacht, dass sie so lange weg sein würde.

»Aber du bist ja hier«, entgegnet sie und schiebt ihre Füße in die Pantoffeln. »Die Kinder sind nicht allein. Hast du ihnen Abendbrot gemacht und sie ins Bett gebracht?«

Das hat er, es ist still in der Wohnung, aber sie wollte ihn trotzdem danach fragen.

»Es ist schon dunkel«, sagt er. »Ich will, dass du bei Tageslicht nach Hause kommst, Eivor.« Er kommt auf sie zu, sieht nicht gereizt aus – sein Blick hat eher etwas Flehendes an sich.

»Ich will nur so viel wie möglich erleben, bevor es wieder ganz und gar dunkel wird.« Sie verstummt für einen kurzen Augenblick. »Bist du der Meinung, dass ich im Winter keine Ausflüge machen darf? Denn letztes Jahr war das kein Problem, aber gelten dieses Jahr neue Regeln?«

Finn holt tief Luft, aber er bleibt einfach nur vor ihr stehen, schließt die Augen und schüttelt den Kopf. Er hebt abwehrend die Hände und setzt sich wieder an den Sekretär.

Eivor bleibt einen Moment mitten im Raum stehen, sie sieht, dass er nicht wirklich wieder zu lesen begonnen hat, nun warten beide darauf, dass der andere den nächsten Schritt macht.

Doch sie streiten nicht, es geht einfach vorbei. Die Tage vergehen, die Woche vergeht, und sie machen einfach weiter wie bisher. In der Klinik gibt es viel zu tun – Finn und Reidar müssen die Untersuchungen der Arbeiter abschließen. Das letzte Boot verlässt den Hafen normalerweise Anfang November, aber das Wetter ist unberechenbar, es kann früher auslaufen – so wie auch das Eis dieses Jahr früher aufgebrochen ist.

Schnee liegt in der Luft, als sie an einem Samstagmorgen das Radio anschalten und in den Nachrichten hören, dass König Haakon gestorben ist. Er verstarb am frühen Morgen, in seinem eigenen Bett, zu Hause auf dem Schloss. Er habe friedlich geschlafen, als sein Herz ihn im Stich ließ, was in nur wenigen Minuten zum Tod geführt habe, so die Radiostimme.

Unni spitzt die Ohren, als sie das hört, und kurz darauf fragt sie, ob es möglich sei, im Schlaf zu sterben.

»Ja, es ist ganz natürlich, nachts zu sterben«, sagt Finn.

»Stirbt man, ohne es zu merken?«

Finn nimmt Unni auf seinen Schoß und erklärt ihr, was passiert, wenn ein Mensch stirbt. Unni lauscht ihm aufmerksam mit geradem Rücken und baumelnden Beinen. Lisbeth sitzt am Ofen und spielt ganz still mit zwei kleinen Puppen, es ist unmöglich zu erkennen, ob auch sie zuhört oder nicht.

Eivor steht auf und geht in die Küche, um das Frühstück vorzubereiten. Ab und zu vergisst sie, wie ruhig die Kinder sind, wenn es ums Sterben geht – wie interessiert. Es kommt immer wieder mal vor, dass sie über den toten Eisbären sprechen, und sie haben auch gebeten, vom Mann im Bergwerk zu hören, Unni jedenfalls – und Lisbeth ist immer in der Nähe und hört zu. Finn geht nicht zu sehr ins Detail, wenn er mit ihnen über diese Dinge spricht, verschweigt aber auch nichts.

Wenn Eivor krank würde oder stürbe – würde er ihnen auch alles erklären? Ließe er sie zusehen, wie sie ihre letzten Atemzüge tat, nähme er sie mit auf die Beerdigung? Dürften sie hinterher über sie sprechen?

Des verstorbenen Königs wird am darauffolgenden Tag beim Gottesdienst gedacht, und der Saal des Huset, der immer noch als Übergangslösung dient, bis die neue Kirche fertiggestellt ist, ist so gut besucht, dass die Gäste auf den Treppen und entlang der Wände sitzen müssen.

»Das ist mit Sicherheit gegen die Brandvorschriften«, kommentiert Heiberg, der links neben Finn sitzt.

Eivor antwortet nicht, sie lässt Finn diese Unterhaltung führen. Unni sitzt auf seinem Schoß, Lisbeth bei ihr. Lisbeth ruht in ihren Armen, sie wirkt schläfrig, doch als Eivor sich nach vorn beugt und in ihr Gesicht sieht, starren ihre glänzenden Augen weit geöffnet geradeaus.

In einer der vordersten Reihen sitzen Bjørn und Karen neben dem russischen Konsul aus Barentsburg. Er ist an diesem Wochenende in Longyearbyen zu Gast und hat den Sysselmann offenbar in die Kirche begleitet. Auch dazu muss Heiberg einen Kommentar abgeben.

»Ein Kommunist in der Kirche! Ein Atheist und Antimonarchist. Was er wohl von alledem hält? Er kann diesen Moment unmöglich begreifen.«

Finn wirft Eivor einen raschen Seitenblick zu, er sieht so aus, als würde er ein Grinsen unterdrücken, doch dann lehnt er sich zu Heiberg und raunt ihm zu, dass es jetzt wohl losginge.

Auf der Bühne hat sich der Pianist ans Instrument gesetzt. Kurz darauf ertönt das Lied des Königs im vollen Saal. Tiefer, unklarer Gesang erfüllt den Raum bis unter die Decke. Eivor sieht sich um, lässt ihren Blick über die Gesichter all der Männer schweifen. Jetzt, wo beinahe alle Bewohner der Siedlung hier versammelt sind, fällt ihr wieder auf, wie wenig Frauen in Longyearbyen leben. Im Chor sind kaum helle Stimmen zu hören.

Einige Reihen vor ihnen, schräg von Eivor, sitzt Bjørg. Sie weint beim Singen – ihre Wangen glänzen, und sie trocknet sich immer wieder Augen und Nase mit dem Taschentuch. Bjørg geht auch außerhalb der Feiertage in die Kirche, sie kennt alle Psalmen, die gesamte Liturgie.

Sie ist nicht die Einzige, die während der Predigt Tränen vergießt. Vielleicht denken einige der Weinenden an den verstorbenen Kameraden, oder sie weinen um ihren König. Wie schaffen sie es, gemeinsam mit anderen auf diese Weise zu trauern? Die Welle spült an Eivor vorbei. Still sitzt sie da und hält Lisbeth. Der Priester spricht über den Krieg, die Standhaftigkeit des Königs, die Hoffnung, die er verkörperte, das leuchtende Vorbild, das er war, und die wunderbare Freude, die das ganze Land bewegte, als er aus dem Exil nach Hause zurückkehrte.

Eivor hat keine klare Erinnerung an diesen Tag – es ist der Tag der Befreiung, der sich deutlich vor ihrem inneren Auge abspielt. Hupende Autos, brennende Lagerfeuer auf den Gehwegen – Verdunkelungsvorhänge, die in Rauch aufgingen. Die Mutter holte die Flagge aus der Truhe und rannte mit hoch erhobenen Armen durch den Garten, sie jubelte und lachte. Aus einem Nachbargarten wehte das laute Weinen eines Mannes zu ihnen herüber. Schließlich fing er an zu brüllen und Eivor beobachtete ihn durch die Zweige der Apfelbäume am Rande des Gartens – sie sah, wie er wie besessen herumrannte und Dinge mit den Füßen trat. Dann legte er sich ins Gras und schrie. Er stand wieder auf, sah sich um, als suche er nach etwas oder jemandem, aber niemand würdigte ihn auch nur eines Blickes. Die Leute rannten aus ihren Häusern, auf die Straßen, sie umarmten sich, hissten Flaggen und sangen. Sie blieb in der Ecke des Gartens sitzen, in einiger Entfernung vom Fahnenmast. Ihr Vater war nicht mehr da, er hat den Frieden nie erlebt, er hat nur erlebt, dass der Krieg im Anmarsch war. Der erste Schlaganfall kam Ende Februar, der letzte Ende März.

Nach dem Gottesdienst lädt die Kirche zum Kaffee, und die Leute ziehen runter in das Café im Erdgeschoss. Eivor bleibt zurück, sie lässt Heiberg und Finn an sich vorbei aus der Stuhlreihe treten und mit der Menge verschmelzen, die aus den Türen nach draußen quillt. Lisbeth gerät schnell in Panik, wenn große Körper sich um sie drängen, sie protestiert also nicht, und Unni nutzt die Gelegenheit, um im leeren Mittelgang zwischen den aufgestellten Stühlen auf und ab zu laufen.

Als sie in die Eingangshalle kommen, entdecken die Mädchen einige andere Kinder, die auf Haugen wohnen, sie lassen Eivors Hände los und laufen auf sie zu, um mit ihnen zu spielen. Eivor reibt ihre Hände aneinander, es ist eine Erleichterung, die Kinder nicht festhalten zu müssen, sie nicht herumzumanövrieren. Sie geht zum Eingang des Cafés, hält nach Finn Ausschau und entdeckt ihn im hinteren Winkel des Lokals, in Gesellschaft von Heiberg, Bjørn und dem russischen Konsul. Karen sitzt ebenfalls bei ihnen, und es wäre natürlich, wenn Eivor sich zu ihnen gesellte, aber sie hat keine Lust, mit Heiberg an einem Tisch zu sitzen. Während des Gottesdienstes war er sichtlich unruhig – er war fahrig und rutschte die ganze Zeit auf seinem Stuhl hin und her, zeitweise saß er in sich zusammengesunken da, auf eine Art und Weise, die sie von ihm nicht kannte. Seine Haltung ist normalerweise so aufrecht, die Schultern entspannt. Jetzt kann sie sein Gesicht nicht sehen.

»Willst du auch ins Café, Eivor?« Reidar steht plötzlich hinter ihr, mit Jenny an seiner Seite.

»Ja, vielleicht.« Eivor sieht sich über die Schulter, versucht, einen freien Tisch ausfindig zu machen, doch dann sagt Reidar, er und Jenny würden jetzt nach Hause gehen.

»Falls du mit uns zusammen zurückgehen willst?«

Eivor sieht zu Jenny, die ihr ein rasches Lächeln zuwirft, doch sie registriert auch die Enttäuschung, die sich in ihrem Gesicht abzeichnet, oder den Widerwillen. Es ist deutlich, dass sie mit Reidar allein zurück in den Ort gehen will.

»Ich habe die Kinder«, sagt sie, »ich muss wohl hier ausharren, bis sie vom Spielen müde sind.«

Eivor bleibt in der Eingangshalle stehen, Reidar und Jenny gehen. Vielleicht sind sie doch ein Paar. Aber sie zeigen sich nur selten zusammen und dann nur bei Veranstaltungen, bei denen viele andere anwesend sind. Jenny kommt nie im Krankenhaus vorbei, um Reidar zu besuchen, soweit Eivor weiß. Das ist vielleicht gar nicht möglich, da Reidar denselben Eingang zu seiner Einzimmerwohnung benutzt wie Audun, Marit und die beiden Krankenpflegerinnen. Sie haben kaum Privatsphäre.

Bald müssen Jenny und all die anderen Messemädchen zu einem ganz konkreten Anlass zur Sprechstunde kommen. So kurz wie möglich vor dem Ablegen des letzten Bootes müssen alle unverheirateten Arbeiterinnen die Klinik aufsuchen und Rede und Antwort stehen, wann sie das letzte Mal ihre Menstruation hatten. Eivor weiß, dass Finn vor diesen Untersuchungen graut. Letztes Jahr musste er über ein Mädchen von der Messe der Maschinenbauer Meldung machen – sie wurde mit dem letzten Boot nach Hause geschickt. Er sprach mit Eivor darüber und erwähnte, wie demütigend er den ganzen Prozess fand. Aber in wenigen Wochen muss er damit wieder anfangen, und wahrscheinlich wird Reidar diese Termine gemeinsam mit ihm durchführen. Wer wird dann Jenny untersuchen?

Eivor erinnert sich, was Finn sie damals am Hüttenwochenende gefragt hatte, als sie das erste Mal miteinander schliefen. Er wollte wissen, wo sie sich gerade in ihrem Zyklus befand. Sie weiß nicht mehr, was sie darauf geantwortet hat, aber er muss gewusst haben, dass keine Gefahr bestand. Danach waren sie normalerweise viel vorsichtiger als beim ersten Mal, aber nicht immer.

»*Ich* hätte dann ein Problem«, hat sie einmal zu ihm gesagt – nicht, um zu protestieren, sondern einfach nur, um es erwähnt zu haben. Sie spürte, dass er jemand war, der sich nicht allzu viele Sorgen machte. Doch sein Gesichtsausdruck bekam etwas Zärtliches und er versprach ihr, dass er sie damit nie alleinließe. Sie würden alles zusammen meistern, sie waren zu zweit.

Sie wird von lauten Geräuschen im Café aus ihren Gedanken gerissen – ein Glas zerbricht, gefolgt von einem Rufen, quietschenden Stuhlbeinen, die über Linoleum geschrammt werden, dann ein Poltern, vielleicht ein Stuhl, der umgefallen ist. Hinter Eivor drängen sich einige Leute, die sich in der Eingangshalle aufgehalten haben, um die Tür zum Café, doch in diesem Augenblick spurtet Heiberg mit langen Schritten aus dem Café. Er trägt seinen Mantel unter dem Arm und verabschiedet sich von niemandem, sieht niemanden an, reißt einfach nur die Tür auf und geht hinaus.

Diesmal lässt sie es sein, den Vorfall gegenüber Finn zu erwähnen. Stattdessen wartet sie darauf, dass er das Thema anspricht. Doch er sagt nichts, und die Verschwiegenheit über Heiberg legt sich wie eine Eismasse zwischen sie.

Auch von Karen erfährt sie nicht, was am Sonntag geschehen ist – Karen ist wahrscheinlich die Frau in Longyearbyen, die sie am besten kennt, doch sie treffen sich eigentlich nie allein. Und sowohl Karen als auch Bjørn haben kurz vor Ende des Herbstes alle Hände voll zu tun und empfangen ständig neue Gäste auf dem Sysselmannshof. Einige Tage nach dem Gedenkgottesdienst kommt der Chef des norwegischen Rundfunks zu Besuch. Sowohl Eivor als auch Finn sind bei dem Fest zu Gast, das ihm zu Ehren arrangiert wird – sie dürfen miterleben, wie er sich im Kaminzimmer auf einen Tisch stellt und Petter Dass rezitiert – aber Heiberg kommt nicht. Eivor verliert kein Wort darüber. Und sie stellt keine Fragen zu den Turnstunden, die Finn emsig besucht. Schon bald ist die Zeit für einen neuen norwegisch-russischen Wettkampf gekommen, der dieses Mal in Longyearbyen ausgetragen wird.

In der zweiten Oktoberwoche lassen die trockenen Windböen aus dem Norden langsam nach, aber die Temperaturen sinken stark. Die Luft ist plötzlich still, und eines Morgens erwachen sie in einer Prise Puderzucker, die sich auf die umliegenden Berge gelegt hat. Nach nur wenigen Stunden liegt der Schnee in dicken, weichen Schichten auf den Dächern der Stadt, bedeckt die Landschaft. Es dauert trotzdem nicht lange, bis der Schnee auf den Straßen ganz grau von Kohlestaub ist. Eivors hellbraune Robbenfellstiefel werden ganz schmutzig, als sie und die Mädchen am nächsten Morgen mit Marit zum Bäcker gehen.

Sie treten aus der Wärme der Bäckerei wieder nach draußen in die eisige Kälte. Noch immer tanzen kleine Schneeflocken in der Luft. Die letzten Sonnenstrahlen des Jahres treffen um die Mittagszeit immer noch auf Skjæringa, doch es dauert nicht mehr lange, bis das ganze Tal wieder im Schatten liegt. Sobald der November anbricht, wird auch die Sonne nicht mehr hinterm Horizont auftauchen.

»Jetzt dauert es nicht mehr lange«, sagt Marit und lässt ihren Blick über den Fjord schweifen. Ihr rundes Gesicht ist rosa vor Kälte, ihre Wangenknochen von winzigen Blutflecken übersät.

Sie spricht von der Wintersaison, vom letzten Boot. Es wird immerzu in allen möglichen Gesprächen erwähnt, die Menschen zählen die Wochen und rechnen Tage aus, einige warten sogar ganz ungeduldig auf die Winterzeit in Isolation. Dagny, die in der Bäckerei arbeitet, ist eine von ihnen. Während sie die Brote zählte, sagte sie, das Gute am Winter sei, dass man wenigstens wisse, womit man es zu tun habe. Der Winter brächte eine ganz andere Form von Konzentration mit sich – man habe endlich die Gelegenheit, sich zu besinnen.

Auf dem Rückweg ins Krankenhaus erzählt Marit von den Winterkursen, die in der ersten Ausgabe der *Svalbardposten* der Saison beworben wurden. Sie selbst denke darüber nach, sich dieses Jahr für den Tanzkurs einzuschreiben, oder vielleicht für den Kurs in Funktelegrafie.

»Wenn ich dafür Zeit habe. Was ist mit dir?«

»Darüber habe ich mir noch keine Gedanken gemacht«, sagt Eivor, obwohl Finn ihr schon öfter vorgeschlagen hat, diesen Winter mit einigen Aktivitäten zu beginnen, statt immer nur alleine herumzulaufen. Im Gegensatz zu Marit hat sie mehr als genug Zeit.

Drei Tage vor dem norwegisch-russischen Turnwettbewerb klopft Heiberg bei ihnen, als die Kinder schon im Bett sind, betritt das Wohnzimmer und konfrontiert Finn, es sei seiner Meinung nach an der Zeit, klar und deutlich Stellung zu beziehen und diesen Wettbewerb zu boykottieren.

»Ich bin wohl der Einzige, der sich traut, sich dazu zu äußern«, sagt er und wickelt sich den Schal vom Hals.

Finn kommt gar nicht dazu, ihn zu begrüßen und hereinzubitten – Heiberg platzt einfach so herein –, jetzt steht er neben dem Ofen und dampft vor Schweiß. Er komme gerade von einem Skiausflug, dem ersten richtigen Skiausflug der Saison.

Eivor hat gerade gebadet und sitzt mit einem Handtuchturban ums nasse Haar auf dem Sofa. Unter der Decke trägt sie nur ein paar kurze Wollunterhosen, sie kann jetzt unmöglich aufstehen und den Raum verlassen.

»Wie kommst du darauf?«, fragt Finn. Er hat Eivors Signale bemerkt, ihr vorsichtig zugenickt, aber Heiberg scheint die angespannte Stimmung im Raum überhaupt nicht wahrzunehmen.

»Dann würden wir ja so tun, als sei alles in bester Ordnung«, sagt er mit fester Stimme.

»Was meinst du? Sprichst du von den politischen Konflikten?«

»Ja, genau davon spreche ich.« Heiberg legt seinen Schal über einen der Stühle am Esstisch und lässt diese Aussage so im Raum stehen. Seine Wangen sind lila vor Kälte, seine Augen glänzen.

»Willst du vielleicht ein Glas Wasser, du bist ja ganz außer Atem nach deinem Ausflug.« Finn geht auf die Küchentür zu, bleibt kurz vor ihr stehen, um Heiberg zu signalisieren, ihm in die Küche zu folgen.

»Sehr gern«, sagt Heiberg und setzt sich in den Sessel.

Eivor presst die Handflächen aufs Sofa und richtet sich auf, will etwas sagen, weiß allerdings nicht, was, doch da erwidert Finn ihren Blick, und er schüttelt kaum merklich den Kopf. Er ist ernst, seine Stimmung ist komplett umgeschlagen. Er sieht sie einen langen Augenblick an, dann geht er in die Küche.

Während Finn Wasser in ein Glas füllt, wirft Eivor einen unauffälligen Blick Richtung Heiberg. Er sagt nichts, sitzt einfach nur da, die Hände auf den Knien. Er atmet langsam und konzentriert, verhält sich, als wäre sie gar nicht im Raum.

Als Finn mit dem Wasserglas zurückkommt, lächelt Heiberg dankend und nimmt es mit beiden Händen entgegen. Finn schließt die Tür zum Flur, während Heiberg trinkt.

»Das hat gutgetan«, sagt er, nachdem er das Glas geleert hat.

Finn steht mitten im Zimmer zwischen dem Sofa und dem Sessel, in dem Heiberg sitzt.

»Hast du Ulvén gegenüber erwähnt, dass du dir Sorgen machst?«, fragt er vorsichtig.

»Ich bezweifle, dass er mir überhaupt zuhört, also dachte ich, dass ich das erst mit dir und dann mit Alfsen bespreche. Ihr versteht, worum es hier geht.« Heiberg sieht zu Finn auf und hat schon fast etwas Flehendes im Blick.

Finn kratzt sich am Kinn und verschränkt dann die Arme vor der Brust.

»Es ist natürlich schwer zu sagen, wie man reagieren soll, wenn internationale Konflikte entstehen«, sagt er nach einer kurzen Pause. »Und plötzlich sind wir hier auf Spitzbergen ziemlich nah dran. Aber wir müssen trotzdem darauf vertrauen, dass uns mehr miteinander verbindet als trennt. Auf jeden Fall hier oben im Norden.«

»Aber wir müssen unsere Position deutlich machen«, erwidert Heiberg. »Vor allem jetzt.«

Finn zögert. Eivor sieht, wie sich sein Körper versteift.

»Es gibt viele verschiedene Meinungen dazu«, sagt er schließlich und holt Luft, um noch etwas hinzuzufügen, doch da klingelt das Telefon. »Einen Moment.« Er nimmt ab und wirft Eivor erneut einen Blick zu. Sie hebt kaum merklich die Augenbraue.

»Ja, hallo?«, sagt er. »Hei, Bjørn.«

Heiberg bleibt im Sessel sitzen und dreht das Glas in seinen Händen, während Finn mit Bjørn telefoniert. Ab und zu blickt er auf und sieht zu ihm, Eivor würdigt er jedoch keines Blickes. Er schlägt die Füße übereinander. Dann stellt er sie wieder parallel, schlägt sie dann erneut übereinander. Entweder lauscht er dem Gespräch, oder er ist ganz weit weg mit seinen Gedanken. Es ist unmöglich, seine Miene zu entschlüsseln.

Das Telefongespräch dauert eine Weile, und es ist nicht so leicht auszumachen, worüber die beiden sprechen, denn Finn hört vor allem schweigend zu, stellt nur zwischendurch ein paar kurze Fragen. Doch es fallen Worte wie »die Polen«, »Hornsund« und »Sysselmannsschiff«, und schließlich sagt Finn, dass er in einer halben Stunde da sein könne, er würde, so schnell es ginge, alles zusammenpacken.

»Das war Bjørn«, sagt er und legt auf. »Ein Telegramm ist von der polnischen Forschungsstation in Hornsund reingekommen. Ein Mann wurde dort unten von einem Eisbären verletzt, sie bitten Longyearbyen um Hilfe.«

»Haben die selber keinen Arzt?« Heiberg sieht ihn ungläubig an.

»Nein«, sagt Finn. »Reidar und ich haben es schon immer gesagt, es ist nur eine Frage der Zeit, bis ein Unglück geschieht, wenn die Polen bis zu Beginn der Wintersaison keinen Arzt anstellen.«

»Ja, und da sehen wir es. Schlechte Ausrüstung scheint bei den Kommunisten Standard zu sein. Da hätten sie selbst besser vorsorgen können. Steht es wirklich zur Debatte, denen Hilfe anzubieten?«

»Natürlich helfen wir, wenn wir können«, entgegnet Finn. »Und jetzt muss ich mich beeilen, Bjørn und ich werden auf der ›Nordsyssel‹ runterfahren. Olaussen macht den Kutter gerade am Hafen fertig.«

»Heute Abend noch?«, entfährt es Eivor. »Das dauert doch mindestens sechs Stunden, selbst bei ruhiger See!«

»Deswegen müssen wir auch, so schnell es geht, ablegen.«

Eivor zerrt an ihrer Decke, wickelt sie sich um den Körper und steht auf.

»Und die Klinik?«

»Reidar bleibt hier. Eivor – ein Mann ist schwer verletzt. Nicht zu fahren ist keine Option. Ich werde nicht lange weg sein.« Er tritt zu ihr ans Sofatischchen, streckt die Hand nach ihr aus. Sie nimmt seine Hand und drückt sie sanft. Finn wendet sich an Heiberg. »Du musst mich entschuldigen. Ich hätte dir gern etwas angeboten, mich gern länger mit dir unterhalten, aber ich muss mich jetzt beeilen und packen.«

Heiberg antwortet nicht, macht auch keine Anstalten, zu gehen. Er hält das leere Glas in beiden Händen, umfasst es, als wäre es ein Stock, legt die Finger übereinander, und Eivor befürchtet plötzlich, er könnte das Glas mit seinen bloßen Händen zerdrücken.

»Ich zieh mir mal was an«, sagt sie und tappst mit kurzen Schritten in ihrem eng umschlungenen Deckenrock den Flur entlang. Erleichtert schließt sie die Tür zum Wohnzimmer hinter sich. Sie betritt den Raum, lässt die Decke auf den Boden fallen und öffnet die Schranktür. In den Wochen, in denen Jossa hier bei ihnen gewohnt hat, hatte sie oft vor dieser Schranktür im Weg gelegen – warm und schwer und stur. Sie hatte mit ihren eisblauen Augen zu Eivor aufgesehen und begonnen, sanft mit dem Schwanz zu wedeln. Ihre Beine hatte sie unter ihren Rumpf geschoben, ihre Schnauze geradewegs in die Luft gestreckt und ihre Brust und ihre Kehle an Eivor geschmiegt. Ihr heißer Atem war zu Eivor emporgeströmt.

Sie bleibt lange im Schlafzimmer und wartet. Früher oder später muss Finn hereinkommen, um Wechselkleidung und andere Sachen zu holen oder zumindest um sich zu verabschieden. Doch als er sich nach einer knappen halben Stunde immer noch nicht hat blicken lassen, geht sie hinaus in den Flur. Bleibt stehen und lauscht. Draußen im Wohnzimmer ist alles still.

Sie öffnet die Tür und sieht ins Zimmer. Es ist leer, der Sessel unbesetzt.

»Finn?« Sie geht durch das Wohnzimmer in die Küche, doch auch da ist er nicht. Wieder durchquert sie das Wohnzimmer und geht zur Wohnungstür. Auch im Treppenaufgang ist es still, aber das Licht brennt. Sie schiebt die Füße in ihre Stiefel, die vor der Tür stehen, und eilt die kalte Treppe hinunter. Als sie die Tür öffnet und sich hinauslehnt, steht Finn bereits vorm Jeep. Anne Marie ist auch da, eingepackt in einen warmen Schaffellmantel – sie wird Finn und Bjørn offensichtlich begleiten. Reidar sitzt am Steuer, er wird die beiden wohl erst bis zum Sysselmannshof und dann hinaus nach Hotellneset fahren.

Heiberg läuft die Straße entlang – er trägt keine Mütze und sein Mantel flattert offen im Wind. Er ist auf dem Weg nach Haugen, die Skier in der einen Hand, die Stöcke in der anderen.

»Finn!«, ruft Eivor von der Tür aus. Sie zittert in ihren dünnen Sachen, die Kälte strammt ihren festen Griff um ihre Fußknöchel.

Finn hievt eine Tasche auf den Rücksitz des Jeeps und eilt auf sie zu, kommt in dem leuchtend gelben Dreieck, dass das Flurlicht nach draußen wirft, zum Stehen.

»Eivor«, sagt er, »wir müssen uns beeilen. Bjørn wartet.«

»Ich dachte, du sagst mir noch Tschüss.«

»Ja, aber jetzt sind andere Dinge wichtiger. Wir sprechen darüber, wenn ich wieder zurück bin.« Finn lehnt sich zur Tür herein und gibt ihr einen Kuss – rasch und trocken. Dann zieht er sich den Wolfspelz über den Kopf und eilt zurück zum Jeep.

In dem Moment, in dem der Wagen davonfährt, bleibt Heiberg auf dem Weg, der nach Haugen hinaufführt, stehen. Eivor sieht seine Silhouette in den Lichtern vom Funken, sie kann jedoch nicht erkennen, ob er zum Krankenhaus hinunter- oder dem Jeep hinterhersieht.

Am darauffolgenden Tag kommt Karen gleich nach dem Frühstück zusammen mit Jossa auf das Krankenhaus zu. Eivor ist mit den Kindern draußen im Schnee, und als Jossa sie erblickt, heult sie auf und zieht an der Leine. Karen lässt sie laufen, und die Hündin stürmt durch den Schnee auf Eivor zu. Die Mädchen kreischen und laufen weg, und Eivor verspürt plötzlich einen Schwall von Angst, als die riesige Hündin das letzte Stück in halsbrecherischer Geschwindigkeit auf sie zugaloppiert kommt. Jossa kommt abrupt und haarscharf direkt vor ihr zum Stehen und schmiegt sich an sie.

»Ich dachte, sie könnte bei dir sein, während Finn weg ist«, sagt Karen, nachdem sie die Kinder begrüßt hat. Sie steht im Schnee, Unni an der einen und Lisbeth an der anderen Hand.

»Hast du von ihnen gehört?«, fragt Eivor.

»Ja, ungefähr zur Morgendämmerung kam ein Telegramm. Die Operation ist gut verlaufen, aber sie bleiben beim Patienten, bis er stabil ist.«

»Wie lange wird das dauern?«

»Das stand nicht drin, und ich kann mir auch vorstellen, dass sie das zu diesem Zeitpunkt noch gar nicht abschätzen können. Sie schicken sicherlich heute im Laufe des Tages noch ein weiteres Telegramm, und dann rufe ich dich gleich an.«

»Wo ist Papa?«, fragt Unni. Sie hat diese Frage heute schon drei Mal gestellt, und Eivor hat versucht, es ihr zu erklären, ohne es gruselig klingen zu lassen. Diesmal wartet Unni nicht auf Antwort – stattdessen sagt sie: »Der Mann ist bestimmt gestorben, bevor Papa angekommen ist.«

»Also, Unni!«, entfährt es Karen. Sie setzt sich vor ihr in die Hocke. »Was sagst du denn da? Dem Mann geht es gut, das stand im Telegramm.« Sie streicht Unni über die Schulter, drückt sie sanft am Unterarm.

»Ich glaube, sie denkt noch an den Arbeiter, der bei dem

Unglück im Stollen gestoben ist«, sagt Eivor, nachdem sie Karen und Jossa hereingebeten und einen Kaffee aufgesetzt hat.

»Ja, so etwas hinterlässt einen Eindruck bei Kindern«, erwidert Karen und setzt sich an den Küchentisch.

Eivor tritt ans Fenster, um nach den Kindern zu sehen, die immer noch draußen vorm Krankenhaus spielen. Sie sitzen gemeinsam mit ein paar Jungs, die mit ihren Eltern auf Haugen wohnen, im Schnee und graben Löcher mit kleinen Schaufeln.

»Sie haben wohl schon geschlafen – als Heiberg hier war?«, fragt Karen.

Eivor dreht sich zu ihr um.

»Ja, warum?«

»Ich hab gehört, dass es nicht so leicht war, ihn loszuwerden.«

»Hat Finn das erzählt?« Eivor schiebt die Kaffeekanne zur Seite und lehnt sich an die Arbeitsplatte.

»Musste er ihn nicht lange überreden zu gehen und schließlich regelrecht die Treppe hinunterschieben? Das klang nach einer sehr merkwürdigen Situation.«

Eivor schweigt. Sie klammert sich an die Kante der Arbeitsplatte.

»Das hab ich nicht mitbekommen«, sagt sie. »Ich war dann schon gar nicht mehr im Wohnzimmer. Was hat er noch gesagt?«

»Er hatte keine Zeit, das Thema zu vertiefen, die Männer mussten los.« Karen steht auf, nimmt die Kaffeekanne, schenkt ihnen beiden ein und schiebt eine der beiden Tassen zu Eivor hinüber.

Eivor nimmt die Tasse und umklammert sie, wartet, dass der Kaffee abkühlt.

»Beim Kirchenkaffee nach dem Gedenkgottesdienst hat er

sich auch etwas merkwürdig verhalten«, fährt Karen fort und setzt sich wieder. »Du bist ja nicht da gewesen, aber Finn hat dir sicher davon erzählt.«

»Nicht so viel«, erwidert Eivor, plötzlich ist es ihr unangenehm, dass sie nichts über den Vorfall weiß. Sie hat nicht nachgefragt, hat es einfach ignoriert. Was gibt es da auch schon zu wissen? Was weiß Karen? Sie sieht Finns ernsten Gesichtsausdruck vor sich – der Alarm in seinem Blick, als Heiberg sich gestern in den Sessel gesetzt hat.

»Vielleicht gibt es gar nicht so viel zu erzählen«, sagt Karen zögerlich. »Wir haben also mit dem Konsul zusammengesessen. Das Gespräch verlief ein bisschen auf Norwegisch, ein bisschen auf Englisch, ein bisschen auf Russisch. Die Stimmung war gut. Nur Heiberg war ziemlich schweigsam. Hat nur dagesessen und uns angesehen, zum Gespräch hat er nichts beigetragen. Und dann ist er plötzlich aufgesprungen, hat sein Glas zerschmettert und ist abgehauen. Bjørn wollte ihm nachgehen, aber Finn meinte, es wäre schlauer, ihn gehen zu lassen. Er versteht Heiberg wohl am besten, glaube ich.«

»Das hat Bjørn auch zu mir gesagt. Damals, in den Osterferien.« Eivor nimmt ihre Kaffeetasse und setzt sich Karen gegenüber an den Tisch.

»Ja. Das war vielleicht eine Tour.« Karen lässt ein Zuckerstück in ihren Kaffee gleiten und rührt ihn um. »Zu dem Zeitpunkt ist uns langsam aufgegangen, dass Heiberg wahrscheinlich einer von denen ist, die für das Leben auf Spitzbergen nicht so gemacht sind. Wir kennen ihn jetzt seit fast einem Jahr und wissen, dass er so seine Launen hat. Die Russen haben ihn immer schon beschäftigt. Aber jetzt fragen wir uns, ob da doch mehr dahintersteckt als nur irgendwelche Launen. Finn sieht das wohl auch.«

»Ja, tut er das? Ich habe das ihm gegenüber einige Male angesprochen, aber entweder spielt er es herunter und gibt mir das Gefühl, ich würde übertreiben, oder er beruft sich auf seine Schweigepflicht.« Eivor verstummt. Sie nimmt ein Zuckerstück aus der Schale und rollt es zwischen den Fingerspitzen umher. Kleine Zuckerkörner rieseln auf die Wachstuchdecke.

»Vielleicht will er dich nicht beunruhigen«, vermutet Karen.

»Ich weiß nicht«, erwidert Eivor, fegt sich die Zuckerkörner in die Hand und lässt sie in den Kaffee fallen.

Sie hören das Klackern von Krallen auf den Holzdielen. Jossa kommt aus dem Wohnzimmer herein. Sie wedelt mit dem Schwanz und geht auf den Küchentisch zu, Eivor beugt sich über sie, legt die Arme um ihren Rumpf und drückt ihr Gesicht in Jossas Nackenfell. Die Hündin brummt leise.

Als Eivor sich aufrichtet, lächelt Karen.

»Das dürfte ich bei ihr niemals tun. Sie hat dich wirklich gern. Eigentlich müsste sie bei dir bleiben.«

»Was?« Eivor lässt ihre Hand über Jossas Rücken gleiten, während die Hündin unter den Tisch kriecht.

»Du solltest sie einfach behalten«, sagt Karen. Jossa lässt sich mit einem dumpfen Geräusch und einem schweren Seufzen unter dem Tisch nieder und legt ihren Kopf auf Eivors Fuß. Karen deutet mit einem Kopfnicken zur Hündin. »Siehst du das? Sie legt sich zu dir.«

Die Freude überkommt sie plötzlich und brutal, Eivor verstummt und bekommt vor Überraschung kein Lächeln über die Lippen. Sie blick hinab auf Jossas Pfoten, während sich die Wärme der Hündin auf ihre Füße überträgt.

»Du bist fast genauso still wie Jossa.« Karen lacht. »Man weiß nie recht, was du denkst. Willst du sie behalten? Du musst vielleicht erst Finn fragen?«

»Nein«, sagt Eivor sofort und verzweifelt allein bei dem

Gedanken, dass er nein sagen könnte. »Ich möchte sie sehr gern behalten. Ich bin mir sicher, dass er nichts dagegen hat. Aber was ist mit dir? Müsstest du nicht auch erst Bjørn fragen? Willst du sie wirklich einfach so weggeben?«

»Wir haben so viele Hunde um uns herum, der Huskyhof ist auch gleich nebenan. Und du hast viel mehr für sie übrig als wir.«

Eivor bringt nun doch ein Lächeln hervor und sieht hinab auf die Tischdecke. Sie erinnert sich daran, dass Karen einmal gesagt hat, man solle Hunden keine menschlichen Gefühle zuschreiben. Zu diesem Zeitpunkt hatte sich Eivor gefragt, ob Jossa nicht gelangweilt oder einsam war, nachdem sie aus ihrem Schlittenrudel herausgerissen worden war. An Karens Reaktion auf ihre Frage erkannte sie, dass sie eine falsche Einstellung zu Tieren hatte, nicht so, wie es auf Spitzbergen üblich war.

Karen sagt eine ganze Weile nichts, vielleicht wartet sie darauf, dass Eivor etwas sagt, aber nach einer kurzen Stille zählt sie Jossas Routinen und Launen auf, was Eivor tun sollte, wenn sie mal nicht gehorcht oder wenn ihr Bedürfnis nach Bewegung und Stimulanz überhandnehmen sollte. Trotz allem ist sie ein Husky, und Huskys sind keine einfachen Hunde. Jossa ist kein Labrador.

Ein neues Telegramm ist aus Hornsund eingetroffen. Der Patient ist noch immer nicht stabil und es wäre unverantwortlich für Finn, jetzt schon abzureisen. Er muss auf jeden Fall bis Ende des nächsten Tages auf der Forschungsstation bleiben. Das bedeutet zwei weitere Nächte allein. Bjørn und Anne Marie kommen mit der ›Nordsyssel‹ zurück, und Finn wird vom polnischen Schiff nach Hause gebracht werden, sobald er den Patienten verlassen kann.

In dieser Nacht liegt Jossa neben Eivors Bett. Normalerweise liegt sie draußen im Flur auf einem Teppich, aber Eivor hat den Teppich ins Schlafzimmer gelegt, sodass sie den Arm aus dem Bett hängen lassen und ertasten kann, ob die Hündin da ist.

Im Dunkeln tastet sie nach Jossa. Die Hündin ist sofort auf allen vieren und legt den Kopf auf die Matratze, während sie ihr tiefes Grollen von sich gibt. Eivor stützt sich auf die Ellbogen, krault ihr struppiges Fell und legt ihre Wange an Jossas Stirn. Sie atmet den strengen Hundeduft tief ein und muss wieder an Karens Bemerkung denken. *Das dürfte ich bei ihr nicht tun.* Erneut verspürt Eivor ein Kribbeln vor Freude – sie ist die Einzige, die darf. Als wäre Jossa gefährlich, bloß nicht für sie.

Die Hündin hechelt leise, das tut sie immer, wenn Eivor sie streichelt. Sie legt ihre schwere Tatze auf die Matratze und reckt den Kopf noch weiter nach vorn.

Am folgenden Tag geht Eivor ihre Skirunde mit Jossa, während die Kinder bei Marit in der Küche sind. Inzwischen liegt hoher Schnee, viele sind bereits auf Skiern unterwegs gewesen und haben Loipen gezogen, sodass man gut vorankommt. Sie hat sich Jossas Leine an den Gürtel gebunden, die Hündin zieht sie den Gletscher hinauf mit einer Stärke, die sich auf Eivors Körper überträgt.

Jetzt, wo Jossa ihr gehört, fühlt es sich ganz anders an, mit ihr unterwegs zu sein. Sie merkt es sofort, nach nur einem Tag. Gestern meinte Karen noch, dass es erst einmal eine Probezeit sein könnte und Eivor nur Bescheid sagen müsste, wenn es doch nicht ging.

Aber Eivor weiß, dass sie sie jetzt nicht mehr aufgeben kann. Während sie unterwegs sind, legt sie sich die Argumente zurecht, die sie Finn gegenüber anbringen wird. Sie sieht die Wand vor sich, die sich zwischen ihnen auftun würde, wenn er nein sagte.

In halsbrecherischer Geschwindigkeit rauscht sie die Hänge hinab Richtung Sverdrupbyen, sie hat eigentlich die Grenze ihrer Fähigkeiten erreicht, aber sie ruft Jossa kein Kommando zu, tut nichts, um sie aufzuhalten. Sie beugt die Knie, hält die Stöcke nah am Körper und gibt sich der Schwerkraft hin. Ihre Wangen werden taub im eisigen Wind, aber ihr ist warm an den Händen, warm in der Brust, sie schafft es, sie hält das Gleichgewicht. Dann flacht der Berg ab, sie richtet sich auf, stellt die Skier schräg, um etwas langsamer zu werden, spürt den aufstiebenden Schnee wie kleine Nadeln auf ihrem Gesicht.

Sie kommt nun ganz zum Stehen, und Jossa dreht sich zu ihr um, wedelt und will auf sie zutrotten, doch da erstarrt sie, wendet sich zu einer der Kasernen um und stellt den Schwanz auf, dass er gerade von ihrem Körper absteht. Sie knurrt und zieht an der Leine.

»Bleib!«, sagt Eivor und Jossa gehorcht, doch dann beginnt sie zu bellen. Eivor sieht sich um.

An dem roten Holzhaus, direkt vor der Grundmauer, kniet ein Mann und stützt sich mit der Hand an der Mauer ab. Er hält sich den Bauch und beugt sich vornüber. Jossa bellt erneut auf. Da dreht er sich zu ihnen um. Sein Gesicht ist ein weißer Halbkreis zwischen Mütze und aufgeknöpftem Kragen, sein Mund ein schwarzes Loch. Er beugt sich wieder vor, lässt von der Mauer ab und stützt seine Hand in den Schnee. Die Fenster des Hauses sind schwarz und leer, niemand außer ihm ist auf dieser Seite des Gebäudes.

»Entschuldigung?«, ruft Eivor. »Alles in Ordnung?«

Der Mann antwortet nicht und wieder geht ein Ruck durch

Jossas Leine. Diesmal lässt Eivor sich von ihr ziehen, aus der Loipe heraus durch den pudrigen Schnee. Jetzt kann sie das Stöhnen des Mannes hören. Vorsichtig gleitet sie näher.

»Entschuldigung?«, wiederholt sie. »Geht es Ihnen nicht gut?«

Erneut dreht er sich zu ihr um, und sie sieht noch deutlicher, wie bleich er ist. Sein Gesicht ist zu einer Grimasse verzogen, ein Schreckensantlitz, und Eivor verspürt den Impuls, zurückzuweichen. Im selben Moment presst er eine Antwort hervor.

»Nur ein bisschen Magenschmerzen.« Der Mann stützt sich im Schnee ab, kommt wieder auf die Beine, muss sich jedoch an die Wand lehnen. Er beißt die Zähne zusammen und atmet durch sie hindurch.

Sie steht ein Stück von ihm entfernt.

»Dann sollten Sie unbedingt den Arzt aufsuchen«, sagt sie. »Wie lange haben Sie denn schon Schmerzen?«

»Das wird schon vorbeigehen«, erwidert der Mann, doch im selben Moment erbricht er sich.

»Sie sollten zum Arzt«, wiederholt Eivor und greift fester um Jossas Leine, die die Schnauze in die Luft gereckt hat und zu den Spritzern des Erbrochenen will. »Es geht Ihnen wirklich nicht gut.«

Der Mann wischt sich den Mund an seinem Ärmel ab und dreht sich wieder zu ihr um. Sein Blick ist misstrauisch, beinahe verächtlich. Mühsam erhebt er sich und geht rückwärts um die Ecke des Gebäudes herum.

»Ich kann Sie zum Krankenhaus begleiten!«, ruft Eivor ihm nach.

Aber der Mann antwortet nicht, er hebt nur den Arm und macht eine Bewegung, als wolle er sie verscheuchen, bevor er hinter der Hausecke verschwindet.

Eivor steht da, unsicher, was sie tun soll. Hat sie sich falsch verhalten? In dieser Situation hätte Finn mit Wärme und Autorität agiert, hätte dem Mann ein Gefühl von Sicherheit gegeben, wäre zu ihm gegangen, hätte eine Hand auf seine Schulter gelegt und sich ruhig nach seinem Befinden erkundigt. Wahrscheinlich hätte er ihn nicht einmal gesiezt.

Jossa wird ungeduldig, sie stampft mit den Pfoten und sieht Eivor auffordernd an. Schließlich nimmt sie ihre Skistöcke, holt Schwung und gleitet um das Gebäude herum. Der kranke Mann ist fort.

Als sie zurück zum Krankenhaus kommt, klopft sie an Reidars Sprechzimmertür. Sie beschreibt ihm, was sie gesehen hat, und ehe sie es sich versieht, steht er auf, um sich für die Abfahrt nach Sverdrupbyen fertig zu machen.

»Hast du irgendeine Idee, wer das gewesen sein könnte?«, fragt er.

Doch Eivor kann ihm nur das Äußere des Mannes beschreiben – sie hat keine Ahnung, wer dort oben in den Stollen arbeitet, weiß keine Namen und kennt niemanden.

Am späten Abend klopft es an der Wohnungstür. Die Kinder schlafen, und Eivor spürt sofort Widerwillen, sie würde am liebsten gar nicht öffnen. Ist das schon wieder Heiberg? Sie erinnert sich an den König von Lilletorv, an die großen Augen im Türspalt, doch hier gibt es keine Kette, die man vorhängen kann, hier bleibt einem nichts anderes übrig, als zu öffnen.

Doch es ist Reidar, der vor der Tür steht – er sagt, er sei gerade unten in der Klinik fertig geworden und ob es ihr gerade passe, Besuch zu empfangen.

»So ein Kaffee wäre jetzt nicht verkehrt, bevor ich nachher wieder runtermuss. Es wird sicher spät werden heute.«

Eivor lässt ihn herein, Jossa kommt und schnuppert an ihm, dann rollt sie sich auf dem Boden zusammen, legt den Kopf unter den Klavierhocker.

»Was hat ihm gefehlt?«, fragt Eivor und geht in die Küche, um den Kaffee aufzusetzen.

»Vermutlich Nierensteine.« Reidar lehnt sich an den Rahmen der Küchentür. »Zum Glück haben die Schmerzen nach einigen Stunden nachgelassen. Ich behalte ihn über Nacht da.«

»Sind Nierensteine nicht ziemlich gefährlich?«

»Sie können es werden, ja. Vor allem sind sie unglaublich schmerzhaft. Gut, dass du mir Bescheid gesagt hast. Als ich in Sverdrupbyen ankam, hatte er sich erneut übergeben und lag bewusstlos im Flur vor seinem Zimmer.«

Eivor sieht den Strahl von Erbrochenem vor sich, der aus dem Mund des Kranken hervorschoss, und erschaudert.

Sie setzen sich aufs Sofa und Reidar erklärt ihr, was es mit Nierensteinen auf sich hat. Der Mann hatte über einen längeren Zeitraum Blut im Urin, und sein Zustand hätte kritisch werden können, wenn die Steine sich erst einmal im Harnleiter ablagerten.

»Die Nierensteine dieses Mannes sind so groß, dass er früher oder später sicherlich operiert werden muss, aber wenn es dazu kommt, ist Spitzbergen nicht der richtige Ort dafür«, sagt er und erklärt, mit welcher Art von Chirurgie Nierensteine entfernt werden.

»Du bist genauso schlimm wie Finn«, unterbricht ihn Eivor.

»Wie?« Reidar lacht.

»Er muss auch jedes Mal Operationen beschreiben. Das ist schrecklich.« Eivor schüttelt und windet sich. »Ich kann das nicht mit anhören.«

Reidar legt den Kopf schräg und hebt kaum merklich die

Augenbrauen. Er nimmt eine Schachtel Teddy aus der Innentasche seiner Jacke, klopft sie zwei Mal auf den Tisch und hält sie Eivor hin.

Sie nimmt eine Zigarette aus der Packung. Jetzt hat sie zu viel gesagt, zu viel von sich preisgegeben. Sie nimmt das Feuerzeug von dem kleinen Ecktischchen mit dem Blumentopf, zündet sich die Zigarette an und wechselt das Thema – sie fragt ihn, ob er wisse, wann der Fjord zufrieren wird.

»Bald«, sagt er. »Das Innere der Fjorde ist schon überfroren, an den Deltas. Ich glaube, das wird jetzt ziemlich schnell gehen.« Er macht eine Pause, zündet sich auch eine Zigarette an. »Aber mach dir keine Sorgen, das wird nicht passieren, bevor Finn wieder zurück ist.«

»Nein, darüber habe ich mir gar keine Sorgen gemacht«, erwidert Eivor, sie hat das Bedürfnis, zu betonen, dass sie nicht immer diejenige ist, die nichts weiß, die diesen Ort nicht versteht.

Reidar schenkt sich Kaffee nach, deutet aber auch mit einem Kopfnicken Richtung Servierwagen.

»Verlockend, so nah an den Leckereien zu sitzen. Eigentlich habe ich darauf ja mehr Lust als auf Kaffee. Es ist nicht leicht, Wand an Wand mit Audun zu leben. Der Kerl hat nie Nachtschichten und arbeitet viel weniger als ich. So kommt es mir jedenfalls vor! Er lockt mich, sooft er kann, auf irgendwelche Feste. Erinnerst du dich an das Kokain, von dem ich dir erzählt habe? Audun hat mich schon mehrmals agitiert, er findet es verwerflich, dass es weggeschlossen ist.«

»Es ist also wirklich weggeschlossen, ja?« Eivor grinst und nimmt einen neuen Zug von ihrer Zigarette.

»Selbstverständlich! Vollständig außer Reichweite.« Reidar schlägt die Beine übereinander, die Hand mit der Zigarette ruht auf seinem Knie. Er sieht ihr direkt in die Augen. Wieder kommt es ihr so vor, als wolle er sie testen, abschätzen, worüber er mit ihr sprechen, was er ihr anvertrauen kann.

»Ja, ja«, sagt sie und beugt sich zum Aschenbecher vor, »dann versteh ich, warum du bei mir geklopft hast und nicht bei ihm. Wenn du vermeiden willst, auf einer Feier zu landen.«

Doch Reidar lacht und erzählt, dass Audun ohnehin nicht zu Hause sei, dass er sicherlich einer Dame einen Besuch abstatte.

»Inga?«, fragt Eivor.

»Ja, ich denke schon.«

Eivor schiebt die Zigarettenschachtel auf dem Tisch zur Seite, legt das Feuerzeug daneben, sodass sie eine Linie bilden, und lehnt sich wieder im Sofa zurück.

»Wer von euch ist eigentlich Jennys Arzt? Du oder Finn?«

Reidar bläst den Rauch aus und zögert einen Augenblick.

»Kommt drauf an, wer gerade Schicht hat.«

»Kann das nicht kompliziert werden?«

»Inwiefern?«

»Jetzt stellst du dich aber dumm.« Eivor lächelt.

Da muss auch Reidar grinsen, er schüttelt den Kopf und sagt, er wisse, was sie meine.

»Das zwischen uns ist nichts Ernstes. Und das zwischen Audun und Inga auch nicht.« Er nimmt einen neuen, tiefen Zug von seiner Zigarette und bläst den Rauch aus der Nase. »Eigentlich sind wir nur befreundet. Und haben Spaß zusammen.«

Eivor hat Lust einzuwerfen, dass das wohl trotzdem ein Problem sei, doch sie weiß auch, dass es schwer ist, in Longyearbyen Grenzen einzuhalten. Anonymität existiert nicht – die Ärzte müssen dieselben Menschen behandeln, mit denen sie ihre Freizeit verbringen. Auch sie geht zu Finn, wenn sie

Beschwerden hat. Er hat vorgeschlagen, dass sie auch Reidar aufsuchen könne – und erinnerte sie im Scherz an Lisbeth und Unni, die wie am Spieß geschrien hatten, als er sie selbst gegen Kinderlähmung impfen wollte. Reidar, der dazukam, um zu sehen, was los war, musste ihnen schließlich die Spritzen setzen, und das ging viel leichter. Ab und zu sei man mit einem Arzt, der einem nicht so nahesteht, besser beraten, hatte Finn betont.

Jetzt stellt Eivor sich vor, wie sie vor Reidars Sprechzimmer wartet, wie er sie in seinem weißen Kittel hereinbittet, sich hinter seinen Schreibtisch setzt und sie fragt, was ihr fehlt. Wie sie ihren Pullover auszieht, damit er ihre Lungen abhören kann. Wie er auf seinem Stuhl näher rückt und das Stethoskop an ihr Brustbein legt.

Und plötzlich fühlt es sich falsch an, dass er hier bei ihr im Wohnzimmer ist, zu nah. Es ist still im Raum, es spielt keine Musik, so wie sonst, wenn sie Besuch haben.

Eivor will gerade etwas sagen, doch dann geht die Tür zum Flur auf. Da steht Unni in ihrem Nachthemd. Ihr Haar ist zerzaust und die Wangen sind rosa und leicht angeschwollen vom Schlafen, aber ihre Augen, mit denen sie Eivor und Reidar anstarrt, sind hellwach.

»Ich bin aufgewacht«, sagt sie.

Jossa krabbelt unter dem Klavierhocker hervor und tappst wedelnd auf Unni zu. Eivor steht ebenfalls auf und geht zu ihr, setzt sich vor ihr in die Hocke und legt die eine Hand auf den Rücken der Hündin, die andere an Unnis Wange. Sie beäugt Reidar mit seiner Zigarette und der Kaffeetasse auf dem Sofa, und Eivor fragt, ob Unni Angst bekommen hat, ob Lisbeth schläft, ob sie etwas trinken will. Sie spricht mit milder, heller Stimme.

Der Turnwettbewerb findet im Huset statt und alle wollen zusehen. Die Zeitung hat vorab das Programm abgedruckt, dann nach dem Wettbewerb folgen Unterhaltung und Feierlichkeiten, und offenbar will Longyearbyen es sich nicht nehmen lassen, sich für den zünftigen Empfang im Mai in Barentsburg zu revanchieren.

Karen ruft am Morgen des Wettbewerbs an und fragt Eivor, ob sie zum Sysselmannshof kommen und sie und Bjørn zu dem Fest begleiten will, das später am Abend für die russischen Gäste ausgerichtet wird.

Eivor lehnt dankend ab, sie ist allein mit den Kindern und will Marit nicht auch heute Abend noch mit Beschlag belegen.

Auf der Treppe zum Waschkeller trifft sie Anne Marie. Sie fragt Eivor, ob sie sie zum Huset begleiten wolle, um sich gemeinsam den Wettbewerb und das nachfolgende Unterhaltungsprogramm anzusehen.

»Marit kommt auch mit«, sagt Anne Marie.

»Ich muss mich um die Kinder kümmern«, sagt Eivor.

»Ach ja, das habe ich vergessen.« Anne Maries Ton ist heiter, sie geht einige Stufen weiter die Treppe hinauf, dreht sich jedoch noch einmal zu Eivor um. »Dann ein andermal.« Ihre weißen Schuhe klackern leicht auf den Stufen, und dann verschwindet der hellblaue Krankenschwesternrock durch die weißen Türen, die in die Klinik führen.

Eivor stützt den Wäschekorb auf der Hüfte ab, geht die letzten Stufen hinab in den Keller und den Gang entlang in die Waschküche. Der Korb ist voller Kinderkleidung. Sie hat länger nicht gewaschen. Die Mädchen tragen gerade ihre letzte Wäsche. Im Moment sind sie mit Jossa allein in der Wohnung. Sie verabscheuen den Waschkeller noch mehr als Eivor. Vielleicht hat sie ihnen ihre Kellerangst vererbt. Es ist keine übliche Kellerangst – hier gibt es keine Insekten, keinen Schimmel, keinen Dreck. Aber diese sterile Grünfarbe der Wände, die Schwere, die in ihnen liegt, das feuchte Rumpeln der Maschinen, der eiskalte Boden lösen etwas in ihr aus.

Zum Glück ist die beste Waschmaschine gerade nicht in Benutzung. Eivor stellt die Wäsche, so schnell es geht, an. In zwei Stunden muss sie wieder hier hinunterkommen, um sie aufzuhängen.

Auf dem Weg zur Treppe muss sie an der Isolation vorbei, an ein paar Lagerräumen und an dem Zimmer, das während der Polarnacht als Solarium genutzt wird. Direkt neben der Treppe befindet sich die Tür zur Zahnklinik. Oft sitzen Patienten im Flur und warten, aber heute ist niemand hier.

Gerade als sie die Hand auf das Treppengeländer legt und die Treppe hinaufsteigen will, schwingt die Tür mit einem Knall auf und Heiberg kommt herausgestürmt. Er bleibt abrupt stehen, als er sie sieht, wirkt für einen Moment wie erstarrt, dann nickt er ihr zu.

»Guten Morgen.«

»Guten Morgen«, erwidert sie. »Zahnarzttermin?«

»Ja«, antwortet er. »Mit meinem Zahnfleisch stimmt etwas nicht.«

»Ach ja?«

Heiberg nickt. Und urplötzlich rammt er sich zwei Finger in den Mund, schiebt die Oberlippe hoch, sodass seine Zähne zu sehen sind. Dann lässt er die Hand wieder sinken.

»Ich brauche professionelle Hilfe, damit es aufhört zu bluten.«

Eivor nickt nur, spürt, wie ihr Herz rast, und bleibt wie angewurzelt stehen, während er kehrtmacht und auf den Hauptausgang zugeht. Sie hat kein Blut gesehen, nur seine gelblich weißen Zähne und glänzendes Zahnfleisch, ein Spuckefaden zwischen den beiden Fingern, als er sie wieder aus dem Mund zog.

Am darauffolgenden Morgen weht der Wind aus Nordwesten. Das bedeutet, Finn wird auf seiner Heimreise Gegenwind haben. Die Temperatur ist kräftig gesunken, und keines der Mädchen hat Lust, lange draußen zu spielen. Wenn sie mit Jossa rausgehen will, muss Eivor die Kinder bei Marit absetzen, und diesmal muss sie ihr versprechen, schnell wieder zurück zu sein.

»Heute ist viel los, weißt du?«, erklärt Marit, »da auch gerade nur ein Arzt hier ist.«

Auf dem Weg nach draußen stößt Eivor beinahe mit Reidar zusammen – er wirft ihr ein rasches Lächeln zu und geht einen Schritt zur Seite. Kurz darauf muss sie abbremsen, um Platz für Bjørg zu machen, die in rasender Geschwindigkeit mit einem Wagen voller Instrumente den Korridor entlanggerannt kommt.

Eivor hat beschlossen, jemandem von ihrer Begegnung mit Heiberg zu erzählen – vielleicht Reidar oder Marit. Sie hat auch überlegt, mit Audun zu sprechen, da er es war, der Heiberg am Tag zuvor behandelt hat. Aber was sollte sie sagen? Auch sie werden denken, das Eivor Dinge kommentiert, von denen sie keine Ahnung hat. Und sie kann schlecht die Leute bei der Arbeit stören.

Eivor dreht eine kurze Runde mit Jossa, sie läuft mit kurzen Schritten, um sich im eisigen Wind warm zu halten, und schließlich geht sie hinunter zum schneebedeckten Sportplatz und legt sie an die Schleppleine. Aber Jossa hat kein Interesse daran, nur hier unten über den Platz zu laufen. Sie braucht ein Ziel. Für eine Weile trottet sie Eivor still hinterher. Dann bleibt sie stehen und sieht sie an. Sie will mehr.

Eivor hat gerade die Reste des Abendessens weggeräumt und es sich mit ihrem Buch im Sessel am Fenster gemütlich gemacht, als sie endlich Finns Schritte auf der Treppe hört.

Sie legt ihr Buch zur Seite und steht auf. Jossa kriecht unter dem Tisch hervor und läuft mit anmutigen Wolfsschritten auf die Wohnungstür zu. Dort bleibt sie stehen und ist somit das Erste, was Finn sieht, als er hereinkommt.

»Hat Jossa dir Gesellschaft geleistet, während ich weg war?«, fragt er mit freudiger Stimme. »Wie schön.« Er geht in die Hocke, um die Hündin zu begrüßen, sie schnüffelt an ihm und lässt sich von ihm streicheln, bevor sie sich wieder hinlegt.

»Karen hat sie vorbeigebracht«, sagt Eivor und Finn umarmt sie flüchtig. Und natürlich will sie ihm erzählen, dass sie Jossa übernommen hat, warum sollte sie damit auch warten. Doch dann kommen die Mädchen ins Wohnzimmer gelaufen, fallen ihm eine nach der anderen um den Hals, er hebt sie hoch und wirbelt sie durch die Luft, und dann wollen sie ihm erzählen, was ihre Puppen alles erlebt haben, wollen ihm ihre Zeichnungen zeigen und ein Hüpfspiel vormachen, das sie sich selbst ausgedacht haben.

Jossa schleicht sich in die Küche, um dem ganzen Trubel zu entkommen, und Eivor folgt ihr. Sie hockt sich neben die Hündin und schlingt die Arme um sie. Geht noch einmal ihre Argumente durch.

Als die Kinder im Bett sind, erzählt Finn, was in Hornsund passiert ist. Ein Bär war durch die Tür eines Holzschuppens eingebrochen, in dem auch gefrorenes Robbenfleisch für die Hunde in einem Fass gelagert wurde. Jemand hatte vergessen, den Deckel richtig aufzusetzen, also hatte der Bär den Fleischgeruch wahrscheinlich in die Nase bekommen. Und er war blitzschnell – hatte die Schuppentür zu Kleinholz verarbeitet und den Mann gepackt, der gerade Feuerholz holen wollte, hatte ihn fast vierzig Meter mitgeschleift und ihm dann mit der Tatze einen kräftigen Schlag verpasst. Er wurde dann schließlich durch Warnschüsse, die aus einem Fenster im Haupthaus abgefeuert wurden, verjagt. Doch er lief nicht weit, musste also doch erschossen werden, bevor einer der anderen Männer es wagte, sich dem verletzten Kameraden zu nähern.

»Er war ziemlich schwer verletzt – ein gebrochenes Schlüsselbein, Blutungen am Oberkörper und nicht zuletzt Verletzungen am Kopf. Sein Ohr war beinahe komplett abgetrennt. Aber er war bei Bewusstsein, als der Teddy ihm eine gelangt hat. Kannst du dir das vorstellen? Das soll wohl alles ziemlich schnell gegangen sein. Und er hat den Bären wohl auch nicht gehört, bevor die Tür plötzlich zerschmettert ist.«

Eivor schweigt, sie ballt die Hände in ihrem Schoß zur Faust, und Finn erzählt weiter, bis er plötzlich mitten im Satz innehält und seine Hand auf ihren Unterarm legt.

»Hab keine Angst. Bären kommen viel häufiger nach Hornsund als hierher.«

Sie nickt. Sie hat Lust, ihn an den Bären vor den Hundezwingern zu erinnern, aber sie weiß schon, dass er seine Predigt wiederholen wird – dass es äußerst ungewöhnlich ist, dass Bären nach Longyearbyen kommen, dass es keinen Grund zur Beunruhigung gibt.

Wie viele Schüsse mussten fallen, bevor der Bär in Hornsund getötet wurde? Das hat Finn nicht erwähnt, aber er hat angeblich versucht, sich verwundet davonzuschleppen, und sie sieht das schwere Tier vor sich, wie es sich durch den Schnee kämpft, wie der Schnee sich rot färbt.

Sie erwachen bei minus zwanzig Grad, noch stärkerem Wind und Schneegestöber. Die Sicht ist so schlecht, dass gar nicht davon die Rede sein kann, überhaupt bis zum Sysselmannshof zu gehen. Jossa wird rastlos, wenn sie nicht nach draußen kann, sie jault leise und tigert im Wohnzimmer auf und ab, bis Eivor sich dick einpackt, um ein paar Runden mit ihr um das Krankenhaus herumzugehen. Finn wundert es bei diesen Wetterverhältnissen nicht, dass die Hündin noch eine weitere Nacht bei ihnen bleibt.

Der starke Wind hält zwei Tage an, die Temperatur bleibt niedrig, und lange Ausflüge sind nicht möglich. Eivor schiebt es immer weiter hinaus, Finn zu erzählen, dass Jossa nicht zu Karen und Bjørn zurückkehren wird.

Jetzt gibt Jossa sich nicht mehr damit zufrieden, wie bisher auf dem Flur zu schlafen, und Finn hat zugestimmt, dass sie die Hundedecke ans Fußende des Doppelbetts legen können. Doch wenn sie morgens aufwachen, liegt Jossa direkt neben Eivor auf dem Boden. Sobald sie hört, dass jemand wach ist, steht sie auf, legt die Pfoten auf Eivors Bettdecke und streckt den Kopf zu ihr.

»Du siehst glücklich aus«, sagt Finn am dritten Tag nach seiner Rückkehr. Er steht mitten im Zimmer und zieht sich seinen Morgenmantel über, sie liegt auf dem Rücken und lächelt. Jossa hat ihren großen Kopf auf ihren Bauch gelegt.

»Sie ist meine Hündin«, sagt Eivor, tastet sich mit diesem Satz vor, will es ihm zu verstehen geben, ohne es auszusprechen.

Finn kommt zu ihr, setzt sich neben Jossa auf die Bettkante. Er beugt sich vor, um Eivors Hand zu nehmen, aber Jossa ist zwischen ihnen, sie dreht den Kopf zu ihm und stupst ihn an, bevor sie sich wieder an Eivor schmiegt und mit dem Schwanz wedelt.

»Sie ist eifersüchtig!« Finn lacht.

Eivor setzt sich im Bett auf und beugt sich über Jossa. Gibt ihr einen Kuss auf die Stirn. Die Hündin brummt leise und schleckt Eivor über die Nase, dann flitzt sie hinaus in den Flur. Draußen ist der Wind etwas abgeflaut, und Eivor weiß, dass sie heute mit der Sprache rausmuss.

Und sie beginnt damit, ihre Argumente aufzuzählen. Sagt, dass sie sich mit Jossa an ihrer Seite sicherer fühlt, dass sie mit einer Hündin wie ihr mehr Bewegungsfreiheit hat und längere Ausflüge machen kann. Sie erwähnt, dass sie sich weniger einsam fühlt, weniger überdrüssig. Sondern stärker, mehr wie sie selbst. Sie spricht Dinge an, für die sie normalerweise keine Worte findet, und während sie spricht, sieht sie, wie Finn zu lächeln beginnt, doch in seinen Augen zeichnet sich auch Verwunderung ab.

Schließlich ist sie fertig mit ihrem Plädoyer, sie sitzt einfach nur da, die Hände auf der Bettdecke. Sie hat immer noch nicht direkt ausgesprochen, dass Karen ihr Jossa geschenkt hat, aber das ist wohl deutlich genug.

»Hast du etwa geglaubt, dass ich es dir verbieten würde?«, fragt er.

»Was?«

»Ich weiß doch schon längst, dass du Jossa behalten darfst, ich verstehe nur nicht, warum es dir so schwergefallen ist, mir davon zu erzählen.«

Jossa taucht wieder an der Tür auf, sieht die beiden an, muss niesen. Dann verschwindet sie wieder.

»Ich habe mit Bjørn telefoniert, da hat er es mir gesagt«, sagt Finn. »Ich hab mich also nur gefragt, wann du es mir endlich erzählen willst. Ich habe natürlich nichts dagegen, dass Jossa bei uns lebt, solange du meinst, dass du sie und die Kinder unter einen Hut bekommst.« Er streckt die Hand aus, um ihr übers Haar zu streichen, aber Eivor fängt sie in der Bewegung ab, hält sie fest und drückt ihren Finger in das Fleisch zwischen Daumen und Zeigefinger. Überrascht sieht er sie an.

Sie hält ihn einen Augenblick so fest, dann lässt sie ihn los, schlägt die Decke zur Seite und will an ihm vorbei, doch dann ist er es, der nach ihrer Hand greift.

»Was ist denn?«, fragt er. »Ich verstehe dich nicht.«

Eivor schüttelt den Kopf, versucht, sich aus seinem Griff zu befreien, aber er hält sie fest.

Eivor lehnt ihre Stirn an seine Schulter. Sie schweigt. Er hat sie überlistet, alle Karten offen auf den Tisch zu legen. Hat es die ganze Zeit gewusst, mit anderen darüber gesprochen, über sie gesprochen.

Draußen im Flur klackern Krallen über den Boden, Jossa kommt zurück, um nachzusehen, wo sie bleibt.

KAPITEL 8

Die Sonne verschwindet einige Tage später zum letzten Mal hinter dem Horizont, doch man merkt kaum einen Unterschied. Das Tal liegt schon seit Wochen im Dunkeln.

Als der letzte Kohledampfer Ende Oktober in Tromsø ablegt, liegt eine dünne Eisschicht über dem Adventfjord, und der Eisbrecher muss eine Schneise ins Eis pflügen, damit das Boot in Hotellneset anlegen kann. An Bord ist die letzte Postsendung vom Festland und eine Ladung Weihnachtsbäume. Alle Bewohner Longyearbyens, die Weihnachtsgeschenke zu ihren Familien auf dem Festland schicken wollen, müssen sie auf dieses Boot bringen.

Diejenigen, deren Arbeitsverträge nicht verlängert wurden, müssen auch mit diesem Boot abreisen. Der Mann mit den Nierensteinen ist unter ihnen. In Absprache mit Reidar entschied Finn, dass es nicht vertretbar war, ihn überwintern zu lassen. Finn lobte Eivor noch einmal dafür, dass sie die Sache in die Hand genommen hatte, obwohl sie lediglich Reidar Bescheid gesagt hatte.

Finn will nach Hotellneset fahren, um das letzte Boot ablegen zu sehen – er will es zu etwas Besonderem für die Mädchen machen, ein großes Ereignis, aber Eivor kommt nicht mit, sie nutzt die Gelegenheit, um mit Jossa einen Ausflug zu machen. Sie steht auf der Anhöhe über Skjæringa und sieht das Boot von dort aus ablegen.

An Bord liegt ein kleiner Stapel Briefe – sie hat an ihre Mutter geschrieben, an ihre Tante, an Freundinnen. Es sind Wünsche für ein gesegnetes Weihnachtsfest und ein schönes neues Jahr, obwohl es erst der erste Novembertag ist. Sie hatte gedacht, hier oben viel mehr Zeit zum Briefeschreiben zu haben, doch sie ist oft nicht dazu gekommen, und sie selbst hat auch nicht so viel Post aus der Heimat erhalten, zumindest nicht von Freundinnen. Und jetzt kommt der Winter und sie ist nicht mehr zu erreichen.

Es ist fast windstill, der Wimpel hängt träge am Fahnenmast unten am Sysselmannshof. Die Kälte ist eine stille Kraft. Sie dringt langsam in ihre Kleidung und durch ihre Haut hindurch, in ihr Blut, in ihre Muskeln, ihre Beine.

Am Tag nach dem letzten Boot wird im Huset das Herbstfest gefeiert – das Gegenstück zum Sonnenfest im Frühling. Diesmal hat Reidar Bereitschaft im Krankenhaus, und Finn und Eivor können gemeinsam zum Fest gehen, während Bjørg die Kinder hütet.

Sie treffen früh im Huset ein, schon vor Beginn des Unterhaltungsprogramms, und haben noch Zeit, Lose am Basar zu kaufen. Dann spielt das Blasorchester, die Theatergruppe tritt auf und der Frauenchor singt eine Auswahl an Liedern. Eivor ist schon mehrmals eingeladen worden, diesem Chor beizutreten, und Finn war auch ganz begeistert von dieser Idee.

Nach dem Unterhaltungsprogramm will Finn am Wettbewerb im Pfeilwurf teilnehmen und schließt sich einer Gruppe Jungs aus dem Turnverein an. Sie liefern ab und kommen bis ins Finale. Eivor sitzt auf einer Bank an der Wand und schaut ihnen zu. Es ist so heiß hier, dass sie ganz schläfrig wird. Sie lehnt den Kopf an die Wand und lässt sich davontreiben, lässt die Umgebung zu einer Unterwasserlandschaft werden.

»Eivor – sitzt du hier und schläfst?« Finn steht vor ihr und lacht, ein Stück weiter hinten stehen seine Turnkameraden und grinsen. »Es ist wohl besser, wenn wir uns ein bisschen bewegen!«

Das Fest im Café ist schon in vollem Gange, als sie die Treppe hinunterkommen, aber Finn schlägt vor, lieber zum Funken zu spazieren und zu sehen, ob etwas Leben im Kaminzimmer ist.

»Das hier ist vielleicht nicht unsere Art von Fest«, sagt er und deutet mit einem Kopfnicken Richtung Café, von wo der Lärm zu ihnen herüberschallt.

Direkt vorne an der Tür stehen drei Männer, die Arme umeinandergelegt, die Bierflaschen erhoben, und grölen eine undefinierbare Melodie. Weiter hinten im Café entdeckt Eivor Inga und Audun, sie sitzen mit einigen anderen zusammen, die Eivor nicht kennt, vielleicht Neuankömmlinge. Jenny ist nicht dabei – sie ist wieder zurück aufs Festland gereist. Eivor hat Marit und Bjørg neulich darüber reden hören. Anscheinend werden viele der Messemädchen gerade ausgetauscht.

»Kommst du, Eivor?«, fragt Finn, er steht an der Ecke zur Garderobe, hat bereits ihren Schaffellmantel in der Hand und hält ihn ihr entgegen.

Sie lässt sich von ihm in den Mantel helfen und nimmt ihm Schal und Fäustlinge ab.

»Wenn wir noch zum Funken wollen, muss ich aber erst mit Jossa raus«, sagt sie und stopft die Enden des Schals in den steifen Kragen. »Und sollten wir Bjørg nicht ablösen?«

»Es ist noch früh«, erwidert Finn. »Sie hat sicherlich nichts dagegen, noch ein bisschen im Wohnzimmer zu sitzen und

Kreuzworträtsel zu lösen. Wäre es nicht nett, ein paar Leute zu treffen, jetzt, da schon jemand die Kinder hütet?«

Eivor antwortet nicht, hakt sich bei ihm ein und tritt mit ihm gemeinsam hinaus in die Kälte. Wenn sie unten am Krankenhaus angekommen sind, kann sie immer noch sagen, dass sie zu Hause bleibt, dass Jossa sie braucht.

Sie sehen ihn sofort, als sie die Ecke des Krankenhauses umrunden. Heiberg steht vor ihrem privaten Eingang an der Giebelseite des Gebäudes, die Hände an der Tür abgestützt, den Kopf vornübergebeugt, so tief, dass es aussieht, als wäre er geköpft worden. Seine Schultern sind ins Licht der Außenlampe getaucht.

»Heiberg!«, ruft Finn.

Heiberg lässt von der Tür ab und dreht sich um. Sein Körper ist schwarz, aber seine Konturen leuchten, sein Haar liegt wie ein dünner, goldener Kranz um sein Gesicht.

»Da seid ihr ja«, sagt er und tritt einen Schritt nach vorn.

»Wir waren beim Herbstfest«, erklärt Finn und stellt sich halb vor Eivor. »Wir haben dich dort vermisst. Ist alles in Ordnung?«

»Ja. Aber ich hab ein Problem, und ich hoffe, du kannst mal einen Blick drauf werfen.«

»Was für ein Problem?« Finn tritt näher.

Heiberg räuspert sich, bleibt auf dem Türabsatz stehen.

»Das will ich jetzt nicht ausführen, solange wir nicht allein sind.«

»Nein, das versteh ich, aber kannst du mir kurz erklären, worum es geht?« Finn spricht deutlich und behutsam.

Heiberg schüttelt den Kopf. Er ballt die Hände zu Fäusten und öffnet sie wieder, als wäre ihm kalt. Und es ist wirklich kalt, hier zu stehen, Eivor spürt es am ganzen Körper. Wieso hat Heiberg hier draußen auf sie gewartet, wieso ist er nicht in den Treppenaufgang gegangen? Oder vielleicht ist er sogar oben gewesen, hat angeklopft und ist dort auf Bjørg getroffen? Hat er die Kinder geweckt? Jossa aufgeschreckt?

»Jetzt hör mal – es ist wirklich spät!«, sagt sie und geht ebenfalls einen Schritt auf ihn zu. Im Augenwinkel sieht sie, dass Finn ihr einen warnenden Blick zuwirft. Dann stellt er sich wieder vor sie, dass er sie halb verdeckt.

»Das stimmt, es ist ziemlich spät. Kann das vielleicht bis morgen warten? Komm doch einfach vorbei, mein Sprechzimmer ist offen.«

»Ich möchte das lieber heute Abend besprechen.« Heiberg geht rückwärts auf dem Treppenabsatz bis an die Tür, versperrt sie regelrecht. Der Schein der Lampe lässt seine Nase lang und kantig wirken, wie ein schwarzer Schnabel ragt sie aus seinem Gesicht.

»Wir müssen leider bis morgen warten, außer es handelt sich um einen Notfall...?«, sagt Finn zögernd.

Eivor zieht ihn am Ärmel, sie kann seine Vorsicht jetzt nicht ertragen, warum bietet er Heiberg überhaupt erst dieses Schlupfloch an? Finn reißt sich los und wiederholt die Frage – ob es ein Notfall sei?

»Ja«, antwortet Heiberg, »ich brauche jetzt Hilfe.« Echte Verzweiflung schwingt in seiner Stimme mit, und heute Abend steht er nicht so aufrecht da wie sonst – seine Schultern hängen, die Arme sind schlaff.

Finn führt ihn schließlich in den kleinen Flur und von dort aus durch die Tür in die Klinik. Eivor geht die Treppe zur Wohnung hinauf, öffnet die Tür und wird von Jossa begrüßt. Sie muss sich hinhocken und sie festhalten, um das Begrüßungsjaulen zu dämpfen – es ist seit Jossas Einzug kräftiger geworden.

Heiberg ist oben gewesen und hat angeklopft, bestätigt Bjørg.

»Ich habe ihm erzählt, dass ihr drüben im Huset seid, und da hat er sich in der Tür umgedreht und gesagt, dass er dann auch dort vorbeigehen wird. Habt ihr ihn da getroffen?«

»Nein, vor der Tür«, sagt Eivor, und sie will gerade noch etwas hinzufügen, doch Bjørg hat offensichtlich nicht viel mehr mitbekommen, und als sie sich nach Finn erkundigt, sagt Eivor lediglich, dass er unten in der Klinik noch etwas erledigen müsse.

Nachdem Eivor eine schnelle Runde mit Jossa gegangen ist und sich bei Bjørg für die Hilfe bedankt hat, geht sie leise ins Kinderzimmer und sieht nach den Mädchen. Sie schlafen tief und fest, bewegen sich nicht einmal. Laut Bjørg haben sie den ganzen Abend friedlich geschlafen.

Eivor holt ihre Bettdecke aus dem Schlafzimmer, nimmt sie mit ins Wohnzimmer und macht es sich auf dem Sofa bequem, ohne sich umzuziehen. Diesmal will sie bereit sein, wenn Finn nach oben kommt und Heiberg mitbringt – bereit, Grenzen zu ziehen und ihm zu sagen, dass er hier nicht erwünscht ist. Es fühlt sich leichter an, jetzt, da Jossa bei ihr ist.

Aber Finn ist allein, als er schließlich die Treppe hinaufkommt. Zu diesem Zeitpunkt ist sie bereits weggedöst, und sie fühlt sich ganz benommen, als er auf sie zukommt.

»Schläfst du hier?«, flüstert Finn und setzt sich auf die Sofakante.

»Nein.« Eivor setzt sich auf, schiebt die Decke zur Seite, merkt, dass ihr viel zu warm ist. »Wie spät ist es?«

»Spät«, sagt Finn. »Ich habe Heiberg nach Hause gebracht.«

Erst jetzt merkt sie, dass er aus dem Frost kommt, sie nimmt seine Hand und spürt, wie kalt sie ist.

»Was wollte er denn?«, fragt sie.

Finn zögert, blickt hinab auf ihre Hand, spielt ein wenig

mit ihr, fährt mit seinem Finger über den glatten Ehering. Er sieht erschöpft aus – ernst und erschöpft.

»Ich darf da nicht einfach so drüber sprechen«, sagt er. »Ich kann nur sagen, dass ich mir Sorgen mache.«

»Endlich!«, entfährt es Eivor.

Finn runzelt die Stirn und sieht so aus, als wolle er etwas erwidern, doch er bleibt einfach nur sitzen und hält ihre Hand.

»Ich spreche viel mit ihm«, sagt er schließlich. »Aus ärztlicher Sicht. Das weißt du wohl.«

»Nein. Du erzählst nie etwas über ihn, außer, wenn du mir weismachen willst, ich sei hysterisch.« Eivor zieht ihre Hand aus seiner und schiebt sie unter die Decke.

»Wann hab ich dir denn weismachen wollen, dass du hysterisch seist?«

»Das denkst du doch!«

»Nein, das stimmt nicht. Und dass ich nicht über ihn spreche, hat in erster Linie damit zu tun, dass du dieses Thema gerne vermeiden willst. Und außerdem muss ich ihn auch schützen – ich kann nicht alles mit dir teilen, was ihn belastet.«

Eivor schweigt. Sie streift die Ärmel ihres Pullovers hoch, zupft sich die Wolle vom Leib und verrenkt die Schultern.

»Dir ist doch viel zu warm«, sagt Finn. Er beugt sich nach vorn und greift nach dem Saum des Pullovers, will ihn ihr über den Kopf ziehen, aber sie schlägt seine Arme weg. Er erstarrt mitten in der Bewegung. Lässt die Hände langsam sinken.

Es ist ihr sofort unangenehm. Sie greift nach seiner Hand, sagt aber kein Wort. Finn hat den Blick gesenkt, drückt sanft ihre Hand. Sie hat einen Kloß im Hals, diese warme Geste reibt sich an all den anderen Dingen. Er hat recht, ihr ist viel zu warm.

»Sollen wir ins Bett gehen?«, fragt Finn.

Eivor nickt, bleibt jedoch sitzen. Sie schaut zu Jossa hinüber, die an der Tür zur Küche liegt. Sie hat sich auf die Seite gelegt – ihr ist vielleicht auch zu heiß.

»Ich habe Heiberg gesagt, dass er nicht einfach unangemeldet hier auftauchen und um eine Behandlung bitten kann«, sagt Finn leise. »Dass er zu den Sprechzeiten kommen muss.«

»Glaubst du, er wird sich dran halten?«

»Ich hoffe es. Ich glaube, er hat schon einen gewissen Respekt vor mir. Und es war ihm heute Abend unangenehm, das habe ich ihm angesehen. Er wäre sicherlich nicht hierhergekommen, wenn es nicht wirklich ein Notfall gewesen wäre.«

»Er ist also krank?«

Finn erhebt sich von der Sofakante.

»Ich darf nicht darüber sprechen, Eivor.« Er klingt beinahe verzweifelt, streicht ihr durchs Haar und sieht aus, als würde er um Worte ringen. Dann seufzt er. »Ich weiß, dass dir das Sorgen bereitet. Ich will dir nur sagen, dass ich das verstehe. Ich habe das vielleicht unterschätzt.«

Eivor senkt den Blick. Fummelt am Bettbezug herum, rollt den Saum ein und glättet ihn wieder.

»Kannst du ihm denn helfen?«, fragt sie und sieht zu ihm auf.

Finns Gesicht erhellt sich.

»Ja – ich hoffe. Ich glaube schon. Das ist mein Ziel.«

Eivor schwingt die Beine vom Sofa, nimmt die Decke unter den Arm und steht auf. Jossa hebt den Kopf.

»Solange er nicht hier hochkommt«, sagt Eivor.

Sie kann ihm ansehen, dass er etwas erwidern will, doch er lässt es sein. Er legt seinen Arm um ihre Schultern und führt sie den Flur entlang zum Schlafzimmer. Jossa folgt ihnen auf den Fersen.

Aber Heiberg kommt wieder. Mehrmals in der darauffolgenden Woche, klopft bei ihnen an die Tür, außerhalb der Sprechzeiten. Er wartet nicht draußen, er kommt die Treppe hinauf bis an ihre Wohnungstür und klopft.

Jedes Mal nimmt Finn ihn rasch mit in sein Sprechzimmer, sodass Eivor nie mitbekommt, wie es um Heiberg steht, und dann bleibt Finn lange weg, kommt erst spät mit ernstem Blick zurück. Er sagt es nicht direkt, aber wenn er erwähnt, dass es schwer war, Heiberg zum Gehen zu bewegen, versteht sie, dass er in einem gewissen Grad Hand anlegen musste, um ihn vor die Tür zu bekommen.

Und sie versteht langsam, dass es schon länger so geht – dass Finn schon länger um Heiberg besorgt ist, als er zugegeben hat.

»Wir sollten uns angewöhnen, unten abzuschließen«, sagt Eivor eines Morgens.

Doch Finn ist der Meinung, dass das nicht ginge. Die meisten Patienten und Angestellten benutzen diese Tür, und außerdem – welche Signale würden sie Heiberg damit senden? Niemand in diesem Ort verschließt seine Türen. Und das ist auch ein Sicherheitsaspekt – falls ein Bär in die Siedlung kommen sollte.

Eines Abends, noch bevor die Kinder im Bett sind, klopft es nicht an der Tür, sie springt einfach auf, und Heiberg stürmt direkt zu ihnen ins Wohnzimmer. Finn wirft sein Buch zur Seite und schnellt von seinem Stuhl am Sekretär hoch. Heiberg hebt die Hände, wie um sich zu wehren.

»Entschuldigung!«, ruft er. »Aber ich musste einfach herkommen!«

»Jens«, sagt Finn und geht mit beherrschten Schritten auf Heiberg zu. »Diese unangemeldeten Besuche müssen jetzt aufhören. Das kann so nicht weitergehen.«

Jossa knurrt leise von ihrem Platz neben Eivors Stuhl, und jetzt sind schnelle Schritte im Flur zu hören. Eivor geht rasch zu Jossa, packt sie am Halsband, dann schlüpft sie mit der Hündin durch die Tür in den Flur und scheucht die Kinder zurück.

Bevor sie die Tür hinter sich schließt, hört sie Heibergs laute Stimme:

»Aber der Zahnarzt will mir nicht helfen!«

Jossa macht eine schnelle Bewegung in Richtung Tür und bellt einmal kurz auf, Lisbeth zuckt zusammen und beginnt zu weinen.

»Sshh ... shh«, beruhigt Eivor sie, während sie die Hündin vorsichtig von der Tür wegzieht. »Ruhig. Sitz.«

Jossa gehorcht und Eivor setzt sich in die Hocke, legt den einen Arm um die Hündin und streckt den anderen nach Lisbeth aus.

»Komm her, hab keine Angst.«

Lisbeth geht vorsichtig auf sie zu und schmiegt sich in ihren Arm, aber Unni läuft zurück ins Kinderzimmer. Kurz darauf hört Eivor, dass sie sich in ihr Bett geworfen hat.

Als Eivor mit Lisbeth auf dem Arm und Jossa dicht auf den Fersen hereinkommt, liegt Unni auf dem Bauch, das Gesicht in die Hände gepresst. Sie schaut nicht auf, liegt einfach nur da, und es dauert lange, bis sie zu ihr durchdringt, sie dazu bringt, sich umzudrehen und sich trösten zu lassen. Unni will nichts sagen, sie ist verschlossen und unerbittlich. Lisbeth sitzt auf Eivors Schoß und klammert sich wie ein Äffchen an ihr fest, es ist schwer, beide Mädchen gleichzeitig zu trösten. Jossa dreht sich schließlich um, geht auf den Flur hinaus und legt sich direkt vor das Kinderzimmer.

An einem Vormittag in der darauffolgenden Woche nimmt Eivor ihre Skier mit in die Garage, um sich dort nach einem Schraubenzieher umzusehen. Eigentlich soll sie die Mädchen von einem Kindergeburtstag in einer der Ingenieurswohnungen abholen, aber sie kann es noch schaffen, sich zuerst um die Skier zu kümmern. Einige lockere Schrauben in einer der Bindungen müssen angezogen werden – das hat sie auf ihren Ausflügen mit Jossa bemerkt.

In der Garage brennt Licht, sie steht offen, und als sie näher kommt, hört sie Stimmen. Es sind Reidar und Audun.

»So geht das schon eine ganze Weile mit ihm, diese ewige Farce, es ist nicht mehr auszuhalten«, hört sie Audun sagen, bevor sie hereinkommt.

Die beiden Männer stehen an einem kleinen Tisch, an dem oft Skier repariert werden. Reidar hält ein Gewehr und einen Putzstock. Er sieht auf und entdeckt Eivor. Ihre Blicke kreuzen sich. Audun dreht sich um und Eivor bleibt direkt an der Tür stehen, schlägt die Skischuhe aneinander, sodass der Schnee auf den Boden klatscht.

»Hei«, sagt Reidar. »Willst du auch hier ran?«

»Ja, aber ich kann später wiederkommen.« Eivor tritt einen Schritt zurück, zögert jedoch.

»Du hast bestimmt gerade gehört, worüber wir gesprochen haben.« Reidar legt das Gewehr vorsichtig ab.

»Nur ein bisschen.«

»Ist er in letzter Zeit viel bei euch oben gewesen?« Reidar nennt keinen Namen, und das braucht er auch nicht – sein Blick verrät ihr, um wen es geht.

Eivor antwortet, dass seit letztem Freitag niemand mehr bei ihnen aufgetaucht sei. Nachdem Finn ein Machtwort gesprochen hat, ist er nicht mehr bei ihnen aufgekreuzt.

»Ihr habt also auch mitbekommen, dass irgendetwas nicht stimmt?«, fragt sie vorsichtig und tritt näher.

»Das kann man wohl sagen.« Jetzt hat Audun das Wort ergriffen, er kommt etwas näher und senkt die Stimme, obwohl nur sie drei in der Garage sind. »Er ist jetzt mehrmals bei mir gewesen und hat verlangt, dass ich ihm die Zähne ziehe. Was soll man denn dazu sagen?« Er lacht leise auf, aber Reidar, der neben ihm steht, verzieht keine Miene.

»Warum will er, dass du ihm Zähne ziehst?«

Audun und Reidar werfen sich vielsagende Blicke zu, als wollten sie sich wortlos austauschen, wie viel sie Eivor erzählen dürfen. Audun zieht sich einen Handschuh aus, holt eine Schachtel Zigaretten aus seiner Tasche, nimmt eine Zigarette heraus, sucht in der anderen Tasche nach einem Feuerzeug.

»Er ist der Meinung, etwas stimme mit seinen Zähnen nicht«, sagt er und zündet die Zigarette an.

»Er ist jetzt mehrmals bei Audun gewesen und wollte ihn dazu nötigen, die Zange hervorzuholen«, erklärt Reidar und nimmt die Zigarettenschachtel von Audun entgegen. »Er kann gerade an nichts anderes denken, als seine Eckzähne loszuwerden! Doch die sind in bester Ordnung, trotzdem will er, dass sie ihm gezogen werden.«

Eivor hat plötzlich das Gefühl, es in ihrem eigenen Mund zu spüren – das Ruckeln am Kiefer, das ekelerregende Gefühl, sobald sich die Zahnwurzel löst. Warmes Blut unter der Zunge. Sie schluckt.

»Was sagt Finn?«

»Ja, was sagt Finn?« Jetzt spricht Reidar wieder. »Bisher sagt er nicht viel, er nimmt Heiberg einfach mit in sein Sprechzimmer, und dann sitzen sie eine halbe Ewigkeit. Und wir wundern uns nur, was da vor sich geht.«

»Finn und ich haben uns darüber unterhalten«, berichtet

Audun. »Wir sollten wahrscheinlich nicht zu viel dazu sagen – es sind persönliche Probleme.«

»Persönliche Probleme?« Reidar bläst Rauch in die Luft. »Wohl eher Probleme für das gesamte Krankenhaus. Am Freitag hat er es fertiggebracht, Blut an die Wände zu schmieren – er hat so lange an seinem Zahnfleisch herumgestochert, oder was auch immer er gemacht hat, bis es angefangen hat zu bluten. Marit musste hinterher alles putzen und desinfizieren.«

Audun schweigt, doch ihm ist anzusehen, dass er noch mehr dazu zu sagen hätte. Er und Reidar tauschen erneut Blicke – sie wirken so, als wäre ihnen die ganze Situation sehr unangenehm, vor allem Audun. Er schiebt die Hand in die Tasche und holt die Zigarettenschachtel erneut hervor und bietet sie Eivor an.

»Aber was fehlt ihm denn?«, fragt sie vorsichtig. Sie streift ihren Fäustling ab und nimmt eine Zigarette aus der Packung.

»Das ist nicht leicht zu sagen«, sagt Reidar und reicht ihr das Feuerzeug von dem kleinen Tisch. »Aber ich bin der Meinung, er hätte mit dem letzten Boot nach Hause geschickt werden müssen.«

Eivor zieht an ihrer Zigarette und trippelt mit den Füßen auf und ab, um sich in der kalten Garage warm zu halten. Daran hat sie selbst schon gedacht – dass Heibergs Vertrag, wäre er kein Funktionär, nicht verlängert worden wäre.

»Aber nur Arbeiter werden diesen Untersuchungen unterzogen«, fügt Reidar hinzu und spricht wieder aus, was Eivor denkt. »Bei ihnen ist das Risiko höher. In den Stollen ist es gefährlicher als in den Büros – das ist zumindest der Gedanke dahinter.« Er nimmt sein Gewehr und beginnt, es mit dem Putzstock zu säubern. »Und letztendlich geht es darum, dass die Leute im Stande sein müssen, ihre Arbeit zu machen.«

Und es deutet alles darauf hin, dass Heiberg seine Arbeit im Griff hat. In der neuesten Ausgabe der *Svalbardposten* liest Eivor ein Interview, in dem er erläutert, woraus die diesjährigen Wintervorräte bestehen. Er spricht über die Fleischvorräte, das Gemüseangebot, er kommt auch auf das Weihnachtsessen zu sprechen. Alles sei bestens organisiert, damit leckere Gerichte auf die Messetische kommen, sagt er gegenüber der Zeitung, und er scheint sein Wort zu halten, denn die Bewohner Longyearbyens stellen anerkennend fest, dass das Proviantlager in diesem Jahr besser ausgestattet sei als im letzten.

Die Woche vergeht, ohne dass Heiberg ihnen einen Besuch abstattet. Vielleicht kommt er zu Finn in die Sprechstunde – Eivor hat nicht nachgefragt –, aber weder Reidar noch Audun haben ihn erwähnt, obwohl sie den beiden mehrmals begegnet ist. Vielleicht bereuen sie, so offen über Heiberg gesprochen zu haben, doch es ist auch gut möglich, dass die Lage sich beruhigt hat.

Einige Male sieht Eivor ihn in der Skiloipe. Er bleibt nie stehen, auch nicht, wenn sie aneinander vorbeifahren. Mit vollem Tempo rauscht er an ihr vorbei, wie ein eifriger Langstreckenläufer auf dem Weg nach Katnosa. Sie hat den Eindruck, dass er immer mehr für sich bleibt und nicht auf Festen oder kleineren Zusammenkünften gesehen wird. Eivor fragt sich, ob andere möglicherweise Gerüchte über die Vorfälle mit ihm gehört haben und dass es ihm daher schwerfällt, sich unter Leute zu begeben, aber während des Gesprächs unten in der Garage hat Reidar erwähnt, dass Finn allen im Krankenhaus eingebläut hat, kein Wort über Heibergs Zustand zu verlieren und alles daranzusetzen, Heiberg vor Gerede zu schützen. Dass die Patienten, die in dieser Woche im Krankenhaus behandelt worden sind, etwas mitbekommen haben könnten, wäre kein größeres Problem. Sie sind alle Arbeiter und haben ein anderes soziales Umfeld.

An einem Freitag Ende November zieht Finn sich vormittags seine Skisachen über und teilt Eivor mit, dass er zum Murboligen hochfahren wird, um Heiberg zu fragen, ob er ihn vielleicht auf einen Ausflug begleiten wolle.

»Ist das eine so gute Idee?«, fragt Eivor. »Sollten wir nicht froh sein, dass er aufgehört hat, ständig herzukommen?«

Finn nimmt die Stirnlampe vom Haken an der Tür.

»Er ist ein Freund, Eivor. Du sprichst über ihn, als sei er Pest und Cholera zugleich.«

»Aber ist er nicht in erster Linie ein Patient?«

Finn dreht sich zu ihr um und hebt die Hand, in der er die Stirnlampe hält.

»Patient – und Freund. Aber ich habe ihn schon länger nicht mehr gesehen, weder als Patient noch als Freund. Er kommt nicht einmal mehr zum Turnen.« Er hält inne, eine Hand auf der Türklinke, in der anderen die Stirnlampe. »Ich geh bei ihm vorbei.«

»Aber bleib nicht den ganzen Tag weg«, bittet Eivor.

Finn verspricht es ihr, und schon eine Dreiviertelstunde später ist er wieder da und erzählt, dass er Heiberg nicht angetroffen hat. Wahrscheinlich ist er allein auf Skiern in den Bergen unterwegs – dafür ist er bekannt. Egal ob Polarnacht oder Polartag – er legt stets weite Strecken zurück.

Eivors Ausflüge werden immer kürzer, je enger sich die Tage um sie herum schließen. Mit jedem Tag, der verstreicht, wird das kleine Fenster mit Dämmerlicht kleiner und kleiner, und ihr Bewegungsradius schnürt sich im Takt enger. Sie traut sich nicht, lange Ausflüge im Dunkeln zu machen, nicht einmal mit Jossa, nicht einmal mit Gewehr und Stirnlampe. Eine Stirnlampe macht die Dunkelheit nur schlimmer. Die Kreaturen der Nacht scheinen näher zu kommen, sie drücken sich an die Kanten des Lichtkegels, unsichtbar und mächtig.

Doch die Wahrheit ist, dass sich in der Dunkelheit kaum Leben regt. Fort sind die Schreie der Möwen, das Schnattern der Vögel unten am Hafen, fort sind die schwarzen Walrücken, die hier und da aus der See aufgetaucht sind. Das Geräusch von sprudelndem Schmelzwasser ist versiegt. Alles, was bleibt, sind endlose bläulich weiße Flächen von Eis und Schnee und schroffe schwarze Streifen an den Berghängen.

Am ersten Adventssonntag holt Finn den Höhensonnenstrahler aus dem Keller. Er hat bereits eine Annonce in der *Svalbardposten* geschaltet, dass sich die Bewohner Longyearbyens ab der ersten Woche im Advent ihre Sonnenbestrahlung in der Klinik abholen können, doch zuerst sollen Eivor und die Kinder Sonne kriegen.

»Weißt du noch vom letzten Winter, wie das funktioniert?«, fragt Finn, nachdem er den Apparat auf einen Stuhl an der Wand des Schlafzimmers aufgebaut hat. Er ist nur während einer Pause hoch in die Wohnung gekommen und muss jeden Augenblick wieder zurück in die Klinik.

Eivor geht zum Apparat und demonstriert, wie man ihn anschaltet, drückt auf den Knopf und dreht an dem schwarzen Rädchen an der Rückseite.

»Prima.« Er steht bereits an der Tür. »Und denkst du dran, bei den Mädchen auf die Zeit zu achten?«

»Nein, ich dachte, ich lass sie einfach mit dem Gerät allein«, antwortet sie.

Finn steht da, die Hand am Türrahmen, es dauert einen Augenblick, bevor er grinst.

»Sehr lustig.« Er nimmt die Hand vom Türrahmen, verschwindet im Flur, dann hört sie, wie er den Mädchen, die Wohnzimmer spielen, sagt, sie sollen brav sein.

Eivor bleibt noch einen Augenblick, nachdem die Wohnungstür zugefallen ist, im halbdunklen Schlafzimmer stehen. Sie tritt nie ein, die ruhige Phase, die Finn ihr schon so lange versprochen hat. Sie fragt schon gar nicht mehr nach, versucht schon gar nicht mehr, sich eine Übersicht über seinen Dienstplan und seine Routinen zu verschaffen. Alles ist ohnehin stets in Veränderung begriffen, es ist nie möglich, irgendetwas zu planen.

Ohne Finn dauert die Bestrahlung lange. Die kleinen Körper der Mädchen beben vor Rastlosigkeit, sie zappeln auf ihren Schemeln, kichern und knuffen sich gegenseitig. Finn ermahnt sie immer, nicht direkt ins Licht der Lampe zu sehen, aber wenn er nicht da ist, versuchen die Kinder, sich die Schutzbrillen vom Kopf zu ziehen, und Unni unternimmt mehrere Versuche, auf den Apparat zuzulaufen und die Glühbirne anzufassen.

Schließlich bricht Eivor das Unterfangen ab und hebt die Mädchen von ihren Schemeln. Sie nimmt ihnen die Brillen ab, scheucht sie aus dem Raum und befiehlt ihnen, sich im Kinderzimmer selbst wieder anzuziehen.

»Wir haben aber noch keine Sonne am Rücken!«, protestiert Unni. »Ich will mich sonnen!« Sie versucht, sich wieder ins Schlafzimmer zu zwängen, doch Eivor schiebt sie hinaus und bringt sie zu Lisbeth ins Kinderzimmer.

»Hier bleibt ihr jetzt, bis ich sage, dass ihr wieder rauskommen dürft«, sagt sie und schließt hinter Unni die Tür.

Für einen Moment bleibt sie dicht an der Tür stehen und lauscht. Ihr Herz schlägt schneller, vielleicht war sie strenger als nötig. Weinen sie? Nein – sie hört, wie sie die Schublade der Kommode aufziehen, eine Schranktür öffnen.

Jossa kommt aus dem Wohnzimmer in den Flur geschlichen, sie bleibt vor ihr stehen und sieht sie mit bleichen Augen an. Ihr Schwanz wedelt sachte hin und her. Eivor öffnet die Handfläche, die Hündin kommt auf sie zu und schiebt ihre Schnauze in Eivors Hand. Dann folgt sie ihr ins Schlafzimmer und kriecht halb unter das Bett.

Eivor schließt die Tür zum Flur, zieht sich bis auf die Unterwäsche aus und setzt die Schutzbrille auf, bevor sie den Apparat erneut einschaltet. Vorsichtig setzt sie sich auf einen der Schemel und justiert den Riemen am Hinterkopf, drückt die Hände leicht gegen die Gläser und spürt, wie die Dichtung in die empfindliche Haut um die Augen drückt. Durch die beinahe undurchsichtigen Gläser kann sie den Raum nur erahnen. Das Licht, das aus dem türkisfarbenen Trichter des Geräts scheint, wirkt weit weg, wie eine matte, orangefarbene Scheibe.

Das einzige Geräusch im Raum sind Jossas leise Atemzüge unter dem Bett. Es riecht nach Sonne und warmer Haut. Draußen ist es bereits dunkel, die kurze Phase mit Dämmerlicht ist schon vorbei. Gestern zuckte und waberte das Nordlicht auf der anderen Seite des Fjords über den Himmel. Unter dem flackernden Farbenspiel lag das Hiorthfjell wie eine weißgrüne Sphinx, ruhend auf ihren riesigen Tatzen. Eivor stand allein auf der Anhöhe über dem Krankenhaus und schaute zu – zum ersten Mal erkannte sie die kalte, mächtige Sphinx im Berg.

Still sitzt sie da und starrt fünf Minuten lang in die schwache Sonnenscheibe, dann dreht sie sich mit dem Rücken zum Apparat. Sie schiebt sich die Brille hoch in die Stirn und sieht Sternchen und schwarze Flecken. Sie muss mehrmals blinzeln, dann wird ihr Blick wieder klar.

An jenem Abend wird die Weihnachtslore quer durch das Tal geschickt, sie startet von der Werkstatt des Weihnachtsmanns, die tief im Berg über dem Stollen in Nybyen liegen soll. Jedes Jahr wird eine Lore mit einem neuen Weihnachtsmotiv bemalt und mit unzähligen kleinen Lichtern geschmückt. Finn zeigt den Mädchen die vorbeigondelnde Lore, als die Familie auf dem Weg zum Kaminzimmer im Funken ist, um dort am ersten Adventsessen teilzunehmen.

»Wir können sie morgen durchs Fernglas angucken«, verspricht er, als Unni zu jammern beginnt, dass man sie gar nicht richtig sehen kann.

Im Kaminzimmer wurde der größtmögliche Weihnachtsbaum aufgestellt, der unter die Decke passt. Einen ganzen Monat lang hat er zusammen mit all den anderen Fichten, die mit dem letzten Boot hochgeschickt worden sind, im Schnee unten am Hafen gestanden, ein ganzer Fichtenwald, gut eingezäunt, damit die Rentiere nicht kommen und sie abfressen. Jetzt ist er mit Lametta, glänzenden Papiergirlanden, Körbchen, norwegischen Flaggen und Weihnachtskugeln geschmückt. Die Lichter brennen noch nicht – sie werden feierlich angezündet, sobald der Winterchef seine Rede beendet hat.

Eivor geht mit den Mädchen dichter an den Baum, während Finn ihnen einen Platz sucht. Unni streckt sich zu den Zweigen und lässt sich von den Nadeln in die Handfläche piksen, sie jault leise auf, schüttelt dann kichernd ihre Hand. Lisbeth macht es ihrer Schwester eifrig nach, beide Mädchen drehen sich zu Eivor und strahlen – in ihren Gesichtern leuchtet die gleiche Freude wie diesen Sommer, als sie in Göteborg auf Knien in den Blumenbeeten saßen.

Der Geruch von Fichtennadeln dringt sofort in Eivors Körper ein, sie schließt die Augen und verschwindet zwischen hoch aufragenden, dunklen Fichten. Der Waldboden federt weich unter ihren Füßen und ist mit glänzenden, hellbraunen Nadeln übersät. Nasses, grünes Moos kriecht die schwarzbraunen Stämme hinauf und ein Stück entfernt lichtet sich der Wald, öffnet sich zu einem glitzernden See.

Plötzlich merkt sie, dass die Kinder nicht mehr neben ihr sind, sie steht ganz allein vorm Baum. Rasch sieht sie sich um, sucht das belebte Kaminzimmer mit Blicken ab. Lisbeth hat gerade noch ihre Hand gehalten, sie muss sie losgelassen haben, ohne dass Eivor es bemerkt hat.

Da entdeckt sie die Mädchen am anderen Ende des Raumes – sie sind zu Finn gelaufen, der einen Platz gefunden hat, an einem Tisch mit drei Freunden aus dem Fotoklub und ihren Frauen. Eine von ihnen winkt Eivor jetzt zu – es ist die Frau, die Eivor mehrmals dazu überreden wollte, in den Frauenchor einzutreten. Sie ist auch im Lesekreis aktiv und hat Eivor auch dorthin eingeladen – und das muss sie Finn gegenüber erwähnt haben, denn er hat Eivor danach gefragt – ob das nicht etwas für sie sein könnte, da sie Bücher so liebt. Er befürchtet, dass sie Jossa als Ausrede nutzt, um sich zu isolieren, hat bereits mehrmals angemerkt, dass sie in letzter Zeit ungeselliger geworden sei.

Als sich Eivor zu ihnen an den Tisch setzt, hat sie alle Hände voll zu tun, Unni ruhig zu halten, und kommt so darum herum, ins Gespräch einzusteigen. Kurz darauf beginnt das Programm, und sie kann sich in ihrem Stuhl zurücklehnen und dem Gesang lauschen, der um sie herum erklingt. Unni sitzt auf Eivors Schoß und lehnt die Schläfe an ihre Schulter – Musik hat eine beruhigende Wirkung auf das Mädchen.

Iversens Rede ist lang und zäh, sie erinnert an eine Predigt. Er spricht über die dunkle Zeit, über die Herausforderungen, die sie mit sich bringt, und über das Licht, das trotz allem jetzt, da Weihnachten naht, in der Dunkelheit leuchtet. In dieser Zeit sei es besonders wichtig, das Licht und die Wärme zu suchen.

»Licht und Wärme – vielleicht hätte ich es so in der Höhensonnen-Annonce formulieren sollen«, flüstert Finn Eivor zu. »Ich hätte ja mal ein paar poetische Töne anschlagen können.«

Ein Lächeln huscht über Eivors Lippen, und sie will gerade etwas zurückflüstern, doch in dem Moment bemerkt sie ein Paar Augen, das von der Tür in den Raum starrt. Es ist Heiberg – er ist gerade eingetroffen und steht dicht an der Wand, völlig regungslos, und stiert zu ihnen herüber. Finn muss ihn jetzt auch bemerkt haben, denn er richtet sich auf und nickt knapp. In dem Moment werden die Lichter des Weihnachtsbaums angezündet und die Anwesenden applaudieren. Der Pianist schlägt die ersten Akkorde von »Oh Tannenbaum« an und die Leute erheben sich. Eivor hebt Unni von ihrem Schoß, Finn stellt Lisbeth zurück auf den Boden, und kurz darauf stimmen alle in den Gesang mit ein. Eivor registriert eine Bewegung drüben an der Tür – Heiberg ist wieder verschwunden.

Die Adventszeit hat begonnen, und sie erinnert an die Zeit vor dem ersten Boot im Frühjahr – es ereignen sich gehäuft kleinere Unfälle in den Stollen, immer mehr Menschen ziehen sich wegen Trunkenheit Verletzungen zu, andere strömen ins Krankenhaus, um Hilfe bei kleineren und größeren Beschwerden in Anspruch zu nehmen. Reidar und Finn wechseln sich mit ihren Schichten ab, arbeiten aber auch immer öfter gleichzeitig, so groß ist der Ansturm.

»Wenn das so weitergeht, müssen wir beide an Heiligabend

arbeiten«, sagt Finn und klagt erneut darüber, dass auch dieses Jahr keine Mittel bewilligt wurden, um eine dritte Pflegekraft einzustellen.

Am zwölften Dezember hat Finn Geburtstag, aber erst drei Tage später kommen sie dazu, ihn zu feiern. Sowohl er als auch Reidar sind in Bereitschaft, sollten sie unten in der Klinik gebraucht werden, dennoch sind Geburtstagsgäste willkommen, jederzeit in der Wohnung des Werksarztes vorbeizuschauen, so wie es in Longyearbyen üblich ist, wenn jemand Geburtstag hat.

Eivor gesellt sich zu Reidar und Audun, sobald die beiden vorbeikommen – sie hat davor keine Hemmungen mehr. Seit ihrem Gespräch in der Garage haben sie sich des Öfteren miteinander unterhalten – nicht über Heiberg, sondern über andere Dinge – Skiausflüge, Hunde, die Jagd. Sie sind nicht unbedingt Freunde geworden, aber immerhin kann Eivor mit ihnen reden, ohne ständig daran erinnert zu werden, dass sie das Leben in Longyearbyen nicht so gut meistert wie andere.

Eivor beginnt den Abend mit Rotwein, doch dann nimmt sie einen Koskenkorva von Audun entgegen, und nach einer Weile gießt auch Reidar sich etwas von dem finnischen Wodka in sein Wasserglas.

»Ein bisschen ist erlaubt«, sagt er und fügt hinzu, dass Finn davon keinen Wind bekommen darf, so korrekt wie er immer ist.

Eivor hat längst aufgegeben, Finn im Auge zu behalten, hat nur bemerkt, dass er wie immer seine Runden durch den Raum macht, nachdem er die Gäste willkommen geheißen hat und sie auf ihn angestoßen haben. Sie hat registriert, dass er anfangs drüben am Plattenspieler mit Heiberg ins Gespräch vertieft gewesen ist – sie haben gemeinsam Musik ausgewählt und sich für Count Basie entschieden – doch seitdem hat sie nicht weiter verfolgt, mit wem er sprach, und inzwischen ist der warme Raum so voll, dass es schwer ist, den Überblick zu behalten. Im Moment sind mehr Gäste hier als beim Fest für die Kollegen vom Krankenhaus im August, die Leute stehen in Grüppchen zusammen und unterhalten sich, beinahe alle Sitzplätze sind besetzt. Einige Gäste sind draußen im Treppenaufgang stehen geblieben, andere haben es sich in der engen Küche gemütlich gemacht.

»Seht mal«, sagt Audun plötzlich.

Eivor und Reidar folgen seinem Blick zu dem Sessel unter dem Fenster – den Sessel, den Eivor dort hingezogen und ein Stück vom Raum weggedreht hat. Dort sitzt Heiberg, ganz allein. Er hat sich einen Daumen unter die Oberlippe geschoben, sein Gesichtsausdruck ist verzerrt. Er bewegt den Daumen, das kann sie jetzt erkennen – er schiebt ihn unter der Lippe vor und zurück, stößt ihn hart nach oben Richtung Nase. Das sieht schmerzhaft aus. Auf dem Fensterbrett steht ein Whiskyglas – unberührt. Der Sessel steht ein Stück von den anderen Sitzgruppen entfernt, und niemand scheint von Heiberg Notiz zu nehmen.

»Hat er schon wieder etwas an den Zähnen?«, flüstert Eivor.

»Sieht so aus«, sagt Audun. »Wo ist Finn?«

»In der Küche«, sagt Reidar, ohne den Blick von Heiberg abzuwenden.

In dem Moment zieht Heiberg mit einer urplötzlichen Bewegung den Daumen aus dem Mund und schmiert sich einen nassen hellroten Blutstreifen über die Wange. Er zieht die Beine hoch auf den Sessel und holt etwas aus seiner Tasche – es sieht aus wie ein Schweizer Taschenmesser. Im selben Augenblick wird ihnen die Sicht versperrt, als einige Gäste, die sich eben noch miteinander unterhalten haben, den Raum durchqueren, aber Reidar eilt an ihnen vorbei und baut sich vor Heiberg auf.

»Hei – ist hier alles in Ordnung?«

Eivor wirft Audun einen Blick zu, der sich daraufhin rasch umdreht und in die Küche geht. Sie selbst geht einen kleinen Schritt zur Seite, um wieder freie Sicht auf Heiberg zu haben – er sitzt nur zusammengekauert im Sessel, die geballte Faust an die Brust gepresst, als wolle er verbergen, was er in der Hand hält.

»Ist alles in Ordnung?«, wiederholt Reidar, doch er bekommt keine Antwort, und nun haben die Gäste in ihrer Nähe bemerkt, dass etwas nicht stimmt – die Gespräche verstummen, einige der Anwesenden treten ein paar Schritte zurück, die Augen auf den Sessel gerichtet, vielleicht, um herauszufinden, was dort vor sich geht.

Reidar dreht sich um, hat für einen kurzen Moment Blickkontakt mit Eivor. In dem Moment kommt Finn aus der Küche. Ohne zu zögern, geht er auf Heiberg zu. Reidar tritt einen Schritt zur Seite.

»Hei«, sagt Finn, zieht einen Schemel heran und setzt sich zu Heiberg. »Was hast du denn da?«

Audun steht nun wieder neben Eivor – er flüstert ihr zu, dass er Finn von dem Messer in Heibergs Hand erzählt hat und dass er sich damit vermutlich ins Zahnfleisch schneiden will.

Plötzlich findet Eivor, dass Finn viel zu nah bei Heiberg sitzt – könnte er nicht jeden Augenblick das Messer auf ihn richten? Sie verspürt den Impuls, dazwischenzugehen, doch Audun legt seine Hand auf ihren Arm.

»Ganz ruhig. Er ist wohl eher eine Gefahr für sich selbst als für andere.«

Finn versucht, Heiberg dazu zu bewegen, seine Faust zu öffnen – er spricht zu ihm mit leiser Stimme, man kann nicht hören, was er sagt, obwohl die meisten Gäste inzwischen aufmerksam schweigend das Geschehen verfolgen. Es besteht kein Zweifel, dass Heiberg die vielen Augen, die auf ihn gerichtet sind, spürt, denn er kauert sich noch tiefer in den Sessel und schluchzt plötzlich laut auf.

Jetzt herrscht absolute Stille im Wohnzimmer. Die Platte hat längst aufgehört zu spielen, niemand hat sie umgedreht.

»Jens. Wollen wir runtergehen?« Finn lehnt sich weiter nach vorn, näher an Heiberg, und versucht, seine Hände zu fassen zu kriegen. Reidar steht nun so, dass Eivor Heibergs Gesicht nicht mehr sehen kann, aber sie sieht seinen Körper, sieht, dass er seine Arme hebt, vor Finn zurückweicht und anfängt, an dem Ding herumzufummeln, das er in seiner Hand verborgen hat – das Schweizer Taschenmesser. Da macht Reidar einen Schritt auf ihn zu, er will ihn an den Armen packen, doch Heiberg schüttelt ihn ab, und tritt plötzlich brüllend um sich. Er trifft Finn mitten in den Brustkorb.

Niemand sagt ein Wort, alle Gäste stehen wie angewurzelt da, und hinter der Tür zum Flur beginnt Jossa zu bellen. Um Heiberg herum herrscht Chaos, er tritt immer noch um sich, dieses Mal in die Luft, doch jetzt bekommen Finn und Reidar ihn zu fassen – sie bauen sich über ihm auf, packen ihn an Armen und Beinen, Reidar schält ihm das Messer aus der Hand. Für einen kurzen Augenblick lassen sie wieder von ihm ab, doch er brüllt erneut los, springt aus dem Sessel auf und will davonlaufen, doch Finn hält ihn auf.

»Jens, beruhige dich – Jens!« Finn hebt die Hand, um einen ungelenken Schlag von Heiberg abzuwehren. »Beruhige dich.«

»Ich muss hier raus!«, ruft Heiberg, doch Reidar packt ihn erneut am Arm und hält ihn zurück. Blut läuft aus Heibergs Mund, jetzt können es alle sehen.

»Ja, lass uns lieber runtergehen«, sagt Finn. Er spricht mit ruhigem, bestimmtem Ton und signalisiert Reidar diskret, seinen harten Griff um Heibergs Arm zu lockern, doch da beginnt Heiberg sofort wieder um sich zu schlagen. Finn und Reidar müssen ihn augenblicklich wieder unter Kontrolle bringen.

Plötzlich versagen Heibergs Beine, er lässt sich zu Boden sinken und bricht in ein lautes Schluchzen aus.

Eivor weicht zurück, weg von der aufsehenerregenden Szene, aber andere treten näher, ein Raunen geht durch den Raum. Finn und Reidar haben aufgegeben, Heiberg aufrecht zu halten, sie lassen ihn auf den Boden sinken. Finn dreht sich zu den Anwesenden um.

»Gebt ihr uns bitte einen Augenblick?«

Bjørn eilt herbei, er bewegt die Gäste dazu, einige Schritte zurückzutreten. Finn und Reidar sehen sich an. Sie stehen vor der Aufgabe, Heiberg vom Boden aufzuhelfen und ihn aus der Tür zu bugsieren. Er ist nicht mehr gewalttätig, aber er versucht sich zu wehren, befreit seine Arme aus ihrem Griff, winkelt sie eng an den Oberkörper und zieht die Beine an, als wäre er ein Käfer. Bjørn will helfen, aber drei Männer sind zu viel, er ist keine große Hilfe, und Finn bittet ihn stattdessen, die Türen aufzuhalten und sie hinunter in die Klinik zu begleiten.

Aus dem Flur dringt weiterhin Jossas gedämpftes Bellen. Als Eivor die Tür öffnet, um sie zu beruhigen, hört sie lautes Weinen aus dem Kinderzimmer.

Während sich die Geburtstagsgesellschaft im Wohnzimmer langsam auflöst, hilft Karen Eivor, die Mädchen zu beruhigen. Jossa ist ebenfalls ganz aufgekratzt, sie läuft hechelnd den Flur auf und ab, will sich einfach nicht hinlegen.

»Vielleicht nehme ich sie mal mit nach draußen«, schlägt Karen vor. »Sie kommt oft zur Ruhe, wenn sie Auslauf bekommt. Soll ich eine Runde mit ihr gehen?«

»Nein«, kräht Lisbeth und setzt sich im Bett auf. »Du darfst nicht gehen!« Sie streckt Karen die Arme entgegen und es sieht aus, als würde sie jeden Moment wieder in Tränen ausbrechen.

Karen lächelt und sieht zu Eivor.

»Ein herrliches Gefühl, so beliebt zu sein. Sollen wir tauschen? Du gehst eine Runde mit Jossa raus, während ich hier bei den Mädchen bleibe?«

Eivor zögert, will etwas erwidern, weiß nur nicht, was. Doch Karen sitzt bereits neben Lisbeths Bett in der Hocke, Lisbeth lehnt sich nach vorn und presst ihre Stirn an Karens Hals, vielleicht, um Karens Parfum zu schnuppern, dass sie so fasziniert.

Jossa hechelt leise und sieht zu Eivor auf, sie will ebenfalls besänftigt werden. Auf dem Weg nach draußen ist sie unruhig – im Wohnzimmer schnüffelt sie in allen Ecken, wedelt leicht mit ihrem herabhängenden Schwanz und wirkt nervös. Vielleicht überträgt sich Eivors Angst auf sie, genauso wie sie sich wahrscheinlich auch auf die Kinder übertragen hat. Wie schafft es Karen, so entspannt zu bleiben? Sie ist so, wie eine Mutter sein sollte.

»Wie geht's da drinnen mit den Kindern?«, fragt eine der Anwesenden – sie steht auf dem Treppenabsatz und wickelt sich einen dicken Schal um den Hals. »Die haben sich sicher vorm Bellen der Hündin erschrocken? Sind sie wieder eingeschlafen?«

»Karen ist bei ihnen«, sagt Eivor – denn das ist wohl die Antwort auf die eigentliche Frage: *Gehst du mit der Hündin raus, statt deine Kinder zu trösten?*

Sie muss lange gehen, bevor Jossa ihr Geschäft erledigt – das dauert immer etwas länger, wenn die Hündin nervös ist. Jossa will am liebsten noch weiter, sie zerrt an der Leine und hechelt, aber Eivor ist ohne Gewehr losgegangen, es ist zu dunkel für einen langen Ausflug. Die Kinder fragen sich bestimmt auch schon, wo sie ist, vielleicht weinen sie und fragen Karen, wo sie bleibt.

Doch als sie wieder zurückkommt, sitzt Karen mit den verbliebenen Gästen im Wohnzimmer. Im Hintergrund spielt Musik, jemand hat die letzte Platte umgedreht, aber die festliche Stimmung ist verschwunden. Die Gäste sitzen in kleinen Grüppchen zusammen und unterhalten sich mit gedämpften Stimmen über den Vorfall.

»Sie sind wieder eingeschlafen«, sagt Karen. »Sie waren sehr aufgekratzt, aber ich glaube nicht, dass sie mitbekommen haben, was im Wohnzimmer passiert ist. Sie haben wohl nur einen Schreck bekommen, weil sie vom Bellen geweckt worden sind.«

Eivor nickt und dankt Karen, dass sie sich um die Kinder gekümmert hat. Jossa tapst auf die Tür zum Schlafzimmerflur zu, sie will offensichtlich hineingehen und sich dort hinlegen. Karen öffnet die Tür und lässt sie in den dunklen Flur. Eivor bleibt an der Küchentür stehen, auch sie will sich am liebsten einfach nur hinlegen. Wann werden die Gäste gehen? Alle, die im Krankenhaus arbeiten, haben das Fest verlassen – sie werden unten in der Klinik gebraucht. Bjørn ist auch noch dort. Aus irgendeinem Grund hatte Eivor gedacht, dass die Gesellschaft sich gänzlich aufgelöst haben würde, wenn sie von ihrem Spaziergang mit Jossa zurückkam, aber stattdessen sitzen die Leute da und sprechen mit leiser Stimme über den Vorfall mit Heiberg, trinken und rauchen.

Karen bemerkt Eivors Blick, sie legt ihre Hand an ihren Ellenbogen und fragt, ob es ihr lieber wäre, wenn die Gäste nach Hause gingen.

Eivor bringt kein Wort über die Lippen, sie nickt nur und eilt hinaus in die Küche. Dort bleibt sie vor dem Fenster stehen, die Finger auf die Augenlider gepresst. Sie kann hören, wie Karen im Wohnzimmer mit den Gästen spricht, hört Bruchstücke, dass Finn so bald nicht wieder hochkommen werde, dass sie die Runde besser auflösen sollten, Eivor sei auch schon ganz erschöpft, die Arme.

Nachdem auch der letzte Gast sich auf den Weg gemacht hat, räumen Karen und Eivor das Wohnzimmer auf. Karen erwähnt, es sei ein Glück gewesen, dass es hier und nicht woanders passiert ist, sodass Heiberg sofort geholfen werden konnte, doch abgesehen davon reden sie nicht über den Vorfall – sie wechseln überhaupt nicht viele Worte. Eivor hat Lust, ihr von den Dingen zu erzählen, die sie von Audun und Reidar erfahren hat – von Heibergs Wahnvorstellungen und den Verletzungen, die er sich selbst zufügt, aber Finn wäre wahrscheinlich nicht begeistert, wenn er herausfände, dass sie einfach so über Krankenhausangelegenheiten gesprochen hätte. Andererseits wissen jetzt alle Bescheid. Keiner der anwesenden Gäste kann seit heute Abend bestreiten, dass mit Heiberg irgendetwas nicht stimmt.

Als sie beinahe alle Flaschen und Gläser weggeräumt und die Aschenbecher geleert haben, sind Schritte auf der Treppe zu hören. Bjørn betritt die Wohnung und erzählt den beiden, dass Heiberg in einem der Krankenzimmer schläft.

»Kommt Finn auch?«, fragt Eivor und legt den Lappen weg, mit dem sie gerade den Wohnzimmertisch abgewischt hat.

»Ich glaube, er bleibt noch eine Weile unten, falls es nochmal unruhig werden sollte.« Bjørn verstummt, er scheint zu überlegen, wie er es formulieren soll. »Es war nicht leicht, mit ihm fertigzuwerden«, sagt er schließlich. »Finn dachte, es sei eine gute Idee, wenn ich mit runterkäme, da Heiberg und ich auch befreundet sind, aber Heiberg wurde irgendwann richtig wütend, weil ich dabei war. Er hat wieder angefangen, über die Sowjets zu schimpfen. Er ist der festen Überzeugung, dass er vergiftet wurde, und denkt, dass ich etwas darüber weiß. Er hat sich an mehreren Stellen ins Fleisch geschnitten, sie mussten ihm etwas zur Beruhigung geben, um ihn behandeln zu können.«

»Der arme Kerl«, sagt Karen und seufzt. »Wie kann es sein, dass er so verwirrt ist?«

Eivor schweigt. Sie erinnert sich an die Szene im Badezimmer – Heibergs nackter Bauch, die Sommersprossen auf seiner Haut, stellt sich vor, wie sie von tiefen, dunklen Schnitten durchzogen ist.

Eivor geht sofort ins Bett, nachdem Bjørn und Karen gegangen sind. Sie friert – das Schlafzimmer kommt ihr eiskalt vor, als sie aus der warmen Stube hereinkommt. Sie legt Finns und ihre Bettdecke übereinander, doch das reicht nicht. Sie streckt den Arm aus dem Bett und streichelt Jossa, bis die Hündin aufsteht. Dann klopft sie mit der Hand aufs Bett und die Hündin springt zu ihr.

Nach einer Weile breitet sich eine Schwere und eine Dunkelheit in ihrem Kopf aus. Der Raum ändert seine Form, die Wände bewegen sich, der Boden fließt, aber sie taucht nicht ein, sie bleibt direkt über Schlafes Oberfläche in der Schwebe. Ihr Körper ist steif, sie kann sich nicht rühren.

Irgendetwas leckt. Etwas tropft, etwas bricht auf. Die Wände schieben sich nach oben, sie spalten sich. Die Erde unter dem Gebäude bäumt sich auf. Etwas will heraus. Blut und Eiter pressen sich an nasse, entzündete Membranen, bis sie zerbersten.

Ein Geräusch reißt Eivor jäh aus dem Schlaf. Ihr Puls rast, sie bleibt liegen und lauscht. Doch jetzt ist alles wieder still, sie kann das Geräusch, das sie geweckt hat, nicht zuordnen.

Heiberg liegt im kleinsten Krankenzimmer, erzählt Finn am nächsten Morgen. Sie mussten zwei Betten ins Nachbarzimmer bugsieren, nun ist es mit Patienten überfüllt, aber Heiberg braucht ein Zimmer für sich allein – so unruhig, wie er ist.

Finn versucht nicht mehr zu überspielen, wie groß das Problem geworden ist. Er vertraut Eivor an, dass er den Entschluss gefasst hat, die Tür zum Krankenzimmer abzuschließen. Heiberg hat sich selbst verletzt, hat sich die Haut aufgekratzt und Schnitte zugefügt, an Armen und Beinen und Bauch und am Zahnfleisch. Er will am liebsten entlassen werden, sagt, er habe irgendetwas zu erledigen.

»Ich weiß nicht, was ich machen soll«, gibt Finn zu. »Im Moment schläft er.«

Finn selbst hat kaum geschlafen – er ist erst gegen sechs Uhr morgens ins Bett gegangen, jetzt ist es elf und er ist schon wieder auf den Beinen. Er ist bereits unten gewesen und hat sich bei Reidar erkundigt, wie die Morgenstunden verlaufen sind, und jetzt isst er ein schnelles Frühstück im Stehen.

»Ich muss gleich wieder runter. Reidar kennt ihn nicht so gut wie ich – die Art, wie er Heiberg gestern am Arm gepackt hat, hat mich beunruhigt.«

Eivor hat Lust zu sagen, dass sie ihn doch schließlich beide festgehalten haben. Heiberg wirkt immer so stark, so zäh, doch gestern sah es so aus, als würde sein Körper nicht funktionieren, als wäre alles aus ihm herausgesickert. Er hatte Widerstand geleistet, doch es war ein schwacher Widerstand, und er wurde übermannt.

»Muss er wirklich hinter verschlossenen Türen bleiben?«, fragt sie.

Verblüfft sieht Finn sie an.

»Das fragst *du*? Du hast doch schon eine ganze Weile vermutet, dass er gefährlich ist. Wir wollen nur, dass er zur Ruhe kommt und nicht umherwandert. Sonst steht er plötzlich wieder hier oben vor der Tür.«

Eivor sieht es sofort vor ihrem inneren Auge, doch in ihrer Vorstellung geht er nicht die Treppe hoch, er kriecht, schleppt sich die Stufen hinauf. Er kommt herein, mit den Händen zuerst, dann der Kopf, er windet sich über den Boden, füllt die gesamte Wohnung aus.

Die Mädchen spüren, dass etwas nicht stimmt. Sie sind es gewohnt, dass Finn zwischendurch auf die Terrasse kommt, wenn sie draußen spielen, oder ihnen aus dem Fenster zuwinkt. Auch wenn er es größtenteils Eivor überlässt, sich um sie zu kümmern, so hat er doch immer ein Auge auf sie. Einmal bekam er mit, dass die Kinder hinter dem Krankenhaus eine Rodelbahn angelegt hatten, die direkt auf die Straße zulief – Lisbeth sauste auf ihrem Schlitten mit voller Fahrt den Hang hinab und wäre jeden Augenblick mit dem heranfahrenden Kohlenwagen kollidiert, doch Finn schwang sich über das Geländer, rannte auf sie zu und warf sich in letzter Sekunde auf sie. Sie lag im Schnee und bekam vor Schreck einen Schluckauf, er stand langsam wieder auf und bürstete sich den Schnee von seiner Jacke und seinen Knien.

Heute ist niemand auf der Terrasse zu sehen, niemand, der

ab und zu einen Blick aus dem Fenster wirft, und die Kinder fragen Eivor, warum.

»Er hat viel in der Klinik zu tun«, erklärt sie. »Ihr wisst, dass Papa eine ganz wichtige Arbeit hat?«

Das wissen sie, und normalerweise akzeptieren sie das auch, doch nicht heute. Sie merken, dass etwas anders ist als sonst. Sie merken es ihr an, sie merken es sicherlich auch Finn an, in den wenigen Momenten, in denen sie ihn sehen, und sie merken es auch Jossa an, die immer wieder Unruhe bündelt. Sobald die Hündin sich irgendwo hingelegt hat, springt sie sofort wieder auf, läuft zwischen den Zimmern hin und her und starrt Eivor an, als wolle sie ihr etwas mitteilen.

In einem Versuch, die Kinder abzulenken, bäckt sie mit ihnen Weihnachtskekse. Sie setzt den Teig für Pfefferkuchen und Serinakekse an, und als die Kinder enttäuscht sind, dass der Teig über Nacht kalt stehen muss, rührt sie auch einen Plätzchenteig an. Unni und Lisbeth dürfen auf den hohen Hockern am Küchentisch sitzen und die hellgelben Teigfladen auf das gefettete Backblech legen. Jossa liegt unter dem Tisch und wartet wie ein Raubvogel darauf, dass ihnen etwas herunterfällt.

»Mama, warum sagst du nichts?«, fragt Unni nach einer Weile.

»Was?« Eivor, die gerade den Ofen auf die richtige Temperatur eingestellt hat, dreht sich zu ihr um.

Unni sitzt da, Teig auf einem Löffel, und sieht sie an. Sagt nichts weiter, hat nur den Blick auf sie geheftet. Dann lässt sie den Teig auf den Boden fallen und jauchzt fröhlich, als Jossa unter dem Tisch hervorschießt und den Teigkleks verschlingt.

»Lass das!«, sagt Eivor, packt Unni am Arm und nimmt ihr den Löffel aus der Hand. Doch nun macht Lisbeth ihre

Schwester wieder nach – sie greift mit beiden Händen in die Rührschüssel, wirft den Teig auf den Boden, und als Eivor auch ihre Hände festhält, greift Unni nach der Schüssel und wirft einen Batzen Teig hoch in die Luft. Jossa stellt sich auf die Hinterbeine, macht sich groß wie ein Mensch, sie schnappt den Teig aus der Luft, sodass ihre Zähne aufeinanderkrachen. Eivor packt beide Kinder am Arm, umfasst mit hartem Griff die schmalen, klebrigen Handgelenke.

Sie geht mit ihnen ins Bad, wäscht ihnen unter großen Protesten die Hände, dann schickt sie die beiden in ihr Zimmer, sagt, dass sie dort bleiben müssen, bis sie über ihr Verhalten nachgedacht haben.

»Mama! Ich will backen!«, kräht Unni und wirft sich gegen die Tür, hämmert dagegen, doch Eivor hat sich mit dem Rücken an die Tür gelehnt und hält sie zu.

»Erst einmal beruhigt ihr euch!«, erwidert sie, und da wird es still im Kinderzimmer, doch nach einer Weile hämmert es wieder an der Tür, sie spürt Tritte in ihrem Rücken.

Lisbeth hat zu weinen begonnen und Unni schreit. Schließlich muss Eivor zu ihnen ins Zimmer gehen und sie trösten. Sie wollen sich einfach nicht beruhigen – werden von einer rasenden Wut gepackt, die sie an ihr auslassen, wenn Finn nicht da ist.

Nach zwei Nächten im Krankenhaus verändert sich Heibergs Zustand. Er hört auf, sich die Haut aufzukratzen, besteht nicht mehr darauf, entlassen zu werden. Jetzt *will* er plötzlich im Krankenhaus bleiben, und die Tür zu seinem Zimmer kann aufgeschlossen werden. Er stimmt zu, dass es schlau ist, sich auszuruhen – er hat sich bewusst entschieden, die Situation so zu akzeptieren. Jetzt geht es nur noch darum, seine Kräfte zu sammeln und Hilfe bei den leidigen Haut- und Zahnproblemen zu bekommen. Es ist fast so, als wäre der Vorfall, der überhaupt erst dazu geführt hat, dass er im Krankenhaus gelandet ist, nicht wirklich passiert.

Reidar ist derjenige, der Eivor all dies erzählt. Sie steht gerade im Sundt & Co und sucht Weihnachtsgeschenke für die Kinder aus, als er das Geschäft betritt – er ist hier, um Patronen fürs Gewehr nachzukaufen. So kommt es, dass sie gemeinsam zum Krankenhaus zurückgehen und das Thema Heiberg angesprochen wird.

»Wir fragen uns, wie lange das anhalten wird«, sagt er. »Er scheint darauf eingestellt zu sein, noch eine Nacht zu bleiben, aber wir befinden uns gerade in einer Situation, in der im Krankenhaus viel zu tun ist.«

»Aber es ist doch offensichtlich, dass er Behandlung braucht? Wo sollte er sie sonst bekommen?« Eivor sieht Heiberg vor sich draußen im Schnee, draußen in der ewigen Nacht – umherirrend, suchend.

Reidar stößt weißen, frostigen Atem aus und scheint nachzudenken. Über ihren Köpfen gleiten die Loren über den schwarzen Nachthimmel, es klickt jedes Mal, wenn sie durch das Gewinde eines Seilbahnträgers fahren.

»Wir sind keine psychiatrische Institution«, sagt er schließlich. »Wir haben keinen Platz, wir haben keine Ressourcen. Und wir haben einfach nicht die Kapazität, dass einer unserer Ärzte stundenlang mit einem Patienten verbringt.«

»Du meinst, Finn verbringt zu viel Zeit damit, mit Heiberg zu sprechen?«

»Die meisten der anderen Aufgaben bleiben an mir hängen, da will ich gar nicht um den heißen Brei reden. Und ich muss auch mit der Unzufriedenheit der anderen Patienten umzugehen wissen, die viel enger zusammenliegen. Aber hoffentlich entspannt sich die Lage vor Weihnachten. Von mehr als ein paar Tagen kann jedenfalls nicht mehr die Rede sein, bis Heiberg entlassen werden muss. Wir können ihn nicht ewig dabehalten.«

Eivor antwortet nicht. Reidars Tonfall hat etwas Gereiztes, etwas Gleichgültiges. Sie wollte es wissen, sie war es, die gefragt hat, aber er ist zu weit gegangen, er hat ihr Details erzählt, die nicht für ihre Ohren bestimmt sind. Jetzt weiß sie, dass Heiberg in einer anderen Realität lebt, dass er denkt, es lauerten überall Bedrohungen, gegen die er etwas unternehmen muss. Er sieht unheildrohende Zeichen in der Landschaft – in der Siedlung, in den Bergen, im Meer. Und er denkt, es wachsen Fremdkörper in ihm, Dinge, die nicht da hingehören. Sie sieht seine Nägel vor sich, die seine Haut aufkratzen, die Wunden, die seinen Körper übersäen – nicht nur an seinen Armen, sondern auch an seiner Brust und seinen Oberschenkeln. Reidar hat sie beschrieben.

»Finn hätte mit mir sprechen sollen«, sagt Reidar. »Denn das geht nun schon zu lange so. Dieser Mann ist nicht gesund, er ist schon lange nicht gesund gewesen. Und das ist meine Einschätzung. Und sicherlich auch Finns, aber er trägt dieses Problem mit sich allein herum. Versucht, Heiberg allein zu therapieren – auf eigene Faust.« Er verstummt, wirft Eivor einen Blick zu, doch als sie immer noch nichts sagt, fährt er fort: »Erst gestern hat er mir von dem Vorfall auf Revneset erzählt. Heiberg hat angeblich Zeichen im Eis gesehen, und am Verhalten der Vögel? Er soll etwas gewusst haben, was ihr anderen nicht gewusst habt? So etwas hört nicht von allein wieder auf. Das weiß Finn auch. Er hätte früher reagieren sollen, jemand anderem die Verantwortung übergeben sollen. Dann wären wir ihn jetzt vielleicht längst los.«

»Was meinst du damit? Er hat sich doch nur Sorgen gemacht, dass das Eis früher aufbricht.«

»Ja, das auch, aber angeblich hat er von irgendwelchen Zeichen geredet. Etwas ganz anderes, was überhaupt keinen Sinn ergeben hat. Finn hat das bisher niemandem erzählt.«

In ihren Fäustlingen klemmt Eivor die frostigen Fingerspitzen in ihre Handflächen, versucht, sie so aufzuwärmen. Heiberg auf eigene Faust therapiert – ist das wirklich so gelaufen? Seit den Osterferien? Und bei dem Vorfall auf Revneset ging es also um etwas ganz anderes als um die Sorge, durch das Eis zu brechen? Falls das stimmt, hat Finn die Lage bewusst anders dargestellt, als sie tatsächlich ist.

»Bjørn war doch auch dabei, er muss doch davon gewusst haben«, wirft Eivor ein.

»Vielleicht, aber ich hatte den Eindruck, dass er von den Dingen, die an dem Abend in der Klinik vorgefallen waren, ziemlich geschockt war. Das war alles ziemlich neu für ihn. In erster Linie hat nur Finn von Heibergs Zustand gewusst.«

»Und Audun, oder?«

»Ja, aber erst seit kurzem. Und im Gegensatz zu Finn hat Audun uns darüber in Kenntnis gesetzt. Und so muss es in einem Krankenhaus an einem Ort wie diesem sein. Keiner von uns kann hier sein eigenes Ding machen.«

Eivor antwortet wieder nicht. Reidar ist anders als sonst, er ist nicht mehr der scherzende, lässige Kerl, den sie nach und nach kennengelernt hat – der betont entspannt ist und ständig Grenzen und Erwartungen auf die Probe stellt. Jetzt ist er plötzlich derjenige, der davon spricht, wie man den Beruf als Arzt verantwortungsbewusst auszuführen hat, und er wirkt sehr ernst, fast wütend. Er kritisiert Finn ohne Umschweife, bis Eivor schließlich verstummt. Langsam nähern sie sich dem Krankenhaus.

»Du redest heute nicht viel«, kommentiert Reidar, als sie vorm Eingang stehen – seine Stimme klingt jetzt vorsichtiger.

»Mir ist nur kalt«, erwidert sie, und das ist nicht gelogen. Allein auf dem kurzen Weg ist sie komplett durchgefroren. Das Blut zieht sich in ihrem Körper zusammen, es scheint unmöglich, das Gespräch fortzusetzen. Und was soll sie auch dazu sagen?

Sie erzählt Finn nicht, was Reidar ihr über Heiberg verraten hat – auch nicht, als er nach vier Nächten entlassen wird. Finn wirkt erschöpft, ausgelaugt, und als er am Freitag seinen ersten richtigen freien Abend hat, nimmt er das Rotlicht mit ins Badezimmer und schließt sich in seiner Dunkelkammer ein.

Als Eivor wenig später zum Zähneputzen ins Badezimmer geht, hängt die Wäscheleine über der Badewanne voller Heiberg-Porträts. Es ist eine Serie des gleichen Motivs – Heiberg sitzt in einem Sessel neben dem Krankenbett, von Kissen gestützt, den Kopf gegen die Rückenlehne gelehnt. Auf keinem der Bilder schaut er in die Kamera, auf den meisten hält er die Augen geschlossen, aber seine Hände nehmen auf jedem Foto eine andere Position ein. Sie liegen, die Finger ineinandergeflochten, in seinem Schoß, dann hält er die erhobenen Hände in die Kamera. Er umschlingt seine Schultern mit verschränkten Armen, legt die geballten Fäuste an seinen Hals, drückt seine Wangen mit Daumen und Mittelfinger fest zusammen. Es scheint, als wären die Fotos in schneller Folge aufgenommen worden.

»Wie findest du sie?«, fragt Finn. Er ist ganz leise hinter Eivor ins Bad gekommen, jetzt legt er die Hände auf ihre Schultern und betrachtet mit ihr gemeinsam die Fotografien.

»Wollte er, dass du ihn fotografierst?«, fragt sie.

»Ja, er hat mich tatsächlich gefragt, ob ich den Fotoapparat holen könnte. Normalerweise ist es ihm ja unangenehm, fotografiert zu werden, aber jetzt hat er darum gebeten.« Finn streckt sich nach vorn, hängt eines der Bilder, das verrutscht war, gerade.

Es gibt nur wenige Bilder von Heiberg von den Osterferien aus Revneset und von anderen Anlässen. Er versteift jedes Mal, wenn Finn die Kamera zückt, er versucht zu lächeln, oder er dreht sich weg. Finn hat einmal gesagt, dass es eigentlich nichts bringt, ihn zu fotografieren, dass die Bilder nie gut werden. Doch die Bilder, die jetzt über der Wanne hängen, sind von anderer Qualität. Sie sind lebendig, dynamisch, nah. Heiberg wirkt groß – Finn ist vor dem Sessel auf die Knie gegangen, um die Fotos zu machen – doch gleichzeitig sieht er klein aus. Schmal, dünn, langgezogen.

»Er möchte selbst ein paar von den Bildern haben«, sagt Finn. »Aber ich weiß nicht, ob es richtig ist, ihm diese hier zu schenken.«

Eivor antwortet nicht – sie denkt an Reidars Worte, als er ihr von Heibergs Obsession von Spiegeln erzählt hat. Immerzu wollte er sich selbst ansehen, seine Haut untersuchen, sein Gesicht, seine Zähne, alles.

Finns Hände liegen immer noch auf ihren Schultern. Er gibt ihr einen Kuss auf den Kopf, dann beginnt er, ihre Schultern zu massieren. Sie zuckt zusammen, als er die dicken Muskelstränge knetet, die vom Hals zum Schlüsselbein verlaufen, sie zieht die Schultern an und schüttelt ihn ab.

»Du bist ganz verspannt«, sagt er und tritt wieder näher an sie heran. »Warte, lass mich mal.«

»Das tut weh«, sagt sie, bleibt jedoch stehen, als er seine Hände erneut auf ihre Schultern legt.

»Lass mich mal eine Technik ausprobieren, die ich gelernt habe«, bittet er.

Sie bleibt stehen, versucht, sich zu entspannen, doch es gelingt ihr nicht. Er drückt seine Daumen auf beiden Seiten immer fester in ihre Muskeln, bis ihr vor Schmerz beinahe schwarz vor Augen wird. Sie hört an seinem Atem, dass er sich anstrengt. Sie bewegt sich nicht. Dann beginnt er, den Druck zu verringern – ganz langsam, und Wärme breitet sich in ihren Muskeln aus. Er lässt los, und sie atmet tief ein, blinzelt ihre Tränen weg.

»So.« Er streicht ihr über die Schultern und fragt, ob sie etwas spürt, ob es geholfen hat.

Sie lässt es auf sich wirken – ihre Muskeln sind immer noch warm, sie ist ein wenig zittrig, aber ihr Körper fühlt sich leichter an, weicher. Als er erneut sanft mit den Fingerspitzen zu kneten beginnt, spürt sie, wie sich ihre Muskulatur gelockert hat.

»Es soll wehtun – das ist es, was am Ende hilft«, sagt Finn. Er klingt erleichtert. »Wenn man tief genug bohrt, löst sich alles.«

KAPITEL 9

Finn hat Heiberg bis zum zweiten Neujahrstag krankgeschrieben, ihn aber gebeten, bis Weihnachten jeden Tag zur Nachkontrolle vorbeizukommen. An diese Verabredung hält Heiberg sich, und er begnügt sich damit, Finn in seinem Sprechzimmer aufzusuchen – bei ihnen zu Hause lässt er sich nicht blicken.

»Ich glaube wirklich, es hilft, dass er sich ausruht«, sagt Finn, »und nicht zuletzt hat es geholfen, über alles zu sprechen.«

Es ist der Tag vor Heiligabend, Finn und Eivor stehen in der Garage und imprägnieren ihre Skier. Finn pinselt Teer auf die Unterseite der Skier und spricht über Heiberg – nicht im Detail, eher generell darüber, was Auslöser für derartige Nervenzusammenbrüche sein könnten. Er deutet an, dass psychische Krisen oft in Verbindung mit dem Ablegen des letzten Bootes auftreten können.

»Er wäre nicht der Erste. Auch wenn der Frühling für die meisten am schlimmsten ist. Ich habe überlegt, ob es vielleicht mit der intensiven Arbeit zu tun hat, die er in die Vorbereitungen für den Winter gesteckt hat. Nicht selten bricht man erst zusammen, wenn man herausfordernde Aufgaben bewältigt hat – plötzlich entsteht eine Leere.« Finn wischt die Spitze seiner Skier ab und stellt die Dose mit dem Teer beiseite.

Eivor ist bereits fertig und hat den Propanbrenner in der Hand. Sie schaut nicht auf – sie konzentriert sich darauf, die Flamme vorsichtig und regelmäßig über die Skier zu führen. Der Geruch von Teer kribbelt in der Nase. Die Garage steht offen, Jossa liegt direkt davor. Ein Stück entfernt buddeln die Mädchen im Schnee.

»Eivor?«

Sie sieht auf.

»Ich rede mit dir«, sagt er.

Eivor senkt den Blick zurück auf die Skier, bearbeitet auch den zweiten und stellt den Propanbrenner aus.

»Vielleicht findet ihr es niemals heraus«, sagt sie.

»Was?«

»Heiberg. Vielleicht findet ihr nie heraus, warum er sich so benimmt oder was seinen Zusammenbruch ausgelöst hat.«

Sie reicht ihm den Propanbrenner, er nimmt ihn ihr ab, legt ihn jedoch zur Seite.

»Ich sehe schon, du bist voller Optimismus.« Finn lächelt, setzt jedoch sofort wieder eine ernste Miene auf. »Wir müssen doch zumindest versuchen, es zu verstehen. Versuchen herauszufinden, was dem Ganzen zugrunde liegt. Ihn als Wahnsinnigen abzustempeln, so wie Reidar es gerade tut, zeugt nur von Unverstand und Zynismus. Wir müssen uns Zeit lassen und die Ursachen ermitteln. Wahrscheinlich liegt hier viel im Verborgenen, viele Abwehrmechanismen. Ich kann mir vorstellen, dass es wie ein Narbengewebe ist, durch das nur schwer hindurchzukommen ist.«

Eivor antwortet nicht. Sie stellt sich harte, bleiche Narben vor, ein Skalpell, dass schneidet und schlitzt, dünne Schichten von Haut, die abgeschält werden. Sie reibt die Hände aneinander, um das Gefühl, ihre Haut zu verlieren, loszuwerden, ballt die Hände zu Fäusten, öffnet sie wieder, schüttelt sie.

»Frierst du schon wieder?«, fragt Finn. »Willst du reingehen und schon mal den Weihnachtsbaumschmuck heraussuchen, während ich hier weitermache? Ich trage dann nachher den Baum rein.«

Sie schüttelt den Kopf, zieht sich die Jackenärmel über die Hände und atmet den Duft von Teer ein, versucht, sich in den Geruch einzuhüllen. Er ist fest und solide. Sie beschwört das Gefühl von warmen Stegplanken unter ihren Füßen herauf, einen schwarzen, glühenden Felsen unter ihrem Rücken.

Der Weihnachtsbaum, der ihnen geliefert wurde, ist krüppelig und karg, er nadelt, als sie ihn über die Schwelle tragen, doch er werde sicher schön aussehen, sobald er geschmückt sei, sagt Finn. Er setzt ihn in den Weihnachtsbaumständer, steckt den Stern an die Spitze und befestigt die Kerzen, während Eivor und die Mädchen den Schmuck aus den mit Watte gepolsterten Schuhkartons auspacken.

Als der Baum fertig geschmückt und die Lichter angezündet sind, stellt Finn sich neben Eivor und legt den Arm um sie.

»Na, bist du jetzt in Weihnachtsstimmung?«

Eivor atmet den Duft der Fichtennadeln ein, versucht erneut, das Waldgefühl heraufzubeschwören, doch dieses Mal will es ihr nicht gelingen. Finn steht zu nah, hält sie zu fest, und sie steckt wirklich fest, in diesem Moment, in diesem Zimmer. Sie kann sich nicht davonträumen.

»Eivor?« Finn drückt sanft ihren Oberarm.

»Lass uns die Geschenke unter den Baum legen«, sagt sie und befreit sich aus seinem Arm. »Unni, Lisbeth? Geht ihr schon mal ins Bad und putzt euch die Zähne?«

Finn will noch etwas sagen, dass spürt sie, doch sie schickt die Kinder ins Bad, ohne ihn anzusehen, dann schließt sie die Tür und ermahnt sie, nicht zu gucken.

Im Flurschrank steht die Kiste mit Geschenken aus Norwegen, die mit dem letzten Boot geliefert wurde. Jetzt wird sie zum ersten Mal geöffnet, und kleine und große Päckchen in grauem Papier werden unter den Baum geschoben – vorsichtig, damit es nicht noch weiter von den Ästen nadelt.

»Ein ganz schöner Berg von Geschenken«, sagt Finn. »Vielleicht müssen wir zwei Runden Bescherung machen.«

»Ja, du kriegst vielleicht gar nicht so viel mit, bevor du wieder in die Klinik musst«, sagt sie.

»Ich komme zwischendurch hoch und verbringe Zeit mit euch«, erwidert er und will gerade noch etwas hinzufügen, als es an der Tür klopft.

Jossa, die neben dem Klavier gelegen hat, erhebt sich, stellt die Ohren und den Schwanz auf. Finn und Eivor sehen sich an, dann geht Finn zur Tür und öffnet sie.

Dort steht Heiberg, die Hände auf dem Rücken verschränkt, den dicken Schal so hoch gewickelt, dass er seinen Mund bedeckt.

»Ich wollte euch ein kleines Weihnachtsgeschenk vorbeibringen«, sagt er. »Ich hoffe, ich störe nicht.«

»Nein, gar nicht«, sagt Finn. »Schön, dich zu sehen.« Er tritt einen Schritt zur Seite, aber Heiberg bleibt vor der Tür stehen.

»Ich will nicht stören«, sagt er und wirft einen Blick ins Wohnzimmer, Richtung Eivor – und Jossa, die sich neben sie gesetzt hat.

»Du störst nicht«, sagt Finn. »Willst du für einen Moment reinkommen? Wir werden zwar nicht so spät schlafen gehen, aber es wäre schön, wenn du noch ein Glas mit uns trinken willst.«

Heiberg zögert – dann tritt er vorsichtig ins Wohnzimmer. Jossa trippelt mit ihren Vorderpfoten und lässt ein leises, kehliges Knurren erklingen. Eivor geht sofort neben ihr in die Hocke und beruhigt sie, legt die Arme um ihren Rumpf und schmiegt ihre Wange an den Hals der Hündin. Es grummelt noch immer in ihrer Kehle, ganz leise, doch weder Finn noch Heiberg scheinen davon Notiz zu nehmen.

»Ich hab den hier mitgebracht«, sagt Heiberg und reicht Finn eine Flasche Cognac. »Als Dankeschön.«

Finn lächelt und nimmt die Flasche entgegen, dreht sie um und studiert das Etikett.

»Das sieht ja nach ganz feiner Ware aus. Vielen Dank! Die Flasche können wir an Silvester köpfen.«

Jossa macht eine abrupte Bewegung, befreit sich so aus Eivors Armen. Im nächsten Moment geht die Tür zum Flur auf – Unni und Lisbeth kommen hereingestürmt und wedeln mit ihren Zahnbürsten. Lisbeth ist nackt und Unni trägt nur ihren Schlüpfer. Sie halten sofort inne, als sie Heiberg im Wohnzimmer stehen sehen, Eivor läuft ihnen entgegen, schiebt sie rücklings in den Flur zurück und stößt die Tür mit dem Fuß zu. Beide Mädchen beginnen zu weinen, im Wohnzimmer kläfft Jossa, sie hat es nicht rechtzeitig durch die Tür geschafft. Finn öffnet sie einen kleinen Spalt und lässt die Hündin in den Flur schlüpfen. Bevor er die Tür wieder schließt, erhascht Eivor einen Blick auf Heiberg – er steht vornübergebeugt mitten im Wohnzimmer, die Hände vors Gesicht geschlagen.

Bei ihrem ersten Weihnachtsfest in Longyearbyen lagen nur wenige Patienten auf der Krankenstation, und obwohl Finn Bereitschaft hatte, musste er nur ein einziges Mal nach unten in die Klinik. Dieses Jahr wäre eigentlich Reidar an der Reihe, doch Finn hat ihm vor einigen Tagen angeboten, auch dieses Jahr den Feiertagsdienst zu übernehmen.

»Reidar hätte das auch ablehnen können«, sagt Eivor am Morgen des Heiligabends. »Er hat immerhin keine Familie.«

»Es sind wohl nicht nur Familien, die an Weihnachten gerne frei hätten«, erwidert Finn, der vor dem Spiegel steht und sich kämmt. »Es ist nur richtig, dass ich die Schichten übernehme. Reidar hat in letzter Zeit Tag und Nacht geschuftet.«

Sie will gerade erwidern, dass dies wohl auch für Finn gilt, doch dann fällt ihr wieder Reidars Kommentar ein, als sie gemeinsam vom Sundt zum Krankenhaus zurückgegangen sind – dass das meiste an ihm hängengeblieben ist, während Finn sich um Heiberg gekümmert hat.

Am Abend zuvor musste Heiberg ein weiteres Mal für ein Gespräch hinunter in die Klinik gebeten werden, und auch dieses Mal hatte es lange gedauert, bevor Finn wieder nach oben zu Eivor kam. Er verlor nicht viele Worte über Heibergs Zustand, aber er erwähnte, dass er mit Reidar aneinandergeraten war, nachdem er Heiberg nach Hause gebracht hatte.

An diesem Nachmittag, als der Herrenchor im Aufenthaltsraum des Krankenhauses sein alljährliches Weihnachtskonzert für Patienten und Krankenhauspersonal gibt, nimmt sie die angespannte Stimmung zwischen Finn und Reidar wahr. Die beiden Ärzte stehen an gegenüberliegenden Seiten des Raumes – Reidar in seinem Arztkittel und mit verschränkten Armen direkt an der Tür, Finn gemeinsam mit Eivor und den Mädchen beim Klavier. Sie wechseln einige knappe Worte und wünschen einander frohe Weihnachten, doch sie wirken beide reserviert.

»Sehen wir uns heute Abend im Huset?«, fragt Reidar, als er Eivors Hand drückt.

Um neun Uhr soll dort ein Weihnachtsfest mit Tanz um den Weihnachtsbaum stattfinden, und viele Bewohner der

Siedlung gehen nach den Festessen in den Messen dort vorbei. Doch Eivor schüttelt den Kopf und sagt, sie müsse mit den Kindern zu Hause bleiben.

Finn schlingt sein Weihnachtsessen und ein Schüsselchen mit Milchreis herunter, dann macht er sich für seine Schicht in der Klinik bereit. Er sagt, sie könne selbstverständlich zum Fest im Huset gehen, nachdem die Kinder im Bett sind, wenn sie das wolle.

»Ich werde viel zu tun haben, aber ich schaffe es zwischendurch, hochzukommen und nach ihnen zu schauen, und Marit hat gesagt, dass sie auch nach dem Rechten sehen kann.«

Doch Eivor schüttelt nur den Kopf. Es kommt ihr so vor, als könne sie nicht mehr so ohne weiteres Zeit mit Reidar allein verbringen – nicht jetzt, da sich zwischen ihm und Finn die Fronten verhärtet haben. Und es spielt keine Rolle, dass Finn verspricht, Verantwortung für die Kinder zu übernehmen – er kann seine Meinung jederzeit ändern. Plötzlich kann im Krankenhaus etwas passieren. Plötzlich findet er, sie sei zu lange weg. Plötzlich wird sie die Unverantwortliche, und dann steht er in der Tür, wenn sie nach Hause kommt und fragt, wo sie gewesen ist und wie viel sie getrunken hat.

Aber er selbst darf jederzeit verschwinden. Er hat versprochen, zwischendurch nach oben zu kommen und bei der Bescherung dabei zu sein, aber die Zeit vergeht und die Kinder werden so ungeduldig, dass Eivor sie nicht länger mit Pfefferkuchen und Marzipan hinhalten kann. Die Lackschuhe haben sie schon längst ausgezogen, die Schleifen sind ihnen aus den Haaren geglitten, und die weißen Strumpfhosen unter den Flanellkleidern waren ihnen schon mehrmals heruntergerutscht.

»Lasst uns anfangen«, beschließt Eivor, und so setzt sie sich mit den Mädchen auf den Boden und nimmt das erste Geschenk von dem Stapel unterm Baum.

Plötzlich sind schwere Schritte auf der Treppe zu hören. Eivor zuckt zusammen. Lisbeth japst nach Luft und greift nach Unnis Arm, beide Kinder sehen Eivor mit großen Augen an. Jossa setzt sich auf und beginnt zu knurren.

»Sschh, Jossa – das ist nur der Weihnachtsmann.« Eivor lehnt sich hinüber zu den Mädchen und senkt die Stimme. »Hört ihr das? Der Weihnachtsmann kommt die Treppe hinauf!«

Lisbeth presst ihre Puppe eng an sich und lauscht mit halb geöffnetem Mund. Die Schritte kommen näher, sind nun fast an der Türschwelle, die harten Stiefel poltern auf den Stufen.

»Das ist nicht der Weihnachtsmann«, sagt Unni plötzlich, »das ist der Mann!«

Lisbeth presst sich an ihre Schwester, Jossa knurrt erneut, und auch Eivor spürt eine Welle der Unruhe in sich aufsteigen, als sie aufsteht, um die Tür zu öffnen, obwohl sie weiß, dass der Schullehrer sich als Weihnachtsmann verkleidet und jedes Jahr zu dieser Uhrzeit seine Runde dreht.

Der Weihnachtsmann ist breit und kräftig. Er betritt das Wohnzimmer, sein weißer Rauschebart verdeckt das halbe Gesicht, und aus seinem Fuchspelz, den er sich über die Schultern geworfen hat, rieselt Schnee auf den Boden. Er stellt den Jutesack ab und fragt, ob hier wohl ein paar liebe Kinder wohnen. Doch die Mädchen haben sich bereits hinter dem Sessel versteckt und trauen sich nicht hervorzukommen, sie weigern sich, obwohl Jossa sich beruhigt hat und der Weihnachtsmann mit Geschenken lockt.

»Jetzt werden meine Rentiere langsam ungeduldig – wollt ihr nicht aus eurem Versteck kommen und eure Geschenke annehmen?«, fragt der Weihnachtsmann mit tiefer Bassstimme.

Dann geht die Tür wieder auf – Finn kommt herein, ganz außer Puste und mit offenem Arztkittel.

»Ich bin noch rechtzeitig!«

Da stürmen auch die Mädchen hinter dem Sessel hervor, fallen ihm eine nach der anderen um den Hals und lassen sich auf den Schoß des Weihnachtsmannes heben, damit Finn ein Foto von ihnen machen kann.

Als es auf Mitternacht zugeht und die Kinder schon längst tief und fest schlafen, zieht Eivor sich ihre Wintersachen über und geht noch eine letzte Runde mit Jossa.

Draußen ist es still, doch sie weiß, dass sie den Lärm eines rauschenden Festes und Musik hören würde, wenn sie quer durch das Tal Richtung Huset ginge. Einige Fenster in den Familienwohnungen auf Haugen sind noch erleuchtet – die Bewohner sind an Heiligabend länger wach.

Sie geht hinunter zur Sportanlage, dreht eine Runde um den offenen Platz. Hier wurde der Schnee geräumt, sodass trotz Kälte Fußball gespielt werden und Jossa an der Schleppleine laufen kann. Endlich akzeptiert sie diese Art von Auslauf – Eivor macht Fortschritte mit ihr, formt sie so langsam zu ihrer Hündin.

Heute hat sie das Gewehr dabei, auch wenn sie gar nicht weit gehen will – sie fühlt sich sicherer, in dem sonst beinahe menschenleeren Ort. Immerhin ist einmal zu Weihnachten ein Eisbär in die Siedlung gekommen, ohne dass es jemand rechtzeitig gemerkt hätte. In ruhigen Nächten kann es auch vorkommen, dass sich der eine oder andere Moschusochse in den Ort verirrt.

Als sie zum Krankenhaus zurückkehrt, sieht sie, dass die

Lichter in den Krankenzimmern ausgeschaltet sind. Sie geht um das Gebäude herum und schaut zu Finns Bürofenster hoch, auch dort ist es dunkel – das Gleiche gilt für Reidars. Wo ist Finn jetzt? Nur im Aufenthaltsraum und in der Krankenhausküche brennt noch Licht – ist er dort? Warum kommt er nicht hoch in die Wohnung?

Jossa zieht an der Leine und will plötzlich näher an das Haus heran. Eivor lässt sich mitziehen, und die Hündin steckt ihre Schnauze in die Schneewehe, setzt sich und pinkelt, bevor sie weiter schnüffelt. Eivor folgt ihr um das Gebäude herum zur anderen Ecke, obwohl der Schnee hier zu hohen Dünen geweht wurde und sie an mehreren Stellen den knielangen Schaffellmantel aus den Schneewehen heben muss. Wer die zum Berghang gelegene Hintertür nutzt, kehrt nicht oft. Sie versucht, direkt an die Hauswand auf dem Kies entlangzugehen – hier und da entdeckt sie kahle Stellen ohne Schnee.

Als sie wieder zur Vorderseite des Hauses kommt, sind auch im unteren Stockwerk alle Lichter ausgeschaltet. In der Zahnarztpraxis erkennt sie die blasse Silhouette der großen Untersuchungslampe – im Dunkeln sieht sie gebrechlich und gespenstisch aus.

Ein Stück von der Zahnarztpraxis entfernt liegt die Isolation. Dort brennt fast nie Licht. Eivor tritt näher heran, um sich in der Fensterscheibe zu spiegeln – und bleibt wie angewurzelt stehen. Was sie dort sieht, ist ihr vorher nie aufgefallen. Das Fenster ist von innen mit Brettern vernagelt.

Sie geht noch näher heran, versinkt mit einem Fuß im Schnee, der ihr in den Stiefel rieselt, trotzdem tritt sie näher. Durch einen Spalt zwischen den Brettern erkennt sie, dass der Vorhang zugezogen ist, sie kann nicht direkt ins Zimmer sehen, aber die Bretter sind direkt hinters Glas genagelt – ziemlich unsauber und eher provisorisch. Wann wurden sie dort angebracht? Sie waren vorher nicht da, da ist sie sich ganz sicher.

Jossa zieht sie weiter und umrundet die nächste Ecke. Sie sprintet die Anhöhe zur Haupteingangstür hinauf, leicht und wendig, dann schaut sie Richtung Haugen und wedelt mit dem Schwanz. Eivor kommt neben ihr zum Stehen und erblickt Finn.

Er kommt vom Murboligen den Hang hinunter, mit schnellen Schritten, als würde er entweder frieren oder wäre in Eile. Als er sie dort stehen sieht, verlangsamt er sein Tempo.

Eivor braucht ihn nicht zu fragen, wo er gewesen ist, und er kommentiert es auch nicht, als er vor ihr steht und sich die Kapuze abstreift. Stattdessen fragt er, ob die Kinder schlafen.

»Es ist nach Mitternacht«, antwortet Eivor und geht vor ihm die Treppe hinauf.

Sie hat keine Lust zu reden. Während er sich in der Küche etwas zu essen macht, geht sie ins Schlafzimmer und legt sich ins Bett. Jossa folgt ihr still, sie hüpft aufs Bett, ohne dass Eivor sie dazu auffordern muss. Sie dreht einige Runden auf der Matratze, bevor sie sich neben Eivor einrollt.

Eivor schließt die Augen und konzentriert sich auf die Wärme, die zurück in ihren Körper strömt. Sie ist nicht direkt durchgefroren, dennoch zittert sie, von einem Punkt tief in ihrem Inneren. Ihre Füße sind warm, ihre Handflächen eiskalt. Sie schiebt sie zwischen ihre Schenkel.

Es dauert, bis Finn kommt. Er wartet wohl erst im Wohnzimmer auf sie – bevor er nach dem Besuch des Weihnachtsmannes wieder in die Klinik gegangen war, hatten sie verabredet, nach dem Ende seiner Schicht zusammen vor dem Weihnachtsbaum zu sitzen und einen Whisky zu trinken.

Nach einer Weile hört sie seine Schritte im Flur. Vor der Tür bleibt er stehen, wartet dort einen Moment.

»Ich hab im Wohnzimmer auf dich gewartet.«

Eivor rührt sich nicht.

»Ich habe nicht gewusst, dass du schon ins Bett gegangen bist«, sagt er nach einer weiteren Pause.

Sie spürt, wie Jossa sich hinter ihr rührt, sie selbst bleibt liegen, als schliefe sie tief und fest.

»Ach, Eivor«, sagt Finn. »Du bist doch noch wach.«

Jetzt regt sie sich, zieht die Decke fester um sich, sagt jedoch immer noch kein Wort. Sie ist ein Stein, sie ist schwerer als Blei.

Finn umrundet das Bett und sagt wiederholt ihren Namen, er setzt sich auf die Bettkante, doch sie hält die Augen geschlossen. Jossa rührt sich wieder.

»Da soll Jossa jetzt also schlafen?«, fragt Finn.

Eivor hält sich den Zipfel der Bettdecke vors Gesicht und atmet in den Stoff. Finn seufzt und legt eine Hand auf ihre Schulter. Wartet.

Dann steht er auf.

»Verdammt nochmal, Eivor! Was soll ich denn machen?«

Eivor liegt völlig still, doch ihre Muskeln sind angespannt. Jossa setzt sich auf. Dann schlägt sie die Augen auf. Finn steht mit geballten Fäusten neben dem Bett.

»Was soll ich sagen, was soll ich tun? Willst du einfach nur so daliegen?«

In seiner Stimme liegt Verzweiflung, aber auch Wut, und Eivor verdeckt den Kopf mit den Armen und rollt sich zusammen. Dann hockt er sich neben das Bett und nimmt ihre Handgelenke.

»Eivor ...«

Hinter Eivor beginnt Jossa zu knurren, und Finn lässt sie sofort los.

»Jossa – runter.« Seine Stimme ist kalt und tonlos.

Jossa hört auf zu knurren, aber sie bewegt sich nicht.

Eivor setzt sich auf und dreht sich zu ihr um, schlingt ihre Arme um sie und legt ihre Stirn gegen die der Hündin. Flüstert ihr leise zu. Jossa brummt sanft und legt ihren Kopf in Eivors Schoß.

Eivor knipst mit den Fingern Richtung Boden. Jossa sieht auf, versucht, an Eivors Gebärden zu lesen, ob sie es ernst meint. Eivor knipst nochmal. Jossa gähnt, dann erhebt sie sich, springt auf den Boden und kriecht unters Bett.

Finn geht ums Bett herum, beugt sich hinab und sieht nach, wo Jossa sich hingelegt hat, dann setzt er sich wieder und rutscht auf der Matratze auf Eivor zu, bleibt vor ihr sitzen.

»Es kann nicht sein, dass sie mich anknurrt – das musst du ihr abgewöhnen«, sagt er.

Eivor legt die Hand über die Augen und dreht sich weg, als sich ihr Gesicht zusammenzieht – sie erträgt es jetzt nicht, von ihm gemaßregelt zu werden, bringt aber auch kein Wort über die Lippen. Sie sitzt da, das Gesicht abgewandt, und versucht, ihr Weinen unter Kontrolle zu kriegen, der harte Kloß, der gegen Hals und Brust drückt.

Finn greift nach ihrer Schulter und dreht sie zu sich, doch Eivor hält ihren Blick weiterhin gesenkt.

»Ich ertrag das nicht mehr.« Finn hält ihren Arm in seinem festen Griff. Es wirkt so, als würde er die Luft anhalten. Ohne Decke ist es kalt, sie trägt nur ihr Nachthemd. Er hat noch seinen Wollpullover und seine Pantoffeln an.

»Hörst du mich?«, fragt er

»Mir ist kalt«, sagt sie.

Finn reagiert sofort, er rutscht hinter sie, legt seine Arme um ihren Körper und lässt sich zusammen mit ihr zurück auf die Matratze sinken. Er zieht die Bettdecke über sie beide und hält sie. Sein Wollpullover ist dick und kratzig, sie spürt es durch das dünne Gewebe ihres Nachthemdes. Der Stoff seiner Hose ist fest und kühl an ihren nackten Beinen, seine Gürtelschnalle ist ein kalter Punkt an ihrem Rücken.

Am nächsten Morgen hat Finn die Mädchen bereits geweckt und den Esstisch im Wohnzimmer für das Weihnachtsfrühstück gedeckt, als Eivor aufsteht.

»Frohe Weihnachten«, sagt er und erhebt sich von seinem Stuhl am Sekretär. »Wir haben gedacht, wir lassen dich mal ausschlafen.«

Eivor bleibt in der Tür stehen, während Jossa ins Wohnzimmer geht, um die Mädchen zu begrüßen, die mit ihren Puppen auf dem Teppich vor dem Weihnachtsbaum sitzen. Sie sehen Eivor mit gespannten Blicken an – es ist wohl etwas seltsam für sie, dass Mama am längsten schläft und hier im Nachthemd vor ihnen steht. Ihr Körper fühlt sich schwer und schläfrig an. Draußen vor den Fenstern ist es dunkel, wie immer, und dennoch kommt es ihr vor, als wäre es schon spät, wahrscheinlich, weil die Kinder schon angezogen sind.

»Es ist erst neun«, sagt Finn, als hätte er ihre Gedanken erraten. »Ich wollte dich gerade wecken. Soll ich den Kaffee aufsetzen?«

»Ich muss mit Jossa raus. Musst du nicht in die Klinik?«

»Erst um zwölf. Wir schaffen einen kleinen Skiausflug mit der ganzen Bande.« Finn kommt auf sie zu, wenn auch zögerlich. Sie hat das Wohnzimmer immer noch nicht betreten. Er streckt ihr die Hand entgegen.

Sie haben sich gestern nicht versöhnt, sie ist irgendwann einfach eingeschlafen. Jetzt wirkt er nervös. Sie nimmt seine Hand, lässt sich näher heranziehen, doch dann lässt sie wieder los und wiederholt, dass sie mit Jossa rausmuss.

»Ja, aber geh nicht so lang«, sagt er. »Nach dem Frühstück gehen wir Skifahren.«

Eivor überlegt zu widersprechen, ihm zu sagen, dass Jossa richtigen Auslauf braucht, ohne die Kinder, die nur langsam vorwärts kommen, aber Finn hat jetzt etwas Unsicheres im Blick, fast etwas Flehendes, und sie bringt es nicht übers Herz, ihm einen Familienausflug auszuschlagen.

Kaum haben sie die kurze Strecke zur Küste zurückgelegt, jammern schon die Kinder, sie seien erschöpft. Finn hat einen Schlitten mitgebracht, auf dem sie gezogen werden können, doch das macht die Sache nicht besser. Sie wollen einfach nur wieder nach Hause und mit den neuen Weihnachtsgeschenken spielen.

»Willst du heute auch bei Heiberg vorbei?«, fragt Eivor, als sie vor dem Krankenhaus ihre Skier abschnallen. Sie hat Jossa an der Leine, die Hündin steht neben ihr und hechelt – sie hat kaum die Möglichkeit gehabt, richtig loszusprinten.

Finn zögert einen Moment, klopft sich den Schnee von den Schuhen, dann schüttelt er den Kopf.

»Ich glaube, das ist heute nicht nötig. Gestern ging es ihm schon besser als gedacht.«

Mehr sagt er nicht, und Eivor hakt auch nicht nach. Sie haben bereits über den Abend vor Weihnachten gesprochen – das Fazit des Gesprächs war, dass Heiberg keine Schuld traf, wie die Situation im Wohnzimmer verlaufen war. Finn bestand darauf, dass Eivor das einsah.

Am Abend findet eine Weihnachtsfeier am Sysselmannshof statt, aber Eivor hat bereits gesagt, dass sie lieber zu Hause bleiben möchte. Finn scheint enttäuscht zu sein, aber diesmal hat er nicht versucht, sie zu überreden, mitzukommen – er hat nur gesagt, dass sie recht habe, es könnte tatsächlich schön sein, den Abend zu Hause zu verbringen, wo doch schließlich am folgenden Abend im Huset zu Fest und Tanz geladen wird.

Aber Finn ist abwesend, als er von der Arbeit nach Hause kommt – wortkarg und rastlos. Nachdem die Kinder ins Bett gebracht wurden, steht er mehrmals am Fenster mit Blick auf Haugen, findet keine Ruhe mit seinem Buch oder seinem Whisky. Als er wieder in seinem Sessel sitzt, wippt sein Knie unaufhörlich auf und ab.

Schließlich legt Eivor ihr Buch zur Seite und sagt, er könne ruhig bei Heiberg vorbeisehen.

»Hm?« Finn dreht sich zu ihr um. »Nein, er ist sicher bei Bjørn und Karen. Er wollte zur Weihnachtsfeier gehen.«

»Dann willst du vielleicht auch dorthin?«

Finn schüttelt den Kopf, reibt die Hände aneinander, kehrt dem Fenster den Rücken zu.

»Morgen ist ja auch noch ein Fest, wie gesagt. Bleiben wir heute einfach zu Hause.« Er beugt sich über ihren Sessel und gibt ihr einen sanften Kuss auf den Kopf.

Als sie später ins Bett gehen, können sie beide nicht einschlafen. Eivor kann an Finns Atem hören, dass er wach ist, und auch sie fährt mehrmals aus dem Halbschlaf. In letzter Zeit geht es ihr öfter so – als wolle ihr Körper sie nicht in den Schlaf sinken lassen, er weckt sie mit hohem Puls und dem Gefühl, dass irgendein Geräusch im Raum ist, etwas, das zu Boden gefallen ist oder sich geöffnet hat. Es ist unmöglich, zur Ruhe zu kommen.

Irgendwann rutscht Finn näher an sie heran und fragt sie, ob sie sich an die Nacht im Herbst erinnert, in der sie hinausgegangen und sich auf die Terrasse gesetzt haben.

Sie gibt als Antwort nur einen Laut von sich – wenn sie jetzt anfängt zu sprechen, wird sie nur noch wacher.

»Stell dir vor, da war es noch ganz hell draußen«, sagt Finn und legt seinen Arme um ihre Hüfte.

Auch jetzt antwortet sie nicht, doch sie dreht sich zu ihm um, legt ihre Wange an seine Brust. Er fühlt sich immer wärmer an als sie.

Er sagt auch nichts mehr, stattdessen schiebt er ihr Nachthemd behutsam nach oben.

Für eine Weile versucht sie, sich nicht aus der warmen Schläfrigkeit reißen zu lassen, lässt ihn einfach machen, aber bald schlägt er die Bettdecke beiseite und setzt sich auf die Knie, wie so oft, und sie hasst es, er ist so weit von ihr entfernt, sie kann sich an nichts festhalten.

Sie packt seine Arme und dann seinen Oberkörper, zieht ihn zu sich. Er verkrampft ein wenig, versucht sich zu bewegen, sich vielleicht so hinzulegen, dass es für ihn angenehmer ist, aber sie gräbt ihre Fingernägel in seine Haut und hält ihn fest, presst ihre Oberschenkel und Knie an ihn, schlingt ihre Beine um seinen Körper und zieht ihn an sich heran. Und er gibt nach. Allmählich folgt er ihren stillen Anweisungen, er lässt sich von ihr dort hinschieben und -ziehen, wo sie ihn haben will, um sich ihm voll und ganz hinzugeben. Sie spürt, dass er schließlich Angst hat, seine Position zu ändern oder irgendetwas zu tun, wozu sie ihn nicht angewiesen hat, und sie packt ihn fest an seinen Schultern und versucht, an nichts zu denken. Sie gibt sich der Welle hin, die angerollt kommt.

Doch dann ist ihr auf einmal alles zu viel. Er ist zu nah, er ist zu warm, sie will ihn dort nicht mehr haben, stößt ihn weg, windet sich, liegt plötzlich verrenkt da, will Abstand, will weniger spüren. Aber Finn legt den Arm erneut um ihre Taille, versucht, sie vorsichtig wieder zu sich zu drehen, legt seine Hand behutsam an ihre Wange, will sie ansehen. Sie dreht den Kopf weg, wird von der schweren Welle mitgerissen, alles schnürt sich fest, und jetzt ist sie es, die aufgibt, sie ballt die Fäuste und wartet, lässt es über sich ergehen.

Danach sagen beide kein Wort, sie dreht sich weg und rutscht bis an die äußerste Bettkante. Sie hört an seinem Atem, dass er immer noch wach ist, und der Rhythmus ändert sich nicht, er kann nicht schlafen.

Am darauffolgenden Abend trödelt Eivor dabei, sich für das Fest im Huset fertig zu machen. Finn ist bereits umgezogen, und Marit hat ihre Strickarbeiten mitgebracht, doch Eivor steht immer noch im Badezimmer und frisiert sich. Sie weiß, dass es oft eine Weile dauert, bevor die Tanzveranstaltung richtig in die Gänge kommt, das weiß sie noch vom Weihnachtstanz aus dem letzten Jahr. Es hat keinen Sinn, schon früh da zu sein.

Auf dem Weg durch das Tal neckt Finn sie mit Kommentaren, dass sie so lange gebraucht habe, um sich schick zu machen. Als sie die Eingangshalle betreten und Tanzmusik aus dem Saal zu ihnen nach unten schallt, fragt er sie, ob sie erleichtert ist, nicht das übliche Geplauder über sich ergehen lassen zu müssen.

Eivor trägt ein neues Kleid, das sie aus Oslo mitgebracht und noch nie auf einem Fest getragen hat. Es ist dunkelgrau, mit schwarzen Einschnitten im Rock, anders als die klaren, kräftigen Farben, die sie normalerweise trägt, und sie sticht weniger aus der Masse heraus. Trotzdem wird sie gleich beim Betreten der Halle von jemandem aus der Turnmannschaft zum Tanz aufgefordert. Finn hält währenddessen ihren Drink – er tanzt nie, er weiß nicht, wie es geht.

Eivor schwebt vom einen Tanzpartner zum nächsten – zwischendurch trinkt sie einige Schlucke, dann geht es zurück auf die Tanzfläche. Feste, auf denen getanzt wird, sind die angenehmsten.

Nach einer Weile wird ihr Kopf leichter vom Tanzen und Trinken. Im Saal ist es heiß und diesig, eine ohrenbetäubende Geräuschkulisse stülpt sich über ihn. In einer Ecke des Saals ragt ein mächtiger Weihnachtsbaum bis unter die Decke, seine Lichter verzerren und verschwimmen in Eivors Blick, als sie über die Tanzfläche wirbelt. Ihre Blicke suchen nicht nach Finn, es spielt keine Rolle, wo er ist, während sie tanzt.

Doch irgendwann wird die Wärme so überwältigend, dass sie hinaus in den Korridor gehen muss, um sich abzukühlen, danach auf die Toilette. Sie beugt sich zum Spiegel vor und streicht sich mit den Händen über das Gesicht. Ihre Stirn ist feucht, ihre Wimperntusche ist verschmiert, sie wischt sie mit den Fingern weg. Wie viel hat sie getrunken? Ihr Gleichgewicht hat sie noch nicht verloren, sie testet es, indem sie in den schwarzen, hochhackigen Schuhen auf Zehenspitzen geht.

Als sie aus der Toilette kommt, hat sich eine Gruppe junger Männer an der Treppe versammelt. Eivor hört laute Stimmen und undeutliche Worte, sieht, dass sich einige von ihnen gegenseitig anrempeln – es sieht ganz danach aus, als würde sich ein Streit anbahnen.

»Hallo!«, ruft einer von ihnen ihr plötzlich im Vorbeigehen zu. »Hey – wollen wir tanzen?« Er geht auf sie zu, er schwankt leicht, aber sie eilt zurück in den Saal, manövriert sich vorbei an dem Gedränge vor der Tür, vorbei an den Bankreihen und stellt sich mit dem Rücken an die Sprossenwand.

Der Tanz hat seinen Charakter geändert, stellt sie nun fest – die Menschen tanzen mit ausladenden Bewegungen, rempeln einander an, einige wiegen sich allein im Takt der Musik.

»Guten Abend«, sagt eine Stimme neben ihr und Eivor erschrickt. Es ist Heiberg, er steht genau wie sie an der Sprossenwand, das Sakko über den Arm gelegt. Er sieht sie nicht an, aber spricht zu ihr – fragt sie, ob sie Finn gesehen habe.

»Er ist eben noch hier gewesen«, antwortet sie.

Heiberg nickt, als würde ihm plötzlich etwas bewusst werden. Sein Blick flackert durch den Raum, und sie will sich gerade von ihm entfernen, als er sich abrupt zu ihr umdreht. Er streckt ihr die Hand entgegen.

»Frohe Weihnachten.«

Eivor zögert. Er wird wieder so fest zudrücken, dass das Metall ihres Eherings in ihre Haut schneidet. Sie sieht sich hektisch um, auf der Suche nach einer Ausrede, um sich zurückzuziehen, aber es ist niemand in der Nähe, den sie kennt, und niemand ist bereit, sie zum Tanz aufzufordern.

»Frohe Weihnachten«, sagt sie und erwidert seinen Handschlag.

Sie zuckt zusammen, als er seine Hand um ihre schließt. Seine Haut ist glitschig, kalt und schorfig. Sofort befreit sie sich aus seinem Händedruck, als hätte sie sich verbrannt.

»Meine Güte, Sie bluten ja«, entfährt es ihr, und ehe sie darüber nachdenkt, wischt sie sich die Hand an ihrem Kleid ab. Rasch sieht sie an sich hinab, um zu sehen, ob sie Flecken an der Hand oder auf dem Stoff hat – nein, es ist doch kein Blut, es muss sein Schweiß gewesen sein. Übelkeit kommt in ihr auf, sie tritt ein paar Schritte zurück, jemand presst sich zwischen ihr und Heiberg vorbei – ein Paar auf dem Weg zur Tanzfläche.

Heiberg steht wie angewurzelt da, mit offenem Mund und zitternden Händen. Dann geht ein Ruck durch seinen Körper, er dreht sich um und eilt auf den Ausgang zu, rempelt im Vorbeigehen Leute an und wird nach hier und dort gestoßen, kommt nicht an ihnen vorbei. Schließlich schubst er sie zur Seite, pflügt durch die Menge, und Eivor verliert ihn aus den Augen. Doch da fällt ihr Blick auf Finn. Er steht auf der kleinen Treppe, die zur Bühne hinaufführt, den Fotoapparat um den Hals. Er reckt sich und sieht jemandem nach – sicherlich Heiberg. In dem Getümmel tut sich etwas, als ginge eine Welle durch die Menschenansammlung – da öffnet sich eine Schneise in der Menge und sie entdeckt ihn. Heiberg ist quer über die Tanzfläche gelaufen, nun ist er auf dem Weg Richtung Ausgang. Jedes Mal wenn er auf Hindernisse stößt, schlägt er um sich, doch dann presst er die Arme eng an den Oberkörper und rennt stolpernd und vornübergebeugt, so schnell er auf seinen glatten Anzugschuhen kann.

Finn macht einen Satz von der Bühnentreppe und überquert die Tanzfläche, Eivor läuft auf ihn zu, will ihm erklären, was soeben passiert ist, aber er reißt sich den Fotoapparat vom Hals und bittet sie, darauf aufzupassen. Dann folgt er Heiberg aus der Tür.

»Jens, was ist los?«, hört sie ihn noch rufen. Die Gruppe von Männern, die an der Treppe gestanden und sich geknufft hat, ist inzwischen in den Saal gegangen. Finn und Heiberg stehen allein an der Treppe.

»Lass mich los, ich muss raus, ich blute«, stöhnt Heiberg, er packt das Geländer, lehnt sich dagegen und lässt sich langsam heruntergleiten.

»Lass mich mal sehen.« Finn spricht ganz ruhig, als würde er nicht glauben, was Heiberg da erzählt. Er geht ein paar Stufen hinunter und will seine Hand neben Heibergs auf das Geländer legen, doch in diesem Moment brüllt Heiberg auf und stürmt mit solcher Wucht an ihm vorbei, dass Finn das Gleichgewicht verliert und sich am Geländer festhalten muss, um nicht die Treppe hinunterzufallen. Einige Augenzeugen schnappen erschrocken nach Luft, andere lachen, und Heiberg jagt in rasantem Tempo die Treppe hinunter.

Finn folgt ihm, und Eivor läuft zurück in den Saal, um Bjørn oder Audun zu finden oder irgendjemand anderen, der Finn zu Hilfe eilen könnte. Was, wenn Heiberg wieder sein Messer dabeihat, was, wenn er damit um sich fuchtelt? Zum Glück muss sie nicht lange suchen – Bjørn ist bereits auf dem Weg nach draußen, und Audun lässt Inga mitten auf der Tanzfläche stehen und folgt ihm.

Heibergs Schreie gellen durch die Eingangshalle. Als Eivor die Treppe herunterkommt, sieht sie das Chaos. Heiberg schreit und schlägt um sich und tritt nach hinten aus wie ein Esel, Finn hält ihn im Schwitzkasten. Beide haben Schnee im Haar und auf der Kleidung, die Eingangstür steht offen und eisige Luft zieht herein.

»Bjørn!«, ruft Finn und drückt Heiberg gegen eine Wand, stemmt seine Schulter gegen ihn, um ihn dort zu fixieren. »Kannst du ...«

Mehr bringt er nicht hervor, aber Bjørn versteht ihn – er richtet sich in seiner Rolle als Sysselmann zu seiner vollen, imposanten Körpergröße auf und treibt die neugierigen Schaulustigen zurück in den Saal. Er will nicht, dass die Leute dastehen und glotzen, das hier sei keine Viehschau.

In der Zwischenzeit ist Audun Finn zu Hilfe geeilt, gemeinsam bringen sie Heiberg zu Boden und halten ihn dort einigermaßen in Schach. Jetzt ist er nicht so schwach und hilflos wie zu Finns Geburtstag – in ihm setzen sich gewaltige Kräfte frei, er brüllt wie ein Stier. Doch seine Worte sind unverständlich, er wird nach unten gedrückt und schafft es kaum, den Kopf zu heben. Finns Brustkorb drückt sich auf seine Schulterblätter, die Arme hat er ihm auf den Rücken gedreht, und Audun hält seine Beine fest. Es ist offensichtlich, dass sie ihm überlegen sind, aber Heiberg zappelt und windet sich, sein Gesicht ist rot angelaufen, sein Blick ist starr.

Eivor geht die letzten Stufen hinunter, durchquert die Eingangshalle und schließt die Tür. Für ein paar Sekunden treffen sich ihre und Finns Blicke – es scheint, als wollte er ihr etwas mitteilen, aber sie kann seine Miene nicht lesen. Sie geht einige Schritte rückwärts Richtung Garderobe. Heiberg brüllt erneut auf, aber seine Stimme klingt gebrochen – die Kräfte scheinen ihn zu verlassen.

Jemand hat in der Zwischenzeit beim Krankenhaus angerufen, und kurz darauf ist der Jeep zu hören, der vorm Huset vorfährt. Heiberg ist von allen Kräften verlassen, Finn muss ihn nicht länger mit seinem gesamten Körpergewicht auf den Boden drücken, er hält nur noch seine Arme fest, die er ihm auf den Rücken gedreht hat. Sein Gesichtsausdruck ist hart und verbissen, doch vor allem ist Verzweiflung in seiner Miene zu erkennen, völlige Ratlosigkeit.

Die Eingangstür springt auf und Reidar eilt herein. Heiberg kann ihn von dort, wo er liegt, nicht sehen, dennoch zuckt er zusammen. »Nein, nein!«, fleht er. Bjørn geht auf Reidar zu, spricht mit gesenkter Stimme, Finn beugt sich zu Heiberg herunter und raunt ihm etwas zu. Dann geht es wieder los. Heiberg schreit, lehnt sich gegen Finn auf, doch Finn drückt ihn nach unten und fixiert ihn auf dem Boden. Eivor verkrampft und weicht noch tiefer in die Garderobe zurück, bis sie die Mäntel und Anoraks in ihrem Rücken spürt. Draußen in der Eingangshalle weint Heiberg bitterlich und kapituliert, er liegt reglos auf dem Boden, wie ein totes Tier. Dann wird er von Finn, Reidar und Audun hochgehoben, er ist vollkommen schlaff, vollkommen weg.

Finn und Reidar sollen auf dem Rücksitz Platz nehmen, Heiberg zwischen sich gepfercht, um ihn in Schach zu halten, Audun sitzt hinterm Steuer und Bjørn auf dem Beifahrersitz – so bleibt für Eivor kein Platz im Jeep.

»Versprichst du mir, dass du heute Nacht nicht allein nach Hause gehst?«, bittet Finn, während er sich in aller Eile seine Wintersachen überzieht. »Versprich mir, dass du jemanden findest, der dich begleitet.«

Die anderen warten bereits mit Heiberg im Jeep, und Eivor kann gerade noch nicken, bevor Finn aus der Tür läuft. Sie bleibt an den Garderobenhaken stehen – die eisige Winterluft ist in die Eingangshalle gezogen und lässt sie in ihrem Kleid frösteln. Sie reibt ihre Hände aneinander. Das Gefühl von Schorf klebt immer noch an ihren Fingern, das Rutschige, Nasse. Heibergs Schweiß klebt am Stoff ihres Kleides, sie kann es nicht mehr tragen, ohne es vorher zu reinigen.

Bald bemerken die anderen Anwesenden, dass sie zwischen Jacken und Mänteln steht – sie wird gefragt, was eigentlich vorgefallen sei, aber Eivor wehrt die Fragen, so gut es geht, ab, sagt, dass sie keine Ärztin sei, dass sie nichts über die Situation wisse. Dann zieht sie sich an, um sich auf den Heimweg zu machen.

Niemand anderes will jetzt schon das Fest verlassen, Eivor macht sich trotzdem auf den Weg – sie muss nach Hause zu Jossa, nach Hause zu den Kindern.

Als sie bereits einige hundert Meter zurückgelegt hat, fällt ihr plötzlich auf, dass sie vergessen hat, ihre lange Wollhose unterzuziehen – sie muss noch auf der Hutablage in der Garderobe liegen. Ihre Oberschenkel haben angefangen zu prickeln, die Haut um ihre Hüften spannt – wie viele Minusgrade sind es heute Abend? Sie bleibt stehen, wirft einen Blick zurück zum Huset. Von hier aus sieht das Gebäude aus wie ein dunkler Klotz mit glühenden Fenstern. Die Musik ist inzwischen nicht mehr zu hören, sie ist bereits zu weit entfernt. Soll sie trotzdem umkehren, um die Wollhose zu holen?

Eivor zögert einen Augenblick, während sie mit den Füßen auf der Stelle tritt, um sich warm zu halten – doch dann dreht sie sich wieder um und geht weiter Richtung Krankenhaus. Wenn sie jetzt umkehrt, wird sie bloß Zeit und Kraft verlieren, und ihr Oberkörper ist warm genug.

Der Mond hängt groß und voll über der Schlucht zwischen Gruvefjell und Sarkofagen. Die Berge erheben sich kalt und bläulich über dem Fjord, die Konturen sind so scharf, dass es so aussieht, als wären sie aus Papier geschnitten und in den dunklen Nachthimmel gestellt. Die Sterne sind weiße Nadelstiche im Weltraum. Die Temperatur muss innerhalb weniger Stunden dramatisch gefallen sein.

Nach einer Weile bemerkt Eivor, dass sie beim Gehen schwankt, hin und her von einer Seite zur anderen, in kleinen, sanften Bewegungen. So betrunken wird sie doch nicht sein? Es ist schon eine Weile her, dass sie ihr letztes Glas geleert hat. Aber in der nächsten Sekunde spürt sie, dass mit ihren Zehen etwas nicht stimmt – dick und steif fühlen sie sich in ihren Stiefeln an, unwillig, ihr dabei zu helfen, das Gleichgewicht zu halten. Sie fällt einen Schritt nach vorne, fängt sich wieder, doch dann stolpert sie gleich wieder. Die Haut spannt sich immer stärker um ihre Oberschenkel, als würde sie gleich reißen, und jetzt beginnen auch die Finger in den Robbenfellfäustlingen zu schmerzen. Ihr Oberkörper ist immer noch ziemlich warm, doch wenn ihr nun tatsächlich kälter ist, als sie denkt – wenn es nur der Alkohol ist, der sie warm hält?

Plötzlich kommt es ihr lebensgefährlich vor, draußen unterwegs zu sein – es ist eine der kältesten Nächte, die sie hier erlebt hat, vor ihrem inneren Auge spielt sich ab, dass sie fällt, liegen bleibt, einschläft und niemals wieder aufwacht.

Eivor läuft los. Es fällt ihr schwer, das Tempo zu halten, aber zum Glück fällt das Tal an dieser Stelle sanft ab, und wenn sie sich am Wegesrand hält, am Schneewall entlanggeht, den die Räumfahrzeuge aufgeschüttet haben, finden ihre Schritte guten Halt. Das Krankenhaus kommt immer näher, aber dieses Stück Weg hat sich schon immer unendlich lang angefühlt – auch tagsüber, auch im Licht. Das Herz schlägt ihr bis zum Hals, und die Luft ist so eisig, dass es sich anfühlt, als würde sie Nadeln aus Eis einatmen.

Als sie endlich am Krankenhaus ankommt, muss sie stehen bleiben, sie hustet und spuckt dann in den Schnee. Mit dem Handschuh wischt sie sich über den Mund und spürt, wie er über ihre Lippen kratzt.

Schon auf der Treppe kann sie Jossas Heulen hören. Es ist ein verletztes, verzweifeltes Jaulen – es klingt ganz danach, als würde sie schon seit einer Weile so klagen, aber Eivor schafft es nicht, sich zu beeilen, ihre Zähne klappern, sie stolpert die Stufen hinauf.

Sobald sie mit ihren steifgefrorenen Händen die Tür öffnet, hört die Hündin auf zu jaulen. Das Licht brennt, Jossa steht mitten im Raum, mit aufgestellten Ohren und abstehendem Schwanz. Dann beginnt sie zu wedeln, doch in dem Moment hört Eivor Weinen aus dem Kinderzimmer. Marit ist nirgends zu sehen.

In der Wohnung ist es warm, die Luft ist stickig. Eivor läuft den Flur entlang und reißt die Tür zum Kinderzimmer auf. Die Mädchen heulen laut auf, als Eivor, gefolgt von Jossa, das Zimmer betritt, sie liegen unter ihren Bettdecken versteckt, und Eivor muss sich zwischen die Bettchen setzen und jeweils eine Hand auf die Decken legen.

»Ich bin's doch! Ich bin's, Mama!«

Unni ist die Erste, die unter ihrer Decke hervorlugt – ihr Gesicht ist rot und verweint, sie sieht mit einem wilden Blick zu Eivor auf, woraufhin Eivor ihr mit der Hand über die Wange streicht, doch Unni weicht zurück und wimmert.

»Mama, du bist kalt! Warum bist du so kalt?«

Jetzt taucht auch Lisbeth unter ihrer Decke auf. Sie sagt nichts, schaut sie nur mit Tränen in den Augen an. Eivor versucht nicht, sie zu berühren, sondern presst stattdessen ihre Hände gegeneinander. Ihre Stimme ist unsicher, als sie die beiden fragt, was los sei, warum sie weinen.

»Da ist ein Tier«, flüstert Unni.

»Ein Tier? Jossa ist hier, ja. Meinst du Jossa?« Eivor dreht sich zu Jossa um, die sich in den Flur gelegt hat, die Schnauze auf die Türschwelle zum Kinderzimmer.

»Nein, unter uns, da ist ein großes Tier«, sagt Unni.

Ein Schauer läuft Eivor über den Rücken, sie weiß nicht, was sie sagen soll. Sie bleibt bei den Mädchen sitzen und lauscht. Was haben sie gehört? Dringen die Geräusche aus der Klinik bis hier hoch?

Es ist still im Zimmer, nur Jossas Atem ist zu hören, und das Ticken der Uhr auf der Kommode – sie ist hellblau mit kleinen Ponys. Die Nachttischlampe ist angeschaltet und wirft warmes Licht ins Zimmer.

»Hier sind keine Tiere«, sagt Eivor schließlich. Ihr ist bewusst, dass die Kinder etwas gehört haben mussten, als der Krankentransport vorgefahren kam, als Heiberg ins Gebäude gebracht wurde. »Hier ist nur jemand, der sehr krank ist. Er ist mit Papa im Auto hergekommen. Seid ihr aufgewacht, als das Auto gekommen ist?«

Die Mädchen antworten nicht, sie wirken unsicher. Drüben an der Tür hebt Jossa den Kopf von den Pfoten und knurrt leise. Lisbeth wimmert und zieht sich sofort wieder die Decke über den Kopf.

»Ich sehe mich mal in der Wohnung um, ob alles in Ordnung ist«, sagt Eivor, um die Mädchen zu beruhigen, obwohl sie gar nicht weiß, was es bringen soll, die Wohnung zu überprüfen. Wann ist Marit eigentlich gegangen?

Sie zittert noch immer, als sie von Zimmer zu Zimmer geht, sie hat ihren Mantel noch nicht ausgezogen, aber ihre Hände brennen und sind ganz rosa geworden. Jossa folgt ihr auf den Fersen durch die Wohnung, hinaus in die Küche und zurück ins Wohnzimmer. Dort liegen Marits Stricksachen auf dem Fußhocker vor dem Sessel – sie muss fluchtartig aufgesprungen sein, vielleicht, um unten in der Klinik auszuhelfen.

Jossa muss noch einmal raus, das zeigt sie Eivor mit ihrem Verhalten. Sie trippelt mit den Vorderpfoten, hechelt und dreht sich vor der Wohnungstür im Kreis. Eivor geht zurück ins Zimmer der Mädchen und erklärt ihnen, dass sie noch einmal schnell mit der Hündin rausmuss. Sie weinen und protestieren, sie wollen nicht alleine bleiben, das Tier könne jeden Moment zu ihnen nach oben kommen. Eivor muss sie trösten, versucht, sie in den Arm zu nehmen, aber sie weichen zurück, sie ist ihnen zu kalt, sie wollen keine Umarmung, sie wollen ihren Papa.

Die Kinder weinen noch immer, als Eivor ins Schlafzimmer geht, um wärmere Kleidung aus dem Schrank zu holen. Sie zwängt sich aus ihrem Kleid und streift die Strümpfe ab, schleudert beides gegen die Wand und zittert, obwohl das Zimmer beheizt ist. Im Spiegel sieht sie, dass ihre Haut genoppt und rötlich ist, an den Armen beinahe schon lila. Um den Mund zeichnet sich ein weißer Ring ab, ihre Wangen sind flammend rot. Sie zieht die dickste Wollunterwäsche an, die sie finden kann, zwei von ihren Pullovern und dann noch einen dritten – Finns Pullover. Ihr ist schwindelig, sie ist erschöpft, ihre Hände gehorchen ihr nicht. Jossa sitzt in der Tür und beobachtet sie mit ihren hellen Augen.

Dann hört sie einen dumpfen Schlag aus der Etage unter ihr. Stille, dann ein weiterer Schlag.

Nach diesen Geräuschen kann sie die Kinder unmöglich alleine lassen, also bleibt Eivor nichts anderes übrig, als sie aus den Betten zu holen, sie anzuziehen und sie mitzunehmen, als sie mit Jossa vor die Tür geht. Sie sind müde und ängstlich, aber sie beruhigen sich, als sie hören, dass sie mit rauskommen dürfen, und Eivor erzählt ihnen, dass Jossa auf sie aufpasse, dass sie niemals in Gefahr seien, solange Jossa bei ihnen sei.

»Jossa ist stark und mutig. Sie kann sogar Eisbären verjagen«, erzählt sie.

Die Mädchen stehen in ihren warmen Jacken nebeneinander, von Kopf bis Fuß dick eingepackt, die Kapuzen so eng unter dem Kinn zusammengeschnürt, dass sie gerade so darunter hervorschauen können. Ihre Blicke sind ernst und besorgt, schweigend folgen sie Jossa die Treppe hinunter.

Jossa schnüffelt durch den Schnee und dreht sich zu Eivor um. Sie macht ihr Geschäft nie direkt vor der Tür, lieber geht sie erst ein ganzes Stück oder zumindest einmal um das Gebäude herum, das weiß Eivor, und sie erklärt es den Kindern, versucht, es lustig klingen zu lassen. Schließlich überredet sie die beiden, mitzukommen, und sie schlurfen hinter ihr her um die Hausecke herum, wie zwei frierende Pinguine. Ihr selbst ist endlich wieder warm, nachdem sie Probleme hatte, die Kinder anzuziehen.

»Wir gehen gleich wieder rein«, sagt Eivor und trampelt einen kleinen Pfad in den Schnee, sodass die Mädchen ihr leichter folgen können. Jossa läuft auf dem grobkörnigen Schnee, leicht und stark und elegant.

Lisbeth schnieft bereits, als sie die Giebelseite erreichen, Unni lässt sich zurückfallen, aber Jossa hat noch immer nicht ihr Geschäft erledigt. Am liebsten würde Eivor sie von der Leine lassen, sie merkt, dass Jossa das auch will, aber das geht leider nicht. Eivor hat von Huskys gehört, deren Laufinstinkt einsetzt, woraufhin sie nicht mehr aufzuhalten sind. Zum Glück hat sie der Hündin die Schleppleine angelegt, die sie nun Stück für Stück aus ihrer Hand gleiten lässt. So bekommt Jossa einen größeren Radius, und schließlich biegt sie hinter eine Schneewehe und hockt sich hin – endlich.

»Jetzt können wir wieder reingehen!« Eivor ist erleichtert und ungeduldig, die Kinder müssen schnell wieder ins Warme. Es ist riskant, mit ihnen hier draußen zu sein, und sie hat das Gefühl, sie tue etwas Verbotenes. Finn darf auf keinen Fall aus dem Fenster sehen und sie hier draußen entdecken. Sie treibt die Kinder an, versucht sie dazu zu bringen, schneller zu gehen, wie eine Hütehündin ihre Schäfchen.

Sie haben gerade den Haupteingang an der Vorderseite des Krankenhauses passiert, als die Tür aufspringt. Eivor zuckt zusammen und dreht sich um. Heiberg stolpert hinaus in die Nacht, nur mit einem Hemd bekleidet. Sein Blick ist wild, er scheint nichts um sich herum wahrzunehmen, rennt einfach nur los, doch er steuert dabei direkt auf Eivor und die Kinder zu. Jossa erstarrt für einen kurzen Moment, dann stürzt sie zähnefletschend auf ihn zu. Im selben Augenblick kommen Finn und Reidar zur Tür heraus, doch sie sind zu weit entfernt, um Heiberg aufzuhalten, und die Schleppleine ist zu locker, Eivor kann gar nicht schnell genug reagieren. Jossa setzt zum Sprung an und rammt Heiberg die Zähne in den Arm.

Heiberg schreit vor Schmerz und fällt rücklings zu Boden, aber Jossa hat sich in ihm festgebissen, nun steht sie über ihm, Eivor stürzt auf sie zu, aber Finn ist schneller – er holt Schwung und verpasst Jossa einen Tritt in die Seite, und die Hündin taumelt mit einem lauten Jaulen zur Seite.

Eivor schreit auf und läuft zu Jossa. Die Hündin kauert sich zusammen und winselt bitterlich, steckt den Schwanz zwischen die Hinterläufe, sie krümmt sich, und Eivor fällt vor ihr auf die Knie und legt die Arme um sie. Hinter ihr heulen die Kinder. Finn, der sich nun über Heiberg beugt, brüllt sie an, aber sie hat nur Augen für Jossa, sie zieht sich den Fäustling aus und streicht der Hündin über die Flanke, tastet sie nach Verletzungen ab. Die Hündin schmiegt sich an Eivor, die Beine eingeknickt, ihr eingeklemmter Schwanz wedelt hektisch und verunsichert. Sie schleckt Eivors Hände, Eivors Wange.

Finn und Reidar haben Heiberg aufgerichtet und heben ihn gemeinsam auf die Beine. Er brüllt und fuchtelt und tritt um sich, doch sie schleifen ihn rücklings auf die Tür zu, die von Audun aufgehalten wird. Auf seinem hellblauen Hemdsärmel breitet sich ein Blutfleck aus.

»Bring die Kinder rein und halte den Hund zurück!«, brüllt Finn, als Reidar und er Heiberg in die Klinik bugsieren. Dann knallt die Tür zu. Schlagartig tritt Stille ein.

Unni und Lisbeth haben sich an die Hauswand gepresst, sie weinen und klammern sich aneinander fest. Eivor geht auf sie zu, Jossas Leine kürzer gefasst. Sie wagt kaum zu atmen, sie hat Angst davor, die beiden zu erschrecken oder dass die Hündin sie erschreckt. Aber Jossa ist behutsam und vorsichtig – sie setzt sich in den Schnee, als die Mädchen sich zu ihr umdrehen. Sie legt den Kopf schräg und atmet ruhig.

Es ist weit nach Mitternacht, als Eivor ihre Bettdecke holt und sich zwischen den Mädchenbetten auf den Fußboden des Kinderzimmers legt. Sie hat zwei Wollteppiche und eine Decke übereinandergestapelt, damit sie etwas weicher liegt, und sie schläft in voller Montur, um auf dem kalten Boden nicht zu frieren. Die Hundedecke liegt direkt neben ihr. Jossa hat sich in Eivors Rücken zusammengerollt. Die Nachttischlampe ist an, die Tür zum Flur ist geschlossen, das Zimmer ist eine Kapsel.

Das Geräusch einer sich öffnenden Tür drängt sich in ihren Schlaf. Sie erwacht, es fühlt sich an wie ein harter Schlag auf die Brust, und ihre Muskeln spannen sich an.

Finn steht in der Tür und blickt auf sie hinab.

»Du liegst hier?«

Jossa hebt den Kopf und sieht sich über die Schulter, bleibt jedoch liegen. Mühsam setzt Eivor sich auf. Ihr Körper ist steif und schmerzt vom Liegen auf dem harten Boden, aber sie ist hellwach, ihr Kopf ist klar.

»Die Kinder hatten Angst«, sagt sie.

Unni rührt sich in ihrem Bett, wacht jedoch nicht auf, Lisbeth schläft tief und fest. Finn tritt einen Schritt in den Raum hinein, Eivor weicht zurück und legt ihre Hand auf Jossa.

»Ist schon Morgen?«, fragt sie.

»Noch nicht ganz. Ich will nicht, dass Jossa hier drinnen ist.« Finn sieht erschöpft aus, in seinem Blick ist keine Wärme mehr.

»Ich will sie aber hier haben«, erwidert sie.

»Du hast doch gesehen, was sie getan hat! Ich will sie nicht im Kinderzimmer haben. Und morgen müssen wir darüber sprechen, ob ...«

»Was sie *getan* hat?«, fällt Eivor ihm ins Wort. »Was hast *du* denn getan?«

Unni rührt sich wieder in ihrem Bett und murmelt etwas, Finn legt den Finger an die Lippen.

Er macht eine Kopfbewegung, ein Zeichen, dass sie mit ihm ins Wohnzimmer kommen soll, aber sie schüttelt den Kopf und zieht sich die Decke bis ans Kinn. Jossa schnaubt durch die Nase und dreht sich wieder weg.

»Eivor!«, sagt Finn in lautem Flüsterton.

Da geht ein Zucken durch Unnis kleinen Körper, sie schlägt die Augen auf und gibt ein leises Wimmern von sich. Eivor beugt sich zu ihr, beruhigt sie, und Jossa setzt sich wieder auf und legt ihren Kopf auf Unnis Matratze.

»Jossa – raus!«, sagt Finn.

Unni beginnt zu weinen, Jossa dreht sich zu ihm um, bleibt jedoch stehen – angespannt und verunsichert. Lisbeth ist jetzt auch aufgewacht, sie stößt leise Schluchzer aus, eine Vorwarnung, dass sie gleich in lautes Weinen ausbrechen wird, doch Eivor sagt kein Wort. Schweigend starrt sie Finn an. Er seufzt und fährt sich mit der Hand über den Hinterkopf.

»Ganz ruhig, es ist noch Nacht«, flüstert er Lisbeth zu, er tritt näher an ihr Bett, doch da brechen bei ihr alle Dämme.

»Geh weg, ich will zu Mama!«

Finn verharrt in seiner Bewegung, wirft Eivor einen Blick zu, dann ruft Lisbeth erneut unter Tränen, er solle weggehen. Dieses Mal klingt sie regelrecht hysterisch. Unni weint immer noch, sie streckt ihre Arme nach Eivor aus, will auf ihren Schoß, und Eivor hebt sie zu sich herunter, setzt sie auf die Bettdecke zwischen sich und Jossa. Da rutscht auch Lisbeth aus ihrem Bett, sie rollt sich zusammen und presst ihr Gesicht in Eivors Schoß.

Finn steht da, mit hängenden Armen. Seine Miene ist unmöglich zu deuten, er ballt die rechte Hand zur Faust, öffnet sie wieder. Eivor hält die Kinder im Arm, Jossa blickt ihm direkt in die Augen.

Die Wohnung ist leer, als Eivor und die Kinder am nächsten Morgen aufstehen. Im Schlafzimmer liegt Finns Decke zusammengeknautscht mitten im Doppelbett, das Licht an der Decke brennt. Er musste wohl in aller Hast wieder nach unten in die Klinik.

Die Kinder fragen oft nach ihm, wenn sie aufwachen und ihn nicht finden können – sie sehen es als Spiel, denn sie wissen, dass er unten ist. Heute jedoch fragen sie nicht. Still und ernst sitzen sie am Frühstückstisch, und später, als Eivor sie draußen vor dem Krankenhaus auf den Tretschlitten setzt, sind sie ungewöhnlich fügsam.

Sie gehen eine besonders lange Runde mit Jossa – hinunter an die Küste, aufs Eis hinauf, und in einem weiten Bogen zurück an Land. An den Anhöhen hinter dem Energiewerk spannt Eivor Jossa vor den Schlitten, und die Hündin zieht die Kinder den Hügel hinauf, während Eivor hinter ihnen herläuft. Die Kälte strengt an, Eivor geht schnell und fällt zwischendurch in den Laufschritt, um mithalten zu können – das beste Mittel gegen die ewigen Gedanken ist, in Bewegung zu bleiben.

Als sie Skjæringa durchquert, entdeckt sie Karen, die in ihrem Pelzmantel vom Sysselmannshof kommt. Karen hebt den Arm und winkt ihr zu, und Eivor winkt zurück, doch sofort spürt sie in sich diese Unruhe, die jedes Mal aufkommt, wenn sie Karen unterwegs trifft – wenn sie es sich nun doch wieder anders überlegt hat und Jossa zurückhaben will?

Jossa freut sich, Karen zu sehen, sie wedelt mit dem Schwanz und geht auf sie zu, winselt gedämpft, doch dann kommt sie rasch zurück an Eivors Seite, und Eivor spürt die Erleichterung bis in die Fingerspitzen – so läuft es jedes Mal ab.

Umso schlimmer ist es, dass Karen dennoch die Worte ausspricht, die Eivor so lange gefürchtet hat.

»Vielleicht ist es besser, dass Jossa zurück zu uns auf den Sysselmannshof kommt?«

Eivors Hand greift die Leine näher an Jossas Halsband.

»Nein«, presst sie hervor. »Das geht nicht.«

»Soll Jossa wegziehen?«, fragt Unni von ihrem Schlittensitz.

Karen geht vor den Mädchen in die Hocke und nimmt Unnis Hand.

»Magst du Jossa?«

Unni nickt, und Karen blickt zu Eivor auf.

»Bekommst du die Kinder und Jossa unter einen Hut? Du hast ja mal gesagt, dass die Kinder auch ganz schön wild sein können, besonders Unni. Wird dir das nicht ein bisschen zu viel mit Kindern und Hund?«

»Das ist nicht zu viel«, sagt Eivor, zu mehr ist sie nicht im Stande.

»Ach, Eivor …«, sagt Karen und richtet sich auf, doch Eivor dreht sich abrupt weg, als ihr klar wird, dass Karen ihr alles ansehen kann. Die Tränen schießen ihr in die Augen, sie beißt in den Fäustling.

Karen nimmt sie nicht in den Arm, versucht nicht, sie zu berühren, sie geht wieder in die Hocke und spricht mit den Kindern. Eivor steht immer noch mit dem Rücken zu ihnen, es fällt ihr schwer, ihre Gesichtsmuskeln zu entspannen. Wenn sie erst anfängt zu weinen – wirklich zu weinen –, dann ist es unmöglich, wieder aufzuhören.

»Es ist wohl doch am besten, wenn Jossa bei dir ist«, sagt Karen, als Eivor sich endlich wieder zu ihr umdreht. »Ich wollte es nur gesagt haben, falls du mal entlastet werden musst.«

»Das brauche ich nicht«, sagt Eivor und kann selbst hören,

wie tonlos sie klingt, ungeschickt und viel zu direkt, aber etwas anderes kommt ihr nicht über die Lippen, sie bringt es nicht fertig, sich zu erklären.

Erst als Karen Eivor mit zum Sysselmannshof nimmt und sie in der Küche stehen, fällt Heibergs Name. Karen erzählt, dass Finn beim Sysselmannshof angerufen und von dem Vorfall vor dem Krankenhaus berichtet hat. Er habe Bjørn und Karen darum gebeten, sich zu überlegen, Jossa wieder zu sich zu nehmen, nun, da sich herausgestellt hat, wie gefährlich sie sein kann.

»Aber wir glauben nicht, dass sie gefährlich ist«, fügt Karen eilig hinzu – sie spricht mit gedämpfter Stimme, obwohl die Kinder im Wohnzimmer in ihr Spiel vertieft sind.

»Jossa hat noch nie jemanden gebissen. Wir glauben, dass sie sich erschreckt hat und dich beschützen wollte – und nicht zuletzt auch die Kinder. Das ist trotz allem ganz normales Verhalten. Ich glaube, das hat Bjørn auch versucht Finn klarzumachen. Die Bisswunde war außerdem nicht tief, und Heiberg wurde sofort behandelt.«

»Hat er erzählt, dass er Jossa getreten hat?« Eivors Stimme zittert, sie blickt zu der Hündin, die auf dem Boden liegt und schläft.

»Heiberg hat Jossa getreten?«

»Nein, *Finn*. Finn hat Jossa getreten.«

Karen hebt die Augenbrauen kaum merklich, antwortet nicht sofort, und Eivor fügt hinzu, dass Finn Jossa vielleicht verletzt haben könnte. Auch dieses Mal erfolgt nicht die entsetzte Reaktion, die sie erwartet hat, und sie spürt einen Kloß im Hals. Karen faltet die Hände auf der Tischdecke und lehnt sich nach vorn.

»Die Lage um Heiberg ist furchtbar ernst, Eivor. Finn wird wohl mit den Gedanken vor allem bei ihm sein. Und Bjørn auch. Heiberg wurde gestern im Keller in die Isolation gebracht, und wer weiß, wann er da wieder herauskommt.«

Im Laufe des Vormittags erfährt Eivor, dass Reidar und Audun die Fenster der Isolation zugenagelt haben, ohne dass Finn davon etwas wusste.

»Gefallen hat es ihm nicht, aber er war dankbar, dass es einen Ort gab, an dem er Heiberg über Nacht unterbringen konnte«, weiß Reidar zu berichten.

Eivor steht mit ihm auf der Veranda und raucht – er hat gerade Pause, und sie ist mit den Kindern am Rodelberg gewesen, als sie ihn dort stehen sah.

»Ihr habt also die Bretter vor die Fenster genagelt?«, fragt sie. Eigentlich will sie nicht so viel über Heiberg sprechen – sie will nicht an den Schorf an seinen Händen denken, das Blut in den Mundwinkeln, den Spuckefaden zwischen den Fingerspitzen. Aber sie hat Finn schon länger nicht zu Gesicht bekommen und bisher auch keine der Pflegerinnen getroffen.

»Wir haben auch alle scharfen Kanten gepolstert«, sagt Reidar und schnippt die Zigarette am Rande des Aschenbechers ab, den sie auf dem Terrassengeländer in den Schnee gedrückt haben. »Und wir haben ein paar provisorische Gurte angebracht. Die waren letzte Nacht unabdingbar.«

»Gurte«, wiederholt Eivor.

»Ja, du findest vielleicht, dass das grauenvoll klingt, aber heute Nacht hat er tatsächlich einen Stuhl in Stücke geschlagen und sich dann mit einem Stuhlbein verteidigen wollen. Finn hat einen ziemlich heftigen Schlag abbekommen. Das war der Augenblick, in dem wir uns dazu entschlossen haben, ihn in die Isolation zu bringen. Wie wir ihn da jemals wieder rausbekommen, ist eine andere Frage.« Er drückt den Zigarettenstummel im Aschenbecher aus und nimmt sofort die nächste Zigarette aus der Schachtel.

Eivor hält ihre Zigarette zwischen den Handschuhfingern und sieht zu, wie die Glut herunterbrennt. Sie hebt sie an ihre Lippen und nimmt einen vorsichtigen Zug.

Reidar zündet sich die zweite Zigarette an und wirft ihr einen flüchtigen Blick aus den Augenwinkeln zu.

»Finn hat sich nicht verletzt«, sagt er. »Falls du dich das gefragt hast.«

»Wo ist er jetzt?«

»Immer noch unten. Heiberg ist endlich eingeschlafen – diesmal ohne Sedierung. Aber wir werden sehen, wie er drauf ist, wenn er wieder aufwacht. In den Morgenstunden hat er ziemlichen Lärm veranstaltet – Audun konnte es bis in die Zahnarztpraxis hören. Wenn das so weitergeht, kann das für Auduns Patienten echt ein Problem werden, aber oben in der Klinik kann er auch nicht bleiben.«

Eivor schweigt, Reidar redet einfach weiter. Er erzählt, Heiberg habe sich wieder selbst verletzt – diesmal ziemlich stark, und er versuche es immer wieder. Er wisse nicht mehr, wer die Kontrolle über seinen Körper habe, und gehe davon aus, es sei ein Gift eingedrungen, das er nur loswerden könne, indem er sich schneide oder seine Haut aufkratzte.

»Außerdem hat er das Gefühl, dass sein Körper ständig blutet, dass ständig etwas aus ihm herausquillt, dass er sich auflöst. Es ist ziemlich verrückt. Er denkt, dass ihm das jeder ansehen kann, aber niemand dazu im Stande ist, ihm die Wahrheit zu sagen. Also ist er misstrauisch und wütend – er geht davon aus, wir wollen ihm etwas antun.« Reidar verstummt mitten in seinem Wortschwall und nimmt einen tiefen Zug von seiner Zigarette. Als er den Rauch ausstößt, sieht er aus, als wäre ihm schwindelig. Dann fängt er wieder an zu reden. »Die Dinge, an die er jetzt glaubt, dieses Geflecht aus Wahnvorstellungen …«

»Du solltest mir vielleicht nicht davon erzählen«, unterbricht Eivor ihn. »Wegen der Schweigepflicht.«

»Schweigepflicht, ja. Na herzlichen Dank auch. Wenn Finn auch nur einen Ticken gesprächiger gewesen wäre, wären wir jetzt vielleicht gar nicht in dieser Situation. Aber inzwischen weiß ganz Longyearbyen, dass etwas nicht stimmt. Und wie ich schon einmal gesagt habe – das ist keine Privatangelegenheit mehr. Nicht mitten im dunkelsten Winter.«

Eivor schweigt, versteht ihn aber nur zu gut. Bis zum ersten Boot sind es noch fünf Monate. Die Überwinterung hat gerade erst begonnen.

»Wenn er aufwacht und sich an seinem Zustand nichts geändert hat, müssen wir ihm wieder Beruhigungsmittel geben«, fährt Reidar fort und drückt seine Zigarette aus, obwohl sie noch nicht aufgeraucht ist. »Das kann keine langfristige Lösung sein, aber ich habe heute Nacht nur zwei Stunden geschlafen. Keine Ahnung, wie es bei Finn aussieht.«

Eivor weiß auch nicht, wie viel Schlaf Finn bekommen hat, aber sie weiß, dass er die Fähigkeit hat, lange durchzuhalten, wenn es darauf ankommt. Er überspringt Mahlzeiten, wenn es viel zu tun gibt, und Schlaf wird zur Nebensache. Nach dem Bergwerksunglück in diesem Herbst hatte er sich eine Zeit lang kaum ausgeruht – hat rund um die Uhr gearbeitet und geschuftet, und dabei hatte er den Verstorbenen noch nicht einmal gekannt. Wie wird er sich jetzt verhalten, wenn es um einen Freund geht, wenn unter seinen Kollegen die Meinung vorherrscht, dass er mehrere falsche Entscheidungen getroffen hat?

»Ihr müsst doch aber schlafen«, sagt Eivor unbeholfen, »könnt ihr euch nicht abwechseln?«

»Das tun wir«, erwidert Reidar. »Aber wir haben sechs weitere Patienten auf Station, und heute stehen die Leute Schlange, um behandelt zu werden. Ich werde dann wieder derjenige sein, der sich um sie kümmert.«

Eivor antwortet nicht, stattdessen zieht sie ihre Kapuze enger um den Kopf. Er wirkt wütend, scheint in derselben Stimmung zu sein wie vor einige Wochen, als sie ihn bei Sundt & Co getroffen hatte.

»Ich muss zurück zu den Kindern«, sagt sie und drückt ihre Zigarette aus. »Sie sind ganz durcheinander, weil sie ihren Vater nicht zu Gesicht bekommen.«

KAPITEL 10

Reidar sollte recht behalten – bei Heiberg ist keinerlei Besserung in Sicht.

Am Tag vor Silvester schlägt er das Bett in der Isolation in Stücke und tritt die Türklinke kaputt. Die Tür muss mit Hilfe von Werkzeug geöffnet werden. Zum Glück ist der Hausmeister von Store Norske im Haus, um die Heizungsanlage zu warten. Er öffnet die Tür und assistiert Finn und Reidar dabei, Heiberg zu überwältigen und auf den Boden zu legen, damit Bjørg ihm ein Beruhigungsmittel spritzen kann. Der Hausmeister repariert den Schaden und die Bretter am Fenster werden verstärkt. Heiberg wird derweil in die Dusche getragen, weil er sich schon lange nicht mehr gewaschen hat. Das schaffen sie nur zu dritt – Audun kommt Finn und Reidar zu Hilfe. Schließlich müssen sie Heiberg in das neue Bett hieven, das Bjørg in die Isolation rollt, dann wird er mit Gurten im Bett fixiert.

Finn ist in den letzten Tagen nur selten zu Hause gewesen und hat Eivor gegenüber kaum ein Wort bezüglich Heibergs verloren, doch von diesen Vorfällen erzählt er ihr – er beschreibt, wie Heiberg irgendwann aufgegeben und sich in die Dusche hat tragen lassen, wie er weinend unter dem Wasserstrahl saß, zusammengekauert in einer Ecke. Sie duschten ihn mit lauwarmem Wasser und wenig Druck, denn sein ganzer Körper ist von Verletzungen und Kratzwunden übersät.

Sie hatten ihn nicht gänzlich davon abhalten können, sich immer wieder die Haut aufzukratzen.

»Ich komme mir vor wie ein Folterknecht«, sagt Finn.

Er ist hoch in die Wohnung gekommen, um zu essen, während Heiberg schläft. Eivor hat einige Reste aus dem Kühlschrank geholt, sie steht am Herd und wärmt die Mahlzeit auf, Finn sitzt erschöpft am Küchentisch.

»Geht es schon die ganze Zeit so?«, fragt sie vorsichtig. Sie wirft einen raschen Blick aus der Küchentür, um sicherzugehen, dass die Kinder nicht in Hörweite sind. »Ist er überhaupt gar nicht ansprechbar?«

»Doch, zwischendurch. Aber er liegt die meiste Zeit einfach nur da, verloren in seiner eigenen Welt. Und ich komme einfach nicht weiter. Ich verstehe ihn nicht, und er vertraut mir nicht mehr. Das macht uns fertig, uns alle, und wir brauchen Unterstützung, jemanden, der ein Auge auf ihn hat.«

Finn erhebt sich vom Küchentisch, geht eine Runde durchs Wohnzimmer und kommt wieder zurück. Er setzt sich. Steht wieder auf.

»Das Essen ist gleich fertig«, sagt Eivor – sie will ihn daran hindern, ins Schlafzimmer zu gehen, wo Jossa unter dem Doppelbett liegt und schläft. Sie will alles daransetzen, dass Finns Aufmerksamkeit nicht auf die Hündin gelenkt wird. Er ist in letzter Zeit kaum in der Wohnung gewesen – hauptsächlich, um zu schlafen – und da legt Jossa sich oft in ein anderes Zimmer. Ob sie jetzt wohl Angst vor ihm hat.

Während Finn isst, fragt Eivor ihn nach Möglichkeiten, wie Heiberg zurück in die Realität geholt werden könnte.

»Ich weiß nicht«, sagt er. Und dann macht er wieder zu, hört auf zu reden und konzentriert sich nur noch auf sein Essen. Er sitzt mit gebeugtem Nacken da, die Ellenbogen auf der Tischplatte, als bräuchte er eine Stütze, um aufrecht zu sitzen.

Sobald er mit seiner Mahlzeit fertig ist, schiebt er den Teller von sich und sagt, er müsse sofort wieder nach unten. Sie macht einen Schritt auf ihn zu, versucht, ihn kurz in den Arm zu nehmen, bevor er geht, vielleicht nur einen kurzen Moment seine Hand zu halten, ihn zu halten, doch er ist bereits aus der Tür, ohne nochmal einen Blick ins Kinderzimmer zu werfen.

Am Silvestermorgen ruft Karen an, um Eivor zum Neujahrsfest auf den Sysselmannshof einzuladen.

»Wir wissen, dass Finn beschäftigt ist, also dachten wir, es wäre doch schön, wenn du vorbeikommst«, sagt sie.

»Ich habe niemanden, der auf die Kinder aufpasst«, erwidert Eivor, doch Karen schlägt vor, dass sie die Kinder gerne mitbringen dürfe, sie könnten doch im Gästezimmer schlafen.

»Und du übrigens auch. Das war so meine Überlegung. Du hast es ja sicherlich nicht gerade leicht drüben im Krankenhaus, oder? Die Kinder haben bestimmt auch Angst?«

Eivor nimmt den Telefonhörer in die andere Hand, sie weiß nicht, was sie darauf antworten soll. Es stimmt, die Kinder haben Angst – sie hören Schläge und Schreie aus der untersten Etage, und Unni hat mehrmals von einem Tier im Keller gesprochen. Es hilft nicht, wenn Eivor ihr erklärt, dass es eine kranke Person ist, die Schmerzen hat – sie hält an dem Glauben fest, dass dort ein Tier wütet. Und Finn hat sich nicht mit den Kindern hingesetzt und ihnen erklärt, was los ist, dazu hat er keine Zeit gefunden. Eivor übernimmt diese Rolle, sie verspricht den Mädchen, dass ihr Papa gut auf den Mann aufpasst und dass es ihm bestimmt bald besser gehen wird.

»Eivor?«, sagt Karen am anderen Ende der Leitung.

»Ja, entschuldige.«

»Kommst du zu uns? Das ist bestimmt auch schön für Jossa. Sie hat Angst vorm Feuerwerk, die Arme, aber hier hat sie ihre Lieblingsecke, in der sie sich dann verkriechen kann.«

»Ich weiß nicht recht«, sagt Eivor. Jossa liegt mit dem Kopf unter dem Klavierhocker und sieht zu ihr auf. Sie wartet wahrscheinlich darauf, dass Eivor mit ihr rausgeht. Im Moment bekommt sie nicht so viel Bewegung, wie sie eigentlich bräuchte, weil Finn nie zu Hause ist, um derweil bei den Kindern zu bleiben, und Eivor hat große Lust vorzuschlagen, die Mädchen allein zu Karen zu schicken, um Zeit für sich und die Hündin zu haben. Doch sogleich spürt sie den Kloß im Hals – niemand darf erfahren, dass sie so denkt.

»Ich werde Kartoffel-Zwiebel-Auflauf machen«, sagt Karen.

»Ich muss erst mit Finn sprechen«, sagt Eivor und beendet das Gespräch mit einem halben Versprechen, vorbeizukommen, doch als wenige Stunden später über Hotelneset, Skjæringa, Haugen, Huset und Sverdrupbyen die Feuerwerke in die Luft gehen, sitzt sie daheim auf dem Fußboden und hält eine zitternde Jossa im Arm. Drüben am Fenster stehen Unni und Lisbeth auf ihren Stühlen und schauen hinaus übers Tal – sie sind aufgewacht und durften aus den Betten krabbeln und vom Wohnzimmer aus das Feuerwerk bestaunen. Keine der beiden hat nach ihrem Papa gefragt. Wahrscheinlich haben sie sich schon daran gewöhnt, dass er nicht da ist.

Nachdem die Kinder wieder im Bett sind und das Feuerwerk abgeklungen ist, geht sie mit Jossa eine Abendrunde. Draußen ist noch viel los, sie hört betrunkene Rufe von der Straße Richtung Nybyen und auch vom Sportplatz herüberhallen, also bleibt sie mit der Hündin in der Nähe der Krankenhausmauern. Auf der Rückseite des Gebäudes herrscht eine ungewohnte Ruhe – sie kehrt dem Krankenhaus den Rücken und blickt zum Gruvefjell auf. Hier wurde vor einigen Jahren ein einsamer Moschusochse gesichtet – von seiner Herde verstoßen –, er lief alleine herum und suchte nach Nahrung oder vielleicht sogar Gesellschaft. Anscheinend war er danach Richtung Nybyen davongezogen, wo er für die Kasernenbewohner zu einer regelrechten Plage wurde. Er hatte sich vor dem Eingang zum Lompen niedergelassen und musste schließlich vom Räumfahrzeug weggeschafft werden.

Sie legt den Kopf in den Nacken und sieht hinauf in den Nachthimmel. Hier, hinter dem Krankenhaus, ist es so viel dunkler als auf der Vorderseite, besonders so tief in der Nacht. In den meisten Fenstern brennt kein Licht mehr, die Sternbilder glitzern am schwarzen Firmament. Über dem Vannledningsdalen im Osten hängt der Große Wagen, der Kleine Bär ist über dem Hiorthfjell zu sehen, der Polarstern blinkt an seiner Schwanzspitze. Als sie sich zum Gletscher umdreht, sieht sie den Fuhrmann. Das Band der Milchstraße verläuft direkt durch den Fuhrmann, das hat sie einst von ihrem Vater gelernt. Er kannte den Sternenhimmel wie seine Westentasche und erklärte ihr auch, dass der Große Wagen nur ein Teil des Sternbildes Großer Bär ist. Aber die Sterne, die den vorderen Teil des Bärenkörpers und seine Pfoten ausmachen, sind an Orten mit großer Lichtverschmutzung oft nur schwer zu sehen, und selbst hier in Longyearbyen sind sie nicht gut zu erkennen. Für einen Moment schließt sie die Augen und breitet die Arme aus, stellt sich vor, sie würde abheben und davonfliegen.

Plötzlich jagt eine Rakete in den Himmel, und Eivor und Jossa zucken zusammen. Die Hündin kauert im Schnee, klemmt den Schwanz zwischen die Hinterläufe und huscht geduckt um die Hausecke auf die Eingangstür zu. Es ist also doch noch nicht vorbei. Sofort ertönt ein zweiter Knall, und

Eivor sieht gerade noch den glitzernden Goldregen am Himmel über Nybyen, bevor sie um die Ecke gezogen wird, quer über die Schneewehe, die an die Gebäudewand geschoben wurde. Es knallt ein weiteres Mal und Jossa gibt ein lautes, fiependes Bellen von sich. Sie kratzt verzweifelt an der Tür, sie will so schnell wie möglich ins Haus.

Im selben Augenblick ist von unten aus dem Keller ein gedämpfter Schrei zu hören. Jossa bellt erneut und Eivor schiebt die Tür auf, um sich und die Hündin hineinzulassen. Auch von hier aus sind Rufe und gedämpfte Schläge zu hören. Ist Heiberg allein da unten?

Sie bindet Jossa am Treppengeländer fest, öffnet die Tür zur Klinik und tritt in den Korridor, um jemandem Bescheid zu sagen. Im selben Moment eilt Finn aus seinem Sprechzimmer – ihre Blicke treffen sich für einen kurzen Moment, dann geht er auf die Kellertreppe zu und verschwindet.

In dieser Nacht träumt sie von der Isolation, von einem eingesperrten Mann. Er wirft sich gegen die Wände, schlägt seine Arme entzwei, tritt so lange um sich, bis von seinen Beinen nur noch Stümpfe übrig sind, dann zersplittert sein Oberkörper. Er wird zu einer feuchten Masse, schwappt über den Boden, sprudelt unter der Türritze hervor, sickert in die Risse der Wände, durch die Bretter vorm Fenster und zerläuft zu dunklen Flecken im Schnee.

Am ersten Samstag im Januar kommt Finn zusammen mit Reidar hoch in die Wohnung und kündigt an, dass sie eine Person mehr bei Tisch sein werden. Wie so oft, wenn Finn jemanden zum Essen einlädt, tut er dies spontan, und Eivor muss sich beeilen, muss noch mehr Kartoffeln aufsetzen, die Soße ausdünnen und ein paar mehr Frikadellen braten.

Als sie mit Topf und Bratpfanne das Wohnzimmer betritt,

sitzen die beiden Ärzte bei ihren Getränken am Sofatisch. Beide haben ihre Ellbogen auf die Knie gestützt, sich leicht nach vorne gebeugt und unterhalten sich leise miteinander.

Eivor stellt das Essen auf dem Esstisch ab und bleibt stehen. Finn sieht nur kurz auf, als sie hereinkommt, setzt dann aber das Gespräch mit Reidar fort. Auf dem Teppich vor dem Ofen sitzen die Kinder mit ihren Stoffpuppen. Marit hat ihnen zu Weihnachten neue Sachen für ihre Puppen gestrickt. Sie spielen ungewöhnlich leise, doch jetzt schauen sie zu ihr auf. Haben sie versucht, dem Gespräch zu lauschen? Finn hat Musik angemacht, aber vielleicht haben sie trotzdem etwas aufgeschnappt.

Am Abendbrottisch reden sie über andere Dinge als über Heiberg, solange Unni und Lisbeth dabei sind – sie unterhalten sich über das Wetter, Skifahren und Weltgeschehen –, aber sobald die Kinder ungeduldig werden, lässt Finn sie vom Tisch aufstehen, obwohl sie ihre Teller längst nicht leer gegessen haben.

»Ihr könnt also gerade beide gleichzeitig Pause machen?«, fragt Eivor, als sie hören kann, dass die Mädchen im Kinderzimmer verschwunden sind – wahrscheinlich um ihre Puppen ins Bett zu bringen. »Wie läuft es denn unten?«

»Im Moment schläft er«, sagt Reidar und schielt zu Finn, als bitte er ihn um Erlaubnis, über Heibergs Zustand zu sprechen. Finn sitzt schweigend da, und Reidar fährt fort: »Es herrscht nicht ständig Chaos. Er liegt oft einfach nur da und starrt an die Decke, und er schläft viel. Aber zwischendurch wird er aggressiv. Mindestens einmal pro Tag hat er einen heftigen Anfall.«

Finn sagt immer noch kein Wort. Er stochert mit seiner Gabel im Essen herum – er hat nicht aufgegessen. Die Äderchen in seinen Augen sind hervorgetreten, er blinzelt öfter als gewöhnlich, als könne er sich nur unter Anstrengungen wach halten. Als Eivor sich erkundigt, ob es irgendwelche Medikamente gibt, die helfen könnten, antwortet erneut Reidar – er erklärt, dass sie Antipsychotika ausprobiert haben, die körperlichen Nebenwirkungen jedoch erheblich seien und dass sie ihn diesen Arzneimitteln unmöglich über einen längeren Zeitraum aussetzen können. Sie verursachen Übelkeit, Schüttelfrost und Ohnmacht.

Da unterbricht Finn ihn schließlich und sagt, dass bei diesen neuartigen Medikamenten immer ein gewisses Risiko bestünde, dass es seine Zeit bräuchte, bis die Wirkstoffe vom Körper aufgenommen werden – und nicht sofort ein Volltreffer seien.

»Es sind nicht einmal zwei Wochen vergangen. Wir können doch nicht jetzt schon die Hoffnung aufgeben, dass sie einen positiven Effekt auf ihn haben werden.«

Reidar lässt dies unkommentiert und Eivor ahnt schon, dass dieser Diskussion wohl ein umfassenderer Konflikt zu Grunde liegt. Sie weiß, dass Finn ein großes Interesse an Psychopharmaka hegt und vielleicht sogar auf eine Gelegenheit gewartet hat, die Medikamente, die er bestellt hat, anzuwenden. Vielleicht steht Finn gegenüber seinen Kollegen allein da, was die Verwendung dieser Art von Medikamenten betrifft.

Doch es scheint keinen tieferen Zwist mehr zwischen den beiden Männern zu geben. Als Eivor den Tisch abräumt, sinken sie wieder ins Sofa und setzen ihr Gespräch fort, immer noch mit gedämpften Stimmen. Es ist nur zu deutlich, dass sie vermeiden wollen, dass Eivor etwas mitbekommt, also bleibt sie auch nach dem erledigten Abwasch in der Küche.

Einige Gesprächsfetzen schnappt sie dennoch auf – es sei keine langfristige Lösung, eingesperrt zu sein könne seinen

Zustand auch verschlechtern, ihn zu entlassen sei ebenfalls unverantwortlich. Und dass all dies einfach nicht gut enden könne.

Zum Ende der folgenden Woche hat sich Heibergs Zustand doch zum Besseren gewendet, und sie wollen den Versuch wagen, ihn zu entlassen.

Eivor sieht vom Wohnzimmerfenster aus, wie er von Finn aus der Klinik begleitet wird. Er bewegt sich anders als vorher – seine Schritte sind kurz, die Arme steif, als wäre der Boden glatt und er hätte Angst, auszurutschen.

Als Finn und Heiberg Richtung Haugen gehen, sieht Eivor, dass die Leute stehen bleiben, um ihnen nachzusehen, einige weichen sogar ein paar Schritte zurück. Zwei Kinder in roten Anoraks gehen mit ihren Schlitten einen kleinen Hang hinauf, aber sie werden von einer der Mütter weggezogen, als Heiberg und Finn sich nähern.

Eivor hat ebenfalls dafür gesorgt, dass die Mädchen zu diesem Zeitpunkt nicht draußen sind, sie liegen auf dem Teppich vor dem Ofen und spielen mit ihren Spielzeuglokomotiven. Ihnen gegenüber liegt Jossa mit der Schnauze zwischen den Pfoten – ihre Blicke verfolgen die Lokomotive, die Unni über das gewundene Muster des Teppichs fahren lässt. In den letzten Wochen hat sie sich stets in der Nähe der Kinder aufgehalten und liegt oft vor der Tür des Kinderzimmers, nachdem sie sich schlafen gelegt haben.

Finn wirkt optimistisch, als er nach Hause kommt, versichert Eivor jedoch, dass sie Heiberg nach wie vor im Auge behalten werden.

»Jetzt sitzt er gemeinsam mit Bjørg im Kaminzimmer im Funken. Sie begleitet ihn nachher wieder zurück zur Klinik. Er hat sich bereit erklärt, hier zu übernachten, und er wirkt nicht mehr misstrauisch. Wir haben jetzt einige ruhige Tage hinter uns, vielleicht wird die Situation etwas entspannter, wenn er nicht so viel Zwang erfährt. Morgen begleite ich ihn zum Funken und werde dort mit ihm frühstücken.«

Doch er hat sich kaum mit seinem Kaffee hingesetzt, als Anne Marie die Treppe hinaufgeeilt kommt und anklopft – sie erzählt, dass das Krankenhaus die Meldung erhalten hat, im Speisesaal des Funken habe es Ausschreitungen gegeben.

»Bjørn und einige andere haben ihn unter Kontrolle gebracht, aber Reidar ist trotzdem schon hochgelaufen, um ihm eine Spritze zu setzen. Du solltest vielleicht auch mitkommen.«

Finn springt auf und eilt davon. Eine halbe Stunde später tragen er und Reidar Heiberg auf einer Bahre vom Haugen hinunter zum Krankenhaus – bewusstlos und fixiert.

Ein weiteres Mal wird er in die Isolation gesperrt, und in dieser Nacht schallen wieder Schreie und dumpfe Schläge aus dem Keller. Finn kommt erst früh am nächsten Morgen zurück in die Wohnung, und erst als er später aufsteht, bemerkt Eivor den heftigen Bluterguss um sein linkes Auge.

Am Freitag beruft Finn ein Treffen mit Bjørn und den Chefs von Store Norske ein. Das Aufenthaltszimmer des Krankenhauses wird für dieses Treffen hergerichtet, damit beide Ärzte an der Besprechung teilnehmen können und sich dabei trotzdem nicht zu weit von der Isolation entfernen, falls ein Notfall eintreten sollte.

»Ich bin immer noch derjenige, dem er am meisten vertraut«, erzählt Finn, während er sich für das Treffen umzieht, »obwohl er in der jetzigen Situation eigentlich keinem von uns mehr vertraut.«

Eivor sitzt unter einer Decke im Sessel am Fenster, Jossa

liegt zu ihren Füßen. Sie hat Lust, ihn zu fragen, wie es Heiberg jetzt gerade geht – in welcher Welt er gerade lebt, ob er sich immer noch selbst verletzt und blutet – doch stattdessen erkundigt sie sich, worüber er mit Bjørn und den anderen reden will.

»Über die Möglichkeiten, Heiberg aufs Festland zu bringen«, antwortet Finn.

»Aufs Festland?« Sie richtet sich so ruckartig in ihrem Sessel auf, dass Jossa zusammenzuckt und den Kopf hebt. »Aber der Fjord ist zugefroren. Wie soll das gehen?«

»Mit einem Flugzeug«, sagt Finn und tritt näher ans Fenster. »Ich frage mich, ob ein Flugzeug die Lösung sein könnte. Weißt du noch, als wir im ersten Herbst hier im Adventdalen nach Moschusochsen Ausschau gehalten haben? Erinnerst du dich, dass wir auf der alten Landebahn der Deutschen von 1941 gestanden haben? Die haben sie im Winter angelegt, damit ihre Militärflugzeuge landen konnten. Was wäre, wenn Store Norske diese Landebahn wieder in Schuss bringt?«

Eivor ist für einen Moment sprachlos, während das Postflugzeug in ihren Gedanken auftaucht, sie sieht die Postsäcke vor sich, die abgeworfen werden, die dunklen Tragflächen und das Dröhnen des Motors oben in der Luft. Erinnert sich an ihre Sehnsucht, als sie das Flugzeug am Horizont verschwinden sah. Bis der nächste Postflieger kommt, werden noch mehrere Monate vergehen – und noch dazu eine Landung? Jetzt, im Januar?

»Was sagen die anderen dazu?«, fragt sie.

»Ich habe noch nicht mit ihnen darüber gesprochen, will es aber jetzt bei dem Treffen vorschlagen.«

»Du hast dir also schon wieder ganz allein darüber den Kopf zerbrochen und Pläne geschmiedet, ohne jemanden ins Vertrauen zu ziehen?« Die Worte platzen aus Eivor hervor, bevor sie es sich anders überlegen kann, und Finn verharrt in seiner Bewegung und starrt sie schweigend an. Dann dreht er sich um und geht zur Tür, bleibt jedoch stehen und wendet sich noch einmal zu ihr um.

»Was soll das heißen?«, fragt er.

»Nichts«, erwidert Eivor und legt ihre Hand auf Jossa, als sie merkt, dass die Hündin aufstehen will.

»Ich werde sie jetzt ins Vertrauen ziehen«, sagt Finn, beinahe in defensivem Ton. »Ich glaube, dass sie auf mich hören werden und mir zustimmen, dass das die einzige Lösung ist.«

Spät in der Nacht kommt er wieder nach oben. Eivor erfährt erst am nächsten Morgen, wie das Treffen verlief. Sie schrubbt gerade die Badewanne, als er aus der Klinik nach oben kommt, er lehnt sich in den Türrahmen und erzählt, dass es noch Hoffnung gibt, es wohl aber ein schwieriges Unterfangen wird.

»Bjørn ist auf meiner Seite«, sagt er. »Die Situation mit Heiberg lässt ihn auch verzweifeln. Doch er meint, es sähe schlecht aus, was die Transportmöglichkeiten betrifft. Er glaubt, dass nur die Luftwaffe Maschinen hat, die zu dieser Jahreszeit hier landen können. Aber das könnte zu diplomatischen Spannungen führen. Du weißt, was die Russen von militärischer Aktivität auf Spitzbergen halten. Sie sind gegen den Spitzbergenvertrag, und wenn ein NATO-Land ein Militärflugzeug hierher entsendet, fürchten sie vielleicht, dass sich die Machtverhältnisse ändern.«

Eivor wringt den Schwamm aus und lässt ihn ins Waschbecken rutschen. Was Heiberg wohl zu alldem sagen würde, wenn er davon wüsste? Ob er wohl immer noch an die Russen denkt? Spielt die Sowjetunion immer noch eine Rolle in seinen Wahnvorstellungen?

»Aber können die Russen das aus humanitärer Sicht nicht nachvollziehen?«, fragt sie.

»Der Konsul in Barentsburg wird dem vielleicht positiv gesinnt sein. Er kann die Situation auch besser einschätzen. Aber was sagt der Kreml? Wir haben ja alle den drohenden Ton in Bulganins Brief vom letzten Frühjahr rausgehört.« Finn schweigt einen Moment, dann fährt er fort. »Und dann stünden wir noch vor einigen anderen Problemen. Iversen von Store Norske steht einem Sondereinsatz skeptisch gegenüber, obwohl es um einen seiner Leute geht. Und selbst wenn er sein Okay gibt, ist noch lange nicht gesagt, dass die Luftwaffe überhaupt mitmacht. Ob sie Flugzeug und Besatzung einer riskanten Landung auf einer primitiven Landebahn mitten in der tiefsten Polarfinsternis aussetzen wollen?«

Eivor setzt sich auf den Rand der Badewanne und zieht die Gummihandschuhe aus.

»Was willst du jetzt tun? Und was hält Reidar von alldem?«

»Er stimmt mir auch zu. Wir sind völlig einer Meinung. Zurück zum Festland zu kommen kann für Heibergs Zustand absolut entscheidend sein. Und wir werden einen medizinischen Bericht schreiben, den Iversen nur schwer ignorieren kann – wenn er ein verantwortungsvoller Chef sein will. Jetzt ist auch Heibergs Familie über die Vorfälle informiert und will vielleicht von ihrer Seite aus auch Druck machen.«

Finn verstummt einen kurzen Augenblick – dann rattert er schnell und hektisch seine Argumente herunter, dass dieser Einsatz vielleicht die nötigen Änderungen zur Folge haben könnte, die die Sozialpolitik der Store Norske Kohlekompanie so dringend nötig hätte. Wenn er sich als Arzt dieses Mal Gehör verschaffe, könne er in Zukunft vielleicht noch mehr bewegen.

Eivor sitzt einfach nur da und lässt ihn reden. Sie weiß wenig über all das, was kann sie beitragen? Finn bleibt in der Tür stehen, er kommt nicht zu ihr ins Badezimmer. Bald sagt er, er müsse wieder runter, verschwindet, ohne zu erwähnen, wann er nach Hause kommt oder ob sie ihn für das Abendessen mit einplanen soll. Diese Dinge sind schon seit mehreren Wochen dem Zufall überlassen. Und es ist lange her, dass er sie berührt hat – dafür ist einfach keine Zeit. Nicht einmal ein flüchtiger Kuss im Vorbeigehen.

In den kommenden Tagen finden mehrere Treffen statt, sowohl auf dem Sysselmannshof, in den Büros von Store Norske, als auch im Aufenthaltsraum des Krankenhauses. Glücklicherweise werden in dieser Zeit nur zwei Patienten ins Krankenhaus eingeliefert, aber Eivor bekommt Finn trotzdem nur selten zu Gesicht. Er telefoniert und nimmt an Besprechungen teil, schreibt Briefe und Berichte als Grundlage für den Sysselmann und sitzt, so oft er kann, bei Heiberg. Von dem, was unten im Keller passiert, erzählt er fast nichts, aber mit jedem Tag sieht er müder und müder aus.

Sie kann auch Reidar die Müdigkeit ansehen. Er kommt oft zum Abendessen hoch in die Wohnung. Er und Finn führen nach dem Essen lange Gespräche, abseits in der Sofaecke. Eivor zieht sich an diesen Abenden oft mit Jossa in die Küche oder ins Schlafzimmer zurück. Sie bitten sie nicht zu gehen, aber sie will keine Einzelheiten hören, über die Wutausbrüche, die Krämpfe und das Erbrochene, das ständig weggewischt werden muss. Es ist, als würden die beiden Ärzte Heiberg in diesen Gesprächen sezieren.

Nach einer knappen Woche ist es ihnen gelungen, Iversen zu überreden. Bjørn wusste zu berichten, dass sich die norwegische Gesundheitsdirektion geweigert hat, Unterstützung zu leisten, daher liegt es an Store Norske, etwas zu unternehmen. Wahrscheinlich hat Iversen auch Bjørns Erklärung überzeugt, dass der russische Konsul dem ganzen Unterfangen positiv gegenübersteht, und ihm politische Rückendeckung zusichert.

»Es ist eben auch von Vorteil, dass wir so ein gutes Verhältnis zueinander haben«, sagt Bjørn, als er Finn abends die guten Nachrichten überbringt. »Gar nicht so verkehrt, dass er und ich viele späte Abendstunden mit Schnaps und Gesang verbracht haben, sowohl hier als auch in Barentsburg.«

Am nächsten Tag appellieren sie an die Luftwaffe. Inzwischen hat auch die *Svalbardposten* Wind von der Sache bekommen, und mit den Bossen von Store Norske im Rücken verleiht der Redakteur seiner Hoffnung Ausdruck, dass der Lufttransport so schnell wie möglich genehmigt werde. Heiberg wird in dem Artikel nicht namentlich genannt – der Redakteur betont nur, dass Longyearbyen ein kleiner Ort ist und wahrscheinlich jeder weiß, um wen es geht.

Wie viel bekommt Heiberg von alledem mit? Eines Morgens steht Eivor mit Jossa vor dem Krankenhaus und schaut auf das Fenster und das von innen vernagelte Fenster. Auch der Vorhang ist zugezogen – das ist er schon die ganze Zeit. Ist der Vorhang auch irgendwie gesichert? Oder ist es Heiberg selbst, der sich vor allem abschirmt?

Sobald in der dritten Januarwoche die Genehmigung der Luftwaffe eintrifft, übernimmt Iversen die Führung. Er befiehlt seine Leute ins Adventdalen, um die Landebahn vom Schnee zu befreien, und nach den Anweisungen der Luftwaffe wird ein Plan geschmiedet, um das Rollfeld so gut wie möglich mit Licht zu markieren. Und dann heißt es, auf eine günstige Gelegenheit zu warten, auf einen Tag mit stabilem, klarem Wetter, am besten auch mit Mondschein und schwachem Wind.

Die *Svalbardposten* schreibt erneut über das anstehende Ereignis – sie berichtet der Bevölkerung von der Möglichkeit, ihre Post mit dem Flieger mitzuschicken, unter der Voraussetzung, dass diese Post bis zum Wochenende abgegeben werden muss, weil niemand genau weiß, wann die Landung erfolgen kann. Eventuell wird Montag der große Tag sein, wenn das Wetter sich hält.

»Wir können nur hoffen, dass das nicht für Verspätungen sorgt«, sagt Finn, als er den Artikel liest. »Hier geht es um einen Mann in einer Krise, das Flugzeug darf also keinen Augenblick zu spät abheben.«

Indessen verzögert sich jedoch die Landung. Am Samstag setzt starker Wind ein, am Sonntag beginnt es zu schneien. Der Schneefall hält die ganze Nacht an und Pläne für eine Landung am Montag müssen abgesagt werden. Am folgenden Tag ist es bewölkt, aber in der Nacht zu Mittwoch bricht die Wolkendecke auf, und eine Nachricht wird zum Luftwaffenstützpunkt auf Andøya gesendet. Es kann losgehen.

Das Rollfeld erstreckt sich grauschwarz in das dunkle Tal hinein. Ein Räumfahrzeug hat in der Nacht den Neuschnee weggeschoben, und seit dem frühen Morgen sind Freiwillige unterwegs und haben Hunderte von Grubenlampen entlang der Landebahn aufgestellt. Jetzt werden sie angezündet, und die breit streuenden Lichtkegel verschmelzen langsam zu zwei glühend langen Streifen.

Sowohl von der Insel Bjørnøya, der Funkstation Isfjord Radio als auch vom Flugzeug selbst sind Funksignale gesendet worden. Laut Berechnungen wird der Flieger innerhalb der nächsten halben Stunde eintreffen. Er ist seit über fünf

Stunden in der Luft, seit er um drei Uhr nachts von Andøya abgehoben ist.

Eivor kann sich unter all den Schichten, die sie trägt, kaum bewegen. Es ist noch kälter als in der Nacht des zweiten Weihnachtstages, und hier im Adventdalen zieht stets der eisige Wind vom Fjord herein. Die dicken Pullover lassen den Schaffellmantel aus allen Nähten platzen, die Wolle rollt sich in den Achseln zu Klumpen, Eivor kann ihre Arme nicht richtig beugen. Unni und Lisbeth stehen dicht bei ihr, mit zwei Lagen Wollunterwäsche, dicken Schals, die sie bis unter die Nase gewickelt haben, und Eiskristallen in den Wimpern. Eivor hat ihnen je ein paar dicke Wollsocken über die Randsaumstiefel gezogen. Sie und die Kinder durften in Bjørns Jeep mitfahren, und die Mädchen sind schon zweimal zum Aufwärmen auf den Rücksitz gekrabbelt, aber jedes Mal wollen sie schnell wieder raus, um das Flugzeug nicht zu verpassen.

Auf der Rückbank des Krankenhausjeeps sitzt Heiberg, reglos und sediert. Durch das Jeepfenster ist sein Gesicht im Profil zu erkennen, jedoch nur verschwommen hinter der beschlagenen Scheibe. Bekommt er von alldem gar nichts mit? Zwischendurch kommt es Eivor so vor, als würden sich seine Augen einen Spalt weit öffnen, und in ihrer Vorstellung wacht er abrupt auf und wirft sich auf Finn, der neben ihm sitzt und aufpasst. Draußen bereiten Audun und Reidar die Trage vor. Sobald das Flugzeug gelandet ist, muss Heiberg daraufgehoben, fixiert und so schnell wie möglich an Bord gebracht werden. Kurz bevor es losgeht, soll ihm eine neue Dosis Schlafmittel verabreicht werden, damit er auf der Flugreise ruhig bleibt.

Sie sind nicht alleine hier. Bewohner aller Teile Longyearbyens haben sich auf den Weg ins Adventdalen gemacht – auf dem Weg ist Bjørns Jeep an Fußgängern und Skifahrern vorbeigefahren. Viele von ihnen sind bereits wieder umgekehrt, vermutlich wegen der Kälte. Unni und Lisbeth sind zwei der wenigen Kinder, die mitgekommen sind.

Eivor geht in die Hocke und zieht die Kinder eng an sich, so gut es in den dicken Kleidern geht. Sie spürt die eisige Kälte vom Boden aufsteigen und hält es nicht lange in der Hocke aus, sie steht auf und trippelt mit den Füßen auf und ab. Sie vermisst Jossas heißen Atem – die Hündin ist allein in der Wohnung zurückgeblieben.

Als die Lichter des Catalina-Flugzeuges am schwarzen Himmel auftauchen, brechen die Menschen am Boden in Jubel aus. Viele haben der Landung entgegengefiebert, sich auf diese Attraktion gefreut, die die Dunkelheit erhellt. Finn steigt aus dem Jeep und jubelt ebenfalls, was Eivor zusammenfahren lässt, denn sie hat ihn seit Tagen nicht lachen sehen, kein einziges knappes Lächeln. Eine weiße Atemwolke steigt aus seinem Mund auf, er hat sich nicht so dick eingepackt wie sie – ihm ist immer warm.

Sie hält die Köpfe der Mädchen bei der Ankunft des Flugzeugs dicht an sich und schützt ihre Ohren vor dem Dröhnen der Motoren, aber trotzdem ist es noch zu laut, denn Lisbeth beginnt zu weinen und will die Landung nicht sehen. Sie presst ihr Gesicht an Eivors Mantel, als die schwarzen Gummiräder mit einem lauten Aufprall auf der Landebahn aufkommen, die Anwesenden erneut in Jubelrufe ausbrechen.

»Wir fahren gleich nach Hause«, verspricht Eivor. »Willst du gar nicht das Flugzeug angucken?«

Das Flugzeug rollt über die Landebahn, zieht eine Kurve und wird näher an das Auto gelotst, in dem Heiberg sich befindet. Es ist dunkelgrau, das Metall glitzert im Schein der Grubenlampen und Laternen, und unter den Flügeln leuchtet das Emblem der Luftwaffe in den Farben der norwegischen Flagge. Aus der Nähe wirkt es groß, am Himmel schien es noch so winzig, so verwundbar.

Als Heiberg erfuhr, dass die Möglichkeit bestünde, zum Festland zurückzukehren, hatte er unbedingt abreisen wollen, erzählte Finn. Er war für einen kurzen Moment klar, schien von ganzem Herzen erleichtert zu sein, doch all das änderte sich schlagartig, als das Wetter der Landung am Montag einen Strich durch die Rechnung gemacht hatte – er wurde wieder gewalttätig, wütend und misstrauisch. Eivor weiß, dass Finn letzte Nacht nicht geschlafen hat, und sie sieht es an seinen übertriebenen und energischen Gebärden, während er am Flugzeug steht und mit der Crew spricht. Sowohl er als auch Bjørn schütteln den beiden Piloten sowie dem vom Festland entsandten Arzt und der Krankenschwester herzlich die Hand.

Heiberg wacht nicht auf. Er ist schlaff und schwer, als Audun und Reidar ihn auf die Trage heben und fixieren. Er regt sich nicht, er hätte genauso gut tot sein können. Eivor steht in einiger Entfernung und sieht zu, es läuft ihr kalt den Rücken hinunter. Was passiert, wenn man unter Narkose stirbt – merkt man den Übergang? Gibt es ein Zwicken im Kopf, ein Aufleuchten im Dunkeln, ein Licht, das aufflackert und dann erlischt? Ist es ein nahtloser Übergang zu einem tieferen Schlaf, schwarzes Öl, das nach innen sickert und alles bedeckt?

Es geht so schnell. Heiberg wird bereits in eine der Plexiglaskuppeln im Heck des Flugzeugs gehoben. Eivor kann von dort, wo sie steht, nicht so gut sehen, aber sie ahnt, dass es anstrengend ist, ihn zu verladen – sie scheinen darüber zu diskutieren, wie man ihn am besten im Transportraum unterbringt. Er hätte auch ein lebloses Objekt sein können. Was würde geschehen, wenn er mitten in der Luft aufwacht?

Nur wer hilft, darf sich dem Flieger nähern. Bjørn passt

auf, dass die Anwesenden Abstand halten, und einige Angestellte von Store Norske steuern ihre Hilfe bei. Das ist kein geeigneter Zeitpunkt, jetzt mit zusätzlicher Post angelaufen zu kommen, und das muss vielen klargemacht werden. Eivor hört aufgebrachte Stimmen aus der Menschenmenge.

»Unangebracht«, kommentiert Karen dieses Verhalten, als sie kurz darauf zu Eivor herüberkommt. »Das zeigt, dass einige keinen gesunden Menschenverstand besitzen. Es geht nicht um sie. Es geht darum, eine Krise zu bewältigen.«

Aber Eivor kann sie verstehen. Das Flugzeug ist eine Lebensader, ein Funken in der Dunkelheit. Sie will nicht nur Post verschicken, sie will an Bord gehen und mitfliegen. Die Maschine rauscht über das Rollfeld und steigt schräg in den Himmel über den Fjord. In diesem Moment kommt es Eivor so vor, als würde sie den Halt verlieren, als würde sie allein in der Tiefe zurückgelassen.

Auf dem Rückweg zum Krankenhaus herrscht Stille im Wagen. Eivor und die Kinder fahren diesmal im Krankenhausjeep mit. Reidar sitzt schweigend hinterm Steuer, neben ihm Finn, die Hände im Schoß, die Augen geschlossen und den Hinterkopf gegen die Kopfstütze gelehnt. Audun sitzt hinten bei Eivor und den Kindern auf der Rückbank und schaut aus dem Fenster. Eivor hat Unni neben sich und Lisbeth auf dem Schoß – die Mädchen sind müde und niedergeschlagen und stellen keine Fragen.

Aber sie erwachen zum Leben, sobald sie durch die Tür des Krankenhauses kommen, sie sind ungeduldig und wollen so schnell wie möglich nach oben, ihre Wollsachen ausziehen, Jossa finden, die Spiele von gestern Abend weiterspielen. Sie poltern die Treppen hoch, sobald Finn und Eivor sie aus ihren Stiefeln und Wintersachen gepellt haben.

Eivor hört sie oben auf dem Treppenabsatz und will ihnen hinterhergehen, will zurück zu Jossa, zurück in die Wärme, aber Finn berührt sie an der Schulter. Er zieht sie an sich und legt die Arme um sie. Er beugt sich ein wenig nach vorn, und sie muss ihre Füße ausbalancieren, um ihn halten zu können, und er atmet tief aus, bevor er sie wieder loslässt. Er gibt ihr einen Kuss auf die Stirn, tritt einen Schritt zurück und streicht ihr mit beiden Händen über die Wangen. Eine Hand lässt er an ihrer Wange ruhen. Sein Blick studiert ihr Gesicht, zum ersten Mal seit vielen Tagen sieht er sie. Diese Nähe ist ihr zu viel, sie weiß nicht, wo sie hinschauen soll, was sie sagen soll, und sie macht eine Bewegung in Richtung seines Handgelenks, um seine Hand von ihrer Wange zu nehmen. Er erstarrt, als wüsste er, was jetzt kommt. Da lässt sie ihre Hand wieder sinken, schließt die Augen und lässt ihn gewähren. Sie legt ihren Kopf schräg, lässt ihre Wange an seiner Hand ruhen und spürt seine Finger an ihrem Mundwinkel.

Als Finn ins Bett geht, um seinen Schlaf nachzuholen, will er, dass sie mit ihm zusammen schlafen geht. Er streckt ihr den Arm aus dem Bett entgegen, nimmt ihre Hand und versucht, sie an sich heranzuziehen, aber sie bleibt stehen.

»Ich will jetzt nicht schlafen«, sagt sie.

»Du musst auch nicht schlafen, nur ein bisschen bei mir liegen.« Finn drückt sanft ihre Hand und versucht erneut, sie zu sich ins Bett zu ziehen. Sie gibt nach und setzt sich auf die Matratze, legt sich jedoch nicht zu ihm. Sie kann jetzt nicht schlafen. Seit mehreren Wochen ist sie viel zu viel drinnen gewesen – müde hat sie das gemacht, träge. Jetzt muss sie raus. Sie muss in Bewegung bleiben, darf sich nicht sinken lassen.

Finn sieht zu ihr auf. Seine Augen sind schmal und geschwollen. Zwei dünne, durchsichtige Linien laufen über seine Wangen, treffen die Mundwinkel. Er blinzelt langsam, als würde es ihm schwerfallen, die Augen offen zu halten.

»Nur einen kurzen Augenblick«, bittet er.

Er dreht sich von ihr weg, als sie sich zu ihm legt, er will gehalten werden. Sie schmiegt sich an seinen Rücken. Er ist jetzt hier. Er nimmt ihren Arm, legt ihn um sich. Sein Atem wird langsamer, tiefer. Es dauert nur wenige Minuten, dann ist er weg. Sie spürt es im ganzen Raum, jetzt ist sie allein hier. Aus dem Kinderzimmer dringen Spielgeräusche.

Das Flugzeug hängt irgendwo oben am Himmel, weit über dem Meer. Ist das Eis unter ihm bereits aufgebrochen, ist es schon so weit südlich? Eivor sieht die Wellen vor sich, die offenen, grauen Wassermassen. Das Meer mahlt und mahlt. Sie versucht, das Flugzeug noch weiter in den Süden zu ziehen, bis zur Sonne, doch sie schafft es nicht. Es gibt kein Licht über dem Meer.

Der Schlaf übermannt sie, beinahe unmerklich, doch dann geht ein Ruck durch ihren Körper und sie schlägt die Augen auf. In ihrem Kopf gleiten zwei Platten übereinander, sie entfernen sich wieder voneinander, und sie verliert den Halt. Sinkt immer und immer tiefer. Da geht erneut ein Ruck durch ihren Körper und sie erwacht.

Vorsichtig rückt sie von Finns warmem Rücken ab.

Er schläft weiter. Sie setzt die Füße auf den Boden, steht auf. Sie muss in Bewegung bleiben, darf den Tag nicht verschlafen. Es ist so leicht, sich dem hinzugeben, sich hineinfallen zu lassen, davonzugleiten. Sie muss bei sich bleiben.

Wie kann sie davonkommen?

Draußen im Flur steht Jossa. Sie wedelt sachte mit dem Schwanz, als sie Eivor sieht, kommt leise auf sie zu. Aber selbst

Jossa kann jetzt nicht helfen. Es gibt nicht genug Wärme für die Monate, die noch bleiben.

Das Fenster zur Isolation ist dunkel, der Raum dahinter wie ausgestorben, als Eivor später am Nachmittag mit Jossa daran vorbeigeht. Für mehrere Wochen hat dort tagsüber das Licht gebrannt, und wenn es mal ausgeschaltet war, konnte man durch die Spalte zwischen den Holzbrettern dennoch erkennen, dass dort jemand war, dass dort etwas vor sich ging. Die meiste Zeit war es still, doch dann ganz plötzlich – ein harter Schlag, ein Scharren.

Eivor bindet Jossa an den Fahnenmast und betritt das Krankenhaus durch den Haupteingang. Vor der Zahnarztpraxis wartet jemand, er schaut auf, als sie vorbeikommt. Nickt ihr zu. Eivor erwidert das Nicken und geht zum Waschkeller. Alle Maschinen laufen, es rumpelt und schäumt in den Trommeln. Im Trockenraum hängen Laken und Bettzeug an allen Wäscheleinen, weiße Bühnenvorhänge hinter weißen Bühnenvorhängen.

Sie tritt an die Tür des Waschkellers, späht durch den Türspalt zu Auduns wartendem Patienten. Kurz darauf wird er ins Sprechzimmer gebeten, und Eivor schlüpft aus der Tür, geht den Flur entlang und bleibt vor der Isolation stehen.

Sie drückt die Türklinke herunter, erwartet irgendwie, dass die Tür verschlossen ist, doch sie öffnet sich, und Eivor zieht sie auf und betritt den Raum. Vom Flur fällt ein gelber Lichtkegel herein, ansonsten ist das Zimmer abgedunkelt. Sie tritt aus dem Lichtkegel, um den Schalter zu finden. Als die Lampe angeht, fällt ihr Blick direkt auf das Bett. Es ist abgezogen, die Matratze liegt schräg auf dem Gestell. Braune, abgenutzte Ledergurte hängen vom Kopfende, Fußende und von der Mitte des Bettes auf den Boden. Sonst gibt es hier keine Möbel, nichts. Drei der Wände sind bis zur Kopfhöhe verkleidet, mit Steppdecken, Schlafsäcken, Matratzen. Sie werden von einer Art Ständerwerk aus dünnen Holzleisten getragen, die provisorisch zusammengenagelt worden sind. Hier und da sind Löcher in den Matratzen, Watte und Schaumstoff sind herausgerissen, einige Leisten durchgebrochen. Der Linoleumboden glänzt, er riecht sauber und muss vor kurzem geputzt worden sein. Dort hat Blut, Speichel und Erbrochenes geklebt. In einer Ecke liegt ein Stapel Bettdecken und Matratzen – sie wurden wahrscheinlich von der einen nackten Wand heruntergerissen. Bald werden wohl auch die anderen Wände wieder freigelegt. Die Isolation ist ein toter Raum, ein leerer Leib.

Eivor schaltet das Licht aus, verlässt eilig den Raum und schließt die Tür vorsichtig hinter sich. Sie geht zurück zum Haupteingang, stülpt sich die Kapuze über den Kopf und geht hinaus zu Jossa.

Jossa sitzt mit gespitzten Ohren und in die Luft gereckter Schnauze im Schnee. Sie wittert etwas. Plötzlich ist sie auf allen vieren und knurrt leise, und die Angst trifft Eivor wie ein Meteor. Auf der Straße ist niemand zu sehen, weit und breit kein anderer Mensch. Sie steht dicht an der Hauswand und kann nicht um die Ecken sehen. Sie atmet so leise sie kann, aber der Schnee knirscht, als sie zu Jossa geht, um sie vom Fahnenmast loszubinden, und ihr Herz schlägt hart gegen ihre Rippen, der Puls pocht in ihren Ohren. Sie weiß, wie schnell ein Eisbär laufen kann, man hat keine Chance.

Sobald sie die Leine losgebunden hat, macht Jossa einen Satz nach vorn und zieht in die falsche Richtung, weg vom Haupteingang. Eivor klammert sich an die Leine, will Jossa nicht verlieren, sie versucht sich zurückzulehnen, die Hündin aufzuhalten, aber Jossa ist zu stark. Sie zieht Eivor stolpernd zum Giebel des Hauses, und erst am Hang vor der Haustür schafft sie es, ihre Fersen in den Schnee zu stemmen und den harten Zug zu stoppen. Jossa stampft mit den Pfoten und jault leise, sie will weiterlaufen, aber Eivor lehnt sich gegen sie, sie hat die Schwerkraft auf ihrer Seite, und schafft es, die Hündin unter ihre Kontrolle zu bringen, und getrieben von der Angst, die ihr das Herz bis zum Hals schlagen lässt, stapft sie mit aller Mühe bis zur Tür an der Giebelseite, um sich in Sicherheit zu bringen.

Da sieht sie ihn – den riesigen, schwarzen Moschusochsen, der den Hang hinter dem Krankenhaus hinauf durch den Schnee zuckelt. Er bleibt stehen, schüttelt sein struppiges Fell. Dann stapft er weiter, den Berg hinauf und wird eins mit der Finsternis.

Sobald er aufwacht, ruft Finn den Chef von Store Norske an, um herauszufinden, wie der Flug verlaufen ist. Eivor lauscht und versucht, seinen Gesichtsausdruck zu deuten, doch er lässt sich nichts anmerken, hält nur mit ernster, angespannter Miene den Hörer in der Hand.

Erst als er auflegt, entspannt sich sein Gesicht. Er seufzt und lehnt sich gegen die Wand.

»Alles ist gut verlaufen«, sagt er. »Sie sind vor einer Stunde in Bodø gelandet.«

Eivor lässt das Buch in ihren Schoß sinken, wartet ab, ob er noch mehr sagt. Aber er bleibt stehen, den Hinterkopf an die Wand gelehnt, die Augen geschlossen.

»Und Heiberg?«, fragt sie schließlich.

»Ich weiß nicht. Sie haben nur gesagt, dass der Transport gut verlaufen ist. Jetzt bringen sie ihn zur Abteilung für Psychiatrie im Krankenhaus in Bodø, und dann werden sehen. Er hat wohl Verwandte in Fauske, die auf dem Weg zu ihm sind. Das ist in der Situation sicher hilfreich.« Für einen Moment bleibt er still an der Wand stehen, dann schiebt er sich von ihr weg und geht auf Eivor zu. Er setzt sich neben sie aufs Sofa, legt einen Arm um sie und lehnt seinen Kopf an ihren.

»Ich halte das nicht aus, Eivor. Ich kann das kaum ertragen.«

Eivor sitzt schweigend da, sie spürt seinen Atem an seinem Gesicht. Er scheint kurz davor zu sein, in Tränen auszubrechen. Doch da bemerkt Unni sie – sie schaut von ihren Puppen auf und mustert Finn mit besorgtem Blick. Finn spürt es sofort, er steht vom Sofa auf und setzt sich zu Unni und Lisbeth auf den Boden – ein bisschen vorsichtig, denn sie sind die letzten Wochen ihm gegenüber eher verhalten gewesen. Aber er darf, jetzt sagen sie nicht, dass sie lieber ihre Mama wollen.

»Was spielt ihr denn?«, fragt Finn. »Darf ich mitmachen?«

Sie tauen sofort auf und beginnen zu plappern, fallen sich gegenseitig ins Wort, erzählen, was die Puppen alles erleben. Finn lächelt und wirft Eivor einen erleichterten Blick zu.

Sie sitzt eine Weile da und sieht ihnen zu, überlegt, sich dazuzusetzen. Aber sie bringt es nicht über sich. Sie versteht, dass sich jetzt alles wieder wendet, sie wird diejenige sein, die nicht dazugehört. Schließlich steht sie auf und geht in die Küche – steht einfach nur da und schaut aus dem Fenster, in den Himmel. Es hat jetzt angefangen zu schneien, in feinen, leisen Flocken. Sie denkt an den Moschusochsen, das dunkle Tier im Schnee, stellt sich vor, wie sein Fell von Weiß bedeckt wird.

Nach einer Weile steckt Finn den Kopf zur Tür herein.

»Ich muss bald gehen, Reidar ist den ganzen Tag allein gewesen.« Er verstummt, wartet auf eine Antwort. Dann kommt er ganz in den Raum hinein, bleibt jedoch einige Schritte von ihr entfernt stehen. »Eivor. Ich weiß, dass es auch für dich schwierig gewesen ist. Ich habe dich so lieb. Jetzt ist es vorbei.«

Aber es ist nicht vorbei.

In den folgenden Tagen spricht Finn immer wieder von Heiberg, sagt immer wieder, dass es nicht auszuhalten ist. Er ertrinkt in schlechtem Gewissen, fragt sich, was er hätte anders machen können, was er falsch gemacht hat. Vielleicht ist alles falsch gewesen. Er hätte früher merken sollen, dass Heiberg abgedriftet ist. Jetzt kommt er sich vor wie ein Folterer, immer und immer wieder sagt er das. Zwischendurch tröstet er sich damit, dass Heiberg immerhin davongekommen ist, dass es gut geendet ist.

Dann will er über Eivor sprechen, fragt sie, wie es ihr geht.

»Ich bin jetzt hier«, sagt er. »Ich weiß, dass du einsam gewesen bist.«

Eivor lässt ihn reden, wenn es um ihn geht, doch was soll sie antworten, wenn er plötzlich über sie sprechen will?

»Jetzt kann ich endlich wieder richtige Ausflüge machen«, sagt sie.

Zwei Tage nach dem Flug spürt Eivor auf einmal eine Mattheit in ihrem Körper, einen schleichenden Kopfschmerz. Sie kommt gerade die sanften Hügel hinunter, vorbei am Sverdruphamar, gleitet leicht auf den Skiern dahin und muss keine Kraft aufbringen, doch als sie vorm Huset zum Stehen kommt, um ihre Skibindungen festzuziehen, wird ihr plötzlich der Kopf so schwer, als sie sich hinunterbeugt. Sie muss sich in die Hocke setzen, die nackten Hände in den Schnee legen. Der Schein ihrer Stirnlampe taucht sie in gelbes Licht.

Jossa tapst auf sie zu und stupst sie mit der Schnauze an. Ihre Schnurrhaare kitzeln an Eivors Wange, sie schleckt ihr das Gesicht, einmal und noch ein zweites Mal.

Eivor streift sich die Fäustlinge wieder über und steht auf, doch sofort beginnt alles zu kreisen, und sie muss sich auf ihrem Skistock abstützen, um nicht zu fallen.

Jossa wedelt fragend mit dem Schwanz und gibt einen tiefen, sanften Laut von sich. Sie geht ein paar Schritte vorwärts, dreht sich zu Eivor um und wedelt erneut.

Eivor muss warten, sie steht ganz still, bis der Schwindel nachlässt. Als sie sich schließlich aufrichtet, spürt sie die dumpfen Schläge ihres Pulses im gesamten Körper, und sie muss sich wieder auf ihre Skistöcke stützen. Am liebsten würde sie sich einfach nur hinlegen.

»Hei«, ertönt eine Männerstimme.

Sie blickt auf, sieht einen jungen Mann in Arbeitskleidung und schwarzen Stiefeln auf dem Platz vorm Huset. Er geht einige Schritte auf sie zu, und sie erkennt einen der Männer, mit denen sie am zweiten Weihnachtsfeiertag im Huset getanzt hat.

»Brauchen Sie Hilfe?«, fragt er.

»Nein, nein«, antwortet Eivor und spannt ihre Muskeln an, bringt Jossa neben sich zum Stehen.

Der Mann kommt auf sie zu, er sieht besorgt aus. Er fragt sie, ob sie sicher sei, bemerkt, sie sähe blass aus. Als sie die Frage, ob sie auf dem Weg zum Krankenhaus sei, mit ja beantwortet, bietet er an, sie zu begleiten.

»Nein danke, auf Skiern geht es schneller und ich muss mich beeilen.« Eivor schiebt ihre Hände in die Schlaufen der Skistöcke, doch in dem Moment geht ein Schauer durch ihren ganzen Körper. Sie schluckt und stützt sich wieder auf ihren Skistöcken ab.

»Sind Sie sich ganz sicher, dass Sie keine Hilfe brauchen?« Der Mann steht nun direkt vor ihr, er schirmt sich die Augen mit der Hand ab, um nicht vom Licht ihrer Stirnlampe geblendet zu werden. »Geht es Ihnen nicht gut?«

»Alles in Ordnung, ich muss nur nach Hause.« Plötzlich erinnert Eivor sich an den kranken Mann, der sich vor der Kaserne in Sverdrupbyen erbrochen hat – er hat ihre Hilfe ebenfalls abgelehnt, wollte nicht, dass sie näher kommt, jetzt versteht sie, wie er sich gefühlt hat. Es ist nicht zu ertragen, jetzt mit jemandem zu sprechen, angesehen, angefasst zu werden. Sie will keine Hilfe, sie will nur nach Hause und ins Bett.

Doch sie hat gerade mal ein Stück der Loipe zurückgelegt, als die Erschöpfung sie erneut überkommt, ihre Knie geben nach, sie verliert das Gleichgewicht, der Himmel ist eine kranke Spirale über ihr, sie spürt den Schnee an ihrer Wange. Jossa bellt und berührt sie mit der Pfote, dann hört sie schnelle Schritte im Schnee. Es ist der Mann in der Arbeiterkluft, er hilft ihr auf, stabilisiert sie.

»Ist es nicht besser, wenn ich Sie begleite?«, fragt er, seine Hand an ihrem Ellenbogen, um ihr Halt zu geben.

»Nein danke«, wiederholt Eivor. »Ich hab ja die Hündin.«

Dieses Mal achtet sie darauf, behutsam loszulaufen, damit sie nicht gleich wieder hinfällt. Jossa geht mit wachsam erhobenem Kopf voran und zieht sie in ruhigem Tempo, während Eivor sich darauf konzentriert, ihr Gleichgewicht zu halten – vorwärts zu kommen. Und sie schafft es, sie durchquert das Tal und bleibt den gesamten Weg bis zum Krankenhaus auf den Beinen, aber sie zittert, schwitzt, gleichzeitig ist ihr eiskalt.

Die Skier landen im Schnee vor der Tür. Sie versucht, die Stöcke in den Schnee zu stoßen, doch sie fallen gleich wieder um. Eivor lässt sie liegen und greift nach dem Treppengeländer. Sie kommt nur langsam die Treppe hinauf, ihre Füße sind schwer, ihr Kopf plötzlich ganz leicht, Jossa steht oben auf dem Absatz und wedelt schwach. Sie folgt Eivor in die Wohnung, steht neben ihr in der Küche, während sie zwei Glas Wasser in raschen Zügen leert, und legt sich vor die Badezimmertür, als Eivor sich abduscht.

Sie spürt das Pochen ihres Pulses im ganzen Körper, wie Hammerschläge, sie muss sich in die Wanne setzen, während sie sich abduscht, klammert sich am Rand der Wanne fest, um nicht das Gleichgewicht zu verlieren. Das Wasser brennt auf der Haut, ihre Hände sind so weit weg von ihrem Kopf entfernt, von ihrem Körper. Das Rauschen der Dusche ist ohrenbetäubend und ihr wird einfach nicht warm. Ihre Haut schmerzt, als sie sich abtrocknet, sie zittert am ganzen Leib, zieht sich ein Kleidungsstück über das nächste, bis sie erschöpft aufgibt und unter ihre Bettdecke kriecht, die Heizung im Schlafzimmer bis zum Anschlag aufgedreht. Sie legt auch die zweite Decke über sich, Jossa hat sich eng an sie geschmiegt, sie friert trotzdem, während sie in den Schlaf sinkt.

Sie schreckt aus dem Schlaf. Finn hat sich über sie gebeugt und spricht mit ihr. Die Konturen im Raum sind weich, die Wände sind enger zusammengerückt, sie laufen an der Decke schräg aufeinander zu.

»Hier drinnen ist es ja wie in der Sauna«, sagt Finn und dreht die Heizung ab.

In der Tür stehen die Mädchen nebeneinander, so weit von ihr entfernt, wie am Ende eines Tunnels.

»Mama, du hast uns vergessen«, sagt Unni.

Eivor schiebt die Decke von ihrem Gesicht und versucht, den Kopf zu heben – doch diese Bewegung ist schon zu viel.

»Du solltest sie doch im Huset abholen«, sagt Finn.

»Oh nein!«, stöhnt Eivor – da fällt es ihr wieder ein. Die Mädchen waren mit den Pastorenkindern zum Spielen verabredet, sie wollte sie auf dem Rückweg von ihrem Skiausflug abholen. Wie lange hat sie geschlafen?

»Der Pastor hat sie zu mir in die Klinik gebracht«, sagt Finn. »Und du liegst hier und schläfst?«

Eivor bricht in Tränen aus, ganz schlagartig. Sie bringt es nicht fertig, die Tränen zurückzuhalten, sie ist auf einmal vollkommen aufgelöst und zieht sich die Decken über den Kopf. Die Decken sind eine Höhle, die Lampe über ihr ist eine Wüstensonne. Es puckert in ihrem Kopf, ihre Hände sind feucht.

Finn setzt sich aufs Bett, Eivor zieht die Decken fest um sich, doch er schält erst die obere Decke von ihr, dann die untere. Sie verbirgt den Kopf unter den Armen und schluchzt, Finn sitzt wie angewurzelt da.

»Eivor«, sagt er. »Liegst du hier in voller Montur? Bist du krank?«

»Mama!« Lisbeths Stimme tönt schrill durch den Raum, sie klingt panisch, und Eivor hört, dass sie näher kommt, ihre Schritte donnern über den Boden, es dröhnt in Eivors Körper, ihr ist viel zu warm, sie nimmt die Hände vom Gesicht und liegt einfach nur da, lässt sich von Finn betrachten.

Er reagiert schnell. Er steht auf, schiebt die Kinder vorsichtig Richtung Tür, sagt ihnen, sie sollen in ihr Zimmer gehen. Eivor hört, wie sie protestieren, hört, dass Lisbeth immer noch weint, doch sie schafft es nicht, den Kopf zu heben, bringt kein Wort hervor.

Finn versucht nicht, Jossa vom Bett zu kriegen, er setzt sich einfach wieder auf die Bettkante. Sie wimmert, als er seine Hand auf ihre Stirn legt und feststellt, dass sie Fieber hat.

Er fragt sie nach ihren Symptomen, geduldig und methodisch, gleichzeitig zieht er vorsichtig die Strickjacke aus, danach den dünnen Wollpullover. Sie liegt in ihrer Wollunterwäsche da, kühlt etwas ab. Wieder streicht er ihr über die Stirn, wischt ihr den Schweiß mit einem Taschentuch ab. Sagt ihr, dass es ganz nach der Asiatischen Grippe aussieht.

Sie windet sich auf der Matratze, jetzt ist ihr wieder kalt, sie tastet nach der Decke, und er deckt sie zu, steht dann sofort auf.

»Wenn ich recht habe, wenn es wirklich die Asiatische Grippe ist, dann wird sie bald im ganzen Ort grassieren. Um Himmels willen.«

Er verlässt das Zimmer, und sie will ihm nachrufen, er solle nicht gehen, aber er ist schon weg, und das Zimmer ist zu klein, es wird immer enger um sie herum, klemmt sie ein, will sie zusammenpressen. Sie hört Jossa neben sich, sie dreht sich um und streckt den Arm nach ihr aus, muss etwas Wirkliches spüren, etwas, das die Wände fernhält. Wo ist Finn? Er ist in einem langen Korridor verschwunden, immer tiefer und tiefer. Ihr Kopf hämmert, sie ist wieder allein, immer allein. Sie ruft nach ihm, jetzt weint sie wieder, und als er wieder hereinkommt, sind viele Stunden oder vielleicht Tage vergangen.

»Ich hab dir ein Glas Wasser geholt«, sagt Finn und will ihr vergeblich dabei helfen, sich aufzusetzen.

»Warum bist du weggegangen?«, weint Eivor. »Wo bist du gewesen?«

»Ich war nur zehn Minuten weg, Eivor. Ich habe Reidar unten in der Klinik angerufen, dann habe ich mit Bjørn telefoniert und mit dem Betriebsbüro. Wenn es das ist, wovon ich ausgehe, dann ist es nur eine Frage der Zeit, bis hier eine Epidemie ausbricht. Wir müssen uns vorbereiten.«

»Geh nicht weg«, fleht sie und greift nach seinem Arm. »Bitte.«

»Nein«, sagt Finn und unternimmt einen neuen Versuch, ihr etwas zu trinken zu geben, aber sie will nicht, hat keine Kraft zu trinken, kauert sich zusammen und versucht, sich warm zu halten. Er schiebt seine Hand unter ihre Schulterblätter, hebt sie leicht an und schiebt beide Kissen unter ihren Kopf. Jossa steht auf und springt von der Matratze auf den Boden. Eivor wimmert leise und streckt sich nach ihr aus, Finn beruhigt sie, hält behutsam ihren Kopf und zwingt sie dazu, ein paar Schlucke zu trinken. Er richtet sie auf, zieht ihr das Wollunterhemd aus, die Wollhosen, fast alles, und sie zittert und klappert mit den Zähnen, und er holt ihr ein weiches Nachthemd mit kühlendem Stoff, zieht es ihr behutsam über, legt ihr einen kalten Lappen auf die Stirn, bringt ihr Aspirin und noch mehr Wasser, das er ihr einflößt. Er zieht neue Bezüge auf die Bettdecken und misst die Temperatur unter ihrer Achsel.

Dann steht er neben dem Bett und blickt auf sie herab. Sie versucht, zu ihm hochzusehen, schafft es jedoch nicht, die Augen aufzuhalten. Der Raum ist so eng, der Puls pocht heftig in ihrem Körper, außerhalb ihres Körpers, überall.

Finns Stimme ist weit weg, als er sagt, dass es seine Schuld sei. Sie hört ihn sagen, er habe nicht gut genug auf sie aufgepasst. Er schaffe es nie, auf jemanden aufzupassen.

In ihren Fieberträumen befindet sie sich tief im Inneren des Berges. Hier sind die Wände warm, sie vibrieren, sie sind schwarz wie Öl. Die Schwerkraft ist extrem, ihr Körper ist wie am Boden festgeklebt, sie kann ihre Arme nicht heben, nicht ihren Kopf oder ihre Beine. An allen Ecken und Enden herrscht reges Treiben, und doch ist sie alleine im Inneren des Berges. Die Stimmen sickern durch die Felsspalten in den Wänden. Dunkle, schwere Züge donnern durch die Tunnel, sie rumpeln und rattern. Unter ihr wabert ein Dröhnen im Boden, unregelmäßige, dumpfe Stöße weit unten in den Tiefen des Berges. Alle Geräusche sind gedämpft und weit entfernt.

Die Zeit verschwindet. Sie schläft und wacht auf und schläft wieder ein. Tage und Nächte verschmelzen miteinander, draußen wird es niemals hell. Sie weiß, dass die Krankheit den Ort wie ein Feuer heimsucht. Sind die Kinder auch krank? Sie weiß es nicht. Jossa ist weggebracht worden, das weiß sie. Finn ist kaum da. Marit kommt ab und zu vorbei, bezieht das Bett neu, hilft ihr in die Dusche. Eivor bringt es nicht fertig, zu sprechen, zu denken. Sie sinkt zurück in ihre Träume und liegt ganz alleine da. Sie ist von einem Sarg umschlossen, er bewegt sich, stößt an andere Särge in der hartgefrorenen Erde. Sie kommt hier nicht raus. Ein weißes Holzkreuz wächst aus ihrem Leib und bricht durch die Erde.

Am dritten Morgen erwacht Eivor und spürt, dass ihr Kopf klarer ist.

Auf dem Nachttisch steht eine Tasse Wasser, sie streckt die Hand danach aus und nimmt sie. Sie ist eiskalt – jemand muss gerade erst hier gewesen sein. Finn? Für einen Moment sitzt sie da und lauscht. Sie hört nichts. Der Raum ist in Watte gepackt, die Luft ist stickig. Sie muss das Fenster öffnen.

Doch kaum ist sie aufgestanden, wird ihr erneut schwindelig. Ihre Knie werden weich und taub, sie verliert den Halt und muss sich aufs Bett retten. Sie bleibt auf der Seite liegen, die Beine hängen über die Bettkante. Es fällt ihr schwer, richtig ins Bett zu kriechen, sie hat die Decke unter sich begraben, müht sich ab, sie unter sich hervorzuziehen. Sie will wieder schlafen, nicht mehr denken, gar nichts mehr tun. Sie streckt sich, greift nach dem Kissen und schiebt es sich unter den Kopf. Sie lässt sich treiben, lässt den Raum verschwinden.

Dann hört sie plötzlich ein Geräusch und schlägt die Augen auf. Finn steht am Bett, die Nachttischlampe brennt. Sie muss wieder eingeschlafen sein, sie ist benommen, ihr ist warm, sie schlägt die Decke zur Seite.

»Endlich wach«, sagt Finn und setzt sich an die Bettkante. Er trägt seinen weißen Kittel und das Stethoskop um den Hals, er ist wahrscheinlich nur kurz oben in der Wohnung. Ist immer noch morgen, oder ist es schon spät?

»Wo bist du gewesen?«, fragt sie.

»Bei der Arbeit«, sagt er vorsichtig. »Es hat viele erwischt. Jetzt heißt es Zähne zusammenbeißen, bis es überstanden ist. Brauchst du etwas, bevor ich wieder runtergehe? Musst du auf die Toilette?«

Eivor schließt die Augen und schüttelt den Kopf.

»Dann musst du was trinken.« Finn streckt sich zum Nachttisch und schenkt ihr Wasser in den Emaillebecher nach, doch sie bleibt liegen, die Arme unter der Decke.

»Wo ist Jossa?«, fragt sie.

Finn stellt die Tasse ab und rutscht ein Stück näher an sie heran.

»Sie ist auf dem Sysselmannshof.«

Eivor legt die Hände vors Gesicht und atmet in die Handflächen.

»Eivor?«, sagt Finn. Sie hört, dass er die Tasse erneut vom Nachttisch hebt. Sie presst die Hände vors Gesicht und versucht, alles zu unterdrücken, aber die Tränen steigen ihr trotzdem in die Augen.

»Die Kinder sind gesund«, sagt er. »Sie sind auch auf dem Sysselmannshof. Falls du dich gefragt hast, wie es ihnen geht.«

Da bricht es mit einem heftigen Schluchzen aus ihr hervor. Sie versucht zu sprechen, aber sie bekommt kaum Luft. Sie rollt sich unter der Bettdecke zusammen und schlingt die Arme um ihren Körper. Er legt seine Hand auf ihre Schulter, doch sie rollt sich weg.

»Aber Eivor«, sagt er. »Du musst nicht weinen ... Alles wird gut.«

Wieder versucht sie etwas zu sagen, doch ihr Hals ist wie zugeschnürt.

»Alles wird gut«, wiederholt Finn und will sie berühren, aber sie spannt ihre Muskeln an.

»Wieso hast du mir Jossa weggenommen?«, presst sie hervor.

Für einen Moment herrscht Stille.

»Warum hast du sie weggebracht?«, fragt sie erneut.

»Ich habe sie dir nicht weggenommen«, sagt Finn vorsichtig. »Sie ist nur jetzt drüben auf dem Hof, weil Karen und Bjørn gesund sind und Zeit für sie haben. Eivor ... hör auf zu weinen. Du musst etwas trinken.« Er schlägt die Decke zur Seite, will sie dazu bewegen, sich umzudrehen, doch sie zieht die Decke wieder über sich.

»Ich will Jossa zurückhaben«, weint sie. »Du musst sie holen.«

Er stellt die Tasse wieder ab, zögert einen Augenblick. Dann schaltet er die Nachttischlampe aus und sie merkt, dass er vom Bett aufsteht.

»Ich habe jetzt keine Zeit. Ich muss wieder runter. Du bekommst sie zurück, wenn du wieder gesund bist.«

»Geh nicht weg«, fleht Eivor. »Du hast gesagt, dass du bei mir bleibst. Geh nicht.«

Finn zögert einen Moment. Dann setzt er sich wieder.

»Ich komme wieder hoch, versprochen.« Er streichelt ihren

Rücken, doch sie weicht zurück und rutscht an die äußerste Kante des Bettes. Es ist viel zu warm unter der Bettdecke, ihr steht der Schweiß im Gesicht, ihr Mund ist trocken.

»Eivor, du *musst* etwas trinken«, wiederholt Finn, jetzt klingt er beunruhigt. »Setz dich hin.«

Sie rührt sich nicht.

Finn sitzt mit dem Emaillebecher auf der anderen Seite des Bettes. Er wartet.

Eivor will, dass die Zeit erstarrt, will, dass sie davonläuft. Sie kann nirgends sein. Sie zittert nun wieder, sie wird niemals gesund. Finn wird niemals krank. Die Menschen um ihn herum werden krank.

Er sagt ihren Namen, aber sie antwortet nicht. Er rührt sich nicht.

»Bist du böse auf mich?«, fragt er nach einer Weile. Wartet, doch von ihr kommt nichts, und er wiederholt die Frage.

Sie antwortet nicht.

Plötzlich entfährt ihm ein lauter Seufzer.

»Eivor! Wieso lässt du mich nicht an dich heran? Warum sagst du nichts? Ich weiß, dass du wach bist. Warum liegst du einfach nur da? Ich bin hier, ich geh nicht weg. Ich verspreche es.«

Auch jetzt sagt sie kein Wort, aber ihre Hände beginnen zu zittern, sie muss sie unter ihren Körper schieben, um sie ruhig zu halten.

Der Raum ist stumm.

Dann zieht er ihr mit einem Ruck die Decke weg. Ihr Körper reagiert sofort, er zieht sich zusammen, sie tritt nach ihm, als er sich über sie beugt. Der Emaillebecher fliegt aus seiner Hand, knallt gegen die Wand, das Wasser sickert über den Boden.

Finn rührt sich nicht, sitzt mit leeren Händen und erstauntem Gesicht da. Wo hat sie ihn getroffen? Am Arm? An der Brust? Er rührt sich nicht, auch nicht, als sie sich aufsetzt und den Arm hebt, ihm mit der Faust auf die Brust schlägt. Er schließt die Augen und verzieht das Gesicht zu einer Grimasse, schlägt die Augen wieder auf und sieht sie an, und sie schlägt ihn ein weiteres Mal. Da packt er sie am Handgelenk, hält es mit beiden Händen fest, aber er stößt sie nicht weg, stattdessen drückt er ihre Faust gegen sein Brustbein und lässt sich ins Bett sinken. Sie spürt seine Muskeln unter ihren Knöcheln, sein Skelett. Er lässt sie los, lässt seine Arme sinken, mit geöffneten Handflächen. Er sieht zu ihr auf, wartet darauf, dass sie noch einmal zuschlägt.

Der letzte Schlag hat keine Kraft mehr. Sie hat keine Kraft mehr, lässt die Faust einfach fallen, doch er krümmt sich, als hätte sie ihn wirklich hart getroffen. Dann liegt er still. Ihre Faust ruht auf seiner Brust.

Als sie nichts mehr tut, nimmt er ihre Hand, ganz vorsichtig. Er öffnet ihre Faust, spreizt ihre Finger. Er hält die Augen geschlossen. Sie sitzt einfach nur da, ihre Hand auf seinem Herz.

Nach einer Weile bemerkt sie, dass sich der Himmel draußen aufgehellt hat. Die Lampe ist aus, aber im Raum hängt ein schwaches Licht – ein kaltes Blau. Die Fenstersprossen zeichnen ein Gittermuster an die Wand. Es muss mitten am Tag sein, denn der Himmel ist tiefblau, nicht mehr schwarz.

Das Licht muss im Laufe der letzten Tage zurückgekehrt sein, sie erinnert sich nur an die Dunkelheit, bevor sie krank geworden ist. Es muss auf einmal ganz schnell gegangen sein. Das passiert Anfang Februar, das weiß sie noch vom letzten Jahr. Aber alles andere steht still. Das Einzige, was sich ändert, ist das Licht.

DANKSAGUNG

Vielen Dank an die Spitzbergen-Veteranen Nina Bjørner Sævareid, Tove Bjørner Lindeberg, Tone Nødtvedt, Rolf Brynjulf Røberg und Bjørnar Nilsen Støpseth für ihre Hilfe mit historischen und geografischen Details. Mein weiterer Dank gilt Atle Sævareid.

Vielen Dank an Trine Bjørner für ihre Unterstützung bei medizinischen Fragen.

Ich danke Ida Marie Haugen Gilbert, Karoline Hippe und Kurt Lampe für das Lesen meiner Entwürfe, für ihre Meinungen und Ratschläge.

Ein besonderer Dank gilt Margarethe und Gunnar Bjørner.